U0543962

大型企业破产重整实操指引与法律研究：
基于西北地区企业破产重整视角

主　编　刘建国
副主编　原慧中　马学荣

Practical Guidelines and Legal Research On Bankruptcy Reorganization Of Large Enterprises:
From the Perspective of Bankruptcy Reorganization of Enterprises in Northwest China

陕西新华出版
陕西人民出版社

图书在版编目（CIP）数据

大型企业破产重整实操指引与法律研究 / 刘建国主编. --西安：陕西人民出版社，2024. -- ISBN 978-7-224-15702-4

Ⅰ. D922. 291. 924

中国国家版本馆 CIP 数据核字第 20248Z9H76 号

出 品 人：赵小峰
责任编辑：白艳妮
整体设计：白明娟

大型企业破产重整实操指引与法律研究：
基于西北地区企业破产重整视角

DAXING QIYE POCHAN CHONGZHENG SHICAO ZHIYIN YU FALÜ YANJIU
JIYU XIBEI DIQU QIYE POCHAN CHONGZHENG SHIJIAO

主　　编　刘建国
出版发行　陕西人民出版社
（西安市北大街 147 号　邮编：710003）
印　　刷　西安市建明工贸有限责任公司
开　　本　787 毫米×1092 毫米　1/16
印　　张　25. 25
字　　数　360 千字
版　　次　2024 年 12 月第 1 版　　2024 年 12 月第 1 次印刷
书　　号　ISBN 978-7-224-15702-4
定　　价　58. 00 元

主编简介

刘建国 第十四届全国政协委员，中华全国律协常务理事，最高人民法院特约监督员，宁夏回族自治区律师协会会长，宁夏新联合会长，宁夏法学会副会长，宁夏回族自治区第十二、第十三届人民代表大会代表，宁夏回族自治区人民政府法律顾问。宁夏宁人律师事务所主任。中国政法大学法学学士、经济法学研究生。2023年，荣获《钱伯斯大中华区指南2023》公司/商事：宁夏第一级别；2022年荣获《钱伯斯大中华区指南2022》“焦点排行榜”推荐；2021年荣获“LEGALBAND 2021年度区域明星15强”。担任宁夏回族自治区三沙源等重大破产重整项目负责人、宁夏润恒城项目破产重整政府清算组（管理人）副组长。

副主编简介

原慧中 宁夏宁人律师事务所权益合伙人，宁夏回族自治区政府法律专家库成员，银川市破产管理人协会理事，银川市律协破产与重组法律事务专业委员会副主任。中国政法大学法学学士。入选律新社《精品法律服务品牌指南（2024）：争议解决领域》律师名录，荣获“律新社2024年度争议解决领域品牌之星：实力律师”。主办红宝实业、北方置业、永日电梯、银川人防建设、宁夏源林、宁夏吉鑫、宁夏鑫昊缘、宁夏昊祥、宁夏冠能新材料科技有限公司、瑞泰房地产等破产重整案。

马学荣 宁夏宁人律师事务所律师，宁夏回族自治区政府法律专家库成员。中国政法大学法学博士，国际破产协会会员（2019—2023），中国政法大学破产法与企业重组中心研究员。主持或参与国家级、省部级、厅局级课题近20项，在CSSCI、核心期刊等发表多篇文章或译文。出版译著一部。参与宁夏回族自治区内多项破产企业的重整、清算、和解事宜。多篇论文曾在南方破产法论坛、困境企业拯救与特殊资产投资征文比赛等活动中获奖。

本书编辑组

宁夏宁人律师事务所

主　编：刘建国

副主编：原慧中　马学荣

编　辑：刘继飞　胡晓婉　张文霞　陆　涛

杨　强　杨　晨　巴　莹　刘　媛

王　琳　马　艳　马翼丰　黄芳霞

王　瑶

序 言

摹绘西北地区大型企业重整新图

“大漠孤烟直，长河落日圆”，这被清代张文荪称为有“十二分力量”独绝千古的一联时常让我对西北塞上有许多遐想。确实不好意思，《大型企业破产重整实操指引与法律研究：基于西北地区企业破产重整视角》书稿放在我案头已经半年有余，马学荣博士嘱我写序，但因近几个月出奇的忙碌，原本打算找个心静的时候，好好写篇序，并借写序之机，了解一下西北地区特别是宁夏的破产案例及其实践情况，拖至现在年尾才在倒计时的压力下逼出这些文字来。

在广袤无垠且经济社会脉络独具民族特色、地域特色的西北地区，大型企业作为区域经济蓬勃发展的脊梁，它们的兴衰成败，与地方的经济发展、社会稳定、民族团结密切相关。部分大型企业集中于传统制造业、能源化工、房地产等行业，其破产带来的震荡不仅影响债务人债权人等相关方切身利益，也波及上下游供应链及整个西北市场社会，影响不容小觑。

在我国西北地区，《中华人民共和国企业破产法》实施的环境是非常独特的，也相对落后于其他地区。比如，从破产审判基础设施建设方面来看，近年来，我国一共设立了 18 个破产法庭。破产法庭是破产法自 2007 年实施以来，在破产制度与设施建设方面取得的重要成果，是破产法活跃运用于实践的产物，也是优化营商环境的重要举措，破产法框架及破产审判的有效性是评估营商环境水平的重要指标，可见破产法庭是破产法目标实现的关键要素。但西北地区至今尚未设立一家破产法庭。根据破易云大数据检索，截至 2023 年年底，无论是破产案件数量、破产审判庭数量，还是管理人数量，西北地区距离东部沿海发达地区差距较大，诸多因素掣肘其破产法实施与营商环境优化的质量与水平。

市场化、法治化的理念，在几代人的努力下，早已在西北地区生根发芽。中国破产法的实施离不开各地破产管理人及实务操作者办理破产能力的提升，为推进营商环境改善、建立全国统一大市场贡献西北“破力”。出版一部以描述西北地区大型企业重整为主的理论与操作专门书籍，恰逢其时。

眼下呈现在大家面前的这本书，是宁夏本地破产从业者们精心编写的西北地区企业重整实操指南。由于在西北地区，大型企业破产重整案例较少，操作难度更大，困境企业拯救阻滞因素较复杂、资本活跃度相对低弱，因此，这本聚焦西北地区企业重整的操作指引与相关法律研究实操著作的出版，正契合时机，且富有很强的区域特色。

马学荣博士是西北地区一位年轻的破产学术与实务新秀，她长期坚持在破产一线汲取实践营养、参与一些复杂疑难破产案件办理。她本人也是一位优秀的破产法学者，曾在中国政法大学深度学习破产法，取得博士学位，并出版过译著《破产法的逻辑与限制》。她作为本书的副主编，与主编、宁夏律师协会会长刘建国等律师一起，投入不少精力编写本书并参与翻译了两篇国际破产前沿文章，使得本书的视野具有一定的开阔性，内容更具可读性。

该书立足西北地区大型企业破产实践，汲取国内大型企业破产案经验，摹绘出一幅企业重整的实操指引新图。尽管受限于地域案件体量和类型，但该书编写者还是在字里行间中分享了他们的执业经验与智慧，这些独具匠心的文字，传递出宁夏破产从业者对提升西北地区大型企业破产重整水平的迫切愿望，也隐含着对优化西北地区营商环境的努力和情怀，值得一读，特此推荐。

是为序。

中国政法大学教授
中国政法大学破产法与企业重组研究中心主任
李曙光
2024 年 12 月 27 日

序 一

2024年，是宁夏宁人律师事务所成立24周年，值此契机，我们厚积薄发、积淀已久，经过编辑团队全员紧锣密鼓的准备，以及在国内知名破产法学者李曙光教授、贺丹教授的大力支持下，使本书得以出版，这在一定程度上既是对过去破产业务的沉淀总结，也是对未来的乐观展望。

过去24年间，宁人律师事务所内依法助力各类企业化解了超亿元的各类债务问题，帮助企业脱困并走向新的发展阶段，化解区域性债务风险，妥善安置破产企业职工，发挥着担当社会责任、参与振兴区域经济、创造律所与个人财富等作用。其中，参与者不仅包括我本人、原慧中律师、刘继飞律师、马学荣律师、胡晓婉律师、陆涛律师、巴莹律师、杨晨律师、杨强律师等人，还有未参与本书编辑、但同样耕耘破产业务多年的李向峰律师、杨涛主任等同行者。借此机会，我对大家为宁人律师事务所的付出与奉献表达真诚的感谢与敬意。

整体上，宁人律师事务所破产板块的业务经历了从强制清算、破产清算过度至破产重整、企业重组的阶段；从1.0版本的简单程序性操作，到2.0版本的守正创新式操作，我们正在尝试迭代至3.0版本，即人工+智能化办案，以期更精准地为企业制订重整方案、匹配优质投资者，提高重整成功率，以及从少数人松散式办案过渡至团队一体化办案。与此同时，宁人律师事务所也在今年开启了大部门团队工作模式，进一步提升律所管理效能，为业务发展赋能。

除了以律所战略定位层面的背景为依托，本书在立意之初，我作为宁夏律师协会会长，也在不断思考律师行业与自治区破产法治之间的关系。根据《宁夏法院破产审判工作白皮书和典型案例（2020—2022 年）》统计，2022 年收结案数量同比增长 26.58%、24.56%，累计化解不良债权高达 77.41 亿元。破产案例方面，自治区涌现出三沙源项目重整、首例“预重整转重整案”等典型案例，为办理破产案件提供了良好示范。尽管如此，宁夏回族自治区地处祖国西北，在破产法治建设方面还存在起步相对晚、底子较薄、人才队伍薄弱、学术研究梯队尚不健全等问题。

近十年间，在政府、法院、律协、律所、高校等多方共同努力下，以及地方政府加大人才引进力度的加持，上述问题有了显著改善，但是，距离国内外破产法治更先进的地区，仍然有不少差距，特别表现在办案质效、破产制度创新动力、重整投资市场活跃度、跨境破产经验与人才集中度等方面。如何认识差距、缩小差距甚至以发展破产法治水平为杠杆，更好地助力区域经济增长，是我们管理人面临的时代机遇和挑战。对此，在本书中，我们略尽绵薄之力进行探索与回应，分别在基础原理篇、操作指南篇、西北地区重整经验篇等有所呈现。

借此机会，关于西北地区破产法治的发展问题，我想进一步分享几点感悟：

一、应努力让法院敢受理破产、企业敢申请破产

通常，破产法律制度真正发挥作用的第一道门槛就是破产案件的受理。从西北破产法治基础相对薄弱地方的现状来看，破产案件在受理层面存在两处短板：

第一，中小微企业破产受理的门槛往往高于大型企业，个别法院可能以办案人员不足、准备证据不够充分等主客观因素直接或间接地将其拒之门外；当然，不乏部分法官认为债务人存在以破产之名而逃废债的情形。相比之下，大型企业可能有着更丰富的社会、法律资源支撑，使其更容易进入法院——即便是大型企业存在职工安置、环境问题处理、金融危机等疑难问题，法院、政府

均可能因为社会性因素的考量而尽快推进企业进入破产程序。如此一来，就出现了两种现象：中小微企业要么“走到了死胡同”——表现为债务危机进一步发酵、债台高筑、企业家走投无路；要么“鱼死网破”——表现为企业或实际控制人通过非法集资、转移财产等行为做最后的欺骗、掠夺或挣扎等。显然，这两种情形都会加深债务危机、社会矛盾、经济矛盾。

第二，大型企业可能不敢主动申请破产，无论房地产企业、生产制造类企业、金融机构等，存在忌惮破产程序效果的担忧——存疑于破产程序能否化解债务、公正清偿各类债权人、防范领导者责任以及可能引发的系统性风险等。还有一种较为常见的、基于“赌徒心理”而做出的“债务过载”行为。由此可见，企业要么捂着不申请破产，要么等待暴雷，而且一旦“暴雷”都是惊天大雷。当然，可能一些其他隐蔽的债务问题并未呈现出来，从方正、海航等大型企业破产的公开信息来看，及时受理破产、提升破产信息披露，于国家和地方、于营商环境而言，很有必要。

针对上述情形，我们应当多方联动、多管齐下、蓄力降低破产门槛。一是法学院、法院、律师等多方联动，培养、组建破产“精锐”队伍，在一定时期内构建起经验丰富、年龄层次合理、专业化的破产审判队伍，解决人手不足、专业水平参差不齐等问题；同时，预防或遏制管理人低价竞争、恶性竞争之不正之风。二是在出现集体类债务问题时，激励市场主体尽早申请破产，信任破产程序，给市场主体吃下定心丸，打破或矫正市场主体对破产法的偏见或片面认知。三是激励法院受理破产案件，让法院成为破产企业的避难所、救助所、清理所、保护所，能够通过司法程序来实现公正审判，保障破产企业的最后底线。

此外，也要整体上调整心态、打开格局、放宽视野，避免信息闭塞、心态封闭，拥抱破产法治及其带来的机遇。

二、多方联动，肩并肩共促破产法治良性发展

破产法治良性发展对于营商环境至关重要。李曙光教授认为，市场经济的

本质是“自由、竞争、讲常识、看效率”。破产法就是保护市场经济自由、竞争、常识和效率的重要制度之一。通常，破产法治良性发展需要重点关注四个问题：

第一，有没有数量相对稳定、专业精进的破产从业者，从法学院学生到法律实务部门的从业者，能够有相对稳定的人员培养“蓄水池”，满足市场主体对退出机制专业化人才队伍的需要。

第二，破产法学者、破产法官、破产管理人以及相关破产从业者之间能够形成廉洁文明、有效互动、专业同步的氛围，防止相互掣肘、认知偏差过大、行动南辕北辙等。

第三，拉好履职安全线。一方面，防止政府不当介入、政府失灵扰乱破产秩序、减损市场效率、破坏自由交易；另一方面，在破产法域中，保障债权人利益最大化，防止市场失灵破坏交易秩序、损害债权人等主体私益，明晰政府与市场之间的边界，也要处理好二者之间的辩证关系，能够真正各归其位、发挥优势，特别是要发挥破产法的积极功能，使之蓄力市场经济。

第四，公权力行使和私权利保护的权衡。诚然，破产法是以保护债权人利益为主要目标的法律制度，但仍需防止司法权、金融监管权、行政权的滥用、误用，或者该作为而不作为，不该作为而恣意作为，尤其防止公权力滥用损害私权利，关注多数人的权益，也要照顾少数人的权益。

三、推进破产办理的智能化、高质化与信息化

随着人工智能、互联网信息技术的发展，办理破产案件所运用的工具日臻发达，有着智能化、高质化与信息化的趋势。首先，智能化主要是指能够充分将人工智能技术嫁接到破产程序中，如提供重整计划草案、方案可行性论证、债权审核、匹配投资人等，并通过人工复核来降低人工智能分析中存在错误的可能性。其次，高质化意味着相比破产法试行阶段、立法之初的相对粗犷式办理破产案件或者不少地方的处理缺乏规范指引，当前，需要更多关注破产案件的处理质效，包括程序性事项、实体问题的处理等，要更符合立法目标、更有

利于优化营商环境。最后，“没有信息化就没有现代化”，信息化对于破产案件而言意义深远，信息化有利于尽早发现破产企业再生价值，为破产企业招募优质投资人，监督管理人办案的时效性与可靠性，以及促进破产企业迭代、转型，让企业战略决策成功性更高。此外，信息化建设还有利于对破产程序进行动态管理，实现多方信息共享，降低道德风险与信息不对称风险等优势。

四、促进东西部联动高质发展，优化资源配置

从促进东西部联动高质量发展层面来看，破产法依然可以有所作为，尤其是重整制度，可以在重整阶段将先进的生产技术、管理理念、知识产权、环保技术、优秀人才等，借助重整渠道引进西北地区及其企业，让破产企业借机复活，帮助有前景的企业起死回生，让更有益的元素融入本地市场，激发市场活力与创新力，甚至能够促进区域经济的振兴等。

整体来看，西北地区自然资源丰富，为其产业发展奠定了相对丰富的产业基础。但受到各类因素影响，不少昔日的龙头企业、示范企业陷入破产、一蹶不振，如羊绒企业、造纸企业、涉农企业、煤炭企业等。对并非处于穷途末路的企业而言，真正改善产品服务质量、技术升级迭代、成本收益核算、利益分配等核心问题上的内容是需要企业“走出舒适区”、引进先进资源，甚至全面“洗牌”的。否则，难以立足。一方面，需要管理人穷尽一切招募到善意、优质投资人，防止出现地方保护主义带来的局限性和弊端；另一方面，也需要国家层面提供的必要支持，特别是环保技术、产业技术等关键因素，能够为破产企业以适当的方式匹配合适的资源，为西北地区企业高质量发展提供“燃料”。

尤其是破产企业环保问题。例如，个别企业生产不得不排污，而排污设备与技术成本高昂，严重压缩企业利润甚至难以负荷，不少企业干脆“躺平”或“关厂”“停产”，环保问题不仅难以根治，还导致经济问题、财政问题……如何在环保技术提供助力、提升企业创新能力，在资金上分散政府与企业各方压力、优化资金使用效能，在破产效果上实现多方共赢与提升区域经济竞

争力，是实现破产效果最优的突破口，有赖于地区之间、企业之间、地方政府之间、中央与地方政府之间、科技机构与企业之间等密切合作，让环保问题得以在破产程序中真正解决。

本书秉持宁人律师事务所“立足宁夏，服务全球”的理念，知行合一，亦“引入”对于跨境破产前沿问题的讨论，以期对跨境企业、大型金融机构破产问题的解决有所启发和探索。放眼全书，回归本旨，我们尝试在有限的经验和观察中，为广大读者，特别是西北读者提供一份办理大型企业破产案件的指南，从而帮助读者在遇到大型企业破产问题时，能够临危不惧、胸有成竹，且在遇到重大、疑难、复杂问题时可以通过本书所提供的部分方法得以解惑。但成文难免存在疏漏，加之图书编辑工作繁冗、覆盖面甚广，还请读者们海涵。

宁夏律师协会会长

宁夏宁人律师事务所主任

刘建国律师

2024 年 12 月

序 二

近年来，宁夏回族自治区紧随全国步伐，律师破产业务发展迅速。时值传统诉讼业务的萎缩、经济下行导致企业付费能力有所下降、法学毕业生人数有所增加等主客观因素，律师行业竞争更激烈。面对时代发展变革，律师不得不顺势而为、积极转型以求生存、谋发展。

秉持宁人律师事务所“打造团队、倡导合作、敢于担当、讲求绩效”的所训，我与刘建国主任、团队一起，锚定破产业务的社会价值、经济价值与法律价值，深耕于此，热爱在此。我们亲自塑造并见证着宁夏宁人律师事务所破产业务的稳步发展与壮大。

与宁人律师事务所破产业务发展相伴，我从传统诉讼业务转型至以破产业务为主、诉讼业务为辅的格局。从业 20 年有余，其中，破产办案几乎占据了我职业生涯的半壁江山。作为项目负责人之一，我有幸参与了书中涉及的多起重整项目。这些项目在当地颇具重要影响力，涉及购房者生存权问题、职工安置问题、地方招商引资形象问题以及财政收入的可持续性等。尽管项目难度高、协调难度大、疑难杂症多，但经过不懈努力与团队作战，终于取得了最终胜利或者阶段性胜利。

本书是宁人律师事务所破产业务沉淀多年的阶段性成果之一。从我们起意记录宁人破产故事到本书落地，经过近十轮大修、若干次小修，历经良久、字斟句酌、反复推敲，以期倾囊相授，进一步从我们在有限的破产案件与经验中，沉淀、挖掘出有益的营养，结合国内、西北地区大型企业破产经验教训，期待能对破产职业共同体有所启发。

我想秉持本书编辑组确定的“开放、共享、共赢”原则，分享几点心得体会：

一、识别区域性大型企业特殊性，量体裁衣出方案

大型企业破产案例操作具有很强的技术性、专业性与综合性，区域性大型企业破产问题的处理还需要兼顾地方特殊性。在新时代国内外局势变化的情形下，有部分企业因技术、管理、财务、人员、政策等问题陷入困境，不得不主动或被动地寻求破产程序的保护。对于大型企业而言，重整往往比清算更适宜，重整能够帮助企业招募投资人化解债务问题、能够通过技术革新来改革生产力从而恢复生产，亦能够留存有价值的资产让企业命脉得以延续。此外，企业可能存在各类历史遗留问题，这些问题在破产程序中，可以通过府院联动机制等方式得以解决，让企业再生没有后顾之忧。

而且，大型项目往往周期长、涉及群体多、法律问题更复杂且难以直接从立法中获得解决路径，很多时候，我们需要跳出框架看问题、通过头脑风暴讨论重大疑难事项，从而创新式或者半创新式地探索出解决之道——如从法律原理上深挖公平正义，探索法律适用的边界、弥补现行制度的局限性，假设各类情形发生的可能性并提供有效风险防范策略，在多种方案中比较利弊并基于最优破产结果确定最佳方案……我们力争给债权人以满意的答卷，让政府没有维稳后顾之忧，让投资人成功参与重整，让老百姓权益得到有效保障等。

二、打破律师性别设限，刚柔并济，化干戈为玉帛

诚然，作为女律师，担当破产项目的负责人并非易事，加之宁人办理的大型破产项目居多，往往面临着已知与未知的重重挑战，因此，需要废寝忘食、全身心地投入项目。也有年轻律师好奇我为什么能同时在多个项目上投入且保持精力满满。我的经验是：进入项目后，打破（忘记）性别设限，不断提升体能与心智的适应能力，几经历练，就形成了面对挑战及时处理、培养了比较不错的应变能力和抗压能力。

当然，女律师在语言表达能力、协调能力上具有一定优势。因此，也要发挥优势。大型企业诸多事项需要协调，特别是与投资人、其他中介机构等；极端情况下需要处理群体性纠纷。一旦某类群体、某位个体问题不能妥善处理，可能会影响破产全局，也会影响破产程序有序推进。对此，刘建国主任、我、其他项目管理者等人经常直接前往甚至驻扎一线、深入一线，全面了解各方需求、交易背景、政策目的等，耐心聆听、专业谈判、充分沟通、反复强调，在建立信任的基础上，寻找各方最佳利益平衡点，多次取得了谈判成功、促成各方共赢，进而在法治框架内更有力地推进破产程序。

三、以发展团队代管理，以优化管理促发展

一方面，发展团队代管理是指避免为了管理而管理团队，包括以相对宽松的管理取代严苛管理，后者缺乏合理弹性、缺乏人文关怀；鼓励团队人员横向、纵向深造，除了项目提升能力外，通过培训、自学、深造等方式提升，针对团队成员特长安排针对性任务，强化优势，弥补短板，鼓励合作。

另一方面，以优化管理促发展是指优化管理质效，促进团队发展、个体成长与项目推进。其一，有效激励，合理分工，确保生活稳定，防止人才流失；其二，项目进行中，需要负责人、项目律师、外部主体（如资产评估与审计机构、债权人、政府）等密切配合，优化项目人财物管理，提升办案质效。

纸上得来终觉浅，绝知此事要躬行。限于经验、专业与区情，本书一定程度上未能穷尽大型企业破产重整的全部问题，也可能存在不少瑕疵或者不足，欢迎读者与我们交流，共同积累更多解决大型企业破产重整的有益经验。

宁夏宁人律师事务所权益合伙人

银川市律协破产与重组法律事务专业委员会副主任

原慧中律师

2024 年 12 月

序 三

在破产法领域深耕多年后，我在翻译托马斯·杰克逊教授《破产法的逻辑与限制》一书的基础上，有幸与有效处理宁夏回族自治区若干起重要破产案件、棘手债务问题的宁夏宁人律师事务所合作，并参与部分案件以及本书的编辑工作。

当刘建国主任提出要将宁人律师事务所“立足宁夏，服务全球”的口号贯彻到破产业务中并积极践行时，我深表认同与支持。本书的出版是在新时代、新发展背景下践行这一口号的有益行动之一，具有重要意义。

第一，宁人律师事务所作为本土大所，在破产领域沉淀多年，作为自治区几项重大破产项目的管理人，积累了有益的办案经验，社会反响良好，这些“精髓”均在本书不同部分得以呈现并为读者提供尽可能丰富的专业“营养”。

第二，本书面向读者广泛，力求降低知识获得门槛，特别是对企业家等商务人士而言，尽管这类读者学历背景、创业背景、人生经验等各有差别，但是，他们对于破产知识及其积极应用效果有着紧迫需要。这意味着某种程度上，本书承担着普及破产法知识的时代使命，且需要以通俗易懂的语言将专业知识讲述出来。从而让企业家面临债务问题时，有更多、更优选择，也能避免“剑走偏锋”或做出其他错误的选择。

第三，“立足宁夏，服务全球”这八个字意味着，一方面，本书要秉持“实事求是”的态度，将宁夏破产法治发展情况、发展中存在的问题以及解决路径一并提出来，也要分享宁夏经验；另一方面，本书不能拘泥于宁夏经验，也要着眼于国内外最新破产法发展情况，重点强调西北地区破产特殊问题，以期覆盖全面、关注前沿、服务全球。

本书编辑中，编辑组一边办案、一边写书、一边总结与反思，除了一般性、基础性内容外，还在书中融入了不同项目、不同办案成员的办案精华——除了对过去宁人破产业务进行系统性梳理、总结外，也会对新业务中遇到的问题进行合法性、合理性分析，精选后纳入本书所对应的章节中，力求新、全、益。即更“新”破产专业知识、“全”面覆盖最新破产问题、力争增加本书对读者的“益”处。对于不少有争议的问题，通过小组讨论、反复论证、征询专家建议，编辑组力求内容达到“经得起时间验证”、契合破产法治的标准时，才在本书中得以保留。

细心的读者可能会发现，本书理论部分篇幅相对较少，但其重要性不言而喻。一方面，考虑理论的必要性，我们认为将理论部分置于基础原理篇的章节中，能够发挥承上启下的作用，进一步回应本书写作的必要性；夯实大型企业破产法律问题的理论基础，强化理论的专业性；为后文中操作指南篇的具体内容提供一定的理论指导，为此部分进一步探索破产法律的限制等问题做一定铺垫。另一方面，理论与实践的密切互动不仅是解决破产问题所必需，也是有力回应当前大型企业破产问题，特别是疑难复杂问题所必需——《中华人民共和国企业破产法》条文的有限性、立法目的的延展性、破产实践的多变性以及区域环境的差异性等诸多因素，使我们面对具体问题时，不得不一次次在熟稔破产法律体系的基础之上，回溯到基础法律原理、关键理论中，探索妥善解决破产企业疑难杂症的路径。

本书成稿后，编辑组邀请国内外破产界知名学者李曙光教授为本书作序。近年来，教授密切关注西北地区的破产法治发展问题，并应邀参加有关破产活动，提供了有益的指导支持。教授得知本书的写作发心后，欣然应允，且对本书的内容提出了诸多有益的指导建议。这令我们深受鼓舞，并在最后一轮修订中，强化了诸多内容的深度与广度。

同时，李教授也是我在读博期间的导师，我记得在《从破产法的“东北经验”到“东北模式”》一文中，他曾提及“东北的破产法实施存在‘三多三难’的问题。‘三多’是指，大型国有企业多、传统制造业多、负债多；‘三难’是指，破产清算难、投资人进入难、职工安置难”，时至今日，这篇文章的洞见依然令我印象深刻。李教授对东北破产问题的观察，在当时就启发了我对区域性破产特殊问题的关注，也为参与本书编辑工作提供了思想启蒙。在本书序言中，教授对西北地区破产问题的洞见与建议，是对宁夏回族自治区、西北地区破产问题的关注与关心，也在毕业后，再次影响到我，在此深表感谢。

在本书编辑中，还要感谢几位中外良师益友的大力支持，他们是托马斯·杰克逊教授和他的朋友小戴维·A. 斯基尔教授、伊利亚·科科林博士、斯蒂芬·马道思教授、伊里特·梅沃拉赫教授，以及自治区金融法青年实务专家冶玉龙先生、我的同门师弟廖月龙同学。你们的支持，让本书“域外采撷篇”更为准确与完整。

感谢北京师范大学法学院贺丹教授，教授在破产领域耕耘多年，著作颇丰，博学慎思，善良亲和，为本书的写作提供了非常多有益的修改建议，让本书观点更为深刻与丰富。感谢陕西人民出版社的领导和编辑，特别是白艳妮女士，对全书从内容、格式到脚注等方面细致入微的审校，你们的专业编辑，让本书更为完整与专业。

本书作为一本致力于打造西北地区大型企业破产重整问题的操作指南，还在一定程度上受到同类与相关书籍、同行经验、西北地区与其他地区破产经验，以及其他国家破产发展状况的启发与影响，尽管未能穷尽该主题的全部问题，但已然在探索不同规模企业破产问题上做出了有益的探索。这并非意味着中小型企业破产的不重要。相反，与宁人律师事务所自建所以来在社会公益法律服务领域传承与坚守的文化一脉相承，我们也会继续关心、关注、推进中小企业破产问题的解决，使之破产解决更高效、高质与高水平，为宁夏回族自治区、西北地区破产法治发展贡献宁人力量。

宁夏宁人律师事务所律师

中国政法大学破产法与企业重组研究中心研究员

马学荣

2024 年 12 月

前 言

“柔远和迩，莫大宁人；宁人之务，莫重用贤。”

——《后汉书·左雄传》

疫情后，国内外经济陆续回暖，不少企业挣扎复苏以解决其在过去几年积累的债务问题，但是，仅靠自身力量走出债务泥淖存在一定困难。大型企业寻求破产保护的概率往往更大——基于其债务成本高、职工数量多、影响广泛，破产保护能帮助其摆脱困境。相比非破产程序，特别是民事执行、商事仲裁、诉讼，破产程序在解决集体债务问题、资产处置、招募投资人等诸多方面，有着相对优势。

相比中小微企业，大型企业破产问题更敏感、更复杂，且具有多层次性——如涉及企业集团时，其分子公司、分支机构在规模上类似于中小微企业，且关涉上下游供应商、零售商、消费者等；大型企业破产问题还具有基础性、隐蔽性，个别情形下可能诱发区域性风险、冲击实体经济甚至导致系统性风险，影响成千上万名职工的生存与发展；影响地方财政收入，重要企业还可能影响百姓的日常生活等。

国际层面，北美、欧洲等地破产案件骤增，也给全球经济复苏敲响警钟——大型企业破产比中小微企业破产更具破坏性和颠覆性。国际货币基金组织专家亦针对亚太地区破产问题提出更生动的建议“拉平破产曲线”：加强私人债务解决框架，确保支持重组的资金充足，为获得股权提供便利，从而促进就业和资本重新有效分配（IMF 2021）。

中国大型企业的破产问题受产业政策、地理经济等因素影响，解决破产问题需要具体问题具体分析。对此，中央与地方政府非常重视大型企业破产问题，通过行政程序、司法程序与相关配套制度进行多元救助，以期保障经济高质量发展与社会稳定。

放眼西北地区，破产法治发展虽相对滞缓，但始终在尽力缩小同发达地区的破产差距。例如，省会与主要城市等先后成立了管理人协会，提升管理人专业水平与强化行业自律能力；乌鲁木齐市中级人民法院先后印发《乌鲁木齐市中级人民法院预重整工作指引（试行）》和《乌鲁木齐市中级人民法院关于执行案件移送破产审查工作操作规程（试行）》，有效衔接庭外重组和庭内重整，规范执行案件移送破产程序；西安市成立企业重整服务中心，内设企业清算与破产业务咨询室、衍生纠纷多元解纷室等，专门服务本市企业，发挥法院拯救职能；甘肃省市场监督管理局、甘肃省大数据中心印发《甘肃省高效办成企业破产信息核查“一件事”工作方案》，为全面便利破产程序、提升政务服务能力提供制度保障；在《青海省复制推广营商环境创新试点改革举措工作方案》的基础上，青海省高级人民法院发布《青海省高级人民法院关于债权人推荐破产管理人的工作办法（试行）》，允许符合一定条件的主要债权人推荐管理人。

同时，西北省份涌现出诸多影响力较大的破产案件。例如，青海西宁特钢及关联企业矿冶科技协同重整案，入选2023年度“全国破产经典案例”提名奖；被誉为“西部第一村”的陕西省千亿级集团东陵集团也踏上破产重整之路，寻求解困方法；新疆维吾尔自治区巴里坤县同和矿业有限公司破产重整案作为优化法治化营商典型案例，成为法院发挥审判职能、提升破产案件审理专业化和规范化的示范；甘肃省陇南市首例上市公司破产案，恒康医疗集团股份有限公司重整案，成功化解了公司债务危机、保证上市公司市场主体资格存续、确保公司盈利能力恢复等，实现了最优效果……越来越多的西北地区案例令人瞩目。

宁夏回族自治区位处祖国西北，是“一带一路”的重要链接点。习近平总书记为宁夏确定了“努力建设黄河流域生态保护和高质量发展先行区”的发展定位，彰显发展与环保的平衡，强调高质量发展的长远意义。自治区破产法治建设是落实上述定位的关键分支内容之一。2020年，自治区高级人民法院联合自治区发展和改革委员会建立破产统一工作协调联动机制，并印发相关文件，便利破产企业退出、僵尸企业出清工作；同年，中共银川市委办公室、银川市人民政府办公室发布《银川市优化营商环境实施细则（试行）》《银川市对标先进深化改革打造一流营商环境实施意见》，其中对破产内容有所关注，为提升本地破产法治化水平提供制度保障。

近年来，自治区出现的不少大型企业破产引起广泛关注，典型的如三沙源、上陵集团、紫荆花置业、北方置业等破产案，仅在管理人竞选层面就在全国掀起层层巨浪。在优化破产审判层面，银川市中级人民法院发布《宁夏回族自治区银川市中级人民法院关于管理人选聘其他社会中介机构的工作指引（试行）》（银中法〔2022〕19号），加强规范管理人选聘审计等机构的工作。破产处置关乎地方营商环境，影响到资源流动效能、技术进步，甚至会影响企业发展质量、企业存亡。对此，宁夏宁人律师事务所成立编辑组，凝聚本所从事破产及其相关业务的律师，凝心聚力，立足实践，专门研究西北大型企业破产重整问题，同时，为了提升本书可读性、完善内容系统性，我们选取的案例并不拘泥于西北地区的破产案例，而是有针对性地在不同部分穿插了全国性、区域性的典型案例。

“柔远和迩，莫大宁人；宁人之务，莫大用贤。”是宁夏宁人律师事务所的所训。一方面，近年来，宁人律师事务所的综合实力与日俱增，凭借在西部地区的卓越表现和综合能力，宁人及律师荣获了《法治日报》、钱伯斯、ALB、LEGALBAND、律新社、名律堂等众多业内知名媒体的认可与关注或荣誉加冕，并多次蝉联“西部地区本地律所”榜单，为本所吸引优秀人才奠定基础；另一方面，宁人律师事务所给予有利于人才成长的机会去历练与成长，培养了一批敢于引领担当、业务功底扎实的业务骨干。

在此环境与氛围下，宁人破产业务也形成了自己的风格。

首先，培养管理人“柔远”的能力。“柔远”本意为怀柔远方，这对于破产而言是非常重要的。“远方”不仅是地理位置上的，还有基于信任的心理距离、经济地位、信息差等方面的非物理距离，根据《中华人民共和国企业破产法》第六十四、第六十五条等规定，债权人会议往往需要集体表决，如何在有着不同诉求主体之间找到利益平衡点、实现破产法目标，有赖于管理人的专业能力与柔远能力，尤其对大型企业破产问题，通过破产法治化工具解决与人及其利益有关的各类经济、社会、法律等问题，离不开上述能力的支撑。

其次，知贤用贤的胸怀与能力。“宁人之务，莫重用贤”，从字面来看，真正做到息事宁人，还需要启用、重用贤良之人。一方面，破产团队中，以专业为基本，需要凝聚不同特长、性格的人，扬长避短，而非排除异己与异见，在这种氛围下，收获了高效、创新、包容和团结的队伍。回归破产管理人在破产中的角色定位，是解决破产问题的核心主体，发挥着联结政府、法院、债权人、投资者等多方主体的功能。面对错综复杂的利益纠葛与波诡云谲的商业战场，唯有提升职业道德和执业能力，学习破界贤达、行业标兵，才能真正实现破产目标，拯救破产企业于水火。另一方面，管理人也要慎重选择合作对象，包括审计机构、资产评估机构、其他中介服务机构等，能够果断走出利益诱惑的迷雾，防止掉入履职陷阱，选择专业素养高、合作意识强的机构进行合作。

最后，本书还有两点初心：一是我们以平实的语言，力争将晦涩难懂的法言法语写得通俗易懂，让法律的门外汉——但实际是真正需要掌握破产工具以帮助企业走出难关的商务人士、企业家、企业高管，也能够掌握大型企业破产重整的基本脉络和操作路径，间接普及破产法知识；二是我们力求理论结合实际，将不同学科的理论与破产问题解决之变化的实践融会贯通，以确保破产法专业人士通过阅读本书有所收获、有所启迪，特别是能够助力西北地区破产问题的解决，将我们破产业务积累的经验、智慧与反思，真诚地分享给我们的破产职业共同体，传递我们的光与热。

本书由宁夏宁人律师事务所、宁夏律师协会会长刘建国律师领衔主编，连同宁人多名合伙人、律师共同撰写，历时数年、几轮修订、精心打磨，并就专业问题与业界学者、企业管理者、税务师、会计师等进行专业研讨，最终得以正式呈现。

我们期待为国内外同人就解决大型企业破产重整问题提供我们的观察与经验，为广大读者呈现一部具有收藏价值的实务指南，助力大型企业之航母扬帆远航、共赴山海！

本书编辑组

2024 年 12 月

目录

基础原理篇

操作指南篇

西北地区重整经验篇

域外采撷篇

基础原理篇

道生一，一生二，
二生三，三生万物。

—
老子《道德经》

改革开放40余年，我国经济发展大体经历了从高速发展过渡至高质量发展、从需求侧改革过渡至供给侧结构性改革、从局部循环过渡至国内与国际双循环的趋势。通常，经济发展转型样态折射出时代发展的脉络与轨迹，债务问题的背后是信用问题，该领域是畅通经济发展、促进资源要素流动、提升多层次经济发展质量、优化社会治理的重要领域。

2024年我国政府工作报告中指出，我国现代化产业体系建设取得重要进展，其中，传统产业加快转型升级，战略性新兴产业蓬勃发展，未来产业有序布局，先进制造业和现代服务业深度融合；强调稳中求进、以进促稳、先立后破，为高质量发展再次蓄能。中国共产党第二十届中央委员会第三次全体会议通过了《中共中央关于进一步全面深化改革推进中国式现代化的决定》，强调要健全企业破产机制，探索建立个人破产制度，推进企业注销配套改革，完善企业退出制度。健全社会信用体系和监管制度。一定程度上，破产法有力地向前迈进了一步。破产法及其实施，既是国家战略布局的重要组成部分，也是实现国家战略的工具之一。

通常，最复杂的债务问题往往集中于大型企业破产、金融机构破产、地方债中，其共同组成了纷繁多元的债务世界。其中，大型企业破产往往具有更深入且广泛的影响力。不少大型企业是地方的支柱企业、龙头企业、示范企业，享有政策、金融、土地、人才引进等多方面资源的大力扶持，也在就业、纳税、技术、履行社会责任等诸多方面发挥积极作用。“大而不倒”的神话已然破灭，大型企业破产机制成为全面、妥善、依法解决债务问题的有效工具。否则，资不抵债或者无法清偿到期债务的大型企业将形成“债务沼泽”，将更多企业牵连到债务沼泽中难以自拔，让企业管理者、出资人、行政主管单位及其负责人等面临更大的责任风险，甚至形成区域性、系统性风险——此种风险具有传导性、隐蔽性、专业性与跨行业性等特点。

第一章　西北大型企业破产重整概述

激烈的市场竞争与经济环境的相对不确定性，给大型企业经营造成不同程度的影响。部分企业受限于内外部等因素，难以适应新市场环境，或者因环境剧烈变动，发生经营危机，陷入财务困境或其他债务泥淖。解决此类企业破产问题关乎社会稳定、产业发展、区域经济增长、企业转型、家庭和谐与个人发展乃至根本生存性问题，具有紧迫性、必要性和重要性。破产法律机制不仅保障债权人利益，也是保护债务人生存、使之重返经济社会的重要制度[①]，尤其是重整制度对于大型企业破产问题的重要性更是不言而喻。

第一节　大型企业界定

目前，关于大型企业的界定，存在综合界定标准、统计学标准以及适当性标准，相对合理的界定有助于识别与其他类型企业的区别，并更好地促进破产问题的解决。

一、综合界定标准

根据财政部、税务总局公布的《关于进一步加大增值税期末留抵退税政策实施力度的公告》（以下简称《公告》）（财政部　税务总局公告 2022 年第 14 号）中所称中型企业、小型企业和微型企业，按照《中小企业划型标准规

① 参见齐明：《破产法学：基本原理与立法规范》，华中科技大学出版社 2013 年版，第 2 页。

定》（工信部联企业〔2011〕300号）[①] 和《金融业企业划型标准规定》（银发

① 《工业和信息化部 统计局 发展改革委 财政部关于印发中小企业划型标准规定的通知》（工信部联企业〔2011〕300号）四、各行业划型标准为：

（一）农、林、牧、渔业。营业收入20000万元以下的为中小微型企业。其中，营业收入500万元及以上的为中型企业，营业收入50万元及以上的为小型企业，营业收入50万元以下的为微型企业。

（二）工业。从业人员1000人以下或营业收入40000万元以下的为中小微型企业。其中，从业人员300人及以上，且营业收入2000万元及以上的为中型企业；从业人员20人及以上，且营业收入300万元及以上的为小型企业；从业人员20人以下或营业收入300万元以下的为微型企业。

（三）建筑业。营业收入80000万元以下或资产总额80000万元以下的为中小微型企业。其中，营业收入6000万元及以上，且资产总额5000万元及以上的为中型企业；营业收入300万元及以上，且资产总额300万元及以上的为小型企业；营业收入300万元以下或资产总额300万元以下的为微型企业。

（四）批发业。从业人员200人以下或营业收入40000万元以下的为中小微型企业。其中，从业人员20人及以上，且营业收入5000万元及以上的为中型企业；从业人员5人及以上，且营业收入1000万元及以上的为小型企业；从业人员5人以下或营业收入1000万元以下的为微型企业。

（五）零售业。从业人员300人以下或营业收入20000万元以下的为中小微型企业。其中，从业人员50人及以上，且营业收入500万元及以上的为中型企业；从业人员10人及以上，且营业收入100万元及以上的为小型企业；从业人员10人以下或营业收入100万元以下的为微型企业。

（六）交通运输业。从业人员1000人以下或营业收入30000万元以下的为中小微型企业。其中，从业人员300人及以上，且营业收入3000万元及以上的为中型企业；从业人员20人及以上，且营业收入200万元及以上的为小型企业；从业人员20人以下或营业收入200万元以下的为微型企业。

（七）仓储业。从业人员200人以下或营业收入30000万元以下的为中小微型企业。其中，从业人员100人及以上，且营业收入1000万元及以上的为中型企业；从业人员20人及以上，且营业收入100万元及以上的为小型企业；从业人员20人以下或营业收入100万元以下的为微型企业。

（八）邮政业。从业人员1000人以下或营业收入30000万元以下的为中小微型企业。其中，从业人员300人及以上，且营业收入2000万元及以上的为中型企业；从业人员20人及以上，且营业收入100万元及以上的为小型企业；从业人员20人以下或营业收入100万元以下的为微型企业。

（九）住宿业。从业人员300人以下或营业收入10000万元以下的为中小微型企业。其中，从业人员100人及以上，且营业收入2000万元及以上的为中型企业；从业人员10人及以上，且营业收入100万元及以上的为小型企业；从业人员10人以下或营业收入100万元以下的为微型企业。

（十）餐饮业。从业人员300人以下或营业收入10000万元以下的为中小微型企业。其中，从业人员100人及以上，且营业收入2000万元及以上的为中型企业；从业人员10人及以上，且营业收入100万元及以上的为小型企业；从业人员10人以下或营业收入100万元以下的为微型企业。

（十一）信息传输业。从业人员2000人以下或营业收入100000万元以下的为中小微型企业。其中，从业人员100人及以上，且营业收入1000万元及以上的为中型企业；从业人员10人及以上，且营业收入100万元及以上的为小型企业；从业人员10人以下或营业收入100万元以下的为微型企业。

（十二）软件和信息技术服务业。从业人员300人以下或营业收入10000万元以下的为中小微型企业。其中，从业人员100人及以上，且营业收入1000万元及以上的为中型企业；从业人员10人及以上，且营业收入50万元及以上的为小型企业；从业人员10人以下或营业收入50万元以下的为微型企业。

（十三）房地产开发经营。营业收入200000万元以下或资产总额10000万元以下的为中小微型企业。其中，营业收入1000万元及以上，且资产总额5000万元及以上的为中型企业；营业收入100万元及以上，且资产总额2000万元及以上的为小型企业；营业收入100万元以下或资产总额2000万元以下的为微型企业。

（十四）物业管理。从业人员1000人以下或营业收入5000万元以下的为中小微型企业。其中，从业人员300人及以上，且营业收入1000万元及以上的为中型企业；从业人员100人及以上，且营业收入500万元及以上的为小型企业；从业人员100人以下或营业收入500万元以下的为微型企业。

（十五）租赁和商务服务业。从业人员300人以下或资产总额120000万元以下的为中小微型企业。其中，从业人员100人及以上，且资产总额8000万元及以上的为中型企业；从业人员10人及以上，且资产总额100万元。

〔2015〕309号）中的营业收入指标、资产总额指标确定，其中，资产总额指标按照纳税人上一会计年度年末值确定。营业收入指标按照纳税人上一会计年度增值税销售额确定；不满一个会计年度的，按照以下公式计算：

增值税销售额（年）= 上一会计年度企业实际存续期间增值税销售额/企业实际存续月数×12

《公告》所称增值税销售额，包括纳税申报销售额、稽查查补销售额、纳税评估调整销售额。适用增值税差额征税政策的，以差额后的销售额确定。

对于工信部联企业〔2011〕300号和银发〔2015〕309号文件所列行业以外的纳税人，以及工信部联企业〔2011〕300号文件所列行业但未采用营业收入指标或资产总额指标划型确定的纳税人，微型企业标准为增值税销售额（年）100万元以下（不含100万元）；小型企业标准为增值税销售额（年）2000万元以下（不含2000万元）；中型企业标准为增值税销售额（年）1亿元以下（不含1亿元）。《公告》所称大型企业，是指除上述中型企业、小型企业和微型企业外的其他企业。

根据上述内容，大致可以认为将增值税销售额（年）1亿元以上的认定为大型企业。综合界定标准专业属性更强，需要经过特定测算才能得以认定，相比下文分析的统计学标准，具有一定局限性，且门槛高。

二、统计学标准

统计学标准主要以国家统计局发布的《统计上大中小微型企业划分办法〔2017〕》为标准，根据其附表显示，按照行业类别做进一步划分，分别根据营业收入、从业人员、资产总额等方面予以划分，具体如下表所示：①

行业名称	指标名称	计量	大型	中型	小型	微型
农、林、牧、渔业	营业收入（Y）	万元	Y≥20000	500≤Y<20000	50≤Y<500	Y<50

① 国家统计局：https：//www.stats.gov.cn/sj/tjbz/gjtjbz/202302/t20230213_ 1902763.html，2024-7-26最后访问。

续表

行业名称	指标名称	计量	大型	中型	小型	微型
工业 *	从业人员（X）	人	X≥1000	300≤X<1000	20≤X<300	X<20
	营业收入（Y）	万元	Y≥40000	2000≤Y<40000	300≤Y<2000	Y<300
建筑业	营业收入（Y）	万元	Y≥80000	6000≤Y<80000	300≤Y<6000	Y<300
	资产总额（Z）	万元	Z≥80000	5000≤Z<80000	300≤Z<5000	Z<300
批发业	从业人员（X）	人	X≥200	20≤X<200	5≤X<20	X<5
	营业收入（Y）	万元	Y≥40000	5000≤Y<40000	1000≤Y<5000	Y<1000
零售业	从业人员（X）	人	X≥300	50≤X<300	10≤X<50	X<10
	营业收入（Y）	万元	Y≥20000	500≤Y<20000	100≤Y<500	Y<100
交通运输业 *	从业人员（X）	人	X≥1000	300≤X<1000	20≤X<300	X<20
	营业收入（Y）	万元	Y≥30000	3000≤Y<30000	200≤Y<3000	Y<200
仓储业 *	从业人员（X）	人	X≥200	100≤X<200	20≤X<100	X<20
	营业收入（Y）	万元	Y≥30000	1000≤Y<30000	100≤Y<1000	Y<100
邮政业	从业人员（X）	人	X≥1000	300≤X<1000	20≤X<300	X<20
	营业收入（Y）	万元	Y≥30000	2000≤Y<30000	100≤Y<2000	Y<100
住宿业	从业人员（X）	人	X≥300	100≤X<300	10≤X<100	X<10
	营业收入（Y）	万元	Y≥10000	2000≤Y<10000	100≤Y<2000	Y<100
餐饮业	从业人员（X）	人	X≥300	100≤X<300	10≤X<100	X<10
	营业收入（Y）	万元	Y≥10000	2000≤Y<10000	100≤Y<2000	Y<100
信息传输业 *	从业人员（X）	人	X≥2000	100≤X<2000	10≤X<100	X<10
	营业收入（Y）	万元	Y≥100000	1000≤Y<100000	100≤Y<1000	Y<100
软件和信息技术服务业	从业人员（X）	人	X≥300	100≤X<300	10≤X<100	X<10
	营业收入（Y）	万元	Y≥10000	1000≤Y<10000	50≤Y<1000	Y<50
房地产开发经营	营业收入（Y）	万元	Y≥200000	1000≤Y<200000	100≤Y<1000	Y<100
	资产总额（Z）	万元	Z≥10000	5000≤Z<10000	2000≤Z<5000	Z<2000
物业管理	从业人员（X）	人	X≥1000	300≤X<1000	100≤X<300	X<100
	营业收入（Y）	万元	Y≥5000	1000≤Y<5000	500≤Y<1000	Y<500
租赁和商务服务业	从业人员（X）	人	X≥300	100≤X<300	10≤X<100	X<10
	资产总额（Z）	万元	Z≥120000	8000≤Z<120000	100≤Z<8000	Z<100
其他未列明行业 *	从业人员（X）	人	X≥300	100≤X<300	10≤X<100	X<10

统计学标准具有更强的可操作性，也较符合多数人对大型企业的一般认识——资产规模大、从业人数众多、收入数量高等。

三、适当性标准

对于大型企业破产而言，上述两项标准往往具有一定参考意义，除此之外，实务人员判断一个企业是否属于大型企业，往往更多关注企业的资产、负债、职工数量等。由于在破产前并不一定能了解营业收入的最新真实数据，因此存在不确定性；可能因为区域差异而存在对大型企业有着不同的界定标准，例如，经济发达地区对于界定大型企业有着更高的要求，因为企业普遍规模比较大；经济欠发达地区对大型企业界定标准相对较低，大型企业整体较少，且规模大的更少。因此，本书之所以锚定大型企业这一范畴，并非对大型企业有着严格的限定标准，而是综合资产、负债、营业收入、规模、职工等因素做出的综合判断。

四、“变形者”债务问题的特点

有学者形象地将大型企业比作“变形者”（shape-shifter）——人们可以清晰地看到一个耳熟能详的品牌，但是，当人们走近它，却发现它是一团不那么透明的迷雾——迷雾里混杂其子公司与金融机构、供应商、雇员、政府之间的各类商业交易及其法律关系。[①] 诚然，迷雾便是最大的风险，对于公众如此，即便是内部主体，除非掌握相当全面且准确的信息，否则也难以识别企业危机。

大型企业破产问题的解决，核心问题依然是债务问题。通常，解决债务问题涉及四个层次的问题。

第一个层次是顶层设计层面。债务问题不单纯是商业问题、法律问题，也涉及心理学、社会行为学、金融学、经济学等不同领域的问题，解决债务问题

---

① See Jay L. Westbrook, Transparency in Corporate Groups 13 Brook. J. Corp. Fin. & Com. L. 1 (2018), 33-34.

需要做情景化分析、个性化分析等，其中，国家债务、市政债务、企业债务、家庭债务、个人债务的解决，还需要因地制宜地选择某一或某几类工具，如政策工具、金融监管工具、其他法律工具等。

第二个层次是宏观层面。主要针对市政债务、系统性重要机构与大型企业的债务，一定程度上，其债务问题的解决主要依赖法律、商业、政策工具等。例如，解决此类债务具有长期性、重要性与根本性，三者相辅相成、相互促进。

第三个层次是债务与非债务之间的辩证关系。没有债务的经济关系是缺乏包容性与流动性的，往往也是不符合经济实际的，解决债务问题既是阶段性的，也可以是长期存在的。在这一过程中，不仅要关注债务问题本身，也要关注非债务问题，在债务化解过程中注重二者之间的辩证关系，促进债务化解、巧妙利用各类法商工具促进债务问题的解决。

第四个层次是微观层面。表现为企业债务、家庭债务与个人债务，此类债务问题主要依靠法律、商业工具解决，对于个人债务解决需要视情况解决，其中不乏创新式的解决路径，也包括心理学、财富管理等方面的专业辅导。此类主体往往在债务规模上较小、风险相对可控、影响范围有限。正因为属于微观层面的问题，也会直接影响企业、家庭与个人的“命运”，极端情况下甚至具有不可逆性。

具体包括：解决大型企业与内部主体（职工、分子公司等）、外部主体（如供应商、债权人等）之间的债权债务关系，解决“破产生态圈”中的新生债权债务关系——财务或战略投资人与破产企业之间、共益债投资人与破产企业之间，特别疑难且重要的是与金融债权主体之间的关系，如银行金融机构、非银行金融机构、资产管理公司等，与其沟通、谈判，法律关系与非法律关系的处理结果，会对破产结果产生直接或间接的影响。此外，值得注意的是，债务关系不是僵化的，而是开放的、动态的，旨在化解债务、清偿债权、实现多方共赢；同时，也需要关注债务产生单元和非债务产生单元之间的信息对称、商业合作、内在联系与风险共治问题。

第二节 大型企业破产重整目标、原则与破产原因分析

近年来，国内外大型企业破产数量有所增加，且多数具有广泛影响力。了解大型企业破产重整特点，一方面，对于本书潜在读者中的商业人士来说，能够防微杜渐，为企业拉好安全警戒线；另一方面，我们拟通过析出大型企业破产的特征，为管理人或从事破产业务的其他人士提供一定的参考，助力破产案件的推进和问题解决。

一、解决目标与关键原则

2017 年 12 月 18 日至 20 日在北京召开的中央经济工作会议指出，“深化要素市场化配置改革，重点在‘破’‘立’‘降’上下功夫。大力破除无效供给，把处置‘僵尸企业’作为重要抓手，推动化解过剩产能”。供给侧结构性改革，对于大型企业提质增效意义深远，破产制度作为集体收债制度，一定程度上，也是国家宏观调控经济、发挥宏观调控职能的法律工具——但在这个层面上，往往要更慎重，国家也会提供与之配套的公共资源支持，以期达到调控的目的——包括保障重整效率，降低实体经济投资破产成本；便利破产程序，降低制度交易成本，提升市场主体收益，间接增加政府税收收入；清理资本市场低效企业，提升资本市场活力，盘活产业链上下游资源等。

无论基于优化地方营商环境，还是考虑办好每一宗大型企业破产案件，能够尽可能周密、清晰地确立解决问题的目标与关键原则至关重要。《中华人民共和国企业破产法》第一条规定的“为规范企业破产程序，公平清理债权债务，保护债权人和债务人的合法权益，维护社会主义市场经济秩序”，具有纲领性、原则性和指导性意义，为大型企业破产问题的解决奠定了前提性基础。具体而言，解决目标与关键原则包括以下几点内容：

（一）解放或者发展生产力

之所以将“发展生产力”作为首要目标，是巩固破产重整功能的重要要

求。大型企业往往掌握着关键生产力。对于“生产力”所负载的大型企业，相比与逐笔清算或者零散清算，维持且发展生产力更有经济社会效益。就目前中国发展生产力，特别是新质生产力而言，也是保护生产力关键要素、发展新质生产力的具体实现路径之一。这里，涉及以下具体问题：

第一，识别破产企业生产力在同行中处于什么阶段；

第二，破产企业生产力有无发展提升的空间；

第三，破产企业生产力发展需要哪些要素支撑、何种主体能带来这些要素、是否可以从市场中获取，以及需要支付何种对价；

第四，发展生产力之后的破产企业，以何种形式重返市场；

第五，如何让破产企业掌握发展生产力的关键要素，优化与之匹配的人事问题，避免再次陷入破产。

立足个案，破产问题的产生是债务人和借款人因为与生产经营有关而形成的各类借款法律关系，债权人可以是供应商、科技人员，也可以是原材料供应商、一线员工等。债权人对债务人的请求权所依托的事实是企业生产力发展动力不足，未能带来重组的经济收益来分配给债权人，导致了矛盾的积压与爆发。

触发破产条件且进入破产程序后，管理人在破产工作中往往要全面掌握大型企业经营、资产、财务、涉诉涉执等信息，同时，评估大型企业重整的前景与风险，为后续招募投资人、制订重整计划草案——尤其涉及不同经营板块的情形、恢复经营等，奠定事实性基础。管理人的立场是超然的，也是具体的。

在此环节，容易被忽略的操作要点在于：

第一，未能考虑当下债务人的经营管理能力——部分债务人经营管理团队能力较低且缺乏盘活能力，如果让其继续负责经营，无异于雪上加霜，后续难免重蹈覆辙。

第二，未能充分调动、发现市场资源，部分仍然具有市场价值的机器、设备、技术等未能被有效利用或因各类因素干扰而被做废品处置，导致资源浪费或者缺乏有效利用的机会。

第三，对于知名品牌而言，受制于债务人自身道德风险影响，被“污名化”，处置不当将导致品牌价值流失，合法合理的保护将让品牌隔离于债务人破产风险之外，维护品牌价值，在后期处置或者集团重整旗鼓时，发挥积极品牌效应；

第四，限于经验、认知与职业习惯，未能及时掌握最新破产工具，没有找到有效的工具解决企业特殊问题，就好比医生没有掌握最新技术来治疗疾病——而这种疾病已经在医学界出现了有效治疗方法，导致企业与最佳破产工具无缘，能够救活的没有救活，能够留存的有价值的资产无法留存，或者价值严重流失等。

（二）“拉平”债权人利益曲线

根据国际货币基金组织工作文章中的观点[①]，所谓拉平债权人利益曲线，主要是针对存在关联关系的大型企业，如果若干企业存在关联关系，但仅就资产薄弱、债权数额大的企业进行选择性破产，其破产清偿率因该破产主体与关联企业存在关系而被显著拉低，那么，就需要依法纳入关联企业实质合并破产考量框架中，从而实现实质公平。拉平债权人利益曲线有三层含义：

第一层含义是拉平债权人利益曲线是基于不拉平将导致在关联企业体系中债权人利益分化——主要呈现出高低错落、差距甚大、两极分化等状态，原本债权人预期所得非因自身因素而明显低于合理预期——如发生债务人偏颇性转让或者有违诚实信用原则的其他情形，而另一波群体则得到更为丰厚的清偿，不同群体之间的清偿是不公正的。这一点也隔离了债权人受制于自身心理、经济与社会地位、信息等因素导致的预期过高。

第二层含义是“被拉平”的债权人是特定债务人的债权人，具有身份的限定性，大型企业破产中债权人成千上万，在整体对债权人及其债权规模进行量化统计的基础上，确定债权清偿比例、清偿方式等，是拉平的基础，否则，为了“拉平”而拉平将会破坏破产分配实质正义之内在要求——本质上是以

---

① See IMF Working Paper, A. Bauer, R. Craig, J. Garrido, K. Kang, K. Kashiwase, S. Kim, Y. Liu, and S. Rafiq, Flattening the Insolvency Curve: Promoting Corporate Restructuring in Asia and the Pacific in the Post-C19 Recovery, file: ///Users/xue/Downloads/wpiea2021016-print-pdf. pdf.

形式公平掩盖实质不公平，陷入绝对平均主义陷阱且缺乏正当性基础，甚至可能通过误用破产程序成为掠夺债权人合法利益的不当工具，有违破产法基本原理与立法目标。这里，要排除一类情形，即基于债权人会议集体决议、债权人自由意志而做出对债权进行调整的决策，如为保护相对弱势群体——国内青年公寓的租客（刚毕业收入不高的大学生）、瑕疵产品受害者等，防止这类普通债权人而非优先债权人的受偿率过低危及他们的生存基础。这种拉平强调生存利益，也确实拉平了曲线，让每个群体都能获得生存层面上的根本保障。

此外，“拉平”的对象还有一个难点，即决策者过度自信而低估了失败的可能性，导致资金错配、高杠杆、费用成本高[①]，在破产中表现为对外长投等，也是企业债务形成的一股力量。

第三层含义是拉平并不意味着绝对平均主义，而是多层次、多样化、多模式的利益分配。目前，我国大型企业重整中，针对债权人分配主要采取的方式有：设置债权额分界线，分为小额、大额等债权人，特别是在上市公司破产重整中，且不同区间采取不同的清偿比例——往往针对小额债权是较大比例清偿，此类往往是现金清偿；债转股，可能存在通过延长受偿周期、转换身份、变更利益获取路径来间接实现受偿目标，或者进行博弈以期获取更高收益；设置破产信托隔离机制——通过信托工具来解决处置复杂、周期较长的财产，区别于信托财产之外的财产，通过专门安排使得信托范围内的财产不影响破产重整等等。这也意味着拉平是相对的，并且是有韧性与弹性的。

此外，容易被忽略的一点就是管理债权人的预期。不乏有的债权人性格极端、情绪不稳定，难以接受破产重整对其巨额债务折损的情况，甚至引发剧烈肢体冲突、社会矛盾等。对此，通常需要同时面对压力和情绪管理、法律答疑、经济分析等诸多问题，此时，管理人应当保持冷静与耐心，温和且有边界感，允许债权人表达诉求、充分倾听与理解，循循善诱，在情绪稳定、相对和谐的氛围中，达成共识；打开债权人的心结，从心底接纳破产法，支持并配

① 参见［美］马克斯·巴泽曼著：《管理决策中的判断》（第6版），杜伟宇、李同吉，译，人民邮电出版社2007年版，第122—125页。

合、参与破产工作。

（三）兼顾实质正义与程序正义

办好破产案件需要兼顾实质正义与程序正义，能够依法走完破产程序不仅需要在法定的期限内完成法定与必要事项，也需要在破产过程中把控风险以及关注分配结果正义。在我们处理的大型企业破产案件中，也观察到不同案件中利益相关方对利益的诉求往往有着很大差别。

例如，有的破产企业尽管符合破产受理条件，但并非资不抵债，且重整成功后出资人权益是有的，那么，就需要考虑出资人权益的保障及其与金融债权人、普通债权人之间利益的平衡。

又如，金融债权人对债转股往往持有“观望”“慎重”的态度，那么，提供多种偿债路径选择，能够满足不同类型金融债权人的诉求，也能让单个债权人不同层面的需求得到满足——如获得长期投资收益、不良比率控制、履行 ESG 社会责任等。

此外，保护小额债权人关乎百姓生存权与民生问题，那么，相对公平就是实质正义的重要组成部分，通过债权数额分段来区分不同诉求、生存能力与需求的债权人，有助于解决债权分配面临的社会、经济问题，也能减轻政府负担，特别是节约政府用于维稳的经费。这一点在国内诸多典型案例中亦有所彰显。

还有一点就是大型企业破产中，容易出现法院、管理人职能不清晰影响案件结果的情形。个别案件中，存在法院违背管理人勤勉尽责分析的结果，将能重整成功的案件进行清算，导致减损债权人利益；也存在管理人违反法院指导的精神或建议，违法进行破产财产分配、处置，或其他有违破产法规定的情形。无论如何，法院与管理人的行为都会对破产过程与结果产生实质或形式方面的影响，这种影响在大型企业破产中尤其显著。针对此种情形，单靠外部监督是难以遏制的，也需要来自上级主管部门、外部专家、行业协会、广大债权人等协同努力，确保破产程序推进契合立法目标。

（四）处理好金融与破产关系

大型企业破产往往和金融机构有更紧密且相对长期的关系，通常人们会认为只是表现为具体案件中的债权债务关系，实际上，这种关系还体现在宏观金融资源配置、事前金融机构贷款策略、事后金融机构融资贷款，以及过程性的支持等，将企业信息、企业技术、企业人才等关键信息纳入其中，用于强化企业生命质量等。[①] 一方面，在破产程序中解决大型企业破产问题，侧重点在于金融债权人清偿，对具有持续经营价值的企业提供共益债融资及抵押金融债权人清偿方式选择，解决上述问题需要真正提升企业盈利能力，改善生产所需生产关系层面的问题，而非金融资源低效配置——基于非市场化因素决定贷款，或者政策性债转股，但并未高瞻远瞩地考虑企业存续前景与价值。

另一方面，在事前预防或风险治理阶段，要考虑金融资源与企业杠杆的关系。有实证研究表明，银行业竞争加剧导致高杠杆企业破产率提升，相比之下，短期贷款占比较高的企业并未显著恶化，对此，有效策略是决策者采取行动以帮助高杠杆企业降低风险。[②] 从破产、金融、政策三者的关系来看，银行良性竞争、企业杠杆率控制、企业从外部融资依赖陆续转入内在盈利支撑发展，是有利于遏制大型企业破产趋势的，甚至能够激发企业内生力；金融机构能在企业破产前获取企业是否正常偿债的讯号——如借旧还新、流动性不足以支付利息等，使其有机会判断企业是否濒临破产，到了破产程序中，金融机构可以提供共益债融资等来帮助企业持续经营，特别是房地产续建、生产型企业加工生产等。而破产政策，无论中央还是地方，无论行政机关出台还是司法机关出台的政策等，均从不同角度、不同层面为解决破产问题提供了方向、底线，特别是突破立法规则、坚持立法原则、维护立法精神的重要创新。如中共中央、国务院印发了《关于新时代加快完善社会主义市场经济体制的意见》；最高人民法院《关于推进破产案件依法高效审理的意见》，诸如此类，延伸了破产法对于解决不同企业问题的功能，特别是对于大型企业而言，政策的应时

① 傅军：《交通银行青岛分行：书写科技金融大文章》，载《青岛日报》2024 年 6 月 5 日第 007 版。

② 参见卢多维科·罗西等：《企业破产与银行业竞争：财务杠杆效应》，载《金融市场研究》2021 年第 3 期，第 74—76 页。卢多维科·罗西（Ludovico Rossi）系西班牙金融研究学院助理教授；劳拉·卡斯卡特（Lara Cathcart）系帝国理工学院商学院副教授；阿方索·杜福尔（Alfonso Dufour）和西蒙·瓦罗托（Simone Varotto）系雷丁大学亨利商学院副教授。原文出自：The World Bank all about Finance Blog. https：//blogs. worldbank. org/allaboutfinance/corporate-bankruptcy-and-banking-competition-effect-financial-leverage。方盈赢编译。

出台，能够帮助管理人联动、协调不同政府机关、司法机关等推进破产程序，也能够凝聚各方，借力破产工具推动企业再生，重新回归发展正轨道。

二、大型企业破产原因分析

（一）概述

一般而言，企业流动性往往能扼住企业命运之喉。因此，欧美国家对于破产预测的方法多为利用会计数据进行，包括流动比率，具体是通过单变量或多变量分析方式（分析变量包括运营资本、留存收益、收益、股票市价、销售与总资产等）来预测破产。[①] 尽管此种方法具有局限性，但在当时依然具有一定影响力，对破产法律制度关于破产受理标准的完善、破产实践的灵活操作具有较大的参考价值。

例如，在多年的迅速扩张后，尚德电力控股有限公司深陷债务泥淖和公司丑闻，不得不申请破产。[②] 也有企业因低效率生产与失灵的公司治理，或缺乏专业市场运作和财务管理使得公司功能失调、竞争失败，以及财务结构性缺陷等，招致倒闭。[③] 此外，新《中华人民共和国公司法》的出台也会对企业破产产生一定影响，新公司法修订的一个重要背景是公司“内部监督机制失灵”“公司自治与交易安全的关系紧张”[④]，对此，通过条款修订以强化公司法对市场竞争机制、公司治理的保护与巩固，也会带来市场的再次洗牌，淘汰或重整部分治理混乱、资本矛盾冲突显著、存在严重交易风险的公司。

新《中华人民共和国公司法》第二十三条第二款规定，股东利用其控制的两个以上公司实施前款规定行为的，各公司应当对任一公司的债务承担连带责任。这也意味着债权人索赔的范围和强度都进一步强化，隔离关联企业风险并不能损害债权人利益。这与破产法域下的实质合并在内在机理上具有雷同之处。

---

① 参见栾甫贵、贾华章、杜筱进：《企业破产财务管理》，科学普及出版社 1992 年版，第 22 页。

② 参见王峰娟、李越：《企业扩张与财务困境问题探析——基于无锡尚德破产的案例分析》，载《中国注册会计师》2023 年第 12 期，第 104 页。

③ 参见［英］费奥娜·托米：《英国公司和个人破产法》（第 2 版），汤维建、刘静，译，北京大学出版社 2010 年版，第 34 页。

④ 李皓主编、陈樱娥副主编：《原理、逻辑与实战　新公司法诉讼实务十六讲》，法律出版社 2024 年版，第 4 页。

在此基础上，我们筛选出具有典型性的企业以便于读者类比了解：

名称	公司简介	破产原因分析	破产处理结果
某油气股份有限公司预重整转重整①	某油气股份有限公司是一家注册地在海口市的以境外石油天然气勘探开采为主要业务的 A 股民营上市公司。	1. 外部影响：国际油价波动、地缘政治、疫情肆虐等因素叠加影响，洲际油气公司融资环境恶化，陷入流动性危机。 2. 矛盾激化：2023 年 4 月 6 日，上海中曼投资控股有限公司以洲际油气公司不能清偿到期债务、明显缺乏清偿能力但具有较高重整价值为由，向海口中院申请对其进行重整，同时申请在破产申请审查期间对其进行预重整。 3. 重整前景：某油气公司油气业务潜力巨大、发展前景良好，可以恢复持续经营和盈利能力，具有重整价值。	1. 预重整期间，临时管理人对洲际油气公司基本情况、经营及财务困境成因、重整价值、重整可行性进行了深入摸排及分析，相继完成债权申报与审查、清产核资、重整意向投资人招募等相关工作，制订了可行的重整方案并获得主要债权人的支持认可。 2. 海口中院在省市两级党委和政府高度重视下，层报取得最高人民法院同意洲际油气公司进行重整的复函。某油气公司重整方案得到了主要债权人的理解支持，有利于公平保障全体债权人和中小投资者合法权益，遂裁定受理对洲际油气公司的重整申请。 3. 重整期间，中院指导并监督管理人完成预重整程序与重整程序的衔接等重整计划草案内容符合公平清偿及债权人利益最大化原则，经营方案具有可行性，遂裁定批准某油气公司重整计划并终止重整程序。
成都某置业公司预重整转重整案②	成都某置业有限公司主要资产为高新区“某国际花园”项目。2019 年 10 月起，开发商因担保积债原因，账户、土地使用权被陆续查封，资金链断裂。	1. 负债巨大。公司债权人 120 余户，涉及债权总金额高达 73 亿元左右。 2. 涉诉涉执案件多。某置业公司涉诉案件量大，协调解除保全措施难。管理人清理某置业公司的资产查封情况，与查封法院的沟通联系不畅，落实对某置业公司资产解查封工作进度缓慢。	1. 2021 年 9 月，成都中院决定同意某置业公司预重整申请，指定临时管理人对某置业公司债权债务进行梳理，并通过全社会公开招募锁定意向投资人，后成都中院依法裁定受理某置业公司破产重整申请。 2. 某置业公司第二次债权人会议审议并表决通过《重整计划（草案）》后，成都中院于 2023 年 4 月 27 日依法裁定批准重整计划。“某国际花园”项目正式复工，同步为一期业主办理了产权证，并将陆续完成已交房业主办证、存量房屋销售、商业街区招商、烂尾工程续建和销售办证等工作。

① 海南省海口市中级人民法院破产审判白皮书（2022 年 12 月—2023 年 11 月）中的典型案例之一。

② 成都中院：2023 年度成都法院破产典型案例之一。

续表

名称	公司简介	破产原因分析	破产处理结果
		3. 债权人利益冲突明显。某置业公司债权人中，除抵押担保债权人外，还包括建工债权人、业主等，上千户业主无法办证，农民工工资无法兑现。同时，抵押担保权人不愿意让渡权利，导致重整计划草案难以达成。	
苏州某制药有限公司预重整转破产重整案①	公司创始于1920年，是苏州开办的第一家化学制药企业。	1. 债务诉讼牵连。2022年初，受集团母公司债务诉讼牵连，加之新的动力中心未能按期建成，产能不足导致盈利能力下降，制药公司出现了现金流周转困难。 2. 担保责任牵连。2022年6月，作为集团母公司的担保债务人，制药公司账户被依法申请冻结，致使账面资金无法使用，既不能支付供应商材料款及员工工资，也不能按约偿还其他融资款项，遂被其债权人诉至苏州工业园区法院，后进入强制执行程序。② 3. 深陷诉争。制药公司先后被多家债权人起诉并申请执行。	1. 预重整。2022年12月7日，苏州工业园区人民法院（以下简称“园区法院”）对债权人申请某制药公司破产重整一案立案审查，并于2023年1月3日决定对制药公司进行预重整。 2. 维护企业重整价值。预重整期间，临时管理人协助安置职工，与供应商和代理商沟通协调确保采购与销售正常，组建招投标小组、制订投标方案，以最高价一次中标16省药品联盟集采，有力维护了企业重整价值；积极恢复动力车间续建，为企业持续扩大产能打下基础；通过集中评选，结合公开竞价方式成功招募到投资人，引入重整投资共计3.55亿元，实现溢价率42%。 3. 加大研发和人才引进。2023年4月7日，该院裁定受理制药公司重整，根据重整计划草案，投资人将在继续开发现有产品、全盘接收现有职工的基础上加大研发投入与引进人才，上述草案经债权人会议各组别审议均高比例表决通过。同年7月21日，该院裁定批准重整计划并终止重整程序。

① 案号：（2023）苏0591破61号。江苏高院：2023年江苏法院破产审判典型案例之一。

② 百年药企濒临破产如何“蝶变”？苏州工业园区管理委员会，http：//www.sipac.gov.cn/xzspj/ywtbggdt/202309/729c05c64e454470b50e8af457ebf5aa.shtml，2024-05-30最后访问。

续表

名称	公司简介	破产原因分析	破产处理结果
上海某国际集团有限公司等70家关联公司实质合并破产清算案①	集团系以中国某能源有限公司、上海某国际集团有限公司、海南某国际控股有限公司为核心，由近两百家关联企业组成的大型企业集团。2018年年末，集团账面资产800余亿元，负债高达1700余亿元，严重资不抵债。	1. 存在大规模债券违约。 2. 对外投资复杂、债权债务类型复杂。 3. 应收账款数额大、清收障碍多、流程复杂等。	1. 多家管理人联合办案，合理分工，密切协作，合力应对解决众多疑难复杂问题。 2. 实质合并，分类清理。联合管理人清算了70家关联企业，分类清理了96家对外投资。 3. 清收境外资产。联合管理人积极清理归集境外资产，发起首例中国香港法院认可内地破产程序。 4. 创新处置应收账款。联合管理人通过沟通谈判平衡利益，以非诉手段处置应收账款。
某企业管理公司预重整案②	未见公开披露详细信息。	1. 经营不善。 2. 资金链断裂。	1. 基本情况。2022年5月10日，苏州中院联合苏州市司法局、国发集团、苏州银行、东吴证券、苏州资管共同建立"企业庭外债务重组指引中心"，搭建汇集投资撮合、产业评估、重组融资、专业咨询于一身的综合服务平台。某企业管理公司系智造产业园的开发公司，因经营不善，发生资金链断裂，致项目停工。 2. 纾困模式。危机爆发后，张家港法院积极发挥"企业庭外债务重组指引中心"的纾困挽救和匹配投资人功能，为该产业园项目引进了优质投资人，实现智造产业园破茧重生、复工续建。

① 案号：（2019）沪03破305号等。上海三中院、上海破产法庭：2023年度十佳管理人优秀履职案例之一。

② 苏州破产审判工作白皮书及典型案例（2021—2023），第二部分优化破产公共服务典型案例，案例二：某企业管理公司预重整案——企业庭外债务重组指引中心（江苏苏州）。

续表

名称	公司简介	破产原因分析	破产处理结果
乐清市某能源实业有限公司等三公司合并破产清算转重整案①	1. 公司成立于1996年。 2. 三家公司主营业务均为瓶装液化气充装销售，共登记有液化气钢瓶约21万只，是乐清市城区及中北部近10万居民生活必需液化气的主要供应商。	1. 企业扩张过快，融资方式单一。 2. 担保代偿款未能追回。 3. 陷入财务困境，对外债务巨大。	1. 优化重整思路。采用“继续经营+分离式处置资产”，以及保押金的合并重整模式： (1) 破产不停产，实现破产期间的现金流入，保留企业的经营资质和客户资源；继续为广大居民提供燃气供应服务，减少对居民生活的影响； (2) 划分财产为重整和非重整所需资产； (3) 采取公开网拍方式，通过市场决定价值，高溢价拍卖。 2. 保民生，10万用户燃气正常使用。 3. 对押金债权暂不清偿，广大用户继续使用燃气钢瓶——节省大量现金流和繁杂的钢瓶回收及押金支付事务，并将押金债权和钢瓶资产打包重整，以实现押金债权的平稳过渡。 4. 设立重整保证金。保障意外情况下燃气用户钢瓶押金的退还，避免衍生风险。 5. 府院联动： (1) 针对经营资质即将到期的问题，积极与综合行政执法部门沟通，并在临近到期日取得续期后的燃气经营许可证； (2) 针对非重整资产的处置矛盾，通过将相关信息在评估报告和拍卖公告中充分披露，推动资产顺利拍卖； (3) 针对个人股权难以解冻的问题，积极与海事法院及申请执行人进行沟通，并触发其他法院对该案个人股权的解封操作流程，完成股权解冻。

① 案号：(2020) 浙0382破申14、70、71号民事裁定书，(2021) 浙0382破69、70号、(2021) 浙0382破13号民事裁定书。以上信息来自全国企业破产重整案件信息网。本案被评为2023年浙江法院破产审判十大典型案例。

诚然，上述案例呈现出的破产样态只是万千大型企业的“冰山一角”，无法覆盖大型企业破产全部原因，但在一定程度上反映出企业破产是具有共性特征的，我们在下文中做进一步分析。

（二）大型企业破产之共性原因解析

1. 流动性危机

流动性对于企业而言至关重要，其具有资产属性，不仅与市场环境密切相关，而且与自身安全、盈利、评估、杠杆有着紧密联系。[①] 这就好比是一座大厦的根基，根基不牢则地动山摇。

解决流动性危机需要至少两个层面的努力。其一，经营管理层面的努力。表面上看，流动性危机是债务问题，是企业经营管理决策陷入僵局或者失败状态所致——总有企业及其管理者在面对相似的境遇时采取了有效方式避免或者走出了危机。这反映出其“力挽狂澜”的能力、“未雨绸缪”的能力，折射出发挥经营管理者主观能动性对于解决破产问题的重要性。这一点，也是决定债权人自行管理，还是管理人接管的“分水岭”。如果现有债务人不具备有关能力，并且能够判断其自身接管并不利于资产保护、维持企业经营价值，那么，管理人委托专业机构接管，或者自行接管——同样需要具备上述良好的经营管理能力，可能是更为明智的选择。

一方面，于管理人而言，是符合“勤勉尽责”立法规则约束的。另一方面，也是提升破产效率，真正解决流动性危机、破产危机的关键举措。例如，日航重整中，政府就邀请稻盛和夫先生亲自操盘——一位非法律专业的企业家，经过自上而下的企业文化重塑、员工意识重振与凝心聚力、经营管理优化以及战略调整，非常注重企业软实力、看不见的精神面貌层面的挽救。最终，日航奇迹般地复活，市场竞争能力大大提升。

因为如何识别真正的商业风险和原本可以规避的商业风险、难以预测与规避的风险，具有能动性、相对不确定性，这也在一定程度上给破产蒙上了

---

① 参见易宪容、王国刚：《美国次贷危机的流动性传导机制的金融分析》，载《金融研究》2010 年第 5 期，第 42 页。

“神秘的面纱”。

类似的操作在国内的案例中同样存在。例如，1991 年，“娃哈哈”品牌创始人宗庆后先生带领厂子兼并老牌国企杭州罐头厂，快速盘活该厂，优化生产线并出产新品。[①] 解决国企杭州罐头厂濒临倒闭问题的关键在于激发生产力、产品适销对路，同时走出生产、经营困境。又如，“褚橙”创始人褚时健先生，在早期任职玉溪烟厂时进行改革，特别关注产品原材料品质与生产技术、设备，经过多年努力让企业利润，纳税大幅增长。[②] 两位企业家“点石成金”的经验非常相似。

这在一定程度上意味着救活企业并非破产法律人士的“专利”，具备经营管理能力的管理者也可以通过商业、法律、心理学工具、社会文化等因素达到救助企业的目的。如果破产管理人不具备上述足以解决经营层面顽疾的能力，或没有通过委托具有此种能力的管理者负责经营，或没有发现问题本质进而借助于外力等方式解决本质问题，也可能招致失败，难以达到理想状态。

其二，对管理人勤勉尽责的具体要求。通常，管理人勤勉尽责反映在三点：（1）依法办事，没有违背法律规定；（2）管理人行事符合常识，不能不如普通人所能做出的判断和特殊情况下采取的合理行动；（3）在第（2）点的基础上，有着更高的注意义务、更强的专业判断，必要时借力行业专家出具的专业意见等。以房地产企业为例，在其接管中，管理人除了接管传统的证照外，还需要亲自前往现场进行核实，特别是土地四至、楼宇楼层、经营状况等实际情况，避免账实不符、实际与债务人口头陈述不符等问题。

总之，管理人不能只做纸面文章，而是要成为破产项目的核心，特别是律师事务所作为破产管理人时——往往依赖资产评估机构、审计机构的专业判断。尽管，管理人的专业限制使其成为审计、评估的“门外汉”，但仍然可以通过积极沟通、主动推进程序、核实资产实际状况等来降低履职风险。

---

① 参见新华网：从宗庆后身上，我们看到了一种怎样的企业家精神？http：//www. news. cn/fortune/20240226/e7d721b9bfc34e8cb0419cd79d701d92/c. html，2024-08-03 最后访问。

② 参见澎湃网，91 岁褚时健传奇落幕：从烟王到橙王，他相信人间正道是沧桑，https：//www. thepaper. cn/newsDetail_ forward_ 3078235，2024-08-03 最后访问。

此外，技术层面的突破往往是实体类企业破产问题解决的关键。经济学家布莱恩·阿瑟教授对“技术”做出如下阐释：

技术在所有层次上都存在着持续的变动，在所有层次上都会间或出现新组合、添加新技术、淘汰旧技术。技术以这样的方式不断地探索未知领域，不断地创造出进一步的解决方案和进一步的需求，因之而来的是持续不断的新颖性，整个过程就此呈现了某种有机性：新技术不断在旧技术之上衍生出来，其中创造和替换交叠着推进整个进程向前发展。在集合的意义上，技术不仅是单个技术零件的综合，还是一个新陈代谢的化学过程，一组几乎无限多的实体相互发生作用，从而产生新的实体和进一步的需求……经济是其技术的表达。在它的结果中包含着一系列相互支持的安排——商业、生产资料、制度、组织，而这些实际上就是广义的技术本身。①

从某种程度来看，破产企业对于技术的需求往往体现在以下几个方面：

第一，传统技术难以为企业带来经济价值，或者带来的价值难以有效解决债务问题——如战略制定错误，导致多元化经营引来债务包袱；缺乏新技术，旧技术被市场淘汰，难以在市场中立足。

第二，旧技术与环保问题。随着环保政策变动，旧技术对环保的影响受到政策或制度约束，不得不停用，改造或升级技术面临高昂成本，技术不升级则环保问题无法解决，掣肘企业发展，投资门槛也相继抬高。

第三，新技术与旧技术更迭过程中，企业出现了流动性危机，导致这种更迭中断、不完整，企业无法继续生产，经营陷入困境，加之管理层面可能存在的问题，企业陷入危机。

2. 偿债机制

正如托马斯·杰克逊教授所言：“债权人集体收债制度最明显的理由是确保债权人在寻求单个补救办法时，不会实际减少未来用于偿还债权的资产的总价值。”② 基于公共池塘理论，这一观点有着深厚的现实基础。在成功的重整

---

① ［美］布莱恩·阿瑟：《技术的本质》，曹东溟、王健，译，浙江科学技术出版社2023年版，第229页。

② ［美］托马斯·H. 杰克逊：《破产法的逻辑与限制》，马学荣，译，陕西新华出版、陕西人民出版社2023年版，第13页。

方案中，一定程度上沿用了这一基本原理：

（1）通过维持企业经营来保持资产总价值、防止企业资产总价值减少——甚至覆盖无形资产。

（2）某类债权人的补救措施——如分阶段清偿或债转股，或者部分现金清偿等，不仅没有损害上述未来用于偿还债权的资产总价值，也充分达到了有效“补救”，尤其针对中小债权人而言，保障了生存权与发展权，使之免予陷入流动性危机甚至濒临破产，实现了有效保护，一定程度上满足了债权人的多元需求。

（3）个别处置与整体处置的权衡。在破产财产处置中，不乏提前处置、差别化处置、挑拣式处置等多元方式，而处置的底线是明确的，不损害用于清偿的资产总价值——这里需要注意的是“用于清偿”之目的，落脚点首先在于满足债权人需求，这为进一步保护债权人提供了优先保障。

此外，还有因担保责任（如宁夏上陵）、虚假陈述交易招致处罚（如康美药业）以及声誉风险等导致的债务问题。除商业风险外，法律风险也是企业破产的一个重要诱发因素，且往往难以逆转。当进入破产程序后，管理人仍要对上述法律问题做正面回应，依法问责、追根溯源、逐一回应，从而降低管理人履职风险，让破产案件即便到了破产阶段，也能化解法律风险，让企业回归法治化轨道。

（三）西北地区企业破产典型案例

通过观察大型企业破产重整问题，我们关注到大型企业破产的原因、路径、重整经验也和地方经济社会发展水平、法治状况有着紧密联系，而且，随着企业破产法普及的广泛性、深入性，发达与欠发达地区在法律能力上的差别正在缩小，有些领域还可能是持平的。具体区别主要体现在经营管理资源、重整投资可得资源、资产处置效率以及破产法实施所依托的宏观营商环境、中观环境等非纯粹法律事项上。

本部分，我们选择了新疆、宁夏、陕西、甘肃等人们在传统观念上被认为破产发展相对滞后地区的案例及其有益经验，一方面，为后续理论与实务问题的研究奠定事实基础，以及改观本书读者对西北地区的认识，也期待为西北地区获取有益的资源和更多关注提供一个“窗口”；另一方面，我们也会在下文论述中穿插大型企业经典破产案例，以便于读者理解与观察。

1. 宁夏上陵集团及其关联企业破产重整案[①]

宁夏上陵集团始创于1998年，是银川市乃至自治区具有一定代表性的大型民营企业。关联公司分布全区，覆盖以房地产为核心，涉足建筑施工、汽车销售、商城运营、酒店管理、石膏矿业、奶牛牧业等领域。上陵集团及其关联公司因无法清偿巨额债务，向法院申请破产重整。

2018年10月24日，上陵集团以不能清偿到期债务且明显缺乏清偿能力为由，向银川市中级人民法院申请破产重整。

2018年11月19日，银川市中级人民法院发布的《关于宁夏上陵实业（集团）有限公司等七家企业破产重整案竞争选任管理人公告》显示，上陵集团及其下属部分企业已向法院申请破产重整，法院经审查拟裁定受理。

2018年12月19日，银川市中级人民法院裁定受理宁夏上陵实业（集团）有限公司及其六家关联公司重整申请。因另外13家关联公司也与上陵集团存在高度混同，为避免损害债权人利益，经管理人申请，银川市中级人民法院裁定批准上陵集团等20家公司合并重整。

2019年3月28日，银川市中级人民法院首次以网络会议形式召开宁夏上陵实业（集团）有限公司等破产重整案第一次债权人会议。

2021年9月，上陵集团等20家公司合并重整计划草案经全体债权人会议表决高票通过。

2021年10月18日，银川市中级人民法院正式裁定批准重整计划草案，上陵集团等20家公司合并重整进入执行阶段。

---

① 案号：（2018）宁01破12—18号民事裁定书。宁夏回族自治区高级人民法院：《宁夏法院破产审判工作白皮书和典型案例（2020—2022年）》，宁夏三级法院破产审判典型案例，中国破产法论坛微信公众号，2023年8月13日。由于目前本案没有公开信息显示最新进展，暂时整理到截止本书出版日的有关信息。

（1）破产原因①

评级持续下调。2018 年 10 月 9 日，鹏元资信评估有限公司就将上陵集团的长期信用等级由 AA 下调为 B，上述公司债券信用等级也由 AA+下调为 BB。鹏元资信称，考虑上陵集团受限资产和股权质押比例较高，再融资能力受限，面临极大的流动性压力，其核心子公司上陵牧业违规担保和资金被划转事项已影响正常经营，且相关债券抵押房产及土地使用权变现存在较大不确定性，因此将其信用等级下调。2018 年 10 月 15 日，鹏元资信再次将上陵集团和上述债券信用等级下调，并称相关证券已构成实质违约。

重要债券违约。2018 年 10 月 15 日，上陵集团在上交所发布公告时称，其“2012 年宁夏上陵实业（集团）有限公司债券”本应于 10 月 16 日兑付本金 5 亿元及利息 4200 万元。但由于受多重因素影响，上陵集团原定的偿债资金安排未能如期到账，公司在发生相关情况后争取各方力量支持，但未能形成有效解决方案。

违规担保问题。2018 年 9 月 30 日，上陵牧业发现募集资金专项账户被冻结，经向董事长报告得知，黄河银行已在 9 月 26 日将公司募集资金专项账户中的 1.95 亿元及基本户中的 244.09 万元划转，用于控股股东宁夏上陵实业（集团）有限公司的担保贷款还本付息。

而上陵牧业从董事长出具的《关于宁夏上陵牧业股份有限公司对外担保有关情况的说明》可知，2016 年 5 月至 2018 年 2 月，上陵集团及董事长等公司高层以集团、个人与上陵牧业的名义，共向上陵集团及其关联方上陵国际贸易、上陵卓恒安车销售服务公司等提供 5 起违规担保，金额合计 3.292 亿元。

上陵牧业表示，上述 5 笔担保均未通过上陵牧业董事会和股东大会审议，亦未公告披露。由于控股股东上陵集团提供违规担保，此次资金划转已严重影响上陵牧业正常经营。

① 新京报：《5 亿公司债券违约难偿，上陵集团申请破产重整》，https：//www.bjnews.com.cn/detail/154288735614020.html。

（2）重整难点

上陵集团业务版图宏大，呈现出重资产特质、经营管理相对滞后的特点；财产结构复杂、处置/重组难度大且流动性差；受客观房地产调控政策与上下游产业环境影响，前期并没有投资人报名整体参与重整。

该案申报债权总额近60亿元。债权结构包括大额金融债权、企业债券“12上陵债”，以及“养老返还”“酒店返租”“职工集资”“建设工程款”等涉及百姓的债权。因此，该案处理难度很大，涉及多方利益平衡与百姓稳定的问题。

2. 宁夏天净冶金有限公司破产重整案①

（1）案情概述

2015年起，宁夏天净冶金有限公司受市场影响等逐步陷入经营困境，最终资不抵债。2019年11月，银川市中级人民法院受理该公司破产清算申请，并指定破产管理人。企业资产庞大，财产状况复杂，且因冶金设备的特殊性，一旦停止运行，设备自身价值必将严重贬损且会产生高昂的重启成本。为使企业保值增值，人民法院和管理人认真研判后决定该公司继续生产营业，同时管理人积极回收对外债权，妥善处置破产财产，通过努力提高债权清偿率，极大地保障了债权人的利益。

此外，银川市中级人民法院和管理人主动借鉴外地破产清算案件的成熟经验，在个别清偿、撤销权行使、权利处分等方面，创新做法，避免无效主张和诉讼，节约履职资源，秉持债权人会议意思自治原则，充分保障债权人行使权利，从而为推动破产程序进程、高效审理案件提供助力。

（2）典型意义

人民法院根据企业实际情况，敢于作为，勇于担当，将避免国有资产流失、促使破产企业财产保值增值和维护全体债权人利益放在首位，在批准同意破产企业继续经营的情况下，促使可分配资产不断增加。

---

① 案号：（2019）宁01破申32号等。宁夏大远律师事务所担任管理人案件入选破产审判典型案例，宁夏大远律师事务所微信公众号，2023年8月21日。

管理人注重公正高效，在较短的时间内以较高的清偿率完成分配，得到了破产企业、债权人、管理人等的一致认可，实现了良好的法律效果和社会效果。

3. 中航特材工业（西安）有限公司破产和解案[1]

（1）案情概述

中航特材工业（西安）有限公司（简称"中航特材公司"）主要经营黑色金属、有色金属、金属材料、元素、炉料、刃具、工具、电工电气产品的销售、仓储及网络销售等。因主要客户发生破产风险，中航特材公司资不抵债，不能清偿到期债务，且明显缺乏清偿能力，向西安市中级人民法院申请破产清算。

西安市中级人民法院于2018年8月3日做出〔2018〕陕01破申38号民事裁定书，受理中航特材公司破产清算，并依法指定了破产管理人。

2018年11月2日，中航特材公司第一次债权人会议召开，多数股东为债权人，在债权人会议上，部分股东债权人提出不同意中航特材公司破产，不愿意看到中航特材公司破产清算可能造成的国有资产流失以及重大财产损失，希望通过重整或和解，挽救企业。

为了保护广大债权人的利益，避免破产清算可能带来的资产损失，尽可能地发挥中航特材公司的平台优势，实现资源的价值最大化，维护社会稳定与和谐，西安市中级人民法院与管理人、债务人、债权人进行了多次沟通，寻求中航特材公司破产重整或和解的契机，听取管理人、债务人汇报并根据实际情况指导管理人、债务人制订了多套相应的实施方案，经过多次反复的沟通协调，最终确定和解，并取得绝大多数债权人的支持，形成中航特材公司破产和解草案，提交债权人会议讨论。

2020年1月14日，第三次债权人会议中破产和解草案获得高票通过。

2020年1月17日，西安市中级人民法院裁定认可和解协议，中止中航特

① 案号：（2018）陕01破35号。西安市中级人民法院：西安法院破产审判工作白皮书（2022年度），2022年度陕西省西安市中级人民法院破产案件典型案例。

材公司破产程序。

2021 年 12 月，中航特材公司和解协议全部履行完毕，实际清偿债权 2.19 亿元。

（2）典型意义

第一，调动各方积极性，获得利益相关方支持。中航特材公司和解成功，充分证明破产和解更能调动债务人及股东的积极性，能更好地保证债权人的合法权益，更容易为各方接受和配合，避免重整案件各方由于利益对立引发的尖锐矛盾冲突，更有利于社会和谐发展。

第二，和解之路维护债权人利益，减少国有资产损失。中航特材公司的和解最大限度地保护了广大债权人的利益，避免破产清算可能带来的巨大社会财富损失，维护了社会的稳定与和谐，同时尽可能地减少了国有资产的损失，使职工重新获得就业。

第三，中航特材业务较为特殊，涉及国家航空领域的特殊资源，对于国家安全、行业发展、航天事业等具有重要意义。

4. 库尔勒鲁岳三川建材有限公司破产和解案①

（1）案情概述

库尔勒鲁岳三川建材有限公司（以下简称“三川公司”）的主要产品为“三川水泥”，该公司用了 18 年时间，从一家年产不足两万吨的兼并改制小企业，发展成为年产突破百万吨、拥有 180 余名员工的民营企业。

2013 年至 2015 年，每年亏损金额都在千万元以上，公司债台高筑，总额接近 8 亿元。企业职工面临下岗失业境地；因投资过大，负债经营；对环保投入不足，屡屡因为环保问题被叫停整顿。

（2）典型意义

第一，审时度势，判断经营。经过综合分析，人们认为三川公司并非没有盈利能力，而是财务成本巨大，无法正常生产经营。

---

① 案号：（2017）新 28 民破 2 号。记者：王书林，通讯员：邱林枫、杨娜，载《人民法院报》2019 年 4 月 30 日第 8 版。

第二，破产和解，凝聚共识。企业具备实施破产和解的“救治”条件，多方达成共识，决定适用破产和解，为三川公司提供法律保护，让企业继续经营。

第三，法院牵头，联动各方。法院专门抽调精兵强将，组成了破产和解合议庭，指定执业经验丰富的新疆天雪律师事务所担任破产管理人。面对重重压力，法院与管理人耐心沟通，就三川公司的经营现状以及未来发展进行深度剖析，向债权人详细解释破产和解制度。

第四，多票通过，达成协议。2018 年 12 月 20 日，债权人会议召开，大会通过了《“三川水泥”破产和解协议》和《监管协议》。

2019 年 3 月 1 日，巴音郭楞中院依法裁定，认可库尔勒鲁岳三川建材有限公司的破产和解协议，使得债权人在已有债权利益不受损失的情况下，延长企业偿债周期。

第五，恢复生产，持续偿债。三川公司逐步恢复生产，积累偿债资金。顺利实现和解，最大限度地保障了国家税收、社保资金、债权人以及企业员工的利益。

5. 古浪鑫森精细化工（集团）有限公司及其七家关联公司破产重整案①

（1）案情概述

古浪鑫森精细化工（集团）有限公司（以下简称“鑫森公司”）电石产品质量达到了国际标准先进水平，曾获得由中国国家标准化管理委员会颁发的“国际标准产品标志证书”；双氰胺和碳酸钙荣获甘肃省名牌产品称号。

近年来，因经营管理不善，盲目融资投资，无序跟风扩张而遭遇巨大困难，公司停工停产多年；鑫森公司法定代表人被判处刑罚，企业复工复产困难重重；鑫森公司及其关联公司陷入大量诉讼纠纷，涉执行案件 77 件，执行标的额达 14.5 亿余元。企业资产不足以清偿全部债务，明显缺乏清偿

① 案号：（2021）甘 06 民破 1 号。本案系甘肃法院优化营商环境典型案例之一；参见全国企业破产重整案件信息网，古浪鑫森精细化工（集团）有限公司及其关联子公司重整投资人招募公告；参见武威中院：武威中院召开古浪鑫森精细化工（集团）有限公司及其关联公司破产重整协调推进会，http://wuwei.chinagscourt.gov.cn/Show/77835，2024-08-03 最后访问。

能力。

（2）典型意义

第一，审时度势，实质合并。武威中院发现企业具备重整价值与条件，债务人、债权人均有企业重整意愿，遂依法裁定受理鑫森公司及其七家关联公司破产重整申请。

第二，公开办案，有序推进。本案复杂且社会关注度高，故法院公开招募并以现场陈述评审的形式评选出破产管理人。首次以网络视频方式顺利召开了第一次债权人会议，分布在全国各地的200名债权人在线上参会；依法面向全国公开招募战略投资人，力促企业重整成功，有效提振了市场主体信心。

第二章 大型企业重整理论基础

大型企业破产重整理论基础作为理论研究内容，我们将其作为本书基本原理篇的组成部分，是基于认识到理论对于实操的重要作用，尤其是在面对法律没有规定或者规定模糊时，能够发挥理论的指导、规范功能等。此外，大型企业破产重整理论研究还具有以下意义：

第一，能够进一步推进破产法基础理论研究，探索不同类型企业破产法的理论问题。例如，国家审慎干预理论有助于补足现有理论在回应大型企业破产问题上的不足，如关注企业破产对社会稳定、民生领域、国家政府部门职能履行、资源配置、环保问题等方面的影响，将适用破产制度带来的负外部性降至最低，兼容破产法律制度与非破产法律制度的优势，达到利益配置最优状态，促进良性破产法治建设。

第二，较为深入地阐释破产法作为集体收债制度在“集体”层面的丰富内涵。集体收债制度是“确保债权人在寻求单个补救办法时，不会实际减少未来用于偿还债权的资产的总价值”[①]。这一点在面对大型企业破产上有所发展。例如，大型企业债权人可能企图通过一定方法来实现自身利益最大化，比如，超前获取信息而执行债务人财产；对于存在关联关系的个别大型企业，或者其他集团，利用对关联企业的控制权，转移其财产、利润，损害关联企业及其股东、债权人、职工等合法利益，最终致其破产，则不同企业的债权人整体受偿状况不同等。

---

① ［美］托马斯·H. 杰克逊：《破产法的逻辑与限制》，马学荣，译，陕西新华出版、陕西人民出版社2023年版，第13页。

此外，相比中小微企业，大型企业资产处置成本高、难度大，且面临一定程度的不确定性，这种处置的影响，在“集体”的范围上，可能超出最初的破产债权人的范围，其利益相关者包括上下游供应商、消费者、公众等。

第三，关于公权力合理使用的问题讨论。除了本书所讨论或引用的案例外，很多复杂的案例，大型企业破产中都见到了公权力介入的身影。而一旦公权力缺位，有些问题可能会停滞不前。常见如土地资源配置、职工就业安置、企业重整所需配套产业政策或能源指标等。近年来，随着混合制改革、国有企业发展迅猛等给民营经济带来的影响，结合企业正常的生命周期、债务关系的规律来分析，一定程度上可以预测到未来会有部分大型企业破产或者面对债务危机。对此，需要沉淀过去国内外几十年在处置大型企业破产问题上的经验教训，进一步发展相关理论，以发挥其对重整实践的积极效用。

第一节 国家审慎干预理论

一、概述

国家审慎干预理论，即国家通过审慎地干预经济、社会来实现特定的公共目标，是经济宪治在破产领域的具体化，是维护经济秩序市场退出领域的微观体现。“经济宪治的价值在于规范国家权力”[①]。国家权力的行使体现在不同经济治理的活动中。相比单纯的干预理论，审慎干预能够关注破产问题的特殊性，其并非单纯的私益问题，也非单纯的公益问题，而是二者兼而有之。国家审慎干预理论的内涵主要体现在三点：

第一，审慎干预的对象是非国家主体，而干预的主体多为公权力机关。通常，市场主体的干预并不能解决已经或即将出现的经济、社会问题，或者无权干预、难以干预，或实力不足、风险过高，或面临政策与市场之间的信息不对称等问题。审慎干预需以存在干预的正当必要性为前提；其往往发挥着信息提

① 陈宇照：《论国家经济干预的比例原则：基于经济宪治理论》，载《经济法论坛》（第28卷），第25页。

供、专业服务供给、外部监督等功能。需要公权力部门解决的问题，包括市场失灵造成的问题（雇员失业、不正当竞争、经济疲软等），法律制度、公共政策存在阶段性局限或真空地带，以及个别人员的权力寻租、怠于履职等。

第二，审慎干预的正当性基础是干预具有合理性、合法性。在没有法律规定或者法律规定不清晰的情况下，通过干预来发挥破产法的功能，对规定不明处进行阐明使之适用符合立法目的、法治理念，从而达到良法之治的状态，并将干预所带来的负面效果降至最低。就解决大型企业破产问题而言，政府干预的目的和手段均应当是符合规范性要求的，既要符合企业破产法的立法目标，也要在手段上确保规范性、可操作性与目的之间的适配性。

第三，审慎干预的主体是国家，具体执行干预的主体可以是国家权力机关及其派出机构，可以是地方政府及其职能部门。就干预主体系统内部而言，既有垂直关系、隶属关系，也有平行关系。干预，意味着要考虑不同行政主体的权力、职能、责任、履职效果评价以及具体执行人员的能力与道德品质等因素。之所以做如此分析的原因在于，具体执行者的主观能动性与客观行为也存在差异。

二、破产法语境下的具体内涵

就解决大型企业破产问题而言，国家审慎干预理论具有一定必要性，主要体现在理论层面与实践层面。

首先，在实践层面，区域性大型企业破产中，案件往往较为复杂且敏感，需要地方政府的支持甚至主导，才能推动法院的受理以及后续破产处置。[①] 否则，法院可能难以承受受理破产后面临的社会、经济压力，以及可能存在的其他矛盾。相比受理而言，像受理之前一样积累矛盾、维持债权人现状、鼓励债务人及其利益相关者自己寻求更多脱困的可能性或支持资源，可能在有些情形下更符合公共秩序维持的需要。

例如，在 2024 年北京市破产法庭发布的五周年典型案例中，北京宝沃汽

---

① 参见郑志斌、张婷：《东北大型企业重整案例报告》，人民日报出版社 2020 年版，第 64 页。

车股份有限公司重整案[①]由于涉及3000多名职工安置问题，政府介入大大减轻了法院、管理人分流职工的压力，实现重整项目平稳落地。又如，在区域性公共政策层面，为降低破产成本，撬动破产案件处理带来的长期、整体收益，浙江省舟山中院与当地税务局发文明确了税收免征情形，让更多破产案件得到税收支持，实现放水养鱼、多方共赢的综合目标。[②] 国家干预的多层次和内容的丰富性对于解决破产问题具有保护性与长期性、主体多元性，忽略国家审慎干预对于解决破产问题的积极意义，将会导致破产程序的僵化及适用的局限性。

其次，在理论层面，国家审慎干预理论弥补了破产法学理论在解决政府失灵、市场失灵等问题上的局限性。在关注、研究区域性大型企业破产问题中，国家审慎干预理论的理论价值还体现在两点：

（1）国家审慎干预理论有助于及时治理地方大型或重要企业破产给国家造成的系统性风险或区域经济、金融风险，或当风险从某一区域扩散至更多区域时，及时介入隔离或控制风险甚至消弭风险。

（2）国家审慎干预理论对于研究破产法律问题而言，能够拓展破产法律疆域，包括破产法律主体制度、行为制度、程序构建与完善，以及处理破产法与解决破产问题所需研究的税法、反不正当竞争法、数据法、金融法、海商法等部门法之间及其理论的关系，为解决集体性债务问题奠定较深厚的法学理论基础。

最后，从国家治理角度来看，有一类特殊企业的破产处置将成为破产法实施的新领域——平台公司，此类公司的破产处置具有特殊性、政策性以及敏感性。一方面，我国不少地方融资平台是独立的法人主体，具有独立人格，其财产主要来自政府出资等，并且是有着政府背书、体现政府意志的法律主体。[③] 如果此类平台运营不畅、资不抵债、法人治理失灵、监管缺位或失灵，同样需要通过破产法律制度进行规范化解决。国家审慎干预理论有助于指导此类特殊

---

① 案号：(2022) 京01破91号。

② 参见《浙江省高级人民法院2023年度浙江法院企业破产审判工作报告》，发布于浙江天平公众号，2024年4月25日。

③ 参见刘冰：《我国地方政府隐性债务风险法律规制研究》，中国经济出版社2022年版，第27页。

主体的破产处置，呼吁关注此类机构破产问题的特殊性及其解决的必要性。

第二节　企业社会责任理论

一、概述

企业社会责任是指"追求对社会负责任的企业行为"[①]，企业社会责任理论是基于社会本位讨论企业及其行为的开放式、演进式理论。企业社会责任在不同时代背景下有不同的内涵。当前，ESG 模式，即环境、社会、公司治理是广为认可的社会责任评价体系。将企业社会责任理论作为区域性大型企业破产重整研究的重要理论基础之一，主要是基于四点考虑：

一是企业社会责任理论将企业视为社会生态体系的有机组成部分，企业行为将对其外部环境、社会产生影响；反之，社会生态体系也会影响企业行为、企业社会责任的承担。因此，要赋予企业权利、义务，让企业在经营中承担一定社会责任，从而实现社会生态的良性运作。"智能化时代塑造了全新的产业模式，并促成了新的发展业态"[②]，让企业、消费者、政府、社会面临着不同层面的机遇和挑战。

二是与破产有关的企业社会责任理论有着具体的问题在支撑。比如，若符合破产法规定的主体怠于申请破产，导致错过最佳破产时机或其他损害债权人利益的情形，则会导致企业逃离社会责任承担，损害社会生态环境；若通过破产程序化解企业资不抵债、无力偿债等问题，整体上，公平清理债权债务、依法处置破产财产、有持续经营价值的企业维持经营、保护就业、盘活资产是债务人承担社会责任在微观视域的具体化。

三是新经济、新产业、新时代赋予破产企业的社会责任不同于非破产企

① 李伟阳：《传统文化驱动履责创新：理解企业社会责任的"V"理论框架》，载《清华管理评论》2023 年 10 月刊。

② 孙浩亮、崔永进：《新业态下知识产权审判中的"定性"与"定量"》，载《私法》第 22 辑第 2 卷（总第 44 卷），易继明主编，知识产权出版社 2024 年版，第 142 页。

业，这种特殊性表现在企业破产中环境、数据、知识产权、隐私等具体问题的处理。除了经济层面的考量外，要基于社会责任角度进行有效回应，实现企业全生命周期的社会责任承担，避免社会责任因企业破产而被束之高阁。

二、破产企业的社会责任

有学者认为，破产重整制度社会责任价值实现有赖于具体规则：重整期间的分组表决、重整期间的自动中止、重整期间的强制批准等，在规则保障下，才能确保破产企业为了股东、债权人、员工等人的利益做出贡献。[①]

也有学者认为，“公司社会责任所要求的不过是在追逐营利性目标、为股东谋取利益的同时，适当考虑其他利害关系人的利益平衡问题”[②]。在大型企业破产中，此种利益平衡体现在诸多层面，如金融债权与非金融债权、担保债权与非担保债权、职工权益与其他债权、大债权人与中小债权人、上下游供应商和债务人与债权人、弱势群体与非弱势群体等。这种利益平衡的“艺术”能够弥补刚性破产规则的局限性，也能在面对千差万别的案件中，找到一条符合多数人期待的路径，从而走向理想的破产结果。当然，规则适用的结果是企业走向涅槃重生，或者通过清算、和解，解决一系列经济、社会、环境问题等。

典型案例，如云南某煤化工集团有限公司等关联企业重整案。[③]

（一）基本案情

云南煤化工集团有限公司（以下简称“煤化工集团”）系云南省国资委于2005年8月组建成立的省属大型集团企业，下辖近百家企事业单位，并系上市公司云南云维股份有限公司（以下简称“云维股份”）的控股股东。

---

① 参见侯怀霞、殷慧芬：《企业社会责任法律问题的新发展》第六章，法律出版社2021年版。

② 张世君：《企业社会责任理论与破产重整立法理念》，载《中国商法年刊（2009）》第329页；参见叶炳坤：《破产审判的七大思维》，载《中国审判》2017年总第187期。

③ 案号：（2016）云01民破7号等；本案系最高人民法院发布的2018年典型案例之一，中国法院网：https：//www.chinacourt.org/article/detail/2018/03/id/3219448.shtml，2018年3月6日；参见记者黄晓云：《云南煤化工集团系列重整案：自下而上，集团危机成功化解》，载《中国审判》总第187期；参见记者茶莹、通讯员王超：《破产重整府院联动云南僵尸企业“煤老大”的破茧重生之路》，载《人民法院报》2017年10月20日第3版。

2012 年至 2015 年煤化工集团经营性亏损合计超过 100 亿元，涉及经营性债权人 1000 余家，整个集团公司债务约 650 亿元，云维股份则面临终止上市的紧迫情形。如债权人维权行为集中爆发，煤化工集团进入破产清算，集团旗下 4.3 万名职工中大多数将被迫离开工作岗位，72 亿元债券面临违约，数百亿金融债权将损失惨重。

2016 年，债权人先后分别申请煤化工集团及下属四家企业（分别为云维集团、云维股份、云南大为、曲靖大为）重整。基于五公司的内部关联关系和不符合实质性合并条件等客观情况，云南省高级人民法院决定分别受理上述系列案件，并指定云南省昆明市中级人民法院（简称“昆明中院”）集中管辖。

2016 年 8 月 23 日，昆明中院裁定受理了上述五家企业破产案件。

（二）典型经验

第一，自上而下重整，确保公正清偿。由于煤化工集团五家公司之间存在四级股权关系，债权结构复杂，偿债资源分布不均匀，呈现出“自下而上，债务总额越来越大，偿债资源越来越少”的趋势。本案确定了“自下而上”的重整顺序，由子公司先完成重整，保证了下层公司通过偿还上层公司内部借款，向上输送偿债资源，解决了债务和偿债资源不匹配的问题，奠定了成功实现重整整体目标的基础。

第二，债券平移化解兑付危机。由于煤化工集团债权融资规模巨大，为防止刚性兑付带来的巨大资金压力、影响云南省国有企业整体在债券市场融资前景，本案中采取了债券平移的方式①——重整前，经债券持有人会议同意，将债券还本付息责任转移到另一家云南省属公司，从而化解了债务人债券刚性兑付危机。有效维持了云南省国有企业整体信用，确保这些企业未来依然能在债券市场获得融资。国资系统融资稳定关乎国有企业整体流动性、财务安全，看似

---

① 基本原理可参考债务转移问题。《中华人民共和国民法典》第五百五十三条规定：债务人转移债务的，新债务人可以主张原债务人对债权人的抗辩；原债务人对债权人享有债权的，新债务人不得向债权人主张抵消。

第五百五十四条规定：债务人转移债务的，新债务人应当承担与主债务有关的从债务，但是该从债务专属于原债务人自身的除外。

第五百五十五条规定：当事人一方经对方同意，可以将自己在合同中的权利和义务一并转让给第三人。

第五百五十六条规定：合同的权利和义务一并转让的，适用债权转让、债务转移的有关规定。

处理的是个案问题，实则会产生连锁反应，对于大型企业、国有企业尤为如此。

第三，平衡多方主体利益，特别是区分金融与非金融普通债权，制订差异化债权清偿方案——非金融债权人全部现金清偿，金融债权人受偿现金和上市公司股票，整体改善债权人受偿满意度，改善受偿效果，便于后续以时间换取更大利益空间；区分省属企业与非省属企业债券，提升非省属金融机构现金清偿比例；为金融普通债权人股份清偿部分安排现金选择权等。

第四，从社会层面来看，本案关乎国有企业社会责任的承担。除了影响兄弟企业债券融资外，也会折射出国有企业重整对职工、金融机构、合作方、地方营商环境等产生的影响。云南省国有企业占据重要比例，对区域产业、税收、经济、社会有基础性影响，业务版图覆盖广泛，特别是核心产业等。一旦重整失败，将会对当地政治、经济、社会、金融产生重要影响，且相当一段时期内，负面影响是难以彻底消弭的。对此，本案彰显了国有企业勇于担当社会责任的品质，有效维护了这一类型企业的形象与社会评价。

第三节　破产合同关系理论

一、概述

美国乔纳森·利普森教授开发了一个以“关系”为中心的框架，来探索破产中合同作用的转变，这种理论称之为“破产合同关系理论”，该理论旨在理解破产中不同权力之间动态关系，侧重于当事人——如投资者、管理人、债权人、债务人等利益相关者，对彼此做出的承诺、交易中为此类承诺制定的公约以及私人秩序中对正式和非正式承诺的偏好及影响因素。[①] 身处破产困境中的投资者、破产专业人士和法官形成了典型的“关系主义环境”——不同群体之间不得不反复多次博弈，而每一个决定、每一次选择，都可能影响大型企

① Jonathan C. Lipson, Bargaining Bankruptcy：A relational theory of contract in bankruptcy. Harvard Business Law Review. 2016（6）.

业债务人中的众多利益相关者。

该理论是合同法基础理论在破产法理论的进一步发展，而我国司法领域也对合同自由进行了规制，以确保不同主体之间的利益平衡。例如，大型企业与中小企业之间合同约定付款的效力问题。中华人民共和国最高人民法院2024年发布了《关于大型企业与中小企业约定以第三方支付款项为付款前提条款效力问题的批复》，宏观层面，是为了促进中小企业合法权益保护，促进各经营主体公平参与市场竞争；微观层面，为法院对此类合同引发纠纷、平衡个案中大型企业与中小企业之间的利益提供司法指引：

一、大型企业在建设工程施工、采购货物或者服务过程中，与中小企业约定以收到第三方向其支付的款项为付款前提的，因其内容违犯《保障中小企业款项支付条例》第六条、第八条的规定，人民法院应当根据民法典第一百五十三条第一款的规定，认定该约定条款无效。

二、在认定合同约定条款无效后，人民法院应当根据案件具体情况，结合行业规范、双方交易习惯等，合理确定大型企业的付款期限及相应的违约责任。双方对欠付款项利息计付标准有约定的，按约定处理；约定违法或者没有约定的，按照全国银行间同业拆借中心公布的一年期贷款市场报价利率计息。大型企业以合同价款已包含对逾期付款补偿为由要求减轻违约责任，经审查抗辩理由成立的，人民法院可予支持。

回归破产法语境，破产在某种程度上是若干合同的总和——而非简单的合同堆砌，是为了拼成一张完整的“商业地图”、确保整体上的公平正义而需要在不同合同主体之间进行的利益博弈与配置，从而实现破产法目标。因此，同时存在着意思自治、自愿妥协、少数服从多数、自由裁量权行使等内容，兼具公私法属性。这样的关系一旦达成一致，往往不能推翻重来，可能在破产程序中具有不可逆性。

二、破产合同关系理论的应用

掌握破产关系理论的内涵，对于打破常规、创新做法、充分利用破产程序的优势具有深远意义。大型企业破产问题错综复杂，破产关系理论转化为实践，发挥着至关重要的作用。典型如上文分享的云南煤化工集团系列重整案中所采用的债券平移的做法，以及保壳式清算制度。[①] 破产合同关系理论是投资者投资重整企业的重要理论基础，解决破产企业债务问题的重要基础，这种重要性与必要性主要体现在三个方面：

首先，拟投资破产企业的主体，需要根据与管理人、庭外重组债务人与债权人签订的合同、投资人招募公告、破产重整计划草案以及破产企业的实际情况等，实现自己的投资目标、固定自己的权利义务并保护自己的权利，如何签订合同、草拟合同、变更合同的内容，需要投资者做足准备、做好风险收益评估以及确定破产投资的具体规模和路径。

其次，投资者可以利用破产相关合同所规范的“私”法秩序，在破产法框架内保障自己的法定优先权，如设定抵押，争取和担保债权人谈判，使之能够放弃担保优先顺位或者转移权利，或者为自己的投资设定担保，或者能够获得批准以符合共益债务清偿顺位[②]等，使得清偿顺位在符合法律规定的前提下优先于普通债权，或者为重整投资营造相对宽松、自由的环境，能够尽可能减少投资后顾之忧。

最后，充分谈判博弈，深度参与破产重整，关注企业治理、资产、未来价值、市场变化等内容，利用合同赋予的自由与边界，发挥投资者资金、战略与资源配置优势，从根本上化解破产企业的问题。

关于破产合同关系理论的应用，典型案例如包商银行股份有限公司破产清算案。[③]

---

① 即为了保留破产企业壳资源所承载的资质等有价值资源，将债权债务、其他资产剥离到新企业进行集中处理，将壳资源作为投资标的进行盘活，从而实现隔离新旧公司风险的目的。

② 最高人民法院关于适用《中华人民共和国企业破产法》若干问题的规定（三）（法释〔2019〕3号）：

第二条 破产申请受理后，经债权人会议决议通过，或者第一次债权人会议召开前经人民法院许可，管理人或者自行管理的债务人可以为债务人继续营业而借款。提供借款的债权人主张参照《中华人民共和国企业破产法》第四十二条第四项的规定优先于普通破产债权清偿的，人民法院应予支持，但其主张优先于此前已就债务人特定财产享有担保的债权清偿的，人民法院不予支持。

管理人或者自行管理的债务人可以为前述借款设定抵押担保，抵押物在破产申请受理前已为其他债权人设定抵押的，债权人主张按照《中华人民共和国物权法》第一百九十九条规定的顺序清偿，人民法院应予支持。

③ 本案为北京一中院发布十大破产典型案例之一，信息来源：北京破产法庭微信公众号，2023年6月20日。

该案系银行金融机构破产清算的典型案例，其特色主要体现在以下方面：

第一，确保不同性质的程序的有效衔接，为处置程序奠定正当性基础。通过前期审慎论证金融机构被接管期间行政清理行为的法律性质，确保破产清算程序中对于行政接管期间交易行为效力的确认符合法律规定以及债权人利益，有效保障金融机构风险处置项目的连贯性，以及行政接管与破产清算程序有效衔接。

第二，妥善处理不同协议，并有效保护了合同当事人的合法权益。本案中，通过批准继续履行与其他主体签订的债权资产交易、收购承接的有关协议，维护了包括广大储户在内的债权人利益，保障市场交易秩序稳定，重振用户信心，为后续业务继续开展奠定信任基础、重塑良好的业务口碑。

第三，充分发挥府院协调联动机制的功能，包括对突发事件的应对机制、舆情管理、职工安置保障，特别是安排了有效的金融风险防控机制。此外，本案是金融机构破产问题，处理中针对性地就金融机构破产疑难法律问题进行充分研究，不仅推进个案解决，也助力完善了金融机构破产规则体系。

第四节　市场决定理论

一、概述

李曙光教授认为，“市场决定论是指完善的破产法是让市场在资源配置中起决定性作用的基础……破产法具有统一市场、界定权利与权力、降低交易费用的功能。从市场经济与市场交易来说市场参与的各方都能接受的一个底线制度，就是破产法。”① 破产法语境下的市场决定理论是市场经济发展积累到一定阶段的产物，本质上是公开选任管理人、公开招募投资人、公开处置破产财产、市场化方式配置资源，发挥市场在价值发现、资源配置、相互监督、公平竞争、信息披露等方面的积极功能。

① 李曙光：《论我国〈企业破产法〉修法的理念、原则与修改重点》，载《中国法律评论》2021 年第 6 期。

市场决定理论肯定了市场的重要地位，但并不排斥非市场因素，而是允许非市场因素——行政干预的有限存在并发挥其优势（如府院联动机制），最终，能够促进市场经济高质量发展。

二、破产法中市场决定理论的内涵发展

市场决定理论对于解决大型企业破产问题，特别是重整、清算意义深远。从投资人法律顾问视角与管理人的视角，我们提供以下建议：

第一，拟投资破产企业的主体需要尽可能针对性做尽职调查，就投资目标公司的剩余资产、经营状况、债务情况做全面了解，与管理人保持密切沟通以确保信息对称；并模拟其投资回报情况进行财务测算，以确定自己是否投资以及投资规模；重整投资也应当具有一定程度的弹性空间，充分关注市场的变与不变。“不变”是基本的理念与核心原则；“变”是指市场的变化、破产行业的变化与破产企业的变化，不能“闭门”投资、“纸上”投资。

第二，尊重市场调节价格的规律。重整市场中，越来越多身份多元的投资者青睐于此，如国资系、产业或财务投资人等。例如，2024 年的重要重整投资有花王[①]（股票代码：603007）、ST 红太阳[②]（股票代码：000525）等，分别得到产业投资人、财务投资人青睐。

从价格机制来看，市场对资源的价格有着决定性作用，投资者投资面临更多对象，竞争也更激烈，特别是产业投资人对于产业前景、风险控制、合规治理能力等有着更高的要求，从而防范可能带来的风险与失败。此外，还需要动态关注同类资产、企业在市场中的平均价格，能够将破产招标文件中的价格与市场价格进行对比，从而定价谈判，实现投资的成本效果最优。

第三，妥善处理投资者与政府、政策、法院、管理人之间的关系，依法投资、积极沟通与协调，尽管市场具有决定性作用，但投资破产企业中不少需要

① 花王生态工程股份有限公司。2022 年 5 月 13 日，花王生态工程股份有限公司收到镇江中院送达的（2022）苏 11 破申 3 号决定书。

② 南京红太阳股份有限公司。2022 年 9 月 16 日，南京红太阳股份有限公司收到南京中院送达的（2022）苏 01 破申 62 号决定书。

政府政策的及时支持（特别是能源类大型企业），法院理解与管理人沟通协调，能够弥补市场在资源配置方面的不足，共同发挥市场在调整价格中的决定性作用，让投资者充分发挥其资源优势，使权利义务得到法律保障。典型案例如四川某网络科技公司破产案。

（一）基本案情

四川某网络科技公司破产清算案。[①] 四川某网络科技有限公司设立于2021年，注册资本1000万元，主营业务为网络预约出租汽车经营服务等。该公司注册资本无任何实缴记录，现任工商公示的控股股东（占股99%）、法定代表人游某属社会闲散人员，系有偿出借了自己的身份信息并协助办理了该公司股权变更、法定代表人变更等，其对公司状况、日常经营毫不知情，更没有任何履行出资义务的能力。该公司另一股东不知去向，无法联系，管理人无法接管公司公章、证照、财务资料以及任何财产，该案件属于典型的"无产可破"案件。

2023年3月15日，该公司经申请执行人申请，由双流区法院采取"执破融合"方式依法受理进入破产清算程序。双流区法院第一时间向管理人发送《破产案件简易审理告知书》，明确办案目标、时间节点及任务导向。

2023年5月9日宣告该公司破产；2023年5月12日裁定终结破产清算程序，前后仅历时58天。

管理人通过共益债形式向全体债权人募集了追缴注册资本的诉讼费用后，向包括实际控制人王某在内的破产企业历任股东提起了追缴注册资本的诉讼，在双流区法院的调解下，王某同意并支付破产企业注册资本金用于偿还全部债务8万余元及全部破产费用，本案最终清偿率为100%。

（二）典型经验

第一，兼顾办案成本和破产程序效率。充分查清破产企业资产负债情况，同步做好债权人工作，做到快审快结；针对需要大量时间周期才能完成的资产追缴工作，由于其诉讼结果本就存在或然性，在破产财产分配方案中将其纳入

① 成都中院：2023年度成都法院破产典型案例，成都市中级人民法院微信公众号，2024年7月23日。

“未决诉讼”范围，督促管理人继续履职，实现结案、追缴两不误。

第二，灵活筹措追缴资金，打击恶意“逃废债”行为。企业实际控制人王某“假借身份”恶意逃避公司债务，并企图让游某充当“背锅侠”。法院指导管理人深挖破产企业实际控制人“老底”，做好诉讼的充分搜证准备；将情况向全体债权人披露，让其吃下“定心丸”，支持管理人运用共益债方式向全体债权人募集诉讼资金，促成实际控制人王某清偿了全部债务，实现“三无”案件债权100%清偿。

第五节 重整系统理论

一、概述

系统论是重整系统理论的重要根基，而“功能系统在现代社会中构建起具有高度形式特征的交往秩序”①，使得系统功能对广泛的经济、社会交往秩序产生潜移默化或者显著影响。重整制度恢复的秩序便是其中之一。有学者认为，“通过破产重整，可以最大限度地维护债权人企业、债权人、企业投资人以及第三人的利益”②。这在一定程度上将重整的功能在商业生态中得以具象化，除了恢复企业功能外，在更大范围内促进产业功能恢复。以上关于重整理论研究的范式中，主要内涵包括：

首先，重整制度目的与三种实施模式——存续型重整、营业让与型重整、清算型重整。这三种模式不断创新、演变出更多模式，如混合模式、法庭外重组、预重整等，适应了持续发展变化的市场需要。无论如何变化，都将破产实体作为一个“系统”进行对待，找到系统中不同部分面临的问题，既能区别对待子部分的差别，也能在系统治理中找到整体最优解，防止破坏子部分问题解决的成效，也避免仅关注子部分而忽略整体问题的解决。

---

① 陈征楠：《法律价值的系统论格局》，载《中国法学》2022年第2期，第229页。
② 王欣新：《重整制度理论与实务新论》，载《法律适用》2012年第11期，第10页。

其次，就重整制度的社会功能而言，除了职工安置与职工债权处置外，环境保护与企业发展平衡，以及消费型购房者等弱势群体生存权保障，还有一点，就是社会利益与私人利益的优先性问题。在《中华人民共和国企业破产法》中，第一条立法目的条款中存在“维护社会主义市场经济秩序”，强调经济秩序层面社会利益、集体利益的重要性，本质上，也是对破产社会功能的保护。该问题，一定程度上会影响重整的方向、模式的选择，甚至影响到重整的中长期效果。

“坚持社会利益优先于私人利益是符合正义理念的……重整制度虽然抑制了债权人等个体的利益需求，但是它通过维持企业的经营，保护了社会经济秩序的稳定和更大范围的不特定公众的利益……”① 大型企业破产问题中，处理好社会利益与私人利益的关系问题，有助于推动实现破产最优效果。在实际操作中，除了关注大型企业破产中的法律问题外，尽可能掌握与之对应区域的产业、招商引资、税收、投资优惠、城市规划、土地政策等，能够“为破产所用”，让破产“反哺”社会，不仅能够减少破产办理中遇到的阻碍，也能在社会效应上发挥示范作用，为其他案件所效仿。

最后，对于重整成功的大型企业，应尽快修复企业信用，防止信用信息滞后于企业真实状态，掣肘企业融资、税务等诸多事务的正常办理。目前，就大型企业信用修复问题，我国存在缺乏统一立法、各地做法不同、不同行政机关之间缺乏联动、修复不及时等诸多问题，② 甚至可以说多数省、市、自治区并无特殊安排，不仅影响本区域破产重整的最后效果，而且对于涉及跨区域解封、分/子公司信用修复等问题时，更是难上加难，影响整体重整效果。

对此，从阶段性有效推进大型企业破产程序来看，可以通过地方或者跨省区域联动层面解决，多部门联动出台修复信用的“府院联动机制”，充分认识到破产程序的特殊性、修复破产重整成功企业信用的必要性和及时性，限定主

① 陈英：《破产重整中的利益分析与制度构造——以利益主体为视角》，《武汉大学博士学位论文》2010年5月，第24页。

② 参见黄华：《营商环境优化视域下重整企业信用修复制度研究》，载《科技创业月刊》2023年第6期，第84—86页。

管信用修复机关的修复时间，为大型企业信用修复提供绿色通道。

二、信用修复制度与案例

（一）部分信用修复制度

国家发展改革委办公厅市场监管总局办公厅关于进一步做好信用修复协同联动工作的通知（发改办财金〔2024〕33号）

一、各地区要充分认识做好信用修复协同联动工作的重要意义，加强沟通对接，坚决打破数据壁垒，切实解决“多头修复”问题。各省级社会信用体系建设牵头部门（以下简称“信用牵头部门”）和市场监管部门应当每日共享各自系统产生的信用修复结果信息（含较低数额罚款的处罚到期撤销公示的信息），并向“信用中国”网站和国家企业信用信息公示系统报送相关信息，做到两个系统同步修复。

贵州高院联合省发改委、省税务局、省市场监管局、中国人民银行贵阳中心支行出台《破产重整和解企业信用修复办法》[①]

管理人可凭借人民法院的批准重整、和解方案裁定书向当地人民银行申请企业信用记录异议，人民银行根据债权金融机构的“数据报送说明”申请及时予以标注和回复，债权金融机构已在破产程序中受偿的，应当将企业信贷记录展示为结清状态。

破产重整、和解企业可持人民法院批准重整、和解方案裁定书申请信用修复，市场监管部门应当及时审查并将相关企业移出经营异常名录或违法失信名单，依法解除相关管理措施。

中国银行保险监督管理委员会辽宁监管局、沈阳市中级人民法院、沈阳市金融发展局、中国人民银行沈阳分行营业管理部印发《关于破产企业账户管理、信用修复及金融支持的实施意见》的通知（沈中法〔2023〕86号）

第十三条　房地产企业破产重整成功的，管理人持人民法院批准重整计划

① 未见公开件，信息来源于贵州省高级人民法院：《贵州高院联合相关职能部门出台意见完善信用修复程序破产重整和解企业人格》，2022年11月30日，https：//www.guizhoucourt.gov.cn/qwfb/251327.jhtml。

裁定书，向银行金融机构申请办理居民购房按揭贷款手续的，银行金融机构恢复房地产企业的信用等级，依法审批、发放居民购房按揭贷款，免除房地产企业的阶段性连带担保责任，并将按揭贷款发放至企业资金监管账户。

《关于纳税信用评价与修复有关事项的公告》（国家税务总局公告2021年第31号）

一、符合下列条件之一的纳税人，可向主管税务机关申请纳税信用修复：

（一）破产企业或其管理人在重整或和解程序中，已依法缴纳税款、滞纳金、罚款，并纠正相关纳税信用失信行为的。

……

申请破产重整企业纳税信用修复的，应同步提供人民法院批准的重整计划或认可的和解协议，其破产重整前发生的相关失信行为，可按照《纳税信用修复范围及标准》中破产重整企业适用的修复标准开展修复。

《齐齐哈尔市中级人民法院关于破产管理人处理税务及信用修复问题的工作指引（试行）》

第十三条　人民法院裁定确认重整计划执行完毕之日起十日内，人民法院将向中国人民银行齐齐哈尔中心支行送达确认重整计划执行完毕的裁定及相关函件，中国人民银行齐齐哈尔中心支行将及时转发各债权人银行，要求各债权人银行依据征信管理有关法律法规在征信系统中对重整企业的偿还债务信息进行变更，以修复原企业的失信记录。

（二）典型案例

以下案例是一起典型的为破产企业疏通信用修复渠道的案例，非常值得学习，尤其对于西北地区或破产水平偏低的地区而言，因为个别地区的重整企业信用修复非常缓慢，修复机关缺乏对破产企业的认识、对破产程序的理解以及信用修复对于重整企业的重要性、全面性认识，使得信用修复推进比较缓慢，往往需要管理人专门做出解释、推进或进行多方协调，耗费成本高、时间长。

北京中电华通信息科技有限公司破产重整案[①]。北京一中院于2020年8月3日裁定受理中电华通科技公司破产重整案。2020年12月28日，法院裁定批准重整计划草案。此后，进入重整计划执行期，由于中电华通信息科技有限公司存在1条失信企业信息和3条经营异常名录信息，后续经营融资均存在一定障碍。

本案高效解决企业信用修复问题的做法值得借鉴学习。信用修复的关键在于府院联动机制的构建与有效运作。本案中，重整企业通过信用修复“一口申报”窗口，一次性完成前述4条异常信息的信用修复，一揽子涤除企业历史负面信息，帮助重整企业轻装上阵，有效推进重整计划执行和企业后续正常经营融资，最终企业重新回归市场。

① 案号：(2020) 京01破33号。信息来源于北京一中院：北京办理破产案件府院联动典型案例及机制，北京市第一中级人民法院微信公众号，2024年5月30日。

第三章 解决大型企业破产问题中管理人的工作原则与方法

通常，大型企业破产会彰显国家、地方政府保护公共利益、维护经济社会稳定、振兴发展实业的愿望，并希望有关主体采取积极且有效的行为实现上述愿望。[①] 面对来自政治、经济、社会不同层面的考量，人们对大型企业破产的处理往往慎之又慎。

实践层面，大型企业往往是由经营范围不同、管理人员不同以及分工相对明确的若干公司实体等共同组成。例如，一家公司负责债券发行并将收到的资金分配给其他关联企业；具体负责实体业务、核心技术、供应链管理等的机构，以及与核心技术有关的配套服务机构，等等。[②] 大型企业往往是集团公司，其存在较为显著的大股东与小股东、股东和债权人之间的代理问题（agency problems）。[③] 此类企业自身“大而不倒”，有着庞大的资金体量、业务版图和人员，因此，破产基本上是一荣俱荣、一损俱损。

结合我们自身的工作实践与国内外典型破产案例，常见的大型企业破产重整重点问题包括但不限于以下几种：确定基本原则、创新回应新问题、处理好资金与项目和人之间的动态关系等。

---

① Kokorin I（2021b）Insolvency of Significant Hon－Financial Enterprises：Lessons from Bank Failures and Bank Resolution. Eur Bus Law Rev 32：530.

② See Ilya Kokorin，The Rise of“Group Solution”in Insolvency Law and Bank Resolution，European Business Organization. Law Review（2021）22：788.

③ See Ilya Kokorin，The Rise of“Group Solution”in Insolvency Law and Bank Resolution，European Business Organization. Law Review（2021）22：784.

第一节　破产管理人工作原则

管理人确定基本办案原则相当于办理破产案件的指南针，有了基本原则，能够避免方向性错误、防止出现重大决策失误等。通常，在主体上，确定基本原则意味着要尊重法院、政府、债务人、主要债权人、其他债权人等主体的意见或考量，也为后期建立深度广泛的信任奠定基础；在原则内容上，要充分考虑如何“利他”，更好地让重整方案有利于多数人，有利于产业与职工、社区、其他利益相关方，所利的主体越多，那么方案越好，成效往往越为显著。

基于此，管理人工作的核心原则包括：

一、聚焦主业，物尽其用

根据《中共中央国务院关于营造更好发展环境支持民营企业改革发展的意见》指出：“鼓励民营企业因地制宜聚焦主业加快转型升级。优化企业兼并重组市场环境，支持民营企业做优做强。”聚焦主业、优化企业、做优做强，是企业发展的重要路径，破产工具是实现上述内容的有效工具之一。

助力债务人聚焦主业，隔离非主业风险，将有助于债务人的资产及时处置变现等。结合我们破产团队在几起大型企业破产重整中的经验，特别是房地产企业重整，提供以下几点操作建议：

第一，接管后，识别破产企业主业以及维持主业继续经营所需必要机器设备、厂房等资产；识别非主业财产、无经营价值资产与其他非必要资产。

第二，做好分类后，及时做好后续维持经营的有关工作。如拟订重整计划草案、明晰重整方向、制订持续经营方案、做好投资人招募或者债务人自行接管计划等。尽可能为债务人量体裁衣，不能盲目照搬照抄其他模式，避免本末倒置。

第三，掌握影响主业的因素，如经营模式、管理经验、财务管理、人员配置、品牌运营、商业化操作等，实质性优化主业，为企业瘦身。必要时咨询行业专家进行“深度问诊”，避免隔靴搔痒，防止对企业的破产救助方案治标不治本，要真正治愈企业存在的问题。

其他代表性案例：

（一）海航集团[①]

2017年，疯狂扩张的海航集团爆发流动性危机。

2020年海航集团破产重整前，旗下海航控股总负债金额一度达到1868亿元，资产负债率高达113.52%。

2021年2月10日，海南高院依法分别裁定受理海航集团有限公司及相关企业破产重整案件。

2021年3月13日，海南高院依法裁定受理包括海航集团有限公司在内的321家公司实质合并重整案件。

为了提升重整效率，推动海南航空主业发展，管理人针对主业招募战略投资人。海航航空，是海航集团控股并经营管理的境外航司及相关企业，主要从事航空商业客运等业务，以及航空维修、地面服务和特业人员培训等相关航空配套保障业务。

2021年12月8日，辽宁方大集团斥资410亿元真金白银，正式接手了海航航空集团（其中380亿元为战略投资金、30亿元为方大集团额外捐助解决员工理财赔付问题）。

2023年年中，新海航推进重大转型，旗下所有差异化服务航司整体向全服务转型；新海航也加强了成本管控，两年半时间的降本创效金额为137亿元。

（二）河南红旗煤业股份有限公司等七公司合并重整案[②]

1\. 基本案情

河南红旗煤业股份有限公司（简称“红旗公司”）始建于20世纪90年

---

① 案号：（2021）琼破8号；参见全国企业破产重整案件信息网，海航集团清算组：《海航集团航空主业战略投资者招募公告》，2021-03-19；参见记者孔海丽：《新海航保卫战》，21世纪经济报道，2024-07-28；参见海南航空控股股份有限公司2024年第一季度报告，https：//www.hnair.com/guanyuhaihang/tzzgx/cwbg/202405/P020240513343736075554.pdf。

② 案号：（2020）豫0181破3号；河南省高级人民法院发布第二批破产审判典型案例（2023年）之一。

代，主营煤炭开采及销售。因国家宏观经济形势与产业环境变化，同时受短贷长投、战略投资失误等内部因素影响，红旗公司等七家公司均出现经营困难，严重资不抵债，且诉讼频发，不能清偿到期债务。

2020 年 10 月 25 日，巩义市人民法院（简称“巩义法院”）依债权人申请裁定受理红旗公司破产清算案。

2. 典型经验

第一，实质合并，公平受偿。重整过程中，红旗公司与郑州某建材制品等六家全资子公司是以红旗公司为核心控制公司的关联公司，存在法人人格高度混同的情形，区分各公司财产成本过高，且六家子公司均已出现破产原因，若分别破产将损害债权人整体公平受偿。巩义法院经听证调查并征询债权人意见后，裁定将红旗公司与其六家关联公司实质合并重整。

第二，聚焦主业，保护供应链。本案是保障能源产业链供应链完整、积极推动“双碳”目标实现的典型案例。巩义法院高效统筹精准施策，针对上下游供应商、销售商债权人对七家公司依附性较强、债权金额普遍不大的特点，将该部分债权按照 100%的比例一次性现金清偿，充分保障重整程序终止后公司供应链、销售链的完整，为其快速复苏生产打下良好基础；采取若干有效措施促进产业转型升级，以煤为基聚焦主业的同时，做好绿色非煤辅业，提升产品附加值，实现煤矿关联企业优质资源整体盘活。

（三）新华联文化旅游发展股份有限公司等三家公司重整案①

1. 案情介绍

新华联文化旅游发展股份有限公司（以下简称“新华联文旅”）成立于 1993 年 6 月，于 2011 年 7 月重组上市，是一家在深交所公开发行股票的上市公司，证券代码为 000620，主要从事文旅景区开发与运营、房地产项目开发建设、施工总承包、商业管理、酒店管理、物业服务、旅游服务等业务。

2023 年 5 月 11 日，新华联文旅以不能清偿到期债务且明显缺乏清偿能力，

① 案号：（2023）京 01 破 389 号。本案为北京破产法庭五周年典型案例之一。参见深圳证券信息有限公司：《新华联文化旅游发展股份有限公司重整计划（草案）》，http：//static. cninfo. com. cn/finalpage/2023-12-13/1218595989. PDF，2023-12-12。

但尚具备重整价值为由，自行向北京市第一中级人民法院申请进行破产重整，并申请启动预重整程序。

2023 年 11 月 14 日，北京市第一中级人民法院裁定受理新华联文旅重整并指定管理人。

2. 典型经验

本案是以文旅为主业的民营上市公司通过重整程序积极自救、化解风险、有效维护各方权益的典型案例。

第一，统筹重整，一体化解债务。北京市第一中级人民法院对三家公司进行协调重整，一揽子全面化解债务风险，确保债权人得到公平清偿；为两家核心子公司注入偿债资源（如提供财务资助、代为清偿），不给关联公司等留下后患，确保实质合并几家公司的债权清偿方案与新华联文旅保持一致，避免损害未来企业发展前景。

第二，业务重组，瘦身提效。两家核心子公司具有持续经营能力和盈利能力，需要重整两家公司业务以实现轻装上阵，否则，难以保护核心资产。重整方案兼顾债务化解及经营能力恢复，对子公司进行分类安排和处置，同步实施资产及业务重组，聚焦文旅主业。

第三，调整出资人权益，平衡不同利益。以新华联文旅总股本为基数，按每 10 股转增 20.9582 股的比例实施资本公积金转增股本。转增股票不向原股东进行分配，全部由管理人按照本重整计划草案的规定进行分配和处置。

二、应时迭代，推陈出新

2024 年 3 月，习近平总书记在参加第十四届全国人民代表大会第二次会议江苏代表团审议时强调了高质量发展的重要性，指出要因地制宜发展新质生产力。发展新质生产力的关键在于技术发展。对于多数从事实体生产的企业而言，能够做好技术改进适应市场竞争，获得稳定的信贷，有着良好的市场声誉、消费者口碑至关重要。实践中，有企业因为缺乏升级技术、迭代产品的战略规划与管理眼光，在信息化、网络化、数字化、智能化的冲击下进一步丧失市场份额，导致企业失去竞争力，不仅积压了大量难以处置的旧库存，而且失去了已经有的客户、供应链资源……各类问题如滚雪球一般越来越大。

面对破产企业，管理人不能单纯地只喊“以时间换空间”的口号——有些情况下于事无补，难以扭转企业竞争力疲软的现实，而且，在难以攻克技术难关、投资人招募困难的情况下，被迫从重整走向清算。管理人可以通过以下方式进一步助力企业摆脱困境：

第一，尽可能披露更多技术需求及相关信息，针对性地找到能够解决企业核心问题的“白衣天使”；

第二，关注商业、科技、技术、管理方面的资源，日积月累，形成管理人“资源库”，在必要时能够调动资源来满足不同项目需要，为项目匹配优质资源；

第三，保持对地方特色产业、大型企业，特别是对龙头企业的密切关注，以及其所依托的核心技术、合作科研机构或高校。若此类企业出现问题，能够掌握盘活企业所需要的技术支持等，解决法律问题之外的问题，助力企业全面盘活。作为投资人招募后获取资金采购技术的备选方案或者参照方案，以实现成本收益最优，能够提升救活企业的可能性。

第四，不少地方专门出台政策以保护工业发展，化解基础性难题，将破产工具引入保护工业发展政策或具体实践中。例如，贵州省出台《贵州工业企业纾困解难实施方案》（黔府办函〔2022〕41 号），提出“加快推进工业企业技术改造升级，积极支持企业应用新技术、新设备、新工艺改造提升传统产业”。关注纾困与技术的本质所在，从资金注入式纾困过渡至多元模式纾困，让纾困达到“标本共治”的状态。

又如，四川自贡市中级人民法院成立课题组，发布《破产审判助推老工业城市产业转型升级相关问题研究——以自贡市破产审判为视角》，提出“将互联网+司法深度融合，引入先进科技成果，全面提高破产审判各项工作的智能化、信息化水平。通过链接‘法官+管理人+债权人+投资人+金融机构+府院联动成员单位’等核心参与方……节约破产费用成本”。破产审判深度融入工业城市产业转型升级，将人工智能、信息化融入破产审判，为产业转型赋能。

第五，管理人可以通过积极参与政府政策制定、为政府决策建言献策、分析利弊，特别是当政府公开征集地方发展建议时，要将破产工作中遇到的问题、解决方法等作为建议提出来，特别是大型企业破产中遇到的问题，这样不仅有利于优化政策制定，也会为破产问题的解决提供助推器，甚至发挥管理人督促、推动破产法治水平提高的功能。

在破产工作中遇到的卡顿，管理人也要有锲而不舍的精神、咬住青山不放松的韧性，特别是破产法治环境相对滞后、破产府院联动机制相对滞后的地区，更需要管理人做好与法院、政府的沟通工作，甚至需要做好破产法的普法工作，以真正助力破产案件的解决。

典型案例：

（一）盐城某毛绒制品公司[①]

1. 案情介绍

2002年，盐城某毛绒制品公司成立，其生产的毛绒制品在海外市场热销。该公司为扩大生产进行产业升级，对整体厂区进行扩建，引进先进的生产线，完善排水排污系统，耗费了巨额资金。

2020年后，因其高度依赖国外市场，外贸订单骤减，资金链断裂，陷入财务危机。

盐都法院发现该公司名下没有不动产，其核心资产为纺织、印染生产线。由于产业壁垒、技术升级及大型设备无法拆卸等原因，导致该公司的几百套设备价值严重贬损，对于偿还高额债务“杯水车薪”。鉴于此，盐都法院以优化资源配置、盘活生产要素为目标，积极适用“执破融合”机制，将案件导入破产程序。

2. 典型经验

第一，执破融合，各取所长。盐都法院在执行过程中精准识别企业价值，

① 本案是2023年江苏高院发布的“江苏法院‘执破融合’‘类个人破产’优化法治化营商环境典型案例”之一。

妥善适用“执破融合”机制，发挥破产重整在民营企业债务负担化解、产业层次提升积极作用，从产业升级、科学管理、绿色经营三个维度提升毛绒制品公司的企业价值，促进生态环境保护、企业重生、债权人利益最大化有机统一，有效解决民营企业发展过程产生的深层次矛盾，激发和释放民营经济活力和创造力。

第二，精准把脉，保留核心。在国外市场，公司积累了较好的口碑和较强的市场竞争力，同时其掌握先进的生产技术、保留完整的销售渠道、具备完善的生产线，只要引入资金活水，即可让企业焕发生机。

公司为了完成产业升级改造，花费了几百万对排污系统进行了升级，由于排污系统固定在墙体内部或地底，所以整套排污系统无法变现，在破产清算程序中只能作为废品进行处置；该公司拥有的排污许可资质具有较高的市场价值，但必须以毛绒制品公司主体存续为前提。法院积极推动本案由清算程序转为重整程序，以排污系统及排污许可证为招商亮点，进行重整融资公开招募，在招募投资人过程中，着重关注投资人的企业背景、环境保护、可持续发展等影响因素，最终顺利引入投资人。

（二）龙游某炭业公司重整案①

1. 案情介绍

2004 年，龙游某炭业公司，因工艺落后、产品单一及原材料采购成本过高等原因，利润较低甚至出现亏损状态。

2019 年 5 月，龙游法院裁定受理该公司破产清算案。

2. 典型经验

龙游某炭业公司资产进入破产清算程序后，面临清算周期长，拍卖变现溢价空间有限等问题，考虑普通债权清偿率，法院仔细审查，根据公司的重整可行性，裁定公司破产重整。法院多次引导龙游某炭业公司管理人与抵押债权人洽谈，大幅度提升了普通债权的清偿率。

重整后的龙游某炭业公司创造了更多工作岗位，引进了先进工艺，发展竹

① 本案系 2021 年衢州中院发布的“促民营企业发展十大典型案例”之一。

炭的衍生产品，增加炭的使用功能，研发了新产品，大幅度提升了普通债权的清偿率。

三、处理好破产中的动态关系

“利益是法律的原因，法主要规范着利益斗争……法律规范中包含的原理是立法者为解决种种利益冲突而制定的，法律是冲突的人类利益合成和融合的产物”①。破产中的利益冲突、利益斗争兼具鲜明性、隐蔽性，在破产法规定的秩序中，仍然有不少冲突和斗争处于动态变化的过程，而且可能存在法律无法解决的问题，但管理人必须回应才能推进程序的问题。通常，管理人很难遇到问题一样的破产案件，反之，在破产程序中遇见千变万化的法律问题是常态，尤其是对于大型企业破产而言，历史沿革复杂，股权结构、投资关系、资金往来复杂，且缺乏证据证明，事实盘根错节……因此，管理人需要特别处理好资金与项目和人的动态关系，才能处理好各类主体之间的利益平衡问题，在法治化框架内化解各类冲突、矛盾。

当然，从司法裁判的角度来看，管理人作为处理各类关系的主要主体，需要得到法院的监督与指导。一方面，法官有着中立裁判的地位，其可以通过事实审查、法律审查，至少在两个层面上检验管理人的处理工作是否存在问题；另一方面，法官也可以得到来自市场主体提供的信息线索、权利救济请求等，防止因信息不对称问题做出错误裁判而影响财产分配结果的公正，甚至可能因决策错误而让企业没有了再生前景。

对此，处理好破产中的动态关系可以从以下方面予以考量：

（一）项目与资金

项目与资金的关系是整个破产动态关系的核心或关键。首先，很多企业破产就是因为项目缺乏资金无法如期完成交付所致，在缺乏资金的情况下，“开源”是续建的重要前提，否则，续建、盘活无从谈起。

其次，从盘活烂尾工程或者维持债务人持续经营角度来看，“引黄（资

---

① 杨忠孝：《破产法上的利益平衡问题研究》，北京大学出版社 2008 年版，第 4 页。

金）灌溉（注入企业）”的前提是项目与资金匹配，资金应当直接用在项目上，避免中间环节出现意外导致资金空转或者资金消耗，或因个别人违法违规挪用、以非法占有为目的转移资金。

最后，“节流”是巩固续建的重要保障，管理人应当集约式地使用投资人投资款或者共益债融资，这关乎资金成本、资金安全与资金收益。否则，资金浪费且成本高，会减损资金使用效率和投资人信心，也会助长破产企业财务管理制度松散的不良氛围，一定程度上不利于改良企业文化，甚至给化债后迈入正轨的企业埋下隐患。

（二）人员与资金

从资金与人的关系来看，人们普遍会关注有没有钱的问题，但也要注意接下来的问题——“钱生钱”。否则，重整意义不大，投入的钱很快用完，而企业缺乏造血能力的话，前期投入无异于石沉大海。是否具备“钱生钱”的能力，往往取决于经管债务人的运营能力或者委托经营管理者的经营能力。

如下图所示，如果不能用新方法、新思路实质性解决卡顿企业经营问题，那么无疑只是从现金流不紧缺的真正困境状态再次回归到新形态的破产。因此，处理好人与资金关系的本质，要回归到项目管理、财务制度优化上。

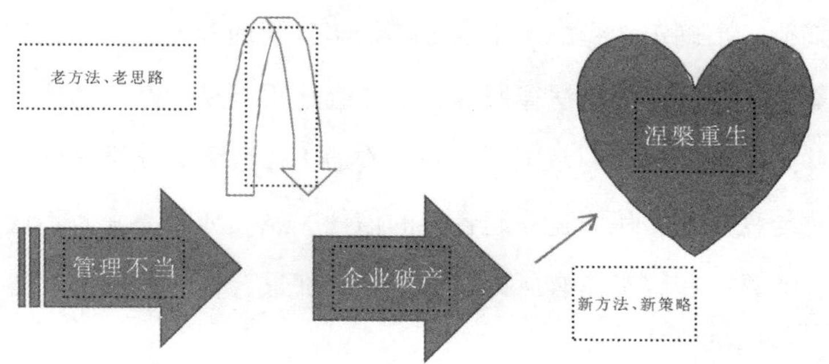

具体涵盖以下几点：

第一，如何突破单体债务人清算分配的藩篱，走向实质分配公平。这一点主要针对大型集团类企业，集团往往是若干关联公司的核心，发挥调动人财物的指挥、控制或纽带功能。例如，BRRD（EU Bank Recovery and Resolution Directive）针对性讨论了集团可解决性问题（group resolvability），允许银行类集团以有序方式倒闭且同时不对集团实体、分支机构所在欧盟成员国金融体系造成重大不利影响，有甚者囊括金融不稳定或系统性事件，从而确保集团实体履行关键职能的连续性。[①] 这里，需要注意的是：区域性稳定、关注破产问题的负外部性问题、关键职能履行及其连续性，特别是金融类银行、非金融类银行集团都可能面对上述问题。

例如，在我们处理的一起大型房地产企业破产案件中，就遇到了类似的问题。社会各界对此案关注度很高，我们处理案件的关键前提就是考虑区域性稳定——本案涉及主体广泛，辐射区内与区外人员，且对上下游供应商有所影响。

对此，管理人几乎要考虑每一类受到影响的个体；就核心集团而言，其关键职能履行非常重要。试想，一个“瘫痪”的核心主体将导致整个系统如同散沙一般，对此，需要确保这个核心实体是稳定有效的——即便在某一阶段缺乏流动性资金的支持，仍然需要通过共益债融资，投资人提供流动性支持，以防止实体崩溃，确保其在较长时期内保持稳定，直至破产程序终结。

第二，一个容易被忽略但非常重要的能力，就是管理人的沟通谈判能力。其实，不少陷入破产状态的企业管理者以及拟投资破产企业的投资人，内心时常夹杂着期待、不确定、焦虑、不安全等情绪，管理者如果以强硬的作风、缺乏耐心与尊重的态度来提供法律服务，往往会适得其反、事与愿违。在普法宣讲、拟订并熟悉破产方案的基础上，做好沟通工作，引导此类群体重建、修复内在稳定感与秩序感，从而建立起各方的信任关系。如此一来，不仅对于推进后续重整、清算、和解工作有所裨益，也会对促进合作、发现商业机会、建立深度广泛合作提供支持。

（三）基于产业链思维审视大型企业破产问题

基于产业链思维来审视大型企业破产问题具有重要意义，这也是打破思维定式的成果之一，有助于处理破产过程中的动态关系。2024 年政府工作报告

---

① BRRD, Art. 16. See also Ilya Kokorin, The Rise of “Group Solution” In Insolvency Law and Bank Resolution, European Business Organization Law Review (2021) 22: 792.

中提出要大力推进现代化产业体系建设，加快发展新质生产力，包括推动产业链供应链优化升级、积极培育新兴产业和未来产业、深入推进数字经济创新发展等内容。产业链是生产力发展的重要领域，也影响生产关系的调整、迭代与创新。产业链思维不仅关乎企业重整成功、重整效果以及重整后企业经营管理等事宜，也会关乎地方产业结构、经济发展、区域经济社会稳定与国际贸易。

首先，产业链思维往往是结构性的，大型企业的业务通常也具有结构性，或者与结构性业务有关。如果基于非结构性眼光仅局限于某一个局部来盘活大型企业，那么就存在其他资源浪费的可能性，或者眼看着其他有市场价值的资源因主客观因素而白白流失，或者难以通过市场交易获得匹配的市场价值。产业链上的企业之间是相互依赖、彼此影响的，如果忽略了这一点，当某一企业被当作“弃子”，可能与之关联的上下游企业将会以数倍的成本来寻找破产企业的替代者，这无疑将增加整个产业的交易成本。对于中小企业而言，这种影响或者动荡更为明显，且也会加剧中小企业自身的经营、流动性风险。当破产企业在产业链中具有重要影响力，也可以基于产业链的角度寻求地方政策在纾困特色产业中企业的支持，如税收、金融、研发等方面，实现重整效率的优化。

其次，产业链往往涉及四类主体，供应商、制造商、销售者、消费者等，每一类主体均可能为破产企业带来现金流或者未来带来价值的资源。在制定偿债规则时，偏袒某一类主体，也会对其他群体产生影响。那么，应综合权衡生存权、发展权、公平清偿权、优先必要性等有利于产业链的良性发展。产业链思维对于寻找更大范围、更具针对性、提供合理价格的合作方，具有长远意义——有助于破产企业走出思维定式、打破经营僵局、提升创新能力与经营能力、提升管控产业链与企业风险的能力等。

再次，从交易机会可得性方面，基于供应链思维来扩大重整参与方的范围、提升重整交易机会、改善重整效果、防止重整失败，也是有益的。不少投资人青睐单一板块，或者想要在短期内套现，而忽略了供应链的特殊性以及重整企业自身在供应链中的地位，如此一来，有可能排除掉其他有志于基于供应链思维想要介入的市场主体。如何达到帕累托最优的状态？同样需要在重整前考虑企业在供应链中的地位，有的放矢地选择是否重整；若无须重整，找到产业链相关方介入，也不失为一种好的路径。重整中，则需要全面考虑重整模式，不能忽略产业链层面的意义；重整后，同样需要维护企业与产业链之间的关系，掌握产业链上下游相关信息，能够适应市场竞争与产业的发展趋势。

最后，就跨境企业破产而言，还会涉及全球产业链问题。不乏产业链上有关企业分别分散在不同国家、不同区域，甚至可能涉及某国的核心产业或者支柱产业，那么，企业破产问题很可能涉及多个国家、产业链不同地位等。产业链思维显得尤其重要，特别是对全球经济合作、跨国贸易、法律协调、跨境承认与执行等方面，需要考虑得更多、更深、更远。

当然，产业链思维并非是绝对的。大型企业破产有时根本是因为经营管理僵化、技术滞后，已经没有其在创立之初时在产业链中的风光与地位，处于“食之无味、弃之可惜”的尴尬境地。那么，基于产业链思维审视破产企业的结果只能是破产清算。此时，可以进一步拆解破产企业的各类资源要素，需要跳出本产业链思维到其他产业，探索要素是否是其他产业需要的、能为其带来价值的生产资料，甚至职工也能够通过再培训转化为对企业有价值的劳动者。

第二节　创新思维与团队管理

一、守正创新回应新问题

在解决区域性大型企业破产问题中，我们经常遇到新问题，必须要一次次攻克“难艰”以推进破产程序。这些问题给我们带来了专业挑战的同时，也历练了团队的应变能力、解决复杂争议的能力，从而收获了客户的信任，没有辜负各方期待。其中，这也得益于我们破产团队搭建起的“破产疑难案件会商机制”，秉持兼听则明、集体决策、充分讨论的原则，引入高校专家、律所资深律师、其他第三方机构专家等，共同研讨破产复杂疑难问题，有效解决了多起破产疑难问题，取得了良好的法律、经济与社会效果。

值得分享、探讨的一点经验是我们坚持多年并不断发展着的守正创新思维与路径。对此，关于如何发展出办理破产案件的创新思维与能力，本书呈现出几点经验以飨读者：

（一）优化学习方法

解决破产问题，仅靠破产法与非破产法知识是不够的，管理人、法官等均不能仅仅消极被动地等待解决问题的答案在某篇文章、某本著作等中存在，当然，有些问题可以寻到答案，但有时苦苦寻觅却寻不见答案，这不仅是因为未必能找到现成的答案，而且有些观点可能是模棱两可的（比如作者考虑没有定论时，仅做讨论往往更为安全和稳妥）、适用场景和我们实际遇到的问题有差别。这就要在一定程度上考验管理人是否有真功夫了。一方面，破产法基础理论、非破产法基础理论好比解决破产问题的“根基”，越向下扎根，越能向上生出“枝芽”——解决破产问题的思路、灵感和方法源源不断，不仅能助推我们解决问题，在心态上，也能激发学习者、研究者、实务人员的热情，形成良性循环。

另一方面，每当出现国内外最新破产案例时，要关注案件的处理进程和核心方法，该方法的优势何在？有无不可替代性？法律如何规定，在法律规定的基础上，是否存在法律冲突以及如何实现了合法化操作？解决了什么问题，这个问题本身是否是“真”问题，这个问题有多重要，是否存在利益冲突以及是否化解了某项敏感问题……

近年来，以上方法被我们融入且践行在破产团队内训、律所新人的培训体系中，能够在较短时间内培养若干项目需要的、具有一定专业基础、较高学习能力的破产新人，使之能够尽快“入门”并为之掌握债权审核、熟悉破产流程奠定基础；就团队内部专业成长而言，也实现了专业发展的可持续性、开放性，不用担心团队人员发展水平参差不齐而掣肘整体协作、推进案件的问题。

此外，对管理人之项目负责人或核心群体而言，要注意压力管理、情绪管理和项目管理的融合。很多大型企业破产案件周期长、问题多、事务多，诸多琐事、大事、难事往往会让管理人，特别是项目负责人处于“风暴旋涡”的中心，此时，需要在压力下保持专注、耐心、乐观、严谨、细致，以及不卑不亢，否则，对内可能因暴力沟通、言语冲突、负面情绪相互传导、信任危机等影响团队内核稳定，进而使团队形同散沙、人员流失；对外也会发生管理人和外部主体之间的情绪冲突、立场对立、利益瓜葛。后续，破产案件不仅难以推进，甚至管理人会被淘汰出局。

（二）培养创新设计思维（design thinking）[①]

德国哲学家叔本华曾说：“一个人才能击中别人无法击中的目标，而一个天才能击中别人看不见的目标。”那么，如何成为解决破产问题的“高手”呢？这不仅需要解决已经出现的问题，也需要预判即将或可能出现的问题，甚至在问题有苗头之前，已然将其消弭在摇篮中。这一点对于大型破产企业的管理人而言尤其重要，我们认为以下几点有助于培养管理人的创新设计思维：

1. 同理心

培养对破产企业及其利益相关者的同理心，也意味着站在对方的角度思考问题。在办理破产案件中，我们会遇到形形色色、性格迥异的人，有沉着内敛、性格强势、多疑善变的，也有性格单纯、真诚坦率、藏着掖着的。并且，大型破产企业类型相对广泛，覆盖国有企业、混合制企业、民营企业等。无论面对的客户是怎样的、企业类型如何，秉持同理心，能够站在对方角度想对方所难，理解对方的处境，然后再将专业知识输出给对方来理解、支持管理人的行为，是有利于建立积极信任、合法性合作、推进破产程序的。例如，个别企业家遇到债务问题时原本已经内心焦灼、落差很大，若未能及时基于同理心提供专业支持，不仅难以建立信任，也难以在程序中有效相互配合，甚至会阻碍破产程序、发生极端事件。

2. “模拟”场景

即预判不同大型破产企业重整方案的前景及其成功、失败的可能性，即便

① 参见蒋里、［德］福尔克·乌伯尼可尔：《创新思维：斯坦福涉及思维方法与工具》，中国工信出版集团、人民邮电出版社 2022 年版。

在推进破产程序中失败了，也能接纳失败并尽快纠正错误、回归正轨。这种方法的优势在于能够避免工作中“走到死胡同”，难以接纳或认识另一种可能性或者破产结果，对于破产的影响就是可能因视野、见识、经验局限性而未能选择最有利于各方整体利益的方案或路径。大型企业破产问题较为复杂，以“多”字见长：多板块、多条线、多资产、多负债……除非在预重整阶段全面掌握企业全盘样态，或者进入破产程序后，在多方协同工作中掌握全盘信息，很难说一开始就拿出一套足以覆盖全部问题、行之有效的方案。

那么，允许场景模拟就解决了这一问题。例如，模拟偿债、模拟清算以及各方表决结果、模拟另一种重整计划草案、投资方案……预判其实现过程以及前景，从而未雨绸缪、积极应对，不仅能够更有效地推进程序，给予各方及时反馈，也能更好地控制进程，力争最优破产结果。

3. 发挥主观能动性

在破产团队内部就重要破产问题开展头脑风暴、充分讨论是必要的，以在尽可能短的时间内碰撞出更多方案、最优选择；就培养新人而言，在合伙人、资深律师提出解决方案前，鼓励年轻人提出建议、分享感知，避免生搬硬套、缺乏应变能力。长远来看，也会影响团队专业建设和律师职业成就感、团队与律所归属感。整体上，建设管理人梯队、发展管理人梯队、完善管理人梯队，需要时间沉淀、案件锻炼、团建支持与文化的塑造。

此外，每个案件办结后，合理安排时间让团队成员分享感悟——包括分享自身的优势与劣势，工作中发现的问题；看见团队彼此的付出与努力；能够通过头脑风暴、主题谈判、经验分享等方式，吃透案件，熟稔程序；看见自己的努力与蜕变。必要时，还需通过周报、半月报、月报、季报等，及时总结项目工作进展——对内，便于项目成员掌握项目进展、消弭信息不对称风险；对外，能够把控破产进程，与法院、债务人等保持良性沟通，有利于获得支持、推进程序。

4. 保持“想象力”

个人层面，从青年破产律师发展角度来看，需要想象，如果自己站在项目负责人的角度，如何操盘整个程序——包括时间安排、人员统筹、项目跟进、对外联络、沟通协调、人际关系处理等。通过不断想象，寻找自己和卓越项目负责人之间的差距，弥补差距，持续精进，才能早日蜕变为真正的项目负责人，实现职业生涯的进阶。同时，也要避免模仿其性格劣势、管理不当之处，保留个人对破产团队管理、破产执业的真知灼见，为个人长远发展蓄能。

项目层面，项目负责人可以想象救活眼前的这家企业需要哪些要素——好比一位大厨要知道往汤里放什么调料才能做出美味佳肴，技术、管理者、营销方式、管理模式、薪酬安排、财务管理等，然后，统筹规划，逐一解决，用想象出来的终极目标来指引管理人工作……这种正向的思维训练、理性思维训练等有助于提升工作效能、提振团队士气、实现自我激励，从而推进破产程序、助力优化破产结果，特别是对大型破产企业而言，能够助力各方利益最大化。

5. 保持对专业之外的好奇心

面对错综复杂的破产问题，法律知识有时显得“捉襟见肘”，越来越多的破产团队开始吸纳具有财务、审计、资产评估、商科、信息技术等背景的成员，也有更多法律人开始学习与破产业务有关的新知识。如此有益的探索，也将为解决破产问题提供更为开放的思考空间，为寻找最优解决破产问题方案提供机会。

二、高质量专业团队的组建与管理

大型企业破产项目上往往需要较多律师、律师助理、实习律师等，但人数多不等于效率高。结合我们团队管理经验以及学习借鉴全国破产团队的经验，此处分享三点需要注意的问题：

第一，对整个破产流程了然于心、做到胸有成竹，尤其项目负责人要有能力、有意识把握整个案件的节奏。不仅需要卡准时间节点，也要在遇到卡顿时，集合专业力量、各项资源进行“攻克”——例如，制订府院联动方案并协调推进其实施、调整重整策略推进推动重整工作等。尽量不要“坐以待毙”，消极等待程序空转。如此操作不仅会增加团队成本，导致破产财产价值流失，也会错过交易机会。有时也会冲击团队的热情与凝聚力。人心涣散、业绩低迷往往是团队瓦解、破产业务缩减的前兆。此外，作为项目负责人，在成员工作出现困难、问题时要及时处理，往往作风过于强硬时会适得其反，导致工作积极性疲软、成员成长后劲不足，相反，全面了解情况、积极引导和彼此沟通协作，往往会起到“1+1>2”的效果。

第二，做团队成员的伯乐。尽管古人云“千里马常有，而伯乐不常有”，但在破产案件中，伯乐也会渴望出现千里马帮助自己分担诸多工作，同时解决破产团队生存与发展的问题，让团队做得更久远一些——有数据统计，2024年管理人数量同比2023年下降近60%。[①] 对此，培养团队成员是解决问题的优选方案。例如，除了实习生培养外，也可以在所内招募具有一定法律实务经验的资深律师，根据其自身优势、爱好，锚定破产业务某一板块——例如，债务人资产接管与破产财产处置、破产债权审核、破产衍生诉讼、企业账册接管、尽职调查等等。将不同板块律师培养至“熟练”程度，然后在尊重律师自身意愿的基础上，调整其到其他模块。经过几个案件不同模块上的深度、全面磨炼，很多团队律师基本可以独当一面。当然，优秀的、适合做项目负责人的律师也会被自然而然地筛选出来。

第三，有效分工，同时，强化团队整体沟通、协作、写作、运作能力。破产管理人的本质是具备法律知识的管理者。破产管理人不同于其他法律专业人士，几乎可以肯定的是，缺乏沟通能力的律师很难做好大型破产案件，因为要面对来自人际关系压力、业务协调压力等多重挑战。破产管理人面向的是承担一定索赔压力的债权人，秉公履职、坚守原则的法院，以及单个或多个政府职能部门甚至面向政府——并未掌握充分的破产专业知识，也可能担心破产程序的烦琐与复杂给自己带来行政责任或其他履职风险。一方面，管理人内部有效分工，有助于践行勤勉尽责、提高事务性工作的效率，具体如下图所示，仅供参考：

---

① 参见无破数据：破产案件剧增，管理人数量同比去年下降近60%，“无破数据”微信公众号，2024-06-03.

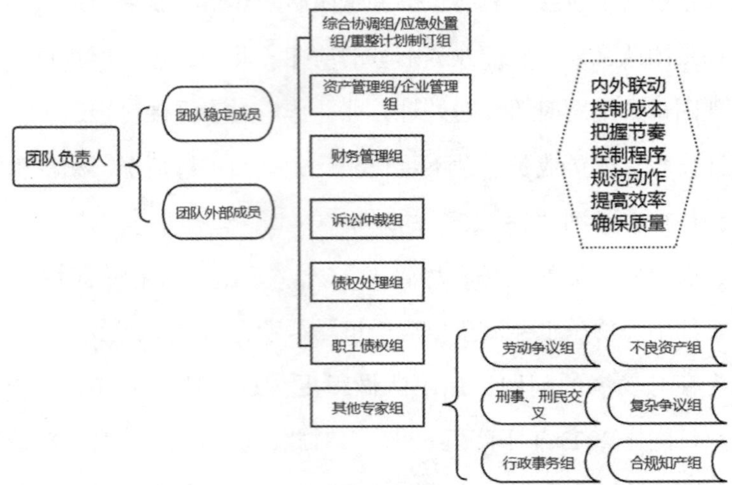

另一方面，面对如此多主体破产程序需要管理人在口头、书面表达中传递推进破产案件的信息、合理的工作态度和立场，包括不限于法律分析、案情分析以及消弭推进中的各类卡顿等。文书写给谁、怎么写、谋篇布局，如何化繁为简、表达清晰，主次分明、符合写作对象的要求与风格，让读者明白，如何达到沟通的目的……都需要管理人下功夫研究。只有在细节中打动人心，彰显破产法治的理念，论证各类操作可行性，才能真正有力地推进破产程序。

第四，整体上，管理人队伍属于服务型、主导型专业队伍。服务型侧重于强调管理人服务于企业破产大局，能够考虑债权人利益最大化、债务人及其出资人合法权益保障，服务全局，服务意识而非被服务意识——被服务也意味着管理人偏离了“勤勉尽责”的底层逻辑，如面对债权人申报、问询、异议等，未能主动回应、纠错、自检；利己主义，而非解决破产问题为目标的利他主义。服务型管理人是符合破产法治理念、法律规则与原则的，也会帮助管理人真正规避各类法律风险。

主导型强调管理人在破产程序中的地位与功能是主动的、主导的，而非被动的、边缘化的——这一点，在国有企业破产、系统重要性企业破产中另当别论。在普通大型企业破产中，管理人的主导有利于发挥法院的监督功能，避免司法裁判错误、减轻法院工作负荷，防止公权力不当干预破产问题，实现各方主体“各归其位”“各司其职”；激励管理人寻找最优解决破产问题策略，推进制度创新、法律或商业工具创新，获得经济、社会效益；考虑破产法治化、市场化、规范化的基本要求，管理人的身份——市场中介服务机构，如律师、会计师、资产评估师、清算机构等，本身就来自市场，由其主导也系专业使然，更契合基本要求。此外，业界普遍接纳的观点是“确立以管理人为破产事务处理中心的基本原则”[①]，从而能够达到破产标准化、可视化、规范化与法治化。

第三节　构建法治化破产职业共同体

构建法治化职业共同体，是指为了妥善办理破产案件、实现企业破产法目标，需要在破产中形成、具备共同体思维，即管理人、法院、政府等主体多方合力推进破产程序。构建法治化破产职业共同体，对于办好大型企业破产案件尤其重要，能够解决集体行动困难、消弭破产梗阻、提升合作效率、防止道德风险，也能够真正盘活企业、发展产业，实现多方共赢。对此，需要从以下几方面发力：

一、知晓处理好管理人与法院关系的重要性

破产案件中，处理好管理人与法院的关系非常重要。其重要性主要体现在三个方面：第一，从程序便利性角度来看，管理人配合法院司法程序，有利于推进程序，防止因程序冗长而影响结果的公正与效率，确保破产程序符合法律规定的各项原则与规则。从西北地区、全国性大型破产企业案例来看，几乎都能看到法院在案件中发挥的至关重要的作用，脱离了法院的支持，管理人可能寸步难行，有甚者可能走错方向；第二，从案件实质内容处理来看，法院和管理人之间的关系是多层次的，管理人职权以法律与人民法院的授权为基础，[②]

---

① 徐阳光、吴建峰主编：《破产审判的富阳实践——基于项目化指引的探索》，法律出版社 2019 年版，第 143 页。

② 参见张宏伟、朱森蛟：《论法院对破产管理人的管理与监督》，载《人民司法·应用》2017 年第 25 期。

包括专业层面的监督、指导、互补关系；第三，府院联动机制层面的配合、协调、联动关系，在具体案件中，需要共同攻克疑难复杂问题，推进有效破产重整、高效清算等。

（一）西北地区部分破产案件的处理经验

结合我们对西北地区的观察与处理破产案件的经验，具体分享以下经验供各位读者参考：

1. 掌握案件事实，积极推进程序

充分掌握破产案件事实情况，尽量成为全案中最清楚案件事实的人之一。如此费心、尽心，是为了能够帮助、提醒、督促、配合、协调法官解决关键破产问题，实现“1+1>2”的效果。不少主办法官要同时处理很多破产案件，非常忙碌。尽管法官也会非常熟悉案件事实，但有了管理人的付出，也能让法官的工作事半功倍、更为高效。个别管理人怠于履职，一揽子将查明事实、法律定性等问题交给法院处理，一方面导致案件风险增加；另一方面，也会给管理人带来履职风险，其怠于履职或者存在过错的情形，将给债权人、债务人或其他利益相关者带来损失，应当承担相应的法律责任。

对于西北地区而言，破产案件对于优化营商环境发挥着不可替代的作用。管理人积极推进、法官应时支持，能够冲破阻力、克服困难、化解疑难，形成加速化解企业危机、助力企业再生的合力。此外，由于大型案件往往涉及舆情问题，法院、管理人合力，妥善处理信访问题，对于提升案件办理质量、保障各方利益主体合法权益，具有基础性意义。对此，建议管理人在做好破产案件信访、舆情风险管理的基础上，针对债权人类型、案件特殊性等，出台相应的管理制度，从而便利后续工作。

目前，有地方已经形成了较为成熟的地方规范性文件或者其他有关文件，用于改善、指导、规范区域性有关问题。例如，湖南省高级人民法院在全国率先制定《关于加强破产案件中办理信访工作的通知》，明确“坚持依法办理，建立健全破产案件信访办理的制度机制”，其中，“对于与具体破产事务处理情况有关的信访事项，破产审判部门可以要求管理人一同参与接访，做好来访当事人的沟通解释工作。对于破产案件有关信访事项的办理，各级法院应当严格按照《信访工作条例》《人民法院办理群众来信工作规定》规定的期限内办理完毕”。为妥善处理信访问题提供了保障，对于法官、管理人而言，能够清楚自己的职责，也有了进一步合作的依据。

典型案例，如甘肃中瑞铝业有限公司破产清算案[①]。本案涉及甘肃省一家重要的实体企业，该企业债务规模巨大，但具有一定重整前景。管理人全面查清案件事实，多次与意向投资人沟通谈判，联通法院、政府构建府院联动机制，最终形成重整计划草案并得以批准执行，完全释放破产企业电解铝产能指标，发挥对地方经济的拉动功能。

2014 年 9 月 5 日，甘肃中瑞铝业有限公司成立，注册资本 6 亿元，主要从事铝锭的加工生产和经营。由于电解铝行业投入成本较大且中瑞铝业自有资金实力不足，该企业自 2018 年 9 月停产后未能恢复生产。2020 年 3 月 30 日，杭州锦江某有限公司以不能清偿到期债务，且资产不能清偿全部债务为由申请对甘肃中瑞铝业有限公司进行破产清算。杭州锦江某有限公司享有甘肃中瑞铝业有限公司债权共计 195921520. 36 元；甘肃至远新材料有限公司 46608699. 08 元、浙江华东铝业股份有限公司 5099638. 80 元、杭州裕科贸易有限公司 351900 元；尚有在本院涉诉及已申请执行的债务共计 46724747. 52 元，且上述债务均已届债务履行期限。因债务人对债权人提出的破产申请持有异议，靖远县人民法院召集债务人及申请破产债权人召开了听证会。

2020 年 4 月 24 日，靖远县人民法院以被申请人无法清偿到期债务且明显缺乏清偿能力为由，裁定受理杭州锦江集团有限公司对甘肃中瑞铝业有限公司的破产清算申请。

案件受理后，债务人法定代表人、实际控制人及相关人员拒不配合，且抵触情绪严重。

2020 年 7 月 22 日，为依法及时审理该破产案件，法院裁定强制债务人向

---

① 信息来源 靖远县法院：《甘肃中瑞铝业有限公司破产清算案》，甘肃省白银市中级人民法院微信公众号，2022 年 9 月 15 日。

管理人移交了该公司全部财务账簿、印章、财产和文书，并立即对甘肃中瑞铝业有限公司财务进行审计，对财产进行了评估。债权审核也在管理人、审计、评估机构核查后报人民法院复核。甘肃中瑞铝业有限公司负债超11亿元，已严重资不抵债。

2020年9月16日，经甘肃鸿泰铝业有限公司等多家公司申请，人民法院裁定对甘肃中瑞铝业有限公司进行重整。

为实现债权人利益最大化及地方经济增长点，对已交纳了重整保证金且具有强大经济实力支撑的战略重整投资人杭州锦明投资管理合伙企业（有限合伙）管理人多次与其商讨拟订重整计划草案，采取府院联动等多重模式，强力推进破产重整的成功实施。管理人多次远赴杭州，经多方协商，几易重整计划草案，终于达成了2021年3月10日的《重整计划草案》，经第三次债权人会议表决，合议庭评议，法院最终依法裁定批准了甘肃中瑞铝业有限公司重整计划草案并终止重整程序。投资人投入建设资金10亿多元，已清偿债权2亿元，实现产值20亿元，解决农村劳动力500多人。截至目前，重整计划二期建设投资约达15亿元，职工及工伤债权、抵押债权、税收债权已全部得到清偿，已届清偿期的普通债权也已全部清偿，剩余债权也已依据重整计划草案拟订清偿计划。

本案的重要意义在于：

第一，高效释放产能指标，发挥重整后企业对地方经济发展的支撑作用，形成了强大的财税来源。

第二，发挥了破产审判的示范、引领、指导作用。该案对于未审结及即将立案受理的破产案件审判方向具有借鉴及参考价值，发挥破产法对于优化营商环境的重要作用。

2. 及时沟通问题，尊重法官建议

管理人在遇到复杂、疑难、关键问题时，应及时与法官沟通，不要擅作主张、不要违法违规。破产案件中的各类问题是错综复杂的，通常，管理人不能自作主张站在裁判者角度给出答案，而是应事先对重要事项做好充分的准备，为法官做出最终裁决提供专业参考。一方面，实现双重的专业把关，法官、管理人分别从不同视角看待问题，确保破产问题处理在程序、内容上合法合规；另一方面，从法院角度来看，其作为中立裁判者、公权力机关，在考虑破产案件社会影响、政治影响等方面具有一定优势，能够弥补管理人工作的局限性，在某种程度上发挥着专业监督功能。实践中，仍然存在管理人基于逐利性而违规做出处置破产财产或者其他决定，导致其他人利益受损，法院过程控制能够起到遏制道德与法律风险的作用。

典型案例，如宁夏润昌实业有限公司等实质合并重整案。[①] 本案中，法院与管理人密切协作，经充分论证，法院审时度势，及时裁定三家公司合并破产，有效维护债权人权益，保障了三家公司生产经营的完整性。

宁夏润昌实业有限公司（简称“润昌公司”）投资人是20世纪90年代到原银南地区吴忠县投资的浙江商人，后于2005年经青铜峡市招商引资来到青铜峡市嘉宝工业区投资建厂，主业为生产印刷用品，为原夏进某公司印制包装箱，企业效益较好。后又通过自有资金及银行贷款，在永宁县望远工业园区投资建设宁夏银浙印刷包装产业物流园有限公司，在金凤区工业园投资建设宁夏润昌包装印刷有限公司，因而背负过重债务。

截至2020年年底，贷款本息1亿多元，因资金周转困难，涉诉案件较多，企业账户被冻结、抵押财产被拍卖、法定代表人被列入失信名单，企业生产经营每况愈下……2021年1月，企业向青铜峡市法院申请破产重整，希望通过破产重整保护措施，再获一次自救机会。

青铜峡市法院2021年4月裁定受理润昌公司破产重整申请，并指定管理人。在润昌公司第一次债权人会议召开后，通过管理人尽职调查，发现润昌公司与宁夏润昌包装印刷有限公司、宁夏银浙印刷包装产业物流园有限公司之间存在股东、实控人、高管、财务、负债等方面严重混同，且公司之间存在互保情形。润昌包装公司与银浙印刷公司亦存在不能清偿到期债务、资不抵债的情

① 信息来源 宁夏高级人民法院：《青铜峡法院助三家公司“破产”变“破茧”》，宁夏高级人民法院微信公众号，2024年10月12日。

形，符合破产条件。

三家公司间资产与负债的区分成本过高，合并重整能够最大限度地保证三家公司生产经营的完整性，核心资产的统一处置也有利于企业实现资产价值最大化。同时，合并重整、统一分配也能使全体债权人获得公平清偿，最大化保护三家企业债权人利益。听证会召开后，同意合并破产的人数及债权额均超过三分之二，当年9月，青铜峡市法院裁定三家公司合并破产重整。

在管理人制订重整计划后，经二次债权人会议表决，职工债权组、税务债权组、普通债权组皆同意重整计划，金融债权组不同意重整计划。青铜峡市法院根据法律规定，研判重整计划的可执行性，以重整清偿率是否实质上高于破产清算率为重要标准，通过对企业资本结构的充分性，企业的盈利能力、经济情况、管理能力、原有管理层继续存在的可能性，其他与成功实现重整计划相关的因素考虑，勇于担当，裁定批准管理人制订的破产重整计划。裁定送达后，各大银行及其他债权人均未提出异议。企业安心生产，通过现有资产的出租营收及生产利润，分期偿还债务，保住了职工就业岗位及企业主体，让企业焕发新机。

自2023年8月法院做出批准重整计划裁定后，三家公司于当月履行清偿职工债权140余万元，计划第二年起分8年还清银行担保债权1亿余元。企业法人主动到青铜峡市法院汇报企业生产经营情况，表示已将要偿还银行的第一期300万元存入管理人账户，等待管理人分配，并表示企业通过重整，让银行看到收回贷款的希望，也修复了信誉，今后不会再追求过大过强，将以订单为生产任务，保本微利，使企业健康经营，后期也考虑通过出售一部分资产，提前还清欠款，让一手创建的企业延续发展，再创辉煌。

3. 发挥主观能动性，守正兼创新

管理人作为市场中介服务机构，必要时应当发挥主观能动性，特别是在处理一些突发事件、新问题，以及重整投资人招募等商业属性较强的问题时，管理人应当避免墨守成规，主动寻求优化重整方案和其他解决问题的方法，从而解决问题，帮助法院解决破产疑难杂症。例如，在某破产重整中，出现了中标后的投资人突然拒绝注入投资款，使得原重整计划草案无法继续执行的问题。管理人应当识别拒绝原因，依法做出回应，根据投资协议约定、过错程度等确定应对方式，是否追究违约方违约责任等；同时，管理人可以确定重新招募投资人的路径、优化重整计划草案、确认招募规则以及在程序上及时与法官等主体沟通，确保程序合法。诚然，法官作为破产程序的主导者、监督者、指导者，应当对各类问题享有充分的知情权，管理人不能存在侥幸心理，意图蒙蔽法官。

一旦如此操作，就会给自身带来风险，如违反破产法程序性规定，甚至可能因此产生其他的负面影响而被更换。随着破产法治化水平的不断提升和破产市场发展，可能会涌现出更多复杂的问题、更大的利益诱惑，管理人应当秉持守正创新的理念，坚持服务本位，能够抵御诱惑，也能够对墨守成规式做法可能导致的损失和风险及时与法官沟通，从而确保最优破产结果。诚然，相比破产法治化水平较高的地区，西北地区的创新做法相对有限，并且受限于整体专业水平、政府有关部门联动性较弱、破产观念相对落后等因素，一定程度上掣肘了创新做法。更多的是学习借鉴，创新在数量和质量上距发达地区仍然有较大差距。

典型案例，如南京某生物科技有限公司破产清算案①。本案为解决破产中的环境问题，打破陈规，进一步放宽府院联动范围，将推进环保问题解决的安监、环保部门纳入联动范围，并且，通过剥离无形资产作为绿色资产进行处置，实现本案经济、社会、环保、法律效益的整体优化。

某生物科技有限公司是一家从事生物技术及相关制品研发、生产、销售的民营企业，因市场原因，高淳法院依据债权人申请，裁定受理该公司破产清算案。

本案核心特色至少有四点：

一是依托府院联动开展专业化处置。法院指导管理人将财产处置工作与危

① 信息来源 南小中：《8个！南京法院绿色破产典型案例》，南京市中级人民法院微信公众号，2024年8月9日。

险废物合法化处置有效结合，同时会同安监、环保等多部门开展专业论证，通过鉴定对环保风险和价值进行评估，制订管理及处置方案。

二是加强绿色识别畅通资源要素流通。通过设立共益债的方式对公司持有的“农药生产许可证”“农药登记证”两项市场稀缺许可进行有效维护，实现了新兴产业有效资质的优化配置和可持续利用，促进了绿色要素的流通。

三是创新处置方式破解财产变现难题。法院指导管理人采用剥离公司“农药生产许可证”等无形资产作为绿色资源，纳入破产财产变现处置，最大化保障财产价值。

四是贯彻绿色破产理念，延续生物医药企业优质资产的典型案例。一方面，在破产财产处置中坚持生态安全和绿色发展理念，构建多元环境治理格局，积极探索科学、高效、可行的财产处置模式，消除环境污染隐患。另一方面，指导管理人通过设立共益债、剥离绿色资源等创新方式，畅通生产要素流通渠道，实现了确保生态安全、债权人权益保护的有机统一。

4. 处理好边界，坚守好法律底线

管理人也要处理好和法官之间的边界。管理人做好企业破产法规定的各项工作；法官做好指导、监督、组织、裁判工作，法官不能替管理人从事具体工作，管理人不能替法官进行裁判；法官要为管理人履职提供保障，特别是管理人报酬保障、其他主体不当干预管理人履职等。① 两类主体之间更不能全然对立、水火不容，极端者甚至存在权力冲突。个别管理人一意孤行，让法官工作非常被动，这也会影响破产结果，甚至可能导致能重整成功的企业不得不被清算。法官在破产程序中既有实体性权利，也有程序性权利，特别是能够批准重整计划草案——无论是常规批准还是强制批准，后者即根据《中华人民共和国企业破产法》第八十七条第二款规定，在未通过重整计划草案的表决组拒

---

① 参见关丽：《当前管理人制度实践问题的思考》，载《人民法院报》2020 年 4 月 16 日第 08 版。

绝再次表决或者再次表决仍未通过重整计划草拟，但符合一定条件的，[①] 债务人或管理人可以申请人民法院批准重整计划草案。

典型案例，如西安普众实业有限公司破产重整案[②]。本案中，法官积极推进府院联动机制设立，为企业重整提供有效保障，助力企业全面盘活。

2002 年，西安普众实业有限责任公司（简称“普众公司”）成立，系自然人控股的有限责任公司，公司经营范围为房地产开发、销售、物业管理等。普众公司开发建设的“鼎翰名苑”商品房项目于 2011 年 6 月开工，五证齐全。后因经营不善造成资不抵债，项目陷入停工状态。

2017 年 9 月，项目施工单位西安市高陵区建筑工程公司申请对普众公司进行破产重整。

西安市灞桥区人民法院受理后，查明普众公司开发的“鼎翰名苑”项目为合法开发项目，5 栋主体工程和部分安装工程已完工，重整复工既可用未售房屋及二期项目收益弥补资不抵债问题，又可保障 300 余套已售房屋顺利交付，遂于 2018 年 9 月 5 日裁定对普众公司进行重整。同时与住建、市政等部门多次协商，指导破产管理人制订重整计划，促使项目有序复工、稳步推进。2021 年 2 月 2 日，西安市灞桥区人民法院裁定批准重整计划，并终止普众公

---

① 《中华人民共和国企业破产法》第八十七条规定：部分表决组未通过重整计划草案的，债务人或者管理人可以同未通过重整计划草案的表决组协商。该表决组可以在协商后再表决一次。双方协商的结果不得损害其他表决组的利益。

未通过重整计划草案的表决组拒绝再次表决或者再次表决仍未通过重整计划草案，但重整计划草案符合下列条件的，债务人或者管理人可以申请人民法院批准重整计划草案：

（一）按照重整计划草案，本法第八十二条第一款第一项所列债权就该特定财产将获得全额清偿，其因延期清偿所受的损失将得到公平补偿，并且其担保权未受到实质性损害，或者该表决组已经通过重整计划草案；

（二）按照重整计划草案，本法第八十二条第一款第二项、第三项所列债权将获得全额清偿，或者相应表决组已经通过重整计划草案；

（三）按照重整计划草案，普通债权所获得的清偿比例，不低于其在重整计划草案被提请批准时依照破产清算程序所能获得的清偿比例，或者该表决组已经通过重整计划草案；

（四）重整计划草案对出资人权益的调整公平、公正，或者出资人组已经通过重整计划草案；

（五）重整计划草案公平对待同一表决组的成员，并且所规定的债权清偿顺序不违反本法第一百一十三条的规定；

（六）债务人的经营方案具有可行性。

人民法院经审查认为重整计划草案符合前款规定的，应当自收到申请之日起三十日内裁定批准，终止重整程序，并予以公告。

② 信息来源　陕西高院：《陕西法院 10 件破产典型案例》，陕西高院微信公众号，2022 年 5 月 17 日。

司重整程序。8 月 28 日，根据重整计划，通过破产强清平台以网络电子竞价方式公开处置该项目 228 套房屋，成交金额逾 2.41 亿元。

本案中，法院对推进破产程序发挥了至关重要的作用。在破产重整过程中，人民法院为使项目复工引入财务投资人解决建设资金问题，将建设资金作为共益债务随时清偿，确保了资金安全和有序施工，为交付合格房屋、实现资产价值最大化、提高债权清偿率奠定了坚实基础。灞桥区委、区政府鼎力支持，多次组织相关部门解决破产和复工中的衍生问题，为重整程序的推进提供了坚实后盾。

（二）西北地区特殊问题

1. 问题描述

结合目前我们的观察来看，西北地区管理人和法院的关系整体和谐，并且能够有效配合，双方形成合力共同促进破产案件的办理。但仍然存在不少问题，这些地方亦可能是其他非西北地区的共性问题。

例如，管理人违法违规，法院做出处罚，依法判其承担法律责任；存在法院不顾管理人请求，未能协助管理人搭建府院联动机制，导致案件中存在个别需要政府支持的地方无法解决，进而程序整体陷入停滞；破产专业水平发展参差不齐，有的地方法官借助内部培训资源共享，也能在培训资金支持下提升破产审判水平，而管理人则缺乏培训资源，难以系统性提升；也有个别法官则“半路出道”，未能系统、全面了解破产案件特殊性，破产法思维和知识体系尚未成熟，按照传统思维处理破产案件，导致案件处理未能契合破产法目标，甚至存在损害债权人利益或其他利益相关者合法利益情形，严重影响破产程序的顺利进行；而另一方面受过专业训练的管理人和法官难以达成共识，存在分歧，影响案例处理，或存在僵局导致程序停滞不前，或导致裁判结果并不符合最优结果……

当然，目前有个别地区已经出现了法官、管理人串通损害债权人利益的情形，相比管理人“监守自盗”、法官个人的廉政风险，这种操作更加具有隐蔽性、社会危害性，且缺乏外部监督，对举证有着更强的专业要求等。对于这种极端情形，说明个别地区、个别案件中存在法官和管理人相互监督机制失灵的情形。对此，应当通过外部监督、强化内部监督等举措进行完善。

2. 相对发达地区的做法与典型案例

（1）相对发达地区的做法

相比西北地区，经济发达地区，如北上广深、沿海等地有着更丰富的破产实践、较高的破产专业研究能力、有力的财政资源支持等，为培育破产创新实践、提升破产审判水平与管理人职业水平提供了肥沃的土壤。但是，凡事都有两面性。这也使得相对发达地区遇到的问题更为复杂、前沿、高发，特别是管理人合规性问题，如假破产真逃债、不公正清偿债权等。除了法院与管理人外，一方面，需要借助检察院等公权力机关的力量，以此保护破产程序的顺利进行；另一方面，需要强化行业自治，特别是管理人协会发挥重要的自律作用，能够实现自我监督、自我约束、自我治理和相互监督等。

《河南省高级人民法院　河南省人民检察院关于加强协作防范和打击假借破产逃废债的意见》

1. 人民法院、人民检察院应当加强合作，依法履行职责，推动破产程序依法高效运行，共同打击假借破产逃废债等违法犯罪行为。

2. 人民法院、人民检察院在办理涉及破产案件中，应当防范和打击各类市场主体通过隐匿财产、虚构债权债务或者转移财产等手段假借破产程序进行逃废债务的行为。

3. 人民检察院应当充分发挥法律监督职能，依法加强对破产案件的监督，推动建立健全破产程序中涉及防范和打击逃废债的刑事追责机制。

4. 破产程序中发现相关主体有以下情形之一的，应当认定为涉嫌逃废债务行为：

（1）通过隐匿财产或者以无偿处分财产权益、明显不合理价格进行交易、不当关联交易、虚构交易及债务等方式转移、处分债务人资产的；

（2）以为他人提供保证、债务加入、在企业资产上设定权利负担等方式恶意增加债务负担的；

(3) 债务人的出资人、实际控制人、董事、监事、高级管理人员等主体侵占企业资产的；

(4) 债务人的出资人、实际控制人、董事、监事、高级管理人员等主体弃企逃债的；

(5) 以虚假诉讼、仲裁、公证等方式骗取生效法律文书并申报债权的；

(6) 在破产程序中，债务人或其利害关系人恶意收购债权并参与重整计划方案、财产分配方案表决的；

(7) 股东虚假出资、抽逃出资逃避债务的；

(8) 债务人有巨额资产下落不明且拒不说明下落或者不能作出合理解释，或者存在先行剥离企业有效资产另行组建企业而后申请破产的；

(9) 其他损害债权人或者他人合法权益的行为。

任何单位和个人发现有以上情形的相关线索，有权向公安机关、人民检察院或者人民法院举报或者控告。

《深圳市破产管理人协会破产管理人团队合规建设指导意见（试行）》

第二条　会员单位应当建立破产管理人业务风控合规管理制度，落实相关风控合规岗位的主体责任，保障风控合规管理制度具体实施。

第三条　本意见为指导性意见，与相关法律法规、司法解释和规范性文件有抵触的，以相关法律法规、司法解释和规范性文件的规定为准。

……

第十三条　会员单位应当规范管理人团队财务支出审批程序。破产案件支付破产费用、清偿共益债务、清偿债权应按深破通平台确定的流程审批，应由会员单位分管负责人或管理人团队负责人、案件负责人审批，不得由办案人员自行审批，防止挪用、占用债务人资金。因办理案件需要开立管理人账户的，账户密钥应当由两人分别保管，不得由个人独立操作款项支付。

《苏州市人民检察院破产检察监督案件审查指引（试行）》

第一条　破产检察监督是指人民检察院依法行使法律监督权，对破产案件中的审判活动、破产事务管理等行为进行监督和提供支持、保障的专门性工作。

第三条　破产检察监督主要包括以下内容：

（一）人民法院破产审理程序中的违法行为，以及与破产相衔接关联的各类民事诉讼活动，包括确有错误的生效裁判、审判程序违法行为、违法执行或怠于执行等行为；

（二）破产管理人的消极履职或者不当履职、违法履职行为；

（三）债权人、债务人、债务人的出资人、投资人以及其他利害关系人的违法行为；

（四）行政机关违法行使职权或者怠于行使职权的行为；

（五）负有协助义务的主体不履行或者怠于履行协助义务的行为；

（六）其他影响或者阻碍破产程序的违法行为。

（2）典型案例

某清算事务所挪用破产企业资金检察监督案①。本案中，管理人挪用破产企业资金，给债务人造成经济损失，检察院在获取线索后，通过发出“检察建议书”来督促管理人勤勉履职，起到了一定监督作用。

2017 年至 2020 年，某清算事务所担任南通某重工公司等 4 家企业的破产管理人。履职期间，该所负责人邵某某先后 7 次挪用破产企业资金，累计达 995 万元。

2022 年 3 月，南通市崇川区检察院履职中获取邵某某挪用破产企业资金线索。经深入调查发现，邵某某挪用破产企业资金出借给亲友周转、购房等。单笔挪用资金达 500 万元，但邵某某的行为因挪用时间短，并已归还，未达到挪用资金罪刑事立案标准。

管理人挪用破产企业资金，不仅违反法定职责，损害债权人合法权益，还给破产财产带来极大安全隐患。案涉破产企业资金虽已及时收回，未造成重大损失，但依然暴露出破产管理人风险意识淡薄、财务监督制度不健全、行业规范落实不到位等管理漏洞。

---

①　信息来源　江苏省检察院：《江苏省检察机关破产领域检察监督典型案例》，江苏检察微信公众号，2024 年 9 月 30 日。

2023年3月，南通市崇川区检察院向南通市破产管理人协会发出检察建议，建议强化对管理人勤勉尽责、忠实履职的引导，健全内外部监管机制，加强对破产企业资金安全监管，充分发挥行业协会作用。破产管理人协会采纳检察建议，与法院共同制定了破产案件财产管理规范，完善了破产案件资金监管银行入册等管理制度，实现破产案件资金全流程监管。案涉清算事务所被取消破产管理人委托备选资格。

二、关于法官职能的规定

《中华人民共和国企业破产法》

【撤销问题】第三十一条　人民法院受理破产申请前一年内，涉及债务人财产的下列行为，管理人有权请求人民法院予以撤销：

（一）无偿转让财产的；

（二）以明显不合理的价格进行交易的；

（三）对没有财产担保的债务提供财产担保的；

（四）对未到期的债务提前清偿的；

（五）放弃债权的。

【撤销问题】第三十二条　人民法院受理破产申请前六个月内，债务人有本法第二条第一款规定的情形，仍对个别债权人进行清偿的，管理人有权请求人民法院予以撤销。但是，个别清偿使债务人财产受益的除外。

【无效问题】第三十三条　涉及债务人财产的下列行为无效：

（一）为逃避债务而隐匿、转移财产的；

（二）虚构债务或者承认不真实的债务的。

【确定债权申报问题】第四十五条　人民法院受理破产申请后，应当确定债权人申报债权的期限。债权申报期限自人民法院发布受理破产申请公告之日起计算，最短不得少于三十日，最长不得超过三个月。

【股权转让问题】第七十七条　在重整期间，债务人的出资人不得请求投资收益分配。

在重整期间，债务人的董事、监事、高级管理人员不得向第三人转让其持有的债务人的股权。但是，经人民法院同意的除外。

《最高人民法院关于审理企业破产案件指定管理人的规定》

【管理人指定】第一条　人民法院审理企业破产案件应当指定管理人。除企业破产法和本规定另有规定外，管理人应当从管理人名册中指定。

第二条　高级人民法院应当根据本辖区律师事务所、会计师事务所、破产清算事务所等社会中介机构及专职从业人员数量和企业破产案件数量，确定由本院或者所辖中级人民法院编制管理人名册。

人民法院应当分别编制社会中介机构管理人名册和个人管理人名册。由直辖市以外的高级人民法院编制的管理人名册中，应当注明社会中介机构和个人所属中级人民法院辖区。

《最高人民法院关于审理企业破产案件确定管理人报酬的规定》

第二条　人民法院应根据债务人最终清偿的财产价值总额，在以下比例限制范围内分段确定管理人报酬：

……

高级人民法院认为有必要的，可以参照上述比例在30%的浮动范围内制定符合当地实际情况的管理人报酬比例限制范围，并通过当地有影响的媒体公告，同时报最高人民法院备案。

第三条　人民法院可以根据破产案件的实际情况，确定管理人分期或者最后一次性收取报酬。

第四条　人民法院受理企业破产申请后，应当对债务人可供清偿的财产价值和管理人的工作量作出预测，初步确定管理人报酬方案。管理人报酬方案应当包括管理人报酬比例和收取时间。

第五条　人民法院采取公开竞争方式指定管理人的，可以根据社会中介机构提出的报价确定管理人报酬方案，但报酬比例不得超出本规定第二条规定的限制范围。

上述报酬方案一般不予调整，但债权人会议异议成立的除外。

操作指南篇

故上兵伐谋，其次伐交，
其次伐兵，其下攻城。

—
《孙子兵法·谋攻篇》

第四章 大型企业破产重整难点

大型企业破产重整难点与重点内容部分略有不同，不同案件难点往往是导致案件陷入停滞或者面临重大选择的问题，而且难点问题往往融合了法律、社会、政治、经济、心理等多方面因素——对此，需要提示的是，解决难点问题不能仅靠法律思维与法律工具，而是需要突破思维定式与法律框架，寻求多元解决问题的思维方式与工具。

本部分讨论的难点问题主要有：（1）府院联动机制的设计与落地问题；（2）系统性风险识别与有效控制问题；（3）集体性损害赔偿与救济问题；（4）对比大型国企与民企破产问题中的特殊问题。

第一节 府院联动机制的设计与落地问题

一、府院联动机制概述

对于大型企业而言，尤其是西北地区的大型企业，构建高水平府院联动机制意义深远且具有较强的紧迫性。破产案件的处理要稳定、安全以及在法治化框架内。对于一些特殊问题或者法律没有规定的地方，需要结合案件的具体情况、历史背景、未来发展、当前事实进行综合分析，为搭建府院联动机制奠定基础。实践中，个别地区存在政策性因素导致破产企业存在历史遗留问题，使得进入程序后无法理清破产财产产权、追责困难等。对此，通过构建府院联动机制，本着尊重历史、面向未来、推进破产程序的原则，能够弥补政策真空地带、为不同政策之间的冲突搭建联结桥梁，或者政府、法院为破产企业给予政策上的支持，防止破产程序陷入停滞或僵局状态。

（一）主要内涵

随着世界银行营商环境评估新指标体系纳入政府公共服务，府院联动机制的发展成为政府发展政绩、优化营商的重要着力点之一。若不能有效设立与发展，一定程度上掣肘营商，产生负面连锁反应。破产程序中的府院联动机制，是指政府、法院、管理人等破产主体的多方联动协调机制，[①] 通常由管理人作为协调者，政府牵头，成立专门联动机制，用于规范、指导国家、地方的破产案件与金融机构、类金融机构风险处置，从而更好地促进资源配置和市场交易，[②] 特别是需要政府提供公共服务的领域，或者针对某个大型案件而设置府院联动机制。府院联动的主体往往涵盖法院、税务、公安、住建、信访等部门，联动的内容主要是协调处理破产程序推进、舆情维稳、职工安置等系列问题。

大型企业破产类型丰富，覆盖国有企业、民营企业、混合制企业、外资企业等等，其上级主管单位、监管部门以及经营模式、治理路径有较大差异。加之管理人职能的有限性以及法院司法权的单一性，府院联动机制的构建、行政权的适当介入成为解决一系列破产衍生问题的有力武器。

通常，政府决策主要受制于法律法规、职责范围以及公共政策等，大型企业在破产后所面临的形形色色的问题，并没有完全出现在上述范围中，此时，就需要具体问题具体分析并通过打通“绿色”通道，为破产企业（特别是重整的企业）提供便利——这种便利需要具有实操性、针对性，而非停留在口号上或者流于形式。

（二）府院联动机制的必要性

大型企业破产重整非常需要府院联动机制的保障。这种需求紧迫性主要体

---

① 参见虞伟庆：《管理人视角中的府院联动机制研究——以绍兴地区为样本的考察》，载《法制与经济》2019 年第 4 期，第 5 页。

② 参见王佐发：《世界银行营商环境评估新指标下“府院联动”的理念提升与制度改革》，载《中国政法大学学报》2023 年第 6 期，第 90 页。

现在以下几点：

1. 舆情风险控制

进入破产重整程序的大型企业往往涉及众多利益主体，以大型房地产企业为例，涉及农民工、购房消费者、公司职工等生存权主体，材料供应商、施工承包方等上下游企业以及金融机构等。涉众较广，不稳定因素较大，在工资无法正常支付、房屋烂尾等常见问题上易发生群体上访乃至社会恶性事件。

管理人需在债权人大会、财产分配等重点时点之前，甚至在最初接管时就要制定维稳预案，对可能存在的社会不稳定因素进行排查与研（预）判，及时寻求司法权与行政权介入，以政府部门为主导，法院、管理人协同配合，保持各部门信息沟通渠道畅通，能够最大限度地减轻或化解潜在社会稳定风险。

2. 重整投资税负

营商环境好比生态系统——仅靠生物自身因素并不能成长，还需要来自生态系统中的空气、阳光、降水等因素。就破产企业而言，历史性欠税，投资人财务投资形成的增值税、资产税、契税等都是高昂的。“放水养鱼”一定程度上有利于阶段性降低债务人、投资人税负；为困境企业提供税收便利，使得各方将资金用于维持经营、盘活资产、提升资产价值、支付职工欠薪等领域，让市场主体真正获得发展空间。反之，重整投资税负重，投资成本高，阻滞投资积极性，特别是单体投资规模大，也会波及投资主体自身流动性，很难分散风险。

依照《国家税务总局关于税收征管若干事项的公告》（国家税务总局公告2019年第48号）规定，自人民法院指定管理人之日起，管理人可以按照《中华人民共和国企业破产法》第二十五条规定，以企业名义办理纳税申报等涉税事宜。在符合税收优惠政策的条件下，合理运用税收优惠政策，能够为破产企业降低一定税费负担。

关于破产程序中企业享有的部分税收优惠政策，以下内容可供参考：

（1）增值税

整体合并破产企业，不仅承接其资产，还有相关债权等。对于大型企业而言，整体合并存在较大难度，且成本更高。建议考虑部分有价值运营板块及其所承载的内容一同合并，这样能降低投资成本、分散投资风险。

政策依据主要是：国家税务总局《关于纳税人资产重组有关增值税问题的公告》（2011 年第 13 号）规定，纳税人在资产重组过程中，通过合并、分立、出售、置换等方式，将全部或者部分实物资产以及与其相关联的债权、负债和劳动力一并转让给其他单位和个人，不属于增值税的征税范围，其中涉及的货物转让，不征收增值税。

（2）契税

根据《中华人民共和国契税法》规定，在我国境内转移土地、房屋权属（包括土地使用权出让；土地使用权转让，包括出售、赠与、互换；房屋买卖、赠与、互换；以作价投入（入股）、偿还债务、划转、奖励等方式转移土地、房屋权属的），承担的单位和个人需要缴纳契税。破产中，债权人可以通过以资抵债来获得免征契税，管理人与投资人可以就企业职工做合理比例的妥当安排，顺利实现施工安置与接管，以实现免征契税，达到人财物最优配置的状态。

依据主要是：

1.《关于继续执行企业、事业单位改制重组有关契税政策的通知》（财税〔2021〕17 号）

第五条规定，债权人（包括破产企业职工）承受破产企业抵偿债务的土地、房屋权属，免征契税；非债权人凡按规定妥善安置原企业全部职工，与原企业全部职工签订服务年限不少于三年的劳动用工合同，对其承受所购企业土地、房屋权属，免征契税；非债权人与原企业超过 30%的职工签订服务年限不少于三年的劳动用工合同的，对其承受所购企业土地、房屋权属，减半征收契税。

2.《关于继续实施企业、事业单位改制重组有关契税政策的公告》（财政部税务总局公告 2023 年第 49 号）

五、破产企业依照有关法律法规规定实施破产，债权人（包括破产企业职工）承受破产企业抵偿债务的土地、房屋权属，免征契税；对非债权人承受破产企业土地、房屋权属，凡按照《中华人民共和国劳动法》等国家有关法律法规政策妥善安置原企业全部职工规定，与原企业全部职工签订服务年限不少于三年的劳动用工合同的，对其承受所购企业土地、房屋权属，免征契税；与原企业超过30%的职工签订服务年限不少于三年的劳动用工合同的，减半征收契税。

（3）房产税、土地使用税

房产税、土地使用税的征收常见于大型企业破产中，也是影响企业重整投资人招募的重要因素，根据《中华人民共和国房产税暂行条例》的规定，房产税税率依照房产余值计算缴纳，税率为1.2%；依照房屋租金收入计算缴纳的，税率为12%。大型房企破产中，房产余值往往基数大，加之外部行业相对萧条，即便续建后也面临营销压力、维持经营资金需要，房产税成本若能有所减免，或将影响房屋出售价格、商户租金，进而有利于提升销量。

在地方层面，个别市区结合本地破产实际做出了规定，如东营市等。

东营市东营区人民法院　国家税务总局东营市东营区税务局《关于企业破产处置涉税事项办理的实施意见》（东区法会发〔2021〕29号）

7.【房产税、城镇土地使用税的减免】破产受理后的破产企业应当缴纳的房产税、城镇土地使用税，管理人应当进行申报。管理人可依据现行规定向区税务局申请减免。管理人提交资料齐全的，区税务局应当于10个工作日内依法进行核准。

主要法律法规等依据是：

1.《中华人民共和国房产税暂行条例》第六条，除本条例第五条规定者外，纳税人纳税确有困难的，可由省、自治区、直辖市人民政府确定，定期减征或者免征房产税。

2.《中华人民共和国城镇土地使用税暂行条例》第七条　除本条例第六条规定外，纳税人缴纳土地使用税确有困难需要定期减免的，由县以上税务机关批准。

目前，浙江、江苏等地分别出台破产程序涉税有关规定，很大程度上便利了破产程序，特别是税收优惠政策，对于企业复苏意义深远；当然，还有税务信用修复问题，能够尽快让企业回到经营正轨，摆脱信用评价对后续经营的影响。以下为不同地区破产涉税事宜的处理经验：

《江苏省高级人民法院　国家税务总局江苏省税务局关于做好企业破产处置涉税事项办理优化营商环境的实施意见》（苏高法〔2020〕224号）

清算期间土地增值税处理。因破产企业土地成本历史资料缺失，无法确定成本扣除项目金额的，由管理人出具相关情况说明，税务机关可对破产企业土地增值税采用核定征收的方法，核定征收率不低于5%。

五、落实税收优惠

1. 房产税、城镇土地使用税处理。依法进入破产程序的企业资产不足清偿全部或者到期债务，其房产土地闲置不用的，可以在人民法院裁定受理破产申请后，按现行规定向主管税务机关提交房产税和城镇土地使用税困难减免申请。对重整、和解的企业，符合减免条件的，对城镇土地使用税可按有关规定予以减免，对房产税可提请当地市、县人民政府办理减免。

2. 破产重整、和解税务处理。企业在破产过程中，发生重组业务，符合规定条件的，可以适用企业所得税特殊性税务处理。企业在破产过程中，符合规定条件的，可享受改制重组有关契税、土地增值税、印花税优惠政策。企业在破产过程中，实施资产重组，通过合并、分立、出售、置换等方式，将全部或者部分实物资产以及与其相关联的债权、负债和劳动力一并转让给其他单位和个人，其中涉及的货物、不动产、土地使用权转让符合规定条件的，不征收增值税。

企业在破产过程中，符合规定条件的，可享受改制重组有关契税、土地增值税、印花税优惠政策。

企业在破产过程中，实施资产重组，通过合并、分立、出售、置换等方式，将全部或者部分实物资产以及与其相关联的债权、负债和劳动力一并转让给其他单位和个人，其中涉及的货物、不动产、土地使用权转让符合规定条件的，不征收增值税。

《上海市高级人民法院　国家税务总局上海市税务局关于优化企业破产程

序中涉税事项办理的实施意见》

三、落实税收优惠政策

（一）破产清算事项依法进入破产程序的企业资产不足清偿全部或者到期债务，其房产土地闲置不用的，可以在人民法院裁定受理破产申请后，按现行规定向主管税务机关申请房产税和城镇土地使用税困难减免。

（二）破产重整及和解事项企业在破产过程中，实施资产重组，通过合并、分立、出售、置换等方式，将全部或者部分实物资产以及与其相关联的债权、负债和劳动力一并转让给其他单位和个人，其中涉及的货物、不动产、土地使用权转让符合规定条件的，不征收增值税。企业在破产过程中，发生重组业务，符合规定条件的，可适用企业所得税特殊性税务处理。企业在破产过程中，符合规定条件的，可享受改制重组有关契税、土地增值税、印花税优惠政策。

《安徽省高级人民法院　国家税务总局安徽省税务局关于企业破产程序中有关涉税事项处理的意见》（皖税发〔2021〕74 号）

（十五）落实税收支持政策。依法进入破产程序的企业纳税确有困难的，管理人可以按规定向主管税务机关申请房产税和城镇土地使用税困难减免。企业在破产过程中，符合规定条件的，可享受重组改制相关税收优惠政策。企业依照国家有关法律规定宣告破产，企业职工从该破产企业取得的一次性安置费收入，免征个人所得税。

对破产企业依法处置资产涉及不动产转移登记的，除交易环节的税费外，税务机关不得以破产企业欠缴税费为由拒绝履行协助义务。

3. 职工权益保障

多数大型企业破产都会面临职工安置问题，也是政府、管理人、法院关注的敏感问题——存在企业因职工安置预案未能在破产前给出，难以进入破产程序。府院联动机制是确保破产职工权益、维护职工稳定的有效保障，仅靠企业自身解决将会寸步难行——企业已然没有资金偿付职工欠薪、经营停滞难以提供劳动所需基本条件等。从功能来看，府院联动机制对于化解职工问题发挥着重要功能：

（1）出现企业相对长期欠薪时，引导职工及时申请企业破产。例如，某粘胶有限公司由于资金链断裂、环保问题停产停业多年，长期拖欠数百名职工工资，造成大批职工生活困难。经政府、法院疏导，百名职工共同向法院提起破产清算申请。进入破产程序后，法院依托府院协调机制，与不动产登记管理部门、环保部门、税务部门等多次协商，通过解决不动产权属变更登记、污染物处理、税费核算等一系列难题，最终，债务人全面清偿职工债权，最大限度地维护了职工合法权益。

（2）依法设置欠薪保障金或者职工救助金。破产企业资不抵债，难以偿债。根据《中华人民共和国企业破产法》第一百一十三条规定，职工债权处于破产费用和共益债务之后。加之职工众多、债权数额高，人均可分配额难以保障。由于破产程序周期长，个别职工面临生存危机。欠薪保障金或职工救助金有利于缓解上述矛盾，为职工提供生存权（过渡性）兜底。例如：

《上海市高级人民法院、上海市人力资源和社会保障局关于企业破产欠薪保障金垫付和追偿的会商纪要》（沪高法〔2019〕764号）

一、申请条件

1. 人民法院在审理破产案件中发现破产企业无力支付欠薪的，基层法院可以要求管理人向该法院所在区的人力资源和社会保障局申请办理垫付欠薪事项；中级人民法院或铁路运输法院可以要求管理人向企业注册地所在的区人力资源和社会保障局申请办理垫付欠薪事项。

二、垫付范围

2. 企业欠薪保障金垫付的欠薪范围包括破产企业应当支付而未支付的工资，以及解除、终止劳动合同应当支付而未支付的经济补偿金。

7. 人力资源和社会保障局决定给予垫付的，应及时将垫付款项划付至人民法院指定账户。管理人应在发放后的一个月内将劳动者领取垫付款的相关材料复印件反馈给区人力资源和社会保障局。如发生无法发放情形的，破产管理人应将多余款项退回至区人力资源和社会保障局原账户（附件四）。人民法院对管理人的工作予以监督。

8. 人力资源和社会保障局对劳动者垫付欠薪后，即取得对该劳动者垫付款项的追偿权。参照《中华人民共和国企业破产法》第四十八条第二款之规定，该追偿权不必申报，由管理人调查后列出清单并予以公示。人力资源和社会保障局对清单记载有异议的，可以要求管理人更正。

9. 由欠薪保障金垫付的款项，应按照《中华人民共和国企业破产法》第一百一十三条第一款第（二）项的顺序清偿。

深圳市人力资源和社会保障局《深圳经济特区欠薪保障条例》（2019 年修正）

第十四条　用人单位发生欠薪，且有下列情形之一的，员工可以向区人力资源部门提出欠薪垫付申请：（一）人民法院依法受理破产申请；（二）法定代表人或者主要负责人隐匿或者逃逸。

第二十四条　有下列情形之一的，区人力资源部门在垫付欠薪后应当将垫付情况书面告知人民法院依法处理：（一）用人单位进入破产程序的；（二）人民法院依法对用人单位采取强制措施即将支付员工工资的。欠薪保障基金垫付的欠薪，作为用人单位所欠职工的工资，按照《中华人民共和国企业破产法》的规定受偿；用人单位的破产财产不足以同时清偿员工被欠工资的未垫付部分和欠薪保障基金垫付的部分时，优先清偿员工被欠工资的未垫付部分。

《雅安市中级人民法院　雅安市人力资源和社会保障局联合建立企业破产职工权益保障机制》

（五）支持优先解决企业职工的安置问题。对破产程序可能耗时较长的，鼓励通过政府设立的维稳基金或第三方垫款等方式，优先解决破产企业职工的安置问题。政府或第三方就劳动债权的垫款，可以在破产程序中按照职工债权的受偿顺序优先获得清偿。

（六）对于职工欠薪和就业问题突出的敏感类破产案件，人民法院在向当地党委、政府报告的同时，要及时与企业主管部门沟通，企业主管部门要全力配合疏导和化解工作，人社部门要做好政策指导，双方协同努力消除不稳定因素。

4. 企业信用修复

信用修复对于破产重整成功后的企业至关重要，关乎企业能否及时从金融机构融资，正常纳税，从事正常的市场交易活动。否则，即便重整成功，也难以在后续商业活动中获取同等的对待与交易机会。修复信用的主体并非仅靠管理人就可以完成，由于信用修复涵盖税务、金融、司法、人民银行、市场监管等多个部门，信息如何共享、如何在限定时间内修复、简化修复流程等，仍然有赖于府院联动机制，尽快为企业恢复信用，特别是由破产案件受理法院作为修复信用的牵头部门。①

例如，北京市率先通过“信用中国（北京）”网站开设“破产重整企业公示与失信信息信用修复”，通过一口申报，为企业提供行政处罚、市场监管、纳税等诸多信用信息修复服务，还能实现跨部门信息联动，加速信用修复。

有关文件：

1. 国家发展改革委、最高人民法院、财政部等十三部门共同发布《关于推动和保障管理人在破产程序中依法履职进一步优化营商环境的意见》（2021年2月25日）

第九条　支持重整企业金融信用修复。人民法院裁定批准重整计划或重整计划执行完毕后，重整企业或管理人可以凭人民法院出具的相应裁定书，申请在金融信用信息基础数据库中添加相关信息，及时反映企业重整情况。鼓励金融机构对重整后企业的合理融资需求参照正常企业依法依规予以审批，进一步做好重整企业的信用修复（人民银行、银保监会、证监会等按职责分工负责）。

2. 《国家税务总局关于纳税信用评价与修复有关事项的公告》（国家税务总局公告2021年第31号）

第一条　第（一）项破产企业或其管理人在重整或和解程序中，已依法缴纳税款、滞纳金、罚款，并纠正相关纳税信用失信行为的。

第三条　申请破产重整企业纳税信用修复的，应同步提供人民法院批准的

① 参见黄华：《营商环境优化视域下重整企业信用修复制度研究》，载《科技创业月刊》2023年第6期，第87页。

重整计划或认可的和解协议，其破产重整前发生的相关失信行为，可按照《纳税信用修复范围及标准》中破产重整企业适用的修复标准开展修复。

3.《最高人民法院关于公布失信被执行人名单信息的若干规定》

第十条　具有下列情形之一的，人民法院应当在三个工作日内删除失信信息：

（二）当事人达成执行和解协议且已履行完毕的；

（五）因审判监督或破产程序，人民法院依法裁定对失信被执行人中止执行的。

5. 失灵问题

这里分析的失灵问题覆盖政府失灵、法院失灵、管理人或其他失灵、市场失灵等，将会对破产程序处理产生消极影响。唯有四个维度共同努力，弥补彼此的短板，发挥专业与职能优势，才能真正实现府院联动对破产问题解决的有力支持。

（1）政府失灵。主要表现为政府并未给破产企业提供配套税收优惠政策，其他有利于烂尾楼续建、房证续办等，导致破产程序陷入僵局，诸多法律缺位、政策局限性导致的问题无法做进一步化解，投资者投资成本过高而对投资破产企业“望而却步”。破产陷入僵局，资产贬值，职工债权与其他债权无法化解；个别行政机构不退还属于破产财产的财产，由于缺乏上级政府协调，本级政府对破产程序认识不到位或者认为公债权优先于私债权，导致破产财产分配不公、破产程序无法终结。

（2）法院失灵。个别地方、个别案件中可能存在程序性或实体性问题的卡顿。此时，法院可能力排众议、直接强裁，忽略破产案件对社会稳定、产业完整性、招商引资等因素的影响。罕见情况下，能重整成功的做清算处理，能给予依法认定的债权，不予认定……将矛盾转移到市场、市场主体中，激发更深层次的经济、社会与法律矛盾。

（3）管理人或其他失灵。即管理人自身法律、道德或执业风险，以及其他主客观因素等对破产程序、利益相关者等产生了消极影响。例如，管理人恶意串通个别债权人和法院，强裁以损害中小债权人利益；管理人违法处置破产财产，损害债务人、债权人、股东利益等；管理人监守自盗、损公肥私，将投资款以各种明目转入其他账户，最终投资款没有用于重整目的，投资人因信息不对称而无法维权、维权无门；职工、其他债权人、债务人对管理人认可度偏低、配合意愿度低，管理人和这些主体之间形成谈判僵局等。

（4）市场失灵。债务人破产不仅是微观层面的经济、经营、债务等问题，也存在市场失灵导致的破产，比如行业内恶性竞争、产品或服务与市场需求不匹配导致供需错配等。府院联动机制的缺位，也会导致市场失灵问题难以矫正，市场主体难以获得相对稳定的政策信号来调整经营战略，缺乏配套保障措施，以及法院裁判缺乏对商业的保护、未能考虑资源配置的有效性等。

6. 其他问题

（1）对于破产法治化水平较为落后的地区，破产府院联动机制的缺位或不成熟，很大程度上掣肘了破产进程。表现为：府院联动中的“府”往往缺乏有力的协调部门，不同部门之间联动相对松散、滞后；个别地方存在只见文件、未见行动，缺乏可操作性的状态，甚至没有成文的、成熟的府院联动机制，给管理人、法院推进破产工作造成很大的障碍。

特别对于大型企业来说，消极影响相对显著。例如，烂尾楼无法续建，续建手续不全，个别部门僵化履职、缺乏对破产项目的认知与支持，担心承担履职风险，致使项目不得不搁置；破产案涉土地无法有效处置以提升土地使用效能，造成资源浪费；政府失灵影响破产程序分配结果等。

（2）相比破产法治水平较高的地区，不少地方尤其在破产涉税问题上面临卡顿。主要表现为：破产企业税负较重；重整后企业税务信用修复难；重整计划执行完毕后税收滞纳金追缴问题等。前两点涉及前文所讨论的政策性问题，往往取决于地方政府、税务机关的相关政策；第三点除了受到政策影响外，与税务机关的认知、地方破产法治状况有密切联系。在现行税收法律制度并未全面与破产法律制度衔接的前提下，结合经济发展与破产法治水平较高的实践经验以及税法原理、破产法原理，本书对税收滞纳金问题的处理做出一定探索——但由于目前暂无定论，甚至可能存在一定分歧。因此，本部分讨论仅限于应然层面的基础分析，以交流讨论目的、抛砖引玉，不代表本所出具的任何法律意见。

就大型企业重整而言，有些情况下面临着重整计划执行完毕后，税务机关要求债务人缴纳未清偿部分的税收滞纳金——个别地方税务机关认为企业既然已经恢复正常，那么，就应该继续追缴。在税务人员撰写的分析文章中，部分也支持这一点；立法层面，该问题尽管没有得到正面回应，但在规范性文件、地方规范性文件或司法实践中，已经有迹可循——更多指向为税收滞纳金系普通债权，基于同债同权原则，这意味着无须追缴。即便企业重整成功，有了盈利能力，税收滞纳金也以重整计划调整的内容为限。

这种实践层面的考虑，其背后的原理在于：

第一，税收滞纳金作为普通债权清偿受《中华人民共和国企业破产法》及《重整计划》约束，这种安排具有法定性、强制性。《中华人民共和国企业破产法》第九十四条规定："按照重整计划减免的债务，自重整计划执行完毕时起，债务人不再承担清偿责任。"根据《重整计划》已经减免的债务，自该计划执行完毕时起视为全部清偿，未清偿的债务不再清偿。即税收滞纳金作为普通债权，自《重整计划》执行完毕就视为全部清偿，《重整计划》之外未足额清偿部分，税务机关应按规定核销。

第二，税收滞纳金计算截止到法院裁定受理破产申请日。根据《国家税务总局关于税收征管若干事项的公告》（国家税务总局公告 2019 年第 48 号文），滞纳金作为普通债权"以人民法院裁定受理破产申请之日为截止日计算确定"。这也与其他债权的计算方式一致。最高税务行政机关立此法之目的在于保持滞纳金计算的确定性，避免税收征管制度体系与破产法律之间的冲突。这意味着不能在同一破产程序中以任何形式动态变动税收滞纳金，具有固定性。

第三，根据上位法优于下位法、新法优先于旧法原则，可以适用最新税收滞纳金清偿的法律、规章、规范性文件的有关规定。执法依据层面，税务机关追缴滞纳金可能依据的是《欠缴税金核算管理暂行办法》（以下简称《暂行办法》），此办法制定于2000年，具有相对滞后性、适用局限性。《暂行办法》针对税收滞纳金的处理原则是“核销”。具体依据为第十五条第（三）款规定，对于破产、撤销企业经过法定清算后，已被国家主管机关依法注销或吊销其法人资格，纳税人已消亡的，其无法追缴的欠缴税金及滞纳金，应及时依照法律法规规定，根据法院的判决书或法定清算报告报省级税务机关确认核销。

前述规定是在国家集中对国有企业或类似进行政策性破产清算背景下出台的，核销有利于加速企业注销、减轻税务处理负担。当时重整企业的问题较少或者并非紧迫，未对重整情况专门规定或者做细化阐释。因此，直接将主要针对破产清算的内容生搬硬套给重整企业，可能存在不妥之处，有必要对立法时代背景做综合分析，需要做更深层次的考虑为宜。

尽管《暂行办法》没有正面回应重整后企业滞纳金的征缴问题，但“核销”的本质与《暂行办法》制定时一致，那就是彻底终结破产企业的债务问题。重整制度也需要终结债务问题，然后才能走向再生。

正因为《暂行办法》已具有一定滞后性，部分内容已失效，部分内容被国家税务总局公告2019年第48号文所替代或增加，应以后者为主要依据。公告第四条第（三）款规定，企业所欠税款、滞纳金、因特别纳税调整产生的利息，税务机关按照破产法相关规定进行申报。从文意解释来看，企业所欠的滞纳金、因特别纳税调整产生的利息按照普通破产债权申报。

而《中华人民共和国企业破产法》于2006年通过，并对破产重整制度进行了完善修订，特别是重整制度，相比清算制度，具有更强的经济救济功能、社会帮扶功能以及再创税收功能等，如恢复经营后，能创造税收、带动就业、推动生产等。《中华人民共和国企业破产法》具有更高法律位阶，而且其作为新法，更契合保护企业、优化营商环境的需要。

回归立法本义，在税法适用层面，《税收征收管理法》等通常针对的是正常企业，对于破产企业的税收征管，宜本着特殊法优于一般法原则，优先适用《中华人民共和国企业破产法》以及国家税务总局2019年第48号文的规定，确保税收滞纳金与其他债权的同等清偿地位。同时，从法律原则自身的内涵来看，本质上税收法定原则和破产法公平原则不冲突，只有公平，才能真正确保税收法定，保护纳税人合法权益。

第四，从国内各地经验来看，多地针对破产企业税收滞纳金征收问题出台地方文件，并且与纳税信用问题联系在一起。《国家税务总局关于纳税信用评价与修复有关事项的公告》（国家税务总局公告 2021 年第 31 号）规定：一、符合下列条件之一的纳税人，可向主管税务机关申请纳税信用修复：（一）破产企业或其管理人在重整或和解程序中，已依法缴纳税款、滞纳金、罚款，并纠正相关纳税信用失信行为的。这里关于“已依法缴纳的滞纳金”的理解，也可以基于体系解释的角度，秉持普通债权同等清偿的规则，将其理解为符合《企业破产法》所规定的《重整计划》调整后且实际清偿的税收滞纳金为准。各地相关规定如下：

福州市《**企业破产程序涉税事项操作指引**》重整企业纳税信用修复业务办理，要求重整后企业或管理人提供人民法院批准的《重整计划》或认可的和解协议等，即可修复信用。

温州法院与温州税务部门达成共识：明确税务部门申报的税收滞纳金按照普通债权在《重整计划》中依约定受偿后，未受偿部分依法核销。

齐齐哈尔市《**关于破产管理人处理税务及信用修复问题的工作指引（试行）**》规定，破产企业在破产案件受理前因欠缴税款产生的滞纳金属于破产普通债权，不享有优先权。

二、府院联动发展基本脉络

（一）国家层面

整体来看，我国府院联动机制呈现出支持国家产业政策、维护社会稳定、调节经济关系、深化市场化改革等特质。尽管在不同历史阶段，府院联动机制在内容上有所差异，但基本特征并没有颠覆性改变。

2015 年中央工作会议强调“积极稳妥化解产能过剩。要按照企业主体、政府推动、市场引导、依法处置的办法，研究制定全面配套的政策体系，因地制宜、分类有序处置，妥善处理保持社会稳定和推进结构性改革的关系。要依法为实施市场化破产程序创造条件，加快破产清算案件审理。要提出和落实财税支持、不良资产处置、失业人员再就业和生活保障以及专项奖补等政策，资本市场要配合企业兼并重组。要尽可能多兼并重组、少破产清算，做好职工安置工作。要严格控制增量，防止新的产能过剩。”

2018 年 3 月，最高人民法院印发**《全国法院破产审判工作会议纪要》**（法〔2018〕53 号），与府院联动相关的内容涉及：（1）完善政府与法院协调等破产审判工作机制，推动破产审判工作良性运行；（2）法院要与政府建立沟通协调机制，帮助管理人或债务人解决重整计划草案制定中的困难和问题；（3）法院要通过加强与政府的沟通协调，帮助重整企业修复信用记录，依法获取税收优惠，以利于重整企业恢复正常生产经营。

2018 年 11 月，国家发展改革委、工业和信息化部、财政部、人力资源和社会保障部、自然资源部、人民银行、国资委、税务总局、市场监管总局、银保监会、证监会 11 个部门联合发布**《关于进一步做好“僵尸企业”及去产能企业债务处置工作的通知》**，明确提出：建立政府法院协调机制。鼓励各地方建立政府法院协调机制。任何组织、机构、企业或个人不得阻碍或拖延符合破产条件的企业或其债权人提起破产申请。支持各级人民法院按照法定条件依法受理各类破产申请。

2021 年，**《关于推动和保障管理人在破产程序中依法履职进一步优化营商环境的意见》**（发改财金规〔2021〕274 号），为管理人履职提供明确的府院联动指引，包括：坚持依法保障。相关部门、金融机构应当按照法律规定积极支持和配合管理人依法履行接管、调查、管理、处分破产企业财产等职责。管理人履职涉及相关部门权限的，依法接受相关部门管理和监督。

（二）西北地区经验

当前，我国地方府院联动机制更活跃，富有内容丰富性、主体多元性、广泛覆盖性、联动机制灵活性以及创新性，这种特质很好地适应了我国地方治理的差异化需要，将一定程度上地方自治权、法院自由裁量权等优势进行整合，从而达到府院联动机制助力破产，破产问题解决反哺地方营商环境优化的良性循环。以下为我们筛选出富有地方特色、内容典型、具有较高参考价值的地方府院联动机制及其部分内容：

1. 宁夏回族自治区

2020 年 8 月，宁夏回族自治区发改委制定**《宁夏回族自治区企业破产统一工作协调联动机制》**（宁发改经财〔2020〕417 号）。自治区国资委结合区属国有企业改革，深入开展区属国有企业“僵尸企业”摸底排查、识别认定、处置出清工作，制订工作方案，协调解决“僵尸企业”处置中的困难和问题，与自治区财政、法院等相关部门积极对接，督促指导企业按照“五个一批”的处置方式积极稳妥开展处置工作。

2020 年，宁夏高级人民法院联合自治区发展和改革委员会近日印发**《宁夏回族自治区企业破产统一工作协调联动机制》**。提出了：（1）建立企业破产工作联席会议制度、信息通报机制、联合调研和提案制度等三项制度，由宁夏高院和自治区发展改革委分管负责同志担任召集人，自治区检察院、工业和信息化厅、财政厅等 21 家单位或部门作为成员参加会议，共同建立有效的信息沟通协调机制；（2）划分了协调联动工作中各单位承担的具体职责，要求相关责任部门协调完善破产财税政策，推动设立企业破产专项启动资金，落实好相关税收优惠政策；（3）协调推动建立破产案件的快速审理机制，优化受理审查、破产告知、财产清查等流程，提升破产审理效率；（4）协调推动破产土地和房产分类处置工作，降低大宗土地、房产处置难度；（5）协调有关部门制定依法打击恶意逃废债政策措施，加大对逃废债行为的打击力度。

2. 青海省

湟中区人民政府出台**《西宁市湟中区人民政府　西宁市湟中区人民法院关于建立企业破产处置工作府院联动机制的意见》**。[①]

建立西宁市湟中区企业破产处置府院联动机制联席会议制度，由分管副区

① 截至本书出版，并未检索到该文件，目前的信息来自：青海省西宁市湟中区人民法院官方网站：【优化营商环境】府院共建共商联动机制助推破产案件提质增效，http：//xnhzfy. qhfy. gov. cn/article/detail/2024/01/id/7769667. shtml，2024-1-3。

长任总召集人，区法院院长任召集人，下设办公室于湟中法院，由分管副院长、民事审判庭庭长分别担任办公室正副主任，13 家相关单位分管负责同志为成员。明确工作职责及任务分工，要求各成员单位应指定专人负责府院联动联系工作，并严格落实到位。

强调府院联动要充分发挥职能作用，统筹协调召开联席会议、专题调度会议等，分解工作任务、反馈落实情况、研究解决企业破产工作中涉及职工社会保险关系转移、滞纳金减免及核销、职工再就业等重、难点问题。协调建立重点领域和破产企业敏感案件信息库，及时共享、定期监测、精准评估、定期通报，积极防范化解重大风险。

3. 陕西省

《陕西省人民政府办公厅关于建立企业破产联动工作机制的通知》

二、联动机制内容

（一）建立协调会议制度。同意由省发展改革委牵头与省法院分管负责同志共同担任召集人，省级有关部门、相关驻陕单位和金融机构分管负责同志为成员，邀请省检察院有关负责同志担任成员。联动机制联络处设在省发展改革委产业协调处和省法院民二庭。原则上每半年召开一次全体会议，必要时可根据工作需要适时召开全体会议或部分成员单位会议，也可邀请其他部门单位负责同志参加协调会议。

（二）建立信息通报机制。定期监测评估涉及破产企业和“僵尸企业”的相关信息，及时互通全省企业破产审判和“僵尸企业”处置工作情况，汇总编发典型案例，总结推广有效经验和做法。

……

四、工作要求

（一）加强协作配合。各成员单位要充分认识建立企业破产联动工作机制的重要作用，加强沟通联系，密切协作配合，认真履行职责，形成工作合力。各成员单位要指定相应处室主要负责同志为联动机制联络员，代表所在单位参加日常协调工作。

（二）强化全程协调。联动机制分为事前、事中和事后3个协调阶段。事前指相关部门在处置企业破产和“僵尸企业”过程中，发现需要启动联动机制进行预估预判、司法建议的情形；事中指在破产案件审理过程中，相关成员单位要密切配合，积极协调并妥善处理问题；事后指破产程序终结后，对相关善后问题或衍生问题及时进行协调解决。

（三）积极解决重点难点问题。联动机制要充分发挥各级各部门作用，协调解决破产审判涉及的债务处理、职工安置、税收优惠、信用修复、企业注销、破产费用保障、金融机构参与、产权瑕疵、刑民交叉以及打击逃废债等重点难点问题。

（三）发达地区经验做法

1. 浙江省

2016年，浙江省促进企业兼并重组工作部门联席会议办公室、浙江省高级人民法院、浙江省经济和信息化委员会联合出台**《关于成立省级“僵尸企业”处置府院联动机制的通知》**，明确指出：府院联动机制由省高院、省经信委、省发改委、省科技厅、省公安厅、省财政厅、省人力社保厅、省国土资源厅、省环保厅、省建设厅、省国资委、省地税局、省工商局、省质监局、省统计局、省国税局、省金融办、人行杭州中心支行、浙江银监局、省检察院等20个部门和单位组成，具体成员名单见附件。省高院和省经信委分管领导担任府院联动机制共同召集人，各成员单位指定其相应处室主要负责人为府院联动机制成员；府院联动机制联络处设在省高院民二庭和省经信委政策研究室，负责办理有关具体事务。

2022年，**《温州市法治政府建设工作领导小组办公室关于完善温州市办理破产府院联动机制的意见》**（温法建领办〔2022〕8号），充分依托破产府院联动机制，依法合规办理破产所涉资产处置、税务注销、重整企业信用修复、刑民交叉、企业注销等难点问题，凝聚府院工作合力，筑牢破产工作根基，有效实现资产重组或市场出清，切实保障破产各方主体合法权益，推动市域经济高质量发展。

2021 年，**《浙江省加快完善市场主体退出制度改革工作要点》**（浙发改财金〔2021〕41 号）6. 优化升级破产审判府院联动机制。健全完善“破产审判便利化”府院联动省级联席会议制度，不定期召开破产审判府院联席会议，听取企业破产处置情况报告、研究解决企业破产处置协调联动全局性事项。各部门建立协调联系人，确保具体案件处理、政策协调能及时回复。各市、县（市、区）要加快建立破产审判府院联席会议制度，着力破解办理破产难题。（各级人民政府牵头负责）

2021 年，**《关于优化营商环境完善破产程序配套金融服务若干问题的纪要》**第十七条　人民法院、人民银行和银保监局应强化对破产企业逃废债的打击力度。对破产企业出现以隐匿、转移财产方式规避执行，或法定代表人、实际控制人逃匿等恶意逃废债情形的，人民法院可依管理人或金融机构债权人申请，或依职权决定将被执行人纳入失信被执行人名单，并对破产企业及其法定代表人、实际控制人采取限制消费措施。人民银行、银保监局应督促金融机构为人民法院和管理人提供账户资金查询服务，协助做好资金往来等信息查询工作。通过人民法院失信被执行人名单和金融机构逃废债黑名单联动制裁机制，有效遏制逃废债行为。

2022 年，**《绍兴市府院联动服务企业联席会议办公室文件》**（绍府院联办〔2022〕2 号）第六条【府院联动原则】对在当地有重大影响的债务人预重整，可以由属地县级政府主导并确定相应职能部门按府院联动机制牵头协调，由具有管辖权的法院确定相应职能部门予以协助配合，共同给予法律和政策方面的引导、指导和监督，实行同步立案、同步结案、信息共享、问题共商、措施共举、分工协作、职能衔接的工作策略。

2. 广东省

广东省高级人民法院**《关于以高质量司法服务保障高质量发展的意见》**中与府院联动有关的是：充分发挥府院协调机制和管理人作用，依托市场化手段和信息化技术，探索中小微企业快速清算和快速重整程序。依法支持管理人追收破产财产，鼓励社会资金参与破产工作，完善重整程序共益债融资制度，对维持债务人企业继续生产经营、“保交楼”等产生的新债务及债务性融资认定为共益债务。

广州出台**《关于进一步解决破产程序中涉税问题的若干意见》**

31.【房产税、城镇土地使用税减免】进入破产程序的企业，如符合房产税、城镇土地使用税困难减免条件的，可向主管税务机关提出困难减免申请，由税务机关核准。

32.【特殊性税务处理】破产重整涉及土地等资产变更，符合税收优惠条件的，按相关税收政策规定处理。破产企业重整过程中发生的债务重组所得，符合规定条件的，可以适用特殊性税务处理。

33.【资产损失扣除】人民法院裁定批准或认可的重整计划、和解协议确定或形成的资产损失，依照税法规定进行资产损失扣除。

破产企业向税务机关申报扣除资产损失，应当完整保存资产损失相关资料，保证资料的真实性、合法性。

四、破产企业纳税信用管理

34.【纳税信用修复】税务机关依照破产重整计划或者破产和解协议受偿后，管理人或破产企业可以向税务机关申请，参照“新设立企业”重新评定信用等级，保障重整、和解企业正常经营和后续发展。破产重整、和解企业符合《国家税务总局关于纳税信用修复有关事项的公告》（2019 年第 37 号）条件的，管理人或破产企业也可以在规定期限内向主管税务机关申请纳税信用修复。

佛山市中级人民法院　佛山市破产管理人协会**《关于协力提升“办理破产”质效服务优化营商环境行动方案》**（2021），府院联动机制相关内容如下：

二、完善府院联动机制，支持保障管理人履职。

第七条　深化府院联动机制，积极协调有关政府职能部门共建破产云图，支持管理人依法从事财产调查、资金划转、车辆查控、产权变更登记等履职工作，充分保障法律赋予管理人的法律地位。

第八条　积极协调相关政府职能部门，建立数据共享机制。管理人接管债务人企业后，通过破产云图自动获取债务人企业工商、税务、房产、土地、社保、征信等信息，破产云图自动将债务人破产信息推送给政府职能部门。

深圳市出台《关于创新推动破产事务高效办理进一步优化营商环境的意见》，提出：

【协调保障原则】管理人申请查询破产债务人信息、解除财产保全、处置破产财产或者履行其他法定职责，各职能部门、金融机构违反规定不予办理的，或者需要协调多个单位共同办理的，管理人可以向市中级人民法院、市破产事务管理署等报告，相关单位应当按照职责分工组织协调。

【智慧办理原则】市中级人民法院、市破产事务管理署协调支持各职能部门、金融机构在现有政务或者公共服务系统设立专门的线上办理破产事务入口，为管理人查询破产企业、破产自然人信息、解除财产保全、处置破产财产等事项提供全流程、一体化的便利服务。

三、府院联动机制代表案例

近年来，随着全国范围内破产案件数量的急剧增加，各地府院联动机制也逐渐趋于成熟，出现了许多值得学习和借鉴的优秀案例，通过实际案例，我们可以更直观地了解府院联动机制在破产重整过程中如何发挥作用、解决了哪些关键问题，以及取得的成效。以下案例充分体现了府院联动机制在维护职工合法权益、促进企业再生、提高重整效率和保障社会稳定方面的显著优势，得以为其他地区和企业提供宝贵经验。

（一）上海卓枥教育科技有限公司破产清算案①

1. 案情概述

2016 年 12 月，上海卓枥教育科技有限公司（简称“卓枥公司”）成立。

2019 年 9 月，由于市场环境不佳和内部管理不善，陷入了资金链断裂的困境。加之新冠疫情的影响，企业经营恶化、无法偿还到期债务。

2020 年 3 月 26 日，因卓枥公司结欠徐杏兰工资，经徐杏兰申请，上海三中院裁定受理徐杏兰对卓枥公司申请的破产清算。

---

① 案号：（2020）沪 03 破 84 号。本案系上海破产法庭发布的 2020 年度典型案例之一。

管理人接管企业后，有序开展债权申报和审查工作，发现卓枥公司存在多名员工欠薪、拖欠多名债权人欠款；且三名股东均未按时出资。

2. 典型经验

第一，管理人积极提起诉讼追缴股东出资，扩容破产财产；

第二，解决职工欠薪问题。管理人根据上海高院与市人社局签署的《欠薪保障会商纪要》，与松江区人社局联系，争取通过府院联动机制，由欠薪保障基金垫付职工欠薪，大多数符合条件的劳动者获得了欠薪垫付款。人社局获得追偿权，并在破产程序中依法进行了债权申报。

（二）浙江众泰汽车股份有限公司及子公司重整案①

1. 案情概述

众泰汽车股份有限公司（股票代码 000980）是以汽车整车研发、制造及销售为核心业务的汽车整车制造企业，在浙江、湖南、湖北等地布局了整车生产基地。

2018 年 11 月，众泰汽车开始出现债务危机、流动性危机。

2019 年年初，因国内外汽车市场整体深度调整，加之企业战略决策失误，众泰汽车流动性风险彻底爆发，生产制造端停工停产，导致 2000 余家供应商、800 余家经销商、近万名员工债务问题。

2020 年 6 月，众泰汽车被实施退市风险警示而更名为“ST 众泰”，股票价格一度跌至 1.14 元，随时有跌破面值退市的风险。

2. 典型经验

第一，府院联动机制。在该案审理过程中，浙江省三级政府和法院建立常态化协调机制，政府和法院分别同步向证监会、最高法院报请批准众泰汽车进入重整，并根据反馈意见及时会商修改重整方向与计划、有效保留众泰汽车的核心资产价值。

第二，跨省联动机制。众泰汽车核心子公司湖南江南汽车制造有限公司坐落长沙，母子公司联动重整涉及跨域协作，最高法院确定了“两地协同、联

① 本案是浙江高院发布 2021 年浙江法院破产审判典型案例之一。

动重整”的务实方案。浙江省高院、金华中院与湖南省高院、长沙中院密切对接，最终促使两地法院形成共识，将核心子公司江南制造成功保留在众泰汽车体系内。

第三，多层联动。在最高法院、浙江省高院精心指导下，在湖南省高院、长沙中院的大力配合下，金华、永康两级法院先后克服重整受理报批难、年报审计任务重、投资人引进波折多、江南制造管辖权争议、企业员工流失严重、天价业绩补偿悬空等难题，与长沙中院协调审理，顺利完成众泰汽车及其下属子公司“1+8”联动重整。

（三）西安市粮油贸易公司破产清算案[①]

1. 案情概述

1990年，西安市粮油贸易公司（简称“西安粮油公司”）成立，原为西安市粮食和物资储备局下属企业，已停业多年。公司部分资产权属、数目不清晰，账实不一致，职工房改房权属登记档案不完整。为保障职工生活，各类补贴一直由托管企业垫付。

2019年，西安粮油公司清产核资专项审计报告载明，注册资本164万元，资产9785740.78元，负债24041539.31元。

在西安市国资委开展西安市国有“僵尸企业”市场化、法治化出清活动中，西安市粮食和物资储备局及西安市国有企业改革领导小组办公室，同意对西安粮油公司依法实施破产清算。

2020年12月16日，西安粮油公司向西安市莲湖区人民法院申请破产清算。

2020年12月24日，西安市莲湖区人民法院立案受理该申请。

莲湖区人民法院受理案件后，协调建立了清算组与破产企业上级主管单位协调处理机制、管理人与破产企业职工代表互动沟通机制，采用现场办公推进会的方式解决破产案件办理过程中遇到的诸多历史遗留问题。针对职工安置、

① 本案系陕西省高级人民法院发布的《陕西法院破产典型案例（2019—2021）》之一，信息来源于陕西省高级人民法院微信公众号，《陕西法院10件破产典型案例出炉!》，2022年5月17日。

资产处置、社会维稳、费用承担及可能的风险问题，专题向国有企业上级主管单位进行了提示建议，协调国有企业上级主管单位书面承诺对职工及费用问题托底。积极争取清算组中相关职能单位的支持，协调解决了房产登记信息错误、人员社会化移交等清产核资、职工权益维护等历史遗留问题。

2021 年 12 月 21 日，根据清算组的申请，莲湖区人民法院裁定宣告粮油公司破产，终结破产程序。

2. 典型意义

第一，本案为人民法院开通破产清算绿色通道，采用破产程序推动长期亏损、扭亏无望、严重资不抵债的“僵尸企业”出清；快审快结，杜绝“程序空转”，终结了国有“僵尸企业”长期积累的各种矛盾。

第二，人民法院协调主管部门对破产企业进行职工保障政策兜底，推动有关职能部门聚焦解决历史遗留问题，探索综合解决国有“僵尸企业”诸多积弊矛盾的有效路径。

（四）宁夏某上市公司破产清算案①

1. 案情概述

某公司经营性净现金流为负，职工工资不能正常发放，银行贷款及大部分债务逾期，不能清偿到期债务，陷入财务和经营困境，面临退市甚至破产清算风险。银川市中级人民法院依法裁定受理该公司破产重整，并指定由宁夏回族自治区人民政府推荐的有关部门、机构人员组成的清算组担任该公司管理人。

银川市中级人民法院受理该公司破产重整后，一方面及时指导管理人及公司继续履行双方均未履行完毕的合同，维护企业的运营价值；另一方面，在清产核资的基础上，通过市场化、法治化的方式，引入某国企作为重整投资人，将既有主业和其他业务板块根据投资人的业务发展规划保留或置出，实现公司经营和盈利能力的彻底提升。组织指导该公司召开第二次债权人会议，重整计划草案获参会债权人高票表决通过。银川市中级人民法院裁定确认该公司重整

① 本案系宁夏回族自治区高级人民法院发布破产审判工作白皮书（2020—2022 年）中典型案例。信息来源于宁夏高级人民法院微信公众号，《充分发挥破产审判职能助力优化法治营商环境》，2023 年 8 月 10 日。

计划执行完毕。

2. 典型经验

本案系上市公司破产重整典型案例，充分体现出人民法院发挥破产审判“积极拯救”和“及时出清”功能的积极作用。

第一，人民政府、人民法院充分发挥“府院联动”机制作用，高效推动了重整计划的通过及执行。人民法院及时依法解除对债务人资产的保全措施并依法落实对债务人财产的执行回转，维护了债务人财产的完整，为重整成功奠定了基础。

第二，成功引入某国企作为重整投资人，通过“竞买资本公积转增股票+原控股股东表决权放弃”的安排，实现了上市公司经营管理权平稳过渡；重整投资人接管企业后积极有序安排企业经营管理，为公司顺利“摘星脱帽”提供了支持。

最终，通过各方一致努力，该公司重整后股价一度超过了抵债价格，使得以股抵债债权人有机会获得超额清偿，充分体现了重整制度在最大化维护债权人、出资人和债务人利益方面的优越性。

四、府院联动机制完善建议

府院联动对于破产案件的解决具有不可替代性，原因在于破产案件需要政府在破产领域提供的公共服务是其他主体不能替代的；缺乏联动协作，难以解决跨部门之间的合作困难、信息不对称问题，以及可能存在的职能交叉或者职能真空问题；法院、政府作为公权力机关，其具有市场主体不具有的优势，市场主体难以超越现有法律规定来解决权力配置，且在破产状态下具有资金局限性等。

对此，我们针对破产法治化水平较低、府院联动机制不成熟或者缺位的地区，以及当前府院联动机制发展可能面临的挑战，建议从以下方面做进一步完善，助力大型企业破产问题的解决。

（一）走深走实府院联动机制

通过规范性文件、地方性法规、会议纪要、政府工作文件等形式，将区域性府院联动机制固定下来，结合职能进行细分，为管理人搭建坚实的合作桥梁；同时，识别破产中所需政府主管部门的履职内容，尤其应明确地方政府、法院、税务机关、市场监督管理部门、人社部门、劳动监察部门、自然资源管理部门等有关部门职责，在破产程序中为企业、管理人等提供便利服务，如债务人信用修复、破产财产处置、企业简易注销、破产企业档案查询、明确破产税收减免范围、协助管理人做好职工债权核查等提供绿色通道，加速解决破产问题。

（二）持续优化府院联动内容

大型企业，特别是房地产企业进入破产程序后普遍面临复工续建需要办理有关手续等问题，但处理程序繁冗、审批周期长、涉及多头管理、审批跨越不同层级等，耗费了大量的时间，甚至可能无法逐一解决，导致破产程序梗阻。

对此，建议就涉及的项目备案、建设用地选址、建设用地规划、环评审批、社会稳定风险评估事宜、人防工程质量监督、城市建筑垃圾处置核准等一系列问题进行集中打包处理——一并让城建部门、不动产登记部门、自然资源管理等有关主管单位，集中、限时、协调处理，避免单位之间信息不对称、协调性不足影响破产问题的解决，力争逐一消解程序阻滞和实体障碍，促进企业有力再生。

当然，也要防止不当的府院联动给破产程序带来“负担”，如审批周期长、流程多、多头汇报、多头决策以及合规性要求烦琐，反而束缚了破产程序的效率性，给企业和管理人带来负担，难以灵活、高效、创新式地解决问题。

（三）动态完善府院联动机制

地方政府、国资主管行政机关、行业协会、金融监管机关等单位要积极保持对经济发展、金融风险、市场变化密切关注，对于因市场变动、金融授信变动等因素影响的企业，能够及时了解企业流动性、债务风险，形成府院多方合力，指导、支持、保护企业稳定，保障生产经营稳定和采取有效风险应对措施，防患于未然。

此外，商务局、工商联、税务机关、发改委等有关部门，对投资破产企业的投资人给予配套、优惠、可行性政策，量体裁衣，放宽投资门槛，将房地产企业重整与产业优化、企业长期发展、优化营商结合、复苏实业结合起来，让投资人能够在破产土壤上发挥其价值。

还有一点值得关注的是，府院联动机制并非僵化不变，而是需要与时俱进的。这里，至少要从两个方面来实现：其一，尽可能全面、精准识别哪些因素影响了破产进程，哪些主体能够化解这些因素，如何让这些主体化解这些因素；其二，在法律规定滞后于实践发展的情况下，如何在不违背法治精神与理念、法律原则的情况下，对现有固化的规则进行调整、完善、修改或者变通，以更好地消弭程序性、实体性卡顿，防止制度“捉襟见肘”——无法匹配实践对于规则、制度提出的新问题、新机遇和新挑战，真正成功挽救有重整价值的企业或者企业营业，促进营商环境优化。

（四）尊重商业，鼓励多元化企业样态

一方面，随着破产制度的日臻完善与发达，涌现出法庭外重组、预重整等新兴制度，且在实践中取得了良好的综合效果。其中，法庭外重组往往依托于当事人意思自治，债权人、债务人、投资人自行就重组方案达成一致或者形成彼此“你情我愿”式的妥协。对于政府而言，需要减少对法院强制裁定、投资人选择的直接或间接施压，防止个人意志干扰市场良性竞争，防止个人喜恶影响商业决策——一来防止领导人离任后项目不稳定、商业体缺乏竞争力再次被市场淘汰，加深债务问题，或者将债务间接转嫁给企业，缺乏债务风险隔离机制；二来确保市场的“优胜劣汰”机制有效运行，防止出现“劣币驱逐良币”，具体是破产投资人招募是真正能解决企业经营问题、有效扶持企业所属实业发展以及促进企业公开透明经营而非徇私舞弊等。破产制度的主要结果就是为了能够以可预测、公平与透明的方式在不同市场参与主体之间分配风险，以及让利益相关者价值最大化，让放贷者、参与者对经济增长保持乐观以及充满信心[①]。不当干预会导致程序的透明流于形式，结果难以预测以及风险过度被分散至处于地位、信息劣势主体。

另一方面，多元化企业样态内涵丰富，涉及不同企业所有制、企业资产类

---

① SeeIMF, 1999; See José Garrido (dir.), Wolfgang Bergthaler, Chanda DeLong, Juliet Johnson, Amira Rasekh, Anjum Rosha, and Natalia Stetsenko, The Use of Data in Assessing and Designing Insolvency Systems, IMF Working Paper, 2021.

型——轻资产或重资产，企业创收模式等。以轻资产企业为例，轻资产企业缺乏资产抵押给金融机构获得融资，对于数据资产价值高、科技创新能力强、企业声誉良好的企业而言，其破产重整阶段的共益债融资问题非常关键，影响项目能否续建，持续经营的效果，资产或营业的保值、增值等问题。

那么，政府在其中并非单纯地间接提供融资或者进行政策支持，还有为企业获取金融资源、为投资人提供其他支持。例如，为轻资产企业量体裁衣，就其信用评估提供配套服务、优化无形资产价值评估机制、完善轻资产企业发展提供配套基础设施。如此一来，信用贷款便捷性提高，也为富有市场前景、再生价值的轻资产企业提供公平保障等。

第二节　系统性风险识别与有效控制问题

2001 年 10 月 16 日，能源贸易公司安然（Enron）宣布在 2001 年第三季度已亏损 6.18 亿美元，并且在之前的 3 年间虚报了 12 亿美元的收入——大约占总收入的 20%。安然前首席财务官安德鲁·法斯托（Andrew Fastow）利用资产负债表外的合伙企业，隐藏自己的债务以提高股价。有关安然公司的丑闻及其审计公司安达信牵扯其中的新闻，占据了全美各大报纸的头版。安然的股票狂跌，并且这家公司很快成为美国历史上最大的破产企业。股东和没有得到退休金的安然公司前雇员针对安然和安达信的欺骗行为提起民事诉讼。“当时审计人员在哪里?”这个问题成为媒体普遍重复提及的话题。2002 年 3 月，美国司法部控告安达信公司妨碍司法，因为在面对美国证券交易委员会调查过程中，该公司藏匿了出现在其驻休斯敦办事处的安然公司的文件……①

① ［美］马克斯·巴泽曼：《管理决策中的判断》(第 6 版)，杜伟宇、李同吉，译，人民邮电出版社 2007 年版，第 1 页。这段文字生动地阐释了超大公司破产的原因不是一蹴而就的，而是经过一段时间的发酵、一系列违法违规操作，然后在公众面前“突然”出现债务问题。如果企业能够及时止损，股东会、董事会更换主要责任人员，或者决策错误者，可能会及时纠偏；若知情者能够及时披露问题给公众，可能在监管者的敦促下，企业能够及时纠正问题，不至于问题进一步发酵而积累更大的债务问题、产生更为广泛的破坏性；或者能够尽快进入破产保护程序，避免股票价值、企业声誉、其他无形资产等价值大幅度跳水，防止公众陷入集体恐慌；而且，一家企业的破产可能还会与其长期合作的中介服务机构有关，如这里的涉及公司。除了破产问题，与之相伴的还有衍生民事诉讼或者其他涉刑问题。尽管，公权力介入破产，也依然会存在各种利益博弈和专业交锋，平衡不同利益、坚守法治化处理，才能真正实现破产法目标，落实破产法功能。

次贷危机后，系统性风险问题成为各国保护国家金融安全的重点工作之一。2023 年 1 月，我国十三届全国人大常委会第 38 次会议审议《金融稳定法（草案）》，该法是我国维护金融稳定、化解金融风险的首部基础性法律，一定程度上预示着未来我国金融领域的债务问题，将纳入法治化、市场化框架之中。

大型企业危机，尤其是金融机构危机可能会带来系统性风险。有学者提出商业银行破产是依托于公共性理论，[①] 随着金融市场发展、金融机构职能创新、互联网金融普惠化，金融机构、金融机构设施等都具有公共性。由于金融机构存在“外部性、风险外溢性和连锁性”[②]，抵押状况、同业拆借、对外商业关系等非常复杂且交错，其破产并非单体、单一层面的问题。随着经济下行，金融机构、大型企业的债务危机、经营危机均日趋彰显，并且规模较大，尽管法院认为其符合破产受理的一般条件，也会忌惮于案件受理后的难度、利益牵涉广泛、成本高，以及来自政府对于地方维稳、形象的考量，往往会期待以时间换空间而不是就地解决问题，也会施压或者暂缓通过破产程序解决问题。因此，从公开数据可知，金融机构破产数量仍然是非常少的。但这一问题的解决，仍然需要纳入管理人考虑中，具备破产、金融专业知识，以为加入破产/接管工作组奠定基本知识储备与能力基础。

此外，近年来，金融科技公司发展迅猛且影响力广泛，不少金融科技公司版图覆盖金融、实体企业，比传统金融机构、传统企业更富有影响力且具有隐蔽性。大型金融科技（FinTech）公司一旦出现债务问题，势必影响与之有关的融资机构、广泛的金融消费者、电信电子基础设施、融资对象、平台用户等，可谓“牵一发而动全身”。这里涉及两个核心问题：（1）系统性基础设施安全风险，例如，数据管理者与维护者，互联网云类服务供应商；（2）大规模的数据导致新形态的“大而不倒”出现。[③]

---

① 参见邢会强：《金融稳定法的制度逻辑与规则优化》，载《法学杂志》2023 年第 5 期，第 78 页。

② 罗诗雅、王军：《风险处置视角下金融机构破产申请主体的界定》，载《哈尔滨师范大学社会科学学报》2023 年第 5 期，第 72 页。

③ See Douglas W. Arner, Ross P. Buckley, and Dirk A. Zetzsche. 2019. Fintech, Regtech and Systemic Risk: “The Rise of Global Technology Risk.” In Systemic Risk in the Financial Sector: Ten Years after the Great Crash, pp. 69.

尽管，我国暂未出台专门金融机构破产处置立法、规范性文件等，也没有专门在《中华人民共和国企业破产法》中设置专章，但与之相关的内容散见于不同制度中。例如，《防范和处置金融机构支付风险暂行办法》，核心内容包括：(1) 及时确定自我救助方案，清收资金，转让债权合同（第十一条）；(2) 支付风险严重的，可以动用存款准备金支付部分存款（第二十条）；(3) 政府不当介入导致损失，政府出资弥补（第二十三条）；(4) 允许自愿兼并或收购（第二十五条）；(5) 行政式关闭，按顺序清偿，打破刚性清偿，同时指定金融机构托管、清算（第二十六条）。尽管基本上具备金融机构破产程序雏形，同时，将关键权力的行使主体确定为央行总行，也考虑储户利益保护、刚性兑付的现实障碍等，但受理条件、管辖问题、管理人职责、金融监管部门与法院和政府之间的分工、重整条件、清算条件等关键问题均没有做系统性规定，一定程度上存在可操作性差等现实问题，难以为金融机构等市场主体提供明晰的指导。

《中华人民共和国商业银行法》第七章专门规定了“接管和终止”，某种程度上延续了上述立法行政主导、市场主体参与的风格，新增了“国务院银行业监督管理机构”的接管职能、审批职能、成立清算组并指导其工作的职能等；明确不能支付到期债务，可由法院宣告破产等。但有关破产处置仍然停留在面向个别问题，没有接轨破产三大制度——重整、清算、和解，以及辅助制度——法庭外重组、预重整制度，上述制度的优势与配套制度，并没有以有逻辑、体系化方式呈现在立法中，影响规则的落地。

《存款保险条例》规定投保存款保险的范围仅限于商业银行、农村合作银行、农村信用合作社等吸收存款的银行业金融机构（第二条）。该条例第十九条可谓存款人的“避风港”条款，允许在法院裁定受理投保机构破产申请的情况下，存款人有权要求存保基金管理机构在限额内偿付被保险存款，拉起了保护存款人的法定红线。但由于条例实行限额偿付规则，最高偿付限额为 50 万元人民币（第五条），一旦发生风险，大额存单储户难以收回全部或大部分损失。整体上，对于潜在带来系统性风险的大型企业、金融机构、金融基础设施或者超大型涉金综合企业而言，其破产问题的解决需要考虑以下因素：

一、既关注系统性风险，也要解决个别问题

本质上，具有系统性风险的企业破产处置需要立足市场化处置优势，兼顾行政处置在权力配置、维稳等方面的不可替代性。往往企业风险越大，也意味着破产企业有着潜在的商业价值，如丰富的客户资源、商誉、广泛的供应商资源等。对于具有系统性风险的企业，管理人往往作为工作组成员参与而非作为独立、唯一的接管者。管理人应当进入工作组来发挥解决集体债务的专业优势，也要在进入破产工作组后发挥破产管理方面的经验优势、府院联动机制方面的协作优势；当然，也要了解金融安全、系统性风险缓释方面的优势集中于金融监管部门，此时，管理人应协作金融监管部门参与管理工作。

个别问题积累到一定程度就上升到系统性风险，对于个别风险而言，管理人需要进行统筹分类，对债权、物权、其他财产权益等做出分类，以确保一类问题的处理方法是统一而非厚此薄彼的。

二、维持金融基础设施稳定，防止挤兑危机

金融基础设施，是维持系统稳定的基础所在。根据人民银行、发展改革委、财政部、银保监会、证监会、外汇局联合印发的《统筹监管金融基础设施工作方案》，金融基础设施，是指为各类金融活动提供基础性公共服务的系统（如金融资产登记托管系统、清算结算系统、交易设施、交易报告库、重要支付系统、基础征信系统）及制度安排，在金融市场运行中居于枢纽地位，是金融市场稳健高效运行的基础性保障，是实施宏观审慎管理和强化风险防控的重要抓手。

在解决此类机构破产问题或流动性危机时，需要关注：制定舆情管理、应急方案，能够稳定舆情，防止破产信息持续发酵，舆情混乱；确保金融客户正常交易结算，原则上要防止挤兑以及挤兑带来的消极影响，为客户做好解释说明工作；为机构正式进入法律程序奠定安全、稳定的舆论环境；做好合同接

管、业务管理工作，防止风险传导至实体企业；在分析破产原因时，建议清算组或者工作组针对性掌握造成机构经营失败的问题，找到堵点、痛点、难点，从而在后续重整、清盘中逐一解决。

三、规范金融机构破产，发挥合法机制优势

当然，管理人在普通破产程序中的职能仍然在金融机构破产处置中得以部分保留，主要包括以下关键职能：

（一）准备破产申请材料

鉴于现有金融机构破产处置/风险处置规则体系，管理人在经得金融监管机构批准机构破产后，可以协助准备破产申请材料。具体要根据《中华人民共和国企业破产法》《中华人民共和国商业银行法》《中华人民共和国证券法》等具体法律以及金融监管法律法规等，准备充分，应时启动。

（二）准备破产方案

相比其他案件，金融机构破产处置内容更复杂、影响范围更广泛，有甚者可谓“牵一发而动全身”。考虑多数机构在进入破产程序前，清算组或工作组已经成立且掌握相对充裕的信息，管理人在基于信息制订破产方案时，要把握几点原则：

第一，优先考虑“接管+收购承接+破产清算”[①] 基本模式。此种模式对于特殊机构而言，能够兼顾金融安全、业务稳定、资产有效处置、职工安置，确保基本盘稳定与安全，同时汲取清算、重整制度优势，也为多方和解、有效合作留下了机会窗口，为破产机构选择合作方提供了更多可能性。其中，收购承接与重整并不能完全等同。二者的共性在于识别机构有价值的业务或者资产，通过第三方，如投资人、接管人等，支付一定对价后取得，不仅能确保此部分业务、资产的稳定与安全，持续保值甚至增值，被接管者也能获得对价用于清偿其他债务。

第二，随着破产程序的推进，完成常规事务。如资产清点、债权申报与审

---

① 李曙光：《银行风险处置法律框架及衔接问题》，载《中国金融》2024 年第 5 期，第 17 页。

核、重整方案或清算方案等、代表债务人对外诉讼或仲裁、做好合法必要的信息披露工作等。为后续工作奠定全面、真实、完整的事实基础。此外，若发生突发状况，应及时对新问题进行回应，若发现既有方案难以解决新问题，则需要专项论证、参与协调各方“对症下药”，使之得以妥善解决。

第三，储户/用户问题。储户可谓金融机构的“定海神针”，对于金融基础设施而言是用户，关乎资金安全、交易稳定、安抚民心以及正常的支付结算等。对于上述群体，其处置需要管理人协同监管部门着手制订专门的安置方案，以确保基本面稳定，防止出现兑付危机或者系统瘫痪。

第四，尽可能通盘考虑，包括已知问题，或有问题等，为绝大多数风险的发生提供“安全网”。在此基础上，制订破产方案，将清算、重整、和解、重组等制度优势或者组织优势充分应用到机构破产处置中，充分论证其合理性、可行性、潜在风险，为最终理性决策提供科学参考。

（三）“升级版”府院联动机制

相比普通企业，此类企业破产所需府院联动机制应更具有可行性和合理性——既要避免集体行动困难，加重各方负担，也要提高联动效率，解决信息共享、工作推进、专业分工等具体且关键的问题。具体主要表现为主体多元（新增金融监管部门，跨越不同省份、从地方走向了中央层面的联动）、内容丰富（金融、税务、证券、资管、存款保险等）等，管理人是比较适宜作为协调方、主办方的主体。在起草府院联动机制方案时，要了解各方职能与优势，有效驱动集体协作而非陷入集体行动困境。

四、地方特殊类型机构破产问题的有效解决

其他地方特殊机构，如地方商业银行、城商行、农村信用合作社，或者地方融资平台、产业投资基金公司等，此类机构往往会对区域经济稳定与金融安全产生一定冲击。我国并无专门针对金融机构等破产处置机制，此类风险涉及地方稳定、营商环境等因素，往往通过传统的行政方式，如接管、托管等实现了破产企业的“平稳落地”，甚至直接行政干预，强制化债，未能进一步解决

与债务相关的深层次问题。这些问题可能再次蔓延到其他机构、其他领域，酝酿新的经营或债务危机。也可能因为涉及地方政绩，而以单纯的关停、内部清算方式草草收尾，但未深究其债务、经营失败内部原因，具有局限性。

诚然，往往非公开化、非司法化处置方式，存在一定法律风险，且可能由于不能引入富有破产经验、立场中立的专业人士，也会给决策者、监管者、经办人带来法律责任，增加了决策风险、程序性风险。一方面，处置效果很难得以综合、客观评估，可能存在掩盖风险、责任不清、隐患未排查、内部舞弊等问题；另一方面，案件中涉及的各类问题，如领导者责任、机构治理真实状况、金融市场、防止金融风险与实体风险相互影响等，是否得到解决、解决效果如何等等，很可能受制于决策者意志与能力呈现于不同的状态。

那么，对于此类问题的解决，专业化、规范化、法治化有助于规避风险、有效解决。这里需要强调的是，破产专业人士参与需要注意以下事项：

第一，确立解决目标。当管理人介入地方特殊机构破产时，要尽可能在现行法律、重大公共政策框架内确立处置目标。常见的关键目标包括：

（1）确保区域性乃至全国金融系统稳定，防止发生连锁反应；

（2）维护公众、储户对区域金融安全的信心，依法保障其基本权益，防止挤兑、负面舆情蔓延；

（3）保障借款人、供应商基本交易关系稳定，防止危机扩散至健康企业；

（4）有效参与接管机构财产——接管机构往往是同类、经营良好的单位，管理人通常是参与接管。采取安全、有效方式接管，无论是委托经营、自行经管还是其他方式，防止财产贬值或处于不安全状态。

第二，从破产法基本原理来看，其“核心是收债法”[①]，金融机构等收债关乎实体经济高质量发展、金融风险治理与金融资产质量等重要问题，甚至会影响到区域稳定。把好债务第一关，需要基于破产法关于收债、偿债基本规则与原理来梳理基础债权债务关系、资产状况等。

---

① ［美］托马斯·H. 杰克逊：《破产法的逻辑与限制》，马学荣，译，陕西新华出版、陕西人民出版社2023年版，第3页。

第三，识别内外部风险，包括内部舞弊、外部声誉风险、业务往来法律风险等，破产法律问题分析可以说是改善企业治理、化解历史遗留问题的最后机会。

第四，从地方层面，考虑中央与地方之间、上下级之间、内部与外部等多处信息不对称问题，相比中央在金融机构风险处置方面有更为丰富的经验、资源，地方相对匮乏，为真正化解危机、降低地方金融风险，可以在国家层面提供成文的指导建议，或者派出指导小组指导具体工作。

五、小结

综上，面对金融机构、金融基础设施等具有系统性影响的大型企业破产问题，破产管理人不能缺位，也不应当缺位。尽管，管理人无法像在其他企业中一样处于核心地位，但依然有着不可替代性。不少地方在化解机构风险时，忽略了管理人参与的必要性，也给自己埋下了履职隐患，影响了风险处置的效果。对此，我们进一步总结了管理人在此类案件中的特殊性：

（1）管理人参与具有合法性、正当性与必要性；

（2）作为清算组或工作组成员，可以经过竞争性遴选产生，或尊重主要债权人、债务人自身、金融监管机构的建议；

（3）应具备一定金融业务法律服务经验；

（4）作为协调者、参与者、监督者参与机构破产处置，联动各方、积极推进程序，而不能简单等待程序推进，否则，债务风险雪球会越滚越大；基于管理人社会责任承担的角度，可以在其他主体不作为或者作为不到位时，推进程序，发挥主观能动性；

（5）在履行基本职责时，可以收取合理比例的报酬，以激励管理人工作，也要保持“勤勉尽责”，在财产接管、评估、审计等专业工作中，保持专业水准，有相对独立的专业判断；

（6）处理好金融法律与破产法律以及其他法律实践的个性与共性问题，既注重最终效果，也关注过程处理符合法治化理念、路径等。

第三节 集体性纠纷、损害赔偿与权益救济问题

一、概述

（一）概念

集体性纠纷即群体性纠纷，是纠纷涉及群体广泛，受害者为多人的纠纷，典型案例如康美药业破产中的证券集体纠纷、长生生物疫苗的损害赔偿等。大型企业破产中集体性纠纷特征表现为：受害者人数众多；受害过程具有隐蔽性；对于造成人身损害的，病情潜伏期长，部分表现出来，还有部分暂未表现出具体症状；法律没有规定群体纠纷中受害者赔偿的清偿顺位，故往往依赖于政府进行干预等。

（二）规制内容

从法律规制来看，并未统一，而是分散在不同非破产法中。例如：

《中华人民共和国证券法》第九十五条规定，投资者提起虚假陈述等证券民事赔偿诉讼时，诉讼标的是同一种类，且当事人一方人数众多的，可以依法推选代表人进行诉讼。对按照前款规定提起的诉讼，可能存在有相同诉讼请求的其他众多投资者的，人民法院可以发出公告，说明该诉讼请求的案件情况，通知投资者在一定期间向人民法院登记。人民法院作出的判决、裁定，对参加登记的投资者发生效力。投资者保护机构受五十名以上投资者委托，可以作为代表人参加诉讼，并为经证券登记结算机构确认的权利人依照前款规定向人民法院登记，但投资者明确表示不愿意参加该诉讼的除外。

投资者代表人诉讼制度起到了节约诉讼成本、提升法院审判效率的作用。在康美药业重整中，证券投资者集体诉讼通过降低投资者维权成本和诉讼风险，解决起诉难、维权贵等问题，实现了投资者保护，也为有效清偿奠定了基础。[①]

---

① 参见李曙光：《康美药业案综论》，载《法律适用》2022 年第 2 期，第 119—126 页。

关于消费型购房者权益保护问题，基本在破产法实践与有关规制体系中达成共识：秉持居者有其所，保障百姓生存权考量，确保消费者享有优先权。关键内容有：

（1）**《最高人民法院关于建设工程价款优先受偿权问题的批复》**（法释〔2002〕16号）

一、人民法院在审理房地产纠纷案件和办理执行案件中，应当依照《中华人民共和国合同法》第二百八十六条的规定，认定建筑工程的承包人的优先受偿权优于抵押权和其他债权。

二、消费者交付购买商品房的全部或者大部分款项后，承包人就该商品房享有的工程价款优先受偿权不得对抗买受人。

（2）**《最高人民法院关于人民法院办理执行异议和复议案件若干问题的规定》**（2020年修正）

第二十九条　金钱债权执行中，买受人对登记在被执行的房地产开发企业名下的商品房提出异议，符合下列情形且其权利能够排除执行的，人民法院应予支持：（一）在人民法院查封之前已签订合法有效的书面买卖合同；（二）所购商品房系用于居住且买受人名下无其他用于居住的房屋；（三）已支付的价款超过合同约定总价款的百分之五十。

（3）**《全国法院民商事审判工作会议纪要》**（法〔2019〕254号）

125.【案外人系商品房消费者】实践中，商品房消费者向房地产开发企业购买商品房，往往没有及时办理房地产过户手续。房地产开发企业因欠债而被强制执行，人民法院在对尚登记在房地产开发企业名下但已出卖给消费者的商品房采取执行措施时，商品房消费者往往会提出执行异议，以排除强制执行。对此，《最高人民法院关于人民法院办理执行异议和复议案件若干问题的规定》第29条规定，符合下列情形的，应当支持商品房消费者的诉讼请求：一是在人民法院查封之前已签订合法有效的书面买卖合同；二是所购商品房系用于居住且买受人名下无其他用于居住的房屋；三是已支付的价款超过合同约定总价款的百分之五十。人民法院在审理执行异议之诉案件时，可参照适用此条款。

问题是，对于其中“所购商品房系用于居住且买受人名下无其他用于居住的房屋”如何理解，审判实践中掌握的标准不一。“买受人名下无其他用于居住的房屋”，可以理解为在案涉房屋同一设区的市或者县级市范围内商品房消费者名下没有用于居住的房屋。商品房消费者名下虽然已有1套房屋，但购买的房屋在面积上仍然属于满足基本居住需要的，可以理解为符合该规定的精神。

对于其中“已支付的价款超过合同约定总价款的百分之五十”如何理解，审判实践中掌握的标准也不一致。如果商品房消费者支付的价款接近于百分之五十，且已按照合同约定将剩余价款支付给申请执行人或者按照人民法院的要求交付执行的，可以理解为符合该规定的精神。

126.【商品房消费者的权利与抵押权的关系】根据《最高人民法院关于建设工程价款优先受偿权问题的批复》第1条、第2条的规定，交付全部或者大部分款项的商品房消费者的权利优先于抵押权人的抵押权，故抵押权人申请执行登记在房地产开发企业名下但已销售给消费者的商品房，消费者提出执行异议的，人民法院依法予以支持。但应当特别注意的是，此情况是针对实践中存在的商品房预售不规范现象为保护消费者生存权而作出的例外规定，必须严格把握条件，避免扩大范围，以免动摇抵押权具有优先性的基本原则。因此，这里的商品房消费者应当仅限于符合本纪要第125条规定的商品房消费者。买受人不是本纪要第125条规定的商品房消费者，而是一般的房屋买卖合同的买受人，不适用上述处理规则。

（三）地方做法

尽管，在全国层面并无环境问题处理的统一立法、操作规程等，但在地方层面，涌现出个别地方推进破产案件中环境问题的有效解决。例如，贵阳市中级人民法院发布《关于审理企业破产案件中涉生态环境问题处理的工作指引》（试行）（以下简称《工作指引》），成都市中级人民法院联合成都市人民检察院、成都市生态环境局发布《关于破产审判涉企业环境权益保护备忘录》等。

1. 贵阳市

贵阳市中级人民法院发布《关于审理企业破产案件中涉生态环境问题处

理的工作指引》(试行)。整体来看,《工作指引》主要呈现出以下特征：

(1) 立足于其破产案件面临的实际问题，尽可能全面地将与环境问题解决有关的法律列举其中，为实践提供清晰且明确的指引；

(2) 框定关键原则——“绿色原则”，以期能够扩容破产中环境问题解决所依托的原则，弥补破产法律基本原则在解决企业破产环境问题中存在的不足或局限性；

(3) 确定主体职责，尤其是法院的指导与监督作用，政府监督、管理、参与；

(4) 强化、拓展管理人在解决环境问题上的职责，为管理人提供相对规范的工作指导，也发挥管理人配合作用；

(5) 整体上，初步搭建起解决环境问题的府院联动机制。

这一指引充分体现企业破产中环境问题解决的必要性与基础性。但内容上存在较为粗犷、可操作性不足等问题，在实效性方面仍然有较大完善空间。有一些管理人在大型企业破产中面临的共性问题，仍然限于普遍的、共性的主客观因素未能得到有效解决，等待各地的管理人发挥主观能动性，采取创新性行动予以解决。

例如，“债务人企业及其责任人员应当落实生态环境主体责任，全面披露生态环境信息，并积极配合做好生态环境系损害整治修复和相关风险防范工作”，对此，若债务人资不抵债，且缺乏整治修复能力时，环境问题如何解决并未进行充分回应等。

又如，“对于无法修复，或者修复成本超过其价值，导致不能处分的财产，管理人应当向债权人会议重点说明，依法妥善处理……”之所以做出概括式的说明，是因为实践中存在着管理人无法解决的问题，通常超出了管理人的职责范围，也远非债务人现有破产财产变价后可以解决的问题，超出了法律范畴，需要科技、政策、环保公益基金等参与解决。

限于篇幅，本书将《工作指引》的关键内容援引如下：

第二条　本指引适用于贵阳市行政辖区内中级、基层人民法院审理企业破产案件中涉生态环境损害赔偿、修复和环境污染防治等问题的处理。

本指引所称生态环境损害，是指因污染环境、破坏生态造成大气、地表水、地下水、土壤、森林等环境要素和植物、动物、微生物等生物要素的不利改变，以及上述要素构成的生态系统功能退化。

企业破产案件中涉及人身损害、个人和集体财产损失，要求债务人企业赔偿的，适用《中华人民共和国民法典》《中华人民共和国企业破产法》等法律及相关司法解释有关侵权责任和处理方式的规定。

企业破产案件中涉及海洋生态环境损害赔偿的，适用《中华人民共和国海洋环境保护法》《中华人民共和国企业破产法》等法律及其司法解释相关规定。

第三条　处理企业破产案件中的生态环境损害及其风险整治问题，应当坚持生态优先、绿色发展，有利于节约资源、保护生态环境，统筹兼顾各方利益。

第六条　人民法院探索与发展改革、生态环境、自然资源、农业农村、林业、水利、应急管理等部门建立府院联动机制配套制度，积极争取有关部门支持解决债务人企业涉及的生态环境损害问题。

人民法院受理企业破产案件后发现涉及生态环境损害问题的，应当在十日内向有关主管部门通报，并附受理破产案件的民事裁定书；情况紧急的，应当即时通报。

第九条　生态环境损害问题核查或者相关风险评估过程中发现生态环境损害持续发生，或有必要采取临时保护措施防范生态环境损害风险的，管理人应当立即报告人民法院、与生态环境保护有关的主管部门，及时依法采取或积极推动有关部门采取防治措施。

2. 成都市[①]

目前，仅可以从公开信息检索到《关于破产审判涉企业环境权益保护备忘录》（以下简称《备忘录》），但全文内容无法检索到。通过公开信息整理，

---

① 参见成都破产法庭：《成都市中级人民法院联合成都市人民检察院 成都市生态环境局发布〈关于破产审判涉企业环境权益保护备忘录〉》，成都破产法庭微信公众号，2024 年 6 月 6 日。

《备忘录》部分内容包括：

（1）破产程序中产生的生态环境治理费用可根据实际情况，参照破产费用或共益债务的顺位随时清偿，切实保障破产企业环境问题整改治理；

（2）对具有挽救价值的企业，要遵循“边重整、边治理”的原则，灵活运用预重整、重整程序施救，投资人招募前置“环保承诺”条件，坚持绿色低碳经营等。

二、处理原则

通常，大型企业破产集体性损害赔偿主要涉及三种类型：（1）因产品责任导致的侵犯人身权益损害赔偿；（2）因环境污染造成的侵犯人身或者财产权益损害赔偿问题；（3）消费者权益保护问题（如近年来常出现的金融消费者、消费型购房者等主体赔偿问题）。上述三种案例在国内均有代表案例，很大程度上得以妥善处置，但更多非典型案例受限于区域经济发展水平、破产案件办理水平、社会治理水平等多方面因素，处理结果参差不齐。结合当前权利救济理论与实践，本书初步提出以下几点建议。

（一）保障受害者生存权为底线

广义的生存权内涵包括生活水准权、适足住房权与环境权，[①] 而生命权、健康权是生存权的前提。对于此类归属于人权范畴的权利讨论，尽管表面上看，和破产法更多侧重于资源的分配有一些差别，但本质上仍然有共性。当破产者损害到受害者生存权时，可能并未直接表现为一般的债权债务关系。由于职工与企业之间往往有着很强的依附关系，职工按照企业领导者、管理层意志从事集体活动乃人之常情。多数职工并不具备法律专业知识来预防法律风险，特别是风险来自发放工资、具有一定信任基础的用人单位，以及识别企业行为对自身利益的潜在损害；有甚者可能因为不服从公司安排而面临失业，陷入紧迫的生存危机。这里引入的案例就很好地处理了职工与企业、职工与债权人之

---

① 参见胡玉鸿：《习近平法治思想中生存权理论研究》，载《苏州大学学报》（哲学社会科学版）2021 年第 2 期。

间的法律问题，实现了整体效果最优。

典型案例：柳州正菱集团有限公司及53家关联公司合并重整案[①]。

1. 案情概述

2003年，柳州正菱集团有限公司（以下简称“正菱集团”）成立。该公司是一家立足于柳州、跨区域发展、多元化经营的综合性大型民营企业。

2014年年初，由于集团公司前期经营扩张过快，导致公司经营资金断裂，企业经营亏损，开始爆发严重债务危机，集团公司与关联公司陷入诉讼纠纷，资产全部被查封，严重资不抵债，不能清偿到期债务。

广西高院受理本案后，仅用6个月26天时间，成功召开了两次债权人会议并以高票赞成通过相关重整计划草案。本案涉及债权人近4000人，成功化解债务总额超过340亿余元；解决执行案件超过200余件，为基本解决执行难提供新路径。

2. 典型经验

就解决生存权问题而言，本案一个突出矛盾即为债务人通过职工代持股份、成立空壳公司等方式向多家金融机构借款融资，使至少350名自然人在没有实际用款、受益的前提下，因债务人不能清偿到期债务，从而背负了远超个人偿债能力和收入水平的连带担保责任……

连带责任清偿规则有着明确的法律规定。本案重整计划将自然人获得免除责任的条件写明，并得以高票通过，在充分尊重债权人意愿的前提下，法院根据管理人申请，依法以裁定方式确认相关债权人免除职工债务人的连带担保责任，保障了数百个家庭的生活安宁，有效解决了基本民生及社会稳定问题。

（二）处理好历史与未来的关系

以破产中环境问题为例，对于破产企业造成环境污染的情形，受到历史性等诸多因素影响，如污染时间长、索赔金额巨大或者受害者尚未完全暴露等问题。面对环境侵权之债的特殊性——如施害人与受害人之间地位悬殊、损害结

---

① 案号：（2018）桂破1号。本案系2019年广西高院发布首批10+3破产审判典型案例之一。

果社会性与赔偿主体私人性反差等，[①] 尤其是环境债权不能得到全面受偿，将直接导致解决环境问题的不彻底性。[②] 破产程序也是解决债务人环境问题的最后关卡。

但是，一方面，破产重整期限有限，企业持续经营以偿债、维持职工稳定具有紧迫性；另一方面，因历史遗留问题造成环境损害赔偿仅靠投资者、共益债融资解决，会挫伤投资热情和增加融资成本，而不解决又会损害环境利益或者受害者权益。对此，需要妥善处理好历史与未来的关系，二者不可偏废。

对于发展新质生产力来说，这一点尤其重要，关乎技术升级、企业存亡、地方税收、职工就业等系统性问题。例如，个别生产类企业因为某一阶段存在环境污染招致严重行政处罚，其导致金融机构断贷，导致企业违法持续经营，不得不申请破产重整。但由于环保部门不能妥协，加之地方政府无所作为，投资者只有钱但缺乏先进技术，最终破产陷入僵局。企业失去了转型的最佳机会。试想，如果此时企业得到了持续经营、升级技术所需要的人财物，再加之得到了政府的配套资源支持，也许会有另一种命运。

典型案例：杭州某球拍公司破产清算案[③]。

1. 案情概述

杭州某球拍公司于1993年成立，主要业务为生产经营网球拍及相关产品，后陷入债务危机并歇业。2021年11月，浙江省杭州市富阳区人民法院依据债权人浙江某农村商业银行股份有限公司富阳支行的申请，裁定受理杭州某球拍公司破产清算一案，并指定了管理人。管理人发现，该公司厂区内残存有大量废油漆、废磷酸、废有机溶剂等危废物，具有易燃、腐蚀、剧毒等特点，如不妥善处置，不仅严重影响企业破产财产安全和变现价值，使破产财产处置陷入

① 参见吴大平、陈俊海：《论环境侵权之债在企业破产时的优先受偿》，载《山东审判》2015年第3期，第9页。

② 参见王锦：《论破产公司环境债权之优先受偿途径》，载《法律适用》2010年第10期，第85页。

③ 案号：（2021）浙0111破61号。本案入选2023年《最高人民法院关于完整准确全面贯彻新发展理念为积极稳妥推进碳达峰碳中和提供司法服务的意见》暨司法积极稳妥推进碳达峰碳中和典型案例之一；本案入选2023年浙江法院环境资源审判典型案例；参见富阳法院：《富阳法院富康球拍公司破产案入选2023年浙江法院环境资源审判典型案例》，富阳法院微信公众号2023年5月31日。

被动，且极易发生泄露等，污染周边生态环境。

2. 典型经验

（1）信息化府院联动机制畅通专业渠道。富阳区人民法院通过“破产智审”智联应用（破产府院联动数字化系统）将破产案件信息推送给杭州市生态环境局富阳分局；杭州市生态环境局富阳分局再将核查出的破产企业涉环境问题及时反馈给人民法院和管理人，并对危废物处置工作提供专业指导和帮助。

（2）危废物分类处置提高处置效率。管理人委托有资质的处置机构对危废物进行分类处置，杭州市生态环境局富阳分局组织进行现场验收，有效避免处置不当造成的新的行政处罚，实现环境友好型处置。

（3）处置费用列为破产费用。管理人共处置废油漆、废磷酸、废有机溶剂等七个品类的危废物40余吨，处置费用合计近30万元，经债权人会议同意，该处置费用被列为破产费用。管理人依法向破产法院申请确认该处置费用为破产费用。

（4）合理容缺处置资产。管理人多次与债权人协商沟通，最终确定对富康公司的瑕疵资产通过重整方式进行容缺处置的方案。2022年11月23日，富阳法院裁定批准重整计划并终结重整程序。现该案的重整计划已执行完毕，普通债权人清偿率得到较大幅度地提升。

第四节　大型国企与民企破产问题比较分析

区分办理国企和民企破产案件的区别，具有重要意义。一方面，提高管理人业务办理的合规性，降低职业风险；另一方面，能够对优化破产实际效果提供参考。此外，国企和民企在破产问题上的诸多共性问题，也值得关注，特别是国企出现流动性危机时要考虑进入破产程序解决，而非依赖行政式解决路径，充分发挥市场化、法治化的破产制度优势。

一、比较分析

当前，无论国企还是民企，往往会选择破产程序解决集体债务问题。二者之间存在共性问题，也存在个性问题。

（一）共性层面

首先，共性层面主要表现在：

1. 无论大型国企还是民企，破产涉及债权人数量多、债务规模大，往往存在关联关系、股权投资等。

2. 导致企业破产的原因是复杂的，部分原因模棱两可，甚至无法追溯，形成原因历史相对悠久。

3. 企业牵涉上下游供应商广泛，可谓“牵一发而动全身”。

4. 通常需要政府介入，如府院联动机制解决配套政策问题，土地资源配置、城市规划安排、环境治理等。

5. 多数案件都会关涉金融债权，可能波及区域性金融风险，甚至全国系统性风险。

6. 可能存在职工债权数额高的问题，也有个别情形企业不拖欠职工工资，但将风险转移至外部债权人；破产中职工安置问题相比中小微企业更有难度，面临职工基数大、就业渠道受限等现实挑战。

7. 进入破产程序后，重整“发力点”类似，如针对性解决企业资不抵债的问题，保护资产价值，尽可能提升债权清偿率；招募适格投资人，无论财务、战略或技术投资人，均为了改善企业现状等。

（二）个性层面

个性层面，二者差别如下图所示：

	国有企业	民营企业
债权债务结构	由于国企法律合规管理相对严格，制度相对规范，债权债务结构相对简单； 但如果涉及企业改制、合并、重组等问题，其债权债务结构也会很复杂。	民企经营历史较长，有的企业发展早期属于粗犷型增长，有的企业属于精细化管理； 但整体上，受限于管理者风格与企业经营管理模式，债权债务结构整体复杂； 往往涉及集资、民间借贷等； 家族企业有其特色的家族文化传承。

续表

	国有企业	民营企业
与政府的关系	(1) 与政府关系更为密切; (2) 受政府影响，部分国企承担政治任务或执行政策等，其破产也会备受政府关注与介入。	(1) 与政府关系密切程度相较于国企更为薄弱; (2) 具有更强的自主决策性、市场化属性; (3) 需要政府支持，如维稳、税收优惠、环境保护等方面的支持。
资产处置特殊性	主要依据国有资产处置特殊法律制度有关规定，如《中华人民共和国企业国有资产法》《行政事业性国有资产管理条例》《中华人民共和国企业破产法》等。	主要依据为《中华人民共和国企业破产法》《中华人民共和国民法典》《中华人民共和国公司法》等。
重整主要障碍	(1) 受管理者意志影响显著，行政化色彩浓郁; (2) 市场化招募投资人机会较少，国企内部投资机会更多; (3) 决策效率较低，决策质量取决于领导水平，缺乏竞争性比较; (4) 历史遗留问题存在法律、政策障碍等。	(1) 企业内部往来账结构复杂，清理法律、政策壁垒较多; (2) 大型企业招募投资人难度大; (3) 家族型大型企业中，具有很强的人合性，家族成员承担连带责任，个人债务包袱很重; (4) 公司治理积弊严重，往往需要同时解决“内忧外患”; (5) 与关联企业存在人格混同、财务混同等问题，涉及关联企业合并。

二、国企案例

(一) 基本案情

海口市秀英旅游开发总公司破产清算转和解案。①

1992 年 5 月 25 日，海口市秀英旅游开发总公司（以下简称“秀英旅游公司”）成立。在主管部门的支持下完成职工安置工作后，秀英旅游公司向海口中院申请破产清算。

2019 年 1 月 24 日，海口中院裁定受理秀英旅游公司破产清算一案，后依

① 案号：(2019) 琼 01 破 3 号。参见海南省海口市中级人民法院破产审判白皮书（2022 年 12 月—2023 年 11 月），https://www.hkfy.gov.cn/index.php?c=show&id=64388。

法指定管理人。

（二）典型经验

第一，降本增效转和解。管理人接受指定后，接管了秀英旅游公司的印章、证照及财务资料。当时，秀英旅游公司已无货币和实物资产，对外投资多家子公司（部分处于存续状态，需要对股权进行处置）。经管理人预估，处置各项费用需要约50万元。若由政府财政垫付，将会增大政府财务负担。海口市中级人民法院提出清算转和解的工作思路。

第二，大爱无疆，管理人积极履行社会责任。管理人主动放弃部分管理人报酬，以人身损害赔偿类债权优先、债权人受偿优先为原则拟订和解方案，各方一致同意和解方案。

三、民企案例

（一）基本案情

厦门联华食品有限公司（以下简称“联华公司”）破产重整案①。该公司拥有国内及亚洲最大产能的快餐生产线，曾系日本全日空航空公司在中国境内返程航班机上餐的唯一指定供应商，多家航空公司与其建立合作关系。企业因投资规模过大、流动资金紧张而陷入债务危机，至2018年已基本停止经营。

截至2020年5月，联华公司在厦门辖区共30余件执行案件，执行标的达1.3亿元。因企业主要资产均已设定抵押，执行案件难以推进，执行法院经执转破程序将案件移送厦门市中级人民法院进行破产立案审查。

2020年5月13日，法院裁定受理联华公司破产清算一案。

2020年12月15日，联华公司的股东以企业具备继续经营基础、进行重整有利于妥善解决债务以及多数债权人已初步达成重整共识等为由向法院申请对联华公司进行重整。

2021年4月16日，依法确定七匹狼控股集团股份有限公司旗下关联企业

---

① 案号：（2020）闽02破83号。本案为2020—2022年厦门破产审判典型案例之一。参见福建高院：《“破”旧立“新”！11起破产审判典型案例来了》，福建高院微信公众号，2022年11月29日。

为重整投资方。

2021 年 6 月 18 日，联华公司召开第二次债权人会议，审议并表决重整计划草案。

（二）典型经验

第一，及时清算转重整。考虑企业资产已设定抵押，企业负债人数众多、负债总额较大，企业希望继续经营，为充分尊重和保护债权人的整体利益，法院在第一次债权人会议上公开征求债权人重整意愿，绝大多数债权人均同意重整，避免清算可能带来的弊端。

第二，妥善解决担保债权问题。经公开招募，经当场表决和会后书面表决，职工债权组、税收债权组、普通债权组、出资人组均高票表决通过重整计划草案，仅担保债权组未通过……管理人遂对草案进行调整。法院认为，新草案中，担保债权人就担保物将按评估价值全额清偿，延期清偿所受到的损失将给予利息补偿，担保债权超出担保物评估价值的部分将作为普通债权，按普通债权的清偿方案获得清偿，担保债权未受到实质性损害，遂裁定批准联华公司重整计划草案，终止重整程序。

第三，保障复工复产。法院指导和支持企业原经营团队在管理人监督下继续使用厂区及办公场所，全力保障企业生产线正常运转。

第五章
大型企业重整主要模式

第一节　出售式重整及其特性

一、概述

出售式重整应用范围较广，在区内外多起案例中被成功适用。出售式重整具有解决历史遗留问题、提升资源配置效率、隔离各层次风险等诸多优势。具体而言，出售式重整的核心特点是：成本相对较低、减负较快、抗风险能力较强。[①] 典型案例如贵州新天力铝箔有限公司出售式重整案，通过出售式重整保护主营业务，隔离债务人或有债务。[②] 值得注意的是，大型企业破产中的资产多，或有负债发生率高、业务模式多元、隐性风险相对高一些，面对不确定性或者争议较大的复杂问题，将产权清晰或者能够在一定时期处置获得较高价款的资产，借助出售式重整，不仅可以让出售方债务人获得一定的收入，用于经营或者清偿，也可以让接受方及时获得资产并利用资产，实现多方共赢。典型如江苏宝通镍业有限公司重整案（以下简称“宝通镍业重整案”），法院指导将公司核心资产装入新设子公司，股权由投资人持有[③]——投资人没有股权、非核心资产、公司治理上的担心，能够聚精会神投入经营之中。

① 参见刘佳、刘原：《出售式破产重整与不良资产处置创新》，载《上海金融》2018 年第 1 期，第 57 页。

② 贵州法院：2022—2023 年度优化营商环境“破产审判”典型案例，贵州高院微信公众号，2023-10-20.

③ 记者朱旻、通讯员王馨颖：《负债 50 亿民企如何走向“绿色新生”》，载《人民法院报》2023 年 11 月 20 日第 4 版。

对于大型民营企业来说，出售式重整还有一个好处。具体来看，民营企业家和投资者之间往往非常关注控制权问题，甚至是争夺，这在一定程度上也会影响破产进程和结果走向。宝通镍业重整案的结果良好，彰显出妥善解决民营企业家、原出资人和投资人之间的冲突的重要性，尤其要化解控制权、经营思路、管理模式等方面的冲突。一方面，需要尽可能照顾民营企业家和原出资人在破产期间的情绪，处理家庭矛盾——尤其是家庭成员之间因企业负债而担负连带责任，重振企业家精神，提升经营管理能力，尤其是在符合诚实信用等条件下，可以兼顾利益的平衡和能力的发挥；另一方面，也要考虑投资人的优势、导致大型民营企业破产的真实原因，避免重蹈覆辙，防止做空企业，找到真正让企业起死回生、持续发展的路径，防止出现人为干扰或者不当决策、错误决策、内部冲突等问题。

二、典型案例

柳州市鸿福机械制造有限公司破产重整案[①]。本案采用了出售式重整，通过将具有经营价值和前景的营业事业出售给投资人，使之得以存续，同时，这部分对价帮助改善了债权人清偿率。出售式重整隔离营业风险的优势，对于投资人而言非常有吸引力，尽管其他案件中，可能受到债务人原实际控制人的阻碍，但事在人为，通过沟通谈判、法院裁判、管理人协调等，仍然有实现的可能性。

2004 年，柳州市鸿福机械制造有限公司（以下简称“鸿福公司”）成立，拥有 200 多名职工、6 万多平方米厂区，是一家从事汽车零部件、车厢、工程机械零部件、机械设备、模具等生产、销售的制造型企业，是柳州某集团公司的定点配套一级供应商之一。企业破产原因是多方面的：股东纠纷、担保纠纷，其他非生产经营性债务影响等；资金链极度紧张，无法实现正常生产原料采购，并拖欠巨额职工工资。

---

① 本案是 2023 年广西法院优化法治化营商环境典型案例。信息来源于柳州中院：《柳州法院破产审判十大典型案例》（2021—2023 年），龙城法苑微信公众号，2024 年 5 月 29 日。

债务人提出破产申请，柳州市中级人民法院受理该案后，合议庭主动带领管理人前往某集团公司协商洽谈，从保障生产不停线不断档、服务“六稳”“六保”工作等角度，对某集团公司向鸿福公司支付货款以及鸿福公司继续向某集团公司供货问题进行协调。后其表示全面支持鸿福公司后续重整工作。

鸿福公司财产归集尤其是应收账款到位后，管理人迅速实施了对公司职工债权的预分配，将职工前期被拖欠的近500万元工资一次性发放到位，后职工对企业的信心迅速恢复，相关诉讼仲裁问题得以化解。

柳州市中级人民法院指导管理人确定了“出售式重整”的思路，即对鸿福公司的营业进行整体处置，以高于资产评估值的价格起拍，最终吸引到来自外省的一家生产企业以在评估价基础上溢价500万元的价格全盘接收鸿福公司营业资产与全部职工。

最终，鸿福公司不仅清偿了破产前欠缴的税费700余万元，从破产受理之日到资产交接给投资人之日还实现营业收入2500余万元、净利润105万余元，缴纳税款260余万元，实现了良好的经济效益和社会效益。

本案的核心特色在于：

第一，采用出售式重整方式。相比存续式重整——即保留破产企业主体资格，通过清理既有债务、优化破产企业治理结构、为破产企业恢复造血能力的方式使之重生。由于存续式重整面临较强的信息、资源约束，投资人往往基于对破产企业或有债务、历史遗留问题等潜在风险以及原股东配合程度的担心而望而却步，故重整成功率较低。而出售式重整将债务人具有活力的营业事业全部或部分出售于投资人，使之在新的企业中得以继续经营存续，而以转让所得对价以及未转让财产（如有）的变价所得清偿债权人，在营业事业转让之后即将债务人企业注销。

相较于存续式重整，出售式重整具有重整计划执行周期短、有利于消除模拟分配计算准确性的争议、避免余债导致重整失败等优势，尤其在本案中，鸿福公司在多年的经营过程中存在股东派系冲突，公司与股东之间存在大量关联交易、不规范使用公司公账等积弊，投资人直接接盘公司存在巨大风险隐患，而出售式重整通过将该公司相对优质的盈利营运资产移转至投资人新设企业，可以阻断鸿福公司历史遗留问题对于后续正常营业活动开展的影响，有效进行风险隔离，因此成为本案处理的首选思路。

第二，全力维持债务人营业价值，为出售式重整奠定良好基础。出售式重整要想取得成功，必须尽快使债务人的生产经营恢复到相对正常的状态，才能吸引到投资人，避免资产单纯以清算价值进行处置。本案中，鸿福公司系某集团公司的一级供应商，来自某集团公司的订单占据营业收入的主要份额，且对某集团公司存在较多应收账款，因此，除了解除鸿福公司财产查封措施、中止执行等常规动作外，取得某集团公司的支持成为挽救鸿福公司的主要着力点。随着原材料断供、订单锐减、职工队伍不稳等一系列困扰鸿福公司正常经营的问题逐步得到化解，鸿福公司生产经营重新回到正轨，实现了“破产不停产，员工不失业”的良好局面，为后续重整投资人的招募奠定了良好基础。

第二节　清算式重整及其特性

一、概述

相比出售式重整，清算式重整是一种相对便捷的重整程序，并且具有较高的灵活性、兼容性，本质上是重整程序，但也吸收了清算的特质。清算式重整一定程度上是契合绿色发展、集约式发展理念的，可以避免资源浪费与闲置，实现物尽其用，也能减轻债务人、投资人处置破产财产的压力。

具体操作层面，清算式重整往往通过“并轨制”或者“两步走”完成。其一，保留原企业法人资格来维持企业声誉，或使得现有核心资质得以保留；其二，根据不同案件剥离资产（例如，剥离优质资产单独运营，或者剥离非优质资产集中处置等），避免不同类型资产之间相互影响。[①] 以上两个步骤同

① 参见吕金伟：《清算式重整模式的司法实践、概念内涵及适用条件》，重庆破产法庭微信公众号，2021-1-28。

时进行或者先后进行。典型案例如“南通海天建材有限公司清算式重整案”。

二、典型案例

南通海天建材有限公司作为老牌水泥生产企业有着相对完备的生产能力和技术能力、水泥许可证和港口经营许可证等，其中，相关证照经续期后具有较高价值。本案采取清算式重整的核心内容是将海天生产厂区内资产与非厂区资产、负债剥离，与附随生产资质组成重整标的，在此基础上，将重整标的以转让债务人全部股权的形式公开竞价处置。[①]

从另一个角度来看，本案是在发展新质生产力过程中的典型案例。对于发展新质生产力或者受到发展新质生产力影响的企业而言，在其日常经营、战略决策、市场竞争中，可能存在部分企业的资产老旧、生产技术落后、产品缺乏竞争力、不具备较高社会与经济价值等情形，但以上内容并非毫无用武之地——可以通过升级技术、局部改良、人工智能、资产重组、技术层面等得以优化、改良。有助于节约成本、节约资源、保护就业、优化企业治理，保持现有各项经营管理相对稳定、维系企业声誉。法律亦是服务营商环境、发展生产力的有效工具，在法治框架内选择工具、组合不同的工具，具有相当的可行性与合理性。

目前，清算式重整在大型企业破产中并不常见，部分原因在于大型企业资产较多，剥离资产成本较高，多数资产对于持续经营而言是必需的，剥离的必要性不大。那么，更适合此类企业的做法是重新配置资产——不同板块投资者选择与其优势产业匹配的资产进行投资——股权投资、资产投资等，从而通过不同板块的优化实现整体效果最优。值得关注的是，不能单一为了某一块资产的最优效果而牺牲整体效率，无论管理人还是法院工作中，都需要统筹考虑、全盘分析，不能挂一漏万、有所偏颇。

当然，不排除部分大型企业需要对不同板块重组而对相应的资产进行集体处置安排采用清算式重整。并且，清算式重整也可以和其他“工具”组合适

---

① 如东法院：《破产审判概况和典型案例（2021—2023）》，如东县人民法院微信公众号，2024-4-17。

用。例如，灵活采用“分拆式+清算式”重整方式，将债务人部分资产整合为资产包，通过招募投资人引入偿债资金，其他板块用于处置偿付等。取得了良好的清偿效果与盘活经营上的效果，受到多方好评。[①]

第三节　预重整及其特性

尽管预重整并非正式的破产重整制度，但其对于解决债务问题具有诸多优势且难以替代。预重整优势较为显著，表现为“缩短重整时间，降低重整成本”“降低负面影响，保全商业价值”，以及“司法联动保障，促进协商成功”[②]。关于预重整的概念界定，各界并未达成共识。其中，《联合国贸易法委员会破产法立法指南》将预重整界定为：“为使受到影响的债权人在程序启动之前自愿重组谈判商定的计划草案发生效力而启动的程序”[③]。其他代表观点有：

（1）强调多方谈判以达成共识。此种观点认为预重整是指“在重整程序启动前，主要债权人、出资人、债务人、重整投资人等主体在人民法院主导下，通过协商谈判预先就重组关键条款达成共识，后参照《中华人民共和国企业破产法》第八十一条规定的主要内容制作预重整方案，并取得一定比例利害关系人同意的程序”[④]。典型案例如：某数字经济企业预重整案，该案中，杭州市余杭区人民法院通过“预重整+重整”模式，解决了轻资产企业重整问题，在正式重整以前寻找意向投资人、拟订预重整方案、挖掘重整价值，最后在重整期间批准了基于管理人监督的自行管理财产和营业事业、全票通过重整计划等。[⑤]

---

① 参见《破产了，还能“和合”吗？台州法院着力将和合理念融入破产等审判执行各项工作》，载2023年10月30日《浙江法治报》。

② 中国银行《破产法》研究课题二组：《破产预重整中的商业银行实践情况与建议》，载《国际金融》2023年第12期，第55页。

③ 联合国国际贸易法委员会：《贸易法委员会破产法立法指南》，联合国2006年，纽约，第二部分第四章。

④ 武汉江汉人民法院：《优化营商环境一文带您读懂预重整》，武汉江汉人民法院微信公众号，2024-04-29。

⑤ 《从只剩2人在岗到四层楼工位都坐满——35天，余杭法院预重整助力企业涅槃重生》，载2024年4月11日《浙江法治报》第2版。

（2）强调预重整制度的融合性。预重整独立于破产重整，融合了法庭外重组和正式破产重整程序，兼有二者的优势[①]，尤其是法庭外重组的制度优势，能够预防声誉风险、系统性风险等，也给各方提供了寻找合作机会的空间——甚至有可能让债务人、债权人可进可退，进可通过重整巩固前期成果，退可通过非破产程序解决债务问题。

典型案例如：富阳区法院处理的鼎升机械破产案，债务人具有挽救价值，在预重整期间，管理人便通过预招募程序吸引潜在投资人、开展债权审核、审计评估、资产摸排等工作，同时新增扩建项目以提升债务人价值，为后续重整奠定了优良的基础[②]，特别是节约时间、铺设重整所需基本要素。

就解决大型企业破产问题而言，预重整被广泛适用。对于具有潜在诱发系统性风险的破产案件而言，直接受理往往会“一石激起千层浪”，面对可能出现的社会、经济、金融等问题，难以直接有效全面控制。在预重整阶段，上述问题以及其他风险可能不会发生或者给予政府、法院、管理人、其他社会中介服务机构、专家学者等较为充裕的时间来准备应对，也会有效隔离风险传导。

在正式重整前，预重整阶段需要关注以下问题：

第一，构建畅通的府院联动机制，政府知悉有利于为企业后期重整提供必要的支持，降低政策风险，消弭政策类信息不对称带来的重整风险。

第二，基于现有信息了解债权债务情况，但也要关注或有债权等非显性债权的存在，为招募投资人提供信息基础，防止投资人不具备偿债能力、投入预估和实际需要差距过大而不得不中途终止投资。

第三，有效管理预重整进程，不能时间过长而影响整体效益，防止资产贬值、信用减损等，也不能时间过短而影响重整效果，要充分为重整做好基础工作。可以尽可能将事务性工作纳入预重整期间内解决。整体上，要对预重整和后期重整工作统筹规划，包括时间、内容、衔接机制等。

---

① 参见王佐发：《预重整制度的法律经济分析》，载《政法论坛》2009 年第 2 期；参见徐小庆：《预重整之独立司法程序属性探讨——以中美破产程序比较为视角》，载《广西政法管理干部学院学报》2023 年第 6 期。

② 记者余建华、通讯员夏逸林：《一场与时间赛跑的拯救》(一家高新技术企业深陷债务危机，杭州富阳区法院运用“预重整+重整”，精准施策，高效助力困境企业走向重生)，载《人民法院报》2024 年 3 月 29 日第 4 版。

第六章
大型企业重整工作流程

相比中小型企业破产，大型企业破产管理人需要具备更强的综合管理能力，缺乏统筹规划能力、进度管理能力的管理人难以推进企业重整，甚至可能因怠于履职、管理混乱导致履职风险、重整失败。对此，当被指定为管理人或者作为“临时管理人”时，要第一时间对整个工作做出大致规划：人员安排、时间控制、备选方案/替代方案等。本章对重整工作流程做出梳理，对管理人确定工作计划、提高工作效率、控制接管风险等工作提供一定有价值的参考。

第一节　重整启动阶段

如上文所论述，破产重整作为一种使企业摆脱债务困境、恢复经营能力、走出困境的法律制度，其重要性不言而喻。最高人民法院在 2023 年和 2024 年全国人民代表大会上做的工作报告中分别提出，2018 年至 2022 年，全国各级法院审结破产案件达 4.7 万件，审结破产重整案件 2801 件，2023 年全国法院审结破产案件 2.9 万件，审结破产重整、和解案件 1485 件。重整案件在破产案件中的占比仍在较低的水平——不足 6%，更多企业走向清算而非重整，令人扼腕。

上述数据背后的原因是复杂的，除了企业自身因素外，人们不得不反思制度原因以及人为性因素，前者意为是否为“良法”来帮助市场解决问题——毕竟相比清算，重整后企业能够重返市场——市场主体及其活跃度、竞争程度都是保持平衡的，甚至更为活跃；后者是重整制度实施中，司法机关、市场主体等因素导致的“重整难”问题。

从现有经验来看，目前破产重整案件比例失衡主要是源于企业及权利主体申请破产程序意愿不高、启动时机选择错误、破产重整过程曲折羁绊、企业重整价值识别困难、投资人招募难或者招募后难以达成一致投资决策等各类主客观因素，特别是利益相关方对于破产重整的态度、采取的行动往往影响破产重整的启动、走向与结果。加之企业破产重整影响的主体众多、波及范围广，不同的主体之间存在利益交织、利益冲突，甚至具有隐蔽性——比如损害债权人利益的关联交易，这使得破产重整工作变得更为复杂和敏感。

重整启动阶段的工作关乎重整成功与否、重整效率、重整质量等，该阶段关注的核心问题包括：如何选择适当的重整时机、重整启动阶段基本工作以及主要风险。本部分对有关内容进行介绍和分析。

一、启动时机的选择

“破产程序应该是对真正的公共池塘问题的回应。”① 启动时机的选择首先要面对的是是否已经出现了或者正在出现“公共池塘问题”，否则，难以形成合适的时机。选择错误的时机可能带来声誉风险、抬高中介机构服务成本、带来市场风险等。结合当前的法律服务经验，我们认为选择合适的重整时机需要从以下几个方面进行慎重斟酌：

第一，债务人（即破产企业）存在流动性危机，无法清偿全部到期债务；

第二，多个债权人与债务人矛盾无法调和；

第三，单个债权人与债务人谈判陷入僵局；

第四，单个债权人清偿会损害其他债权人利益，其他人难以获得足额偿付；

第五，债务人核心资产面临被执行，一旦执行，将导致更大范围的债务危机、经营危机；

① ［美］托马斯·H. 杰克逊：《破产法的逻辑与限制》，马学荣，译，陕西新华出版、陕西人民出版社2023年版，第191页。

第六，股东、债权人、债务人等主体之间的债权债务关系复杂，企业难以正常经营，资产处置、分配陷入僵局等。

破产程序的优势、选择何种破产制度，均可以在不同程度上从上述六点中得到启示，并指导破产从业者选择重整的时机以及具体的策略。

二、重整启动阶段工作

（一）主体问题

根据《中华人民共和国企业破产法》第七条有关债务人有该法第二条规定的情形，可以向法院提出重整、和解或者破产清算申请；债务人不能清偿到期债务，债权人可以向人民法院提出对债务人进行重整或者破产清算的申请。第七十条第二款规定，债权人申请对债务人进行破产清算的，在人民法院受理破产申请后、宣告债务人破产前，债务人或者出资额占债务人注册资本十分之一以上的出资人，可以提出重整申请。总之，债权人、债务人、出资人均可作为申请者向法院提出对债务人进行重整的申请。

从国内大型企业申请主体来看，主要申请者是债权人（如海航破产等）和债务人（如北大方正等），而且，对于特殊情形，还需要经过有关主管部门的批准。例如，对于北大方正集团财务有限公司的破产，取得了当时中国银保监会的同意批复——原因在于该公司的成立是经过中国银行业监督管理委员会批准的。

同时，根据《企业集团财务公司管理办法》（2022 年第 6 号）第五十一条规定，财务公司符合《中华人民共和国企业破产法》规定破产情形的，经银保监会同意，财务公司或其债权人可以向人民法院提出重整、和解或者破产清算申请。破产重整的财务公司，其重整后的企业集团应符合设立财务公司的行政许可条件。银保监会派出机构应根据进入破产程序财务公司的业务活动和风险状况，对其采取暂停相关业务等监管措施。

然而，实践中的出资人——通常也是股东，部分情况下，出资人基于个人声誉、企业文化，也经过咨询专业人士后选择主动申请，并做好必要的准备工作；也有相当情况下，出资人对申请重整并非全然接受，且主要受到以下因素的影响：

首先，出资人处于信息相对优势地位，其通过《中华人民共和国公司法》规定的有关权利，如参与重大决策，查阅股东名册、会计凭证等合法权利，而掌握了更多公司经营层面的信息。但是，其申请破产权受到限制，往往依赖于债权人等申请破产，难以激励股东主动选择破产工具化解债务问题。

其次，重整中出资人身份往往发生剧烈变化，使其难以决心主动操盘破产启动工作。具体是：出资人从公司所有者滑向身份不确定的主体，加剧其内心的动摇，不能对重整前景有稳定预期；股东权益在重整中处于劣后清偿地位，相比股东分红带来的优越感，对比鲜明；管理人或将对出资人权益进行调整，如何调整、调整后控制权如何配置等，都将影响出资人心态。

再次，在司法态度层面，最高人民法院发布的《关于审理上市公司破产重整案件工作座谈会纪要》中强调，“既要保护债权人利益，又要兼顾职工利益、出资人利益和社会利益，妥善处理好各方利益的冲突”，出资人权益是诸多利益相关者中的一方，那么，需要尽可能兼顾到不同利益方，出资人是否愿意被调整，有待其自身个性以及对未来的预期是否合理。

最后，引入重整投资人，不同引入与调整出资人权益的模式也会对出资人产生影响。常见模式有：

1. 股权转让

即在保持债务人股本数额总数不变的情况下，原出资人将其全部或部分股权转让给重整投资人，投资人支付对价获得股权且部分作为偿债资金清偿债务。典型案例如中核华原钛白股份有限公司重整案①。

一方面，出资人中国信达将其所持有债务人的部分股权以 3.3 元/股转让给重整方安徽金星钛白有限公司股东和财务投资人，重整方及财务投资人在支付股权收购款的同时，还会分别向债务人无偿提供 3600 万元和 3462.72 万元

---

① 参见崔峰主编：《破产典型案例剖析与实务指南》，法律出版社 2023 年版，第 5—6 页；参见全国企业破产重整案件信息网破产典型案例：中核华原钛白股份有限公司破产重整案，2016 年 10 月 11 日，https://pccz.court.gov.cn/pcajxxw/pcdxal/dxalxq?id=4F11381C969B35F29CA80A3E11019CCF。

的资金，用于支持重整计划的执行。另一方面，嘉峪关中院针对小额债权人人数众多、清偿率低、利益受损大、对立情绪严重的特点，决定设立小额债权组，将债权额在600万元以下的债权人都纳入该组，动员大股东额外拿出2000万元补偿小额债权人的损失，将其清偿率由41.69%提高至70%，有效保障了出资人和债权人的利益平衡。

2. 债转股

具体是指原出资人将全部或部分股权转让给债权人，债权人成为债务人的新股东，达到清偿债务的目的。实践中，金融债权人、非金融大额债权人等，往往将债转股作为备选方案。典型案例如江苏省纺织工业（集团）进出口有限公司及其五家子公司实质合并破产重整案[①]。

重整投资方省纺织集团以所持（将其所持的）省纺织进出口公司的部分股份，交由管理人按比例置换债权人所持有的债权的方式进行清偿，省纺织集团免除省纺织进出口公司及五家子公司对其负有的因置换而产生的债务，实现债务清偿。

3. 增资扩股

债务人通过向社会募集股份、发行股票、新股东投资入股或原股东扩大股权以增加债务人的股本总额，优化债务人股权结构，提升资本抗风险能力，缓释债务人流动性危机。典型案例如力帆实业（集团）股份有限公司重整案。[②]

本案中，法院指导管理人面向市场公开招募重整投资人，创新采用“产业投资人+财务投资人”联合参与重整的形式，为企业注入大量资金，通过引入战略投资人，构建智能换电新能源汽车产业新生态；全面优化企业经营方案；创新采用出资人让渡股权偿债的清偿方式。

---

① 案号：（2012）浙杭商破字第00001号（检索自：全国企业破产重整案件信息网）；本案系杭州法院破产审判保障营商环境建设十大典型案例之二：中江控股有限公司等30家企业合并破产重整转清算案；参见杭州中院：杭州法院破产审判保障营商环境建设十大典型案例，杭州中院微信公众号，2019年4月28日。

② 案号：（2020）渝05破193号。本案系最高人民法院发布“人民法院助推民营经济高质量发展典型民商事案例”，2021年9月3日。信息来源于力帆实业（集团）股份有限公司管理人：《力帆实业（集团）股份有限公司管理人关于重整计划（草案）之出资人权益调整方案的公告》，http：//www.sse.com.cn/disclosure/listedinfo/announcement/c/2020-11-10/601777_ 20201110_ 2.pdf，2020年11月9日。重庆五中院：重庆破产法庭2020年十大典型案例，力帆系企业破产重整案，重庆破产法庭微信公众号，2021年1月15日。

力帆股份现有总股本1,313,757,579股，其中涉及员工股权激励需回购注销的限售股27,931,300股、无限售条件流通股1,285,826,279股。以力帆股份1,285,826,279股流通股为基数，按每10股转增24.99695156股的比例实施资本公积转增股本，共计转增3,214,173,721股。转增完成后，力帆股份的总股本由1,313,757,579股增至4,527,931,300股（最终转增的准确股票数量以中登上海分公司实际登记确认的数量为准）；前述27,931,300股限售股在满足条件后予以回购注销，注销完成后力帆股份总股本为4,500,000,000股。

前述3,214,173,721股转增股票不向股东分配，全部由管理人按照本重整计划的规定进行分配和处置：1. 转增股票中的1,349,550,000股用于引入满江红基金；2. 转增股票中的900,000,000股用于引入产业投资人；3. 转增股票中的964,623,721股用于清偿债务。

力帆股份出资人让渡部分股票用于保全主要子公司经营性资产，也能使主要子公司通过重整程序清理债务，保留在力帆股份体系内继续经营，继续发挥协同效应，为力帆股份的持续经营和持续盈利创造条件，最大限度地维护了力帆股份及十家子公司的营运价值，降低重整成本，使全体出资人所持有的力帆股份股票成为有价值且有潜力的资产，有利于保护广大出资人的合法权益。

（二）必要准备

实践中，重整启动阶段准备工作需要从以下方面着手：

1. 掌握企业债权债务基本情况；

2. 整体梳理企业财务状况；

3. 职工债权状况以及重整阶段职工安置方案；

4. 深度论证判断企业持续经营价值，是否重整？清算转重整，还是直接重整；

5. 预判重整方案与可能面临的挑战与机遇；

6. 掌握上下游关键形势，争取取得支持与维持信任，将企业破产对合作方等负面影响控制到最低；

7. 初步制订舆情管理方案，对可能出现的舆情予以正面积极回应，为后续重整奠定良好的社会声誉；

8. 初步了解各方态度与建议，为重整申请奠定合作基础；

9. 了解管理人选任的条件和对意向管理人做积极了解，为后续法院指定管理人奠定良好的基础。目前，我国选任管理人的方式有以下几种：轮侯摇号、随机摇号、竞争加摇号、径直竞争、主要债权人推荐等。

各地做法：

《最高人民法院关于审理企业破产案件指定管理人的规定》（法释〔2007〕8号）

第十七条　对于事实清楚、债权债务关系简单、债务人财产相对集中的企业破产案件，人民法院可以指定管理人名册中的个人为管理人。

第十八条　企业破产案件有下列情形之一的，人民法院可以指定清算组为管理人：

（一）破产申请受理前，根据有关规定已经成立清算组，人民法院认为符合本规定第十九条的规定；

（二）审理企业破产法第一百三十三条规定的案件；

（三）有关法律规定企业破产时成立清算组；

（四）人民法院认为可以指定清算组为管理人的其他情形。

四川省广安市中级人民法院《企业破产案件管理人选任办法（试行）》

第四条　选任管理人，可以根据破产案件的分类采取轮侯摇号、随机摇号、竞争加摇号、径直竞争等方式进行。

广东省东莞市中级人民法院《关于在破产案件中推荐破产管理人的工作指引（试行）》

第三条　债权债务关系明确、数额基本清楚、债权相对集中的破产案件，主要债权人可以向人民法院推荐管理人或者临时管理人。

预重整、破产重整、破产和解案件中，主要债权人和债务人协商一致的，主要债权人可以向人民法院推荐管理人或者临时管理人。

上述案件有成立金融机构债权人委员会的，该委员会可以向人民法院推荐管理人或者临时管理人。

人民法院根据案件情况、审理需要，认为不宜采用推荐方式选任管理人的，不适用推荐选任管理人。

《北京破产法庭接受债权人推荐指定管理人的工作办法（试行）》

第四条 【推荐条件】符合下列情形之一的破产案件受理前，债务人的主要债权人协商一致，可以以一家或者多家债权人的名义，在北京市企业破产案件管理人名册中向本院推荐一家中介机构或者两家中介机构联合担任该破产案件的管理人：

（一）债务人经过庭外重组或者预重整的；

（二）关联企业合并破产的；

（三）已经依照有关规定成立金融机构债权人委员会的；

（四）涉及利害关系人人数众多，在本地有重大影响的。

债权人按照前款规定向本院推荐重整管理人或者预重整临时管理人的，还应当与债务人协商一致。

债权人向本院推荐管理人后、本院作出指定决定前，其他债权人亦可按照本条第一款的规定另行推荐，是否接受推荐亦由本院决定。

第二节 破产财产接管

当债务人正式被法院裁定受理破产后，通常，管理人需要在法院和债权人会议的监督下统一管理债务人财产，以为后续维持具有持续经营价值的企业、财产处置、资产配置奠定基础。这个阶段需要特别关注财产的安全性、完整性，若涉及生产则需要确保财产运转良好，也要防止财产维护不当导致的侵权问题、价值贬损问题等。

从现行《中华人民共和国企业破产法》及司法解释的规定来看，仅规定了管理人“接管债务人的财产、印章和账簿、文书等资料”“决定债务人的内部管理事务”“管理和处分债务人的财产”，以及“管理人应当勤勉尽责，忠实执行职务”等基本内容。而在破产清算过程中、破产重整中及破产和解状态下，并未详尽地规定管理人如何具体接管债务人财产、保障财产安全，给破产从业者留下了广阔的天地发挥其主观能动性。

对此，本部分对管理人接管细节问题做专门分析，以期对广大读者有所借鉴与启发。

一、破产财产接管的必要性

破产财产的妥善接管，有利于保护债务人现状，防止其进一步恶化；有利于维护债权人的利益，防止在最终清偿前出现影响公平清偿的情形；有利于推动破产程序稳步进行，维持资产保值、资质稳定等。一方面，管理人难以接管、接管不当或者消极不接管，往往导致管理人、法院、投资人等无法了解债务人现状与重整前景，特别是经营状况、人员信息、职工情况、历史背景、财务账目及债权债务等重要信息，无法审查债权的真实性，很难确保破产工作所需财产纳入管理人掌握范围。很大程度上，当管理人全面且正常接管债务人后，不仅能解决上述问题，而且，可以针对债务人的个别清偿、虚构债权债务关系、违法转移财产等行为采取必要、有效的应对措施，依法推进破产程序。

另一方面，妥善接管债务人财产有利于推动破产程序顺利进行。一旦法院指定管理人，则管理人有权代表债务人对外追索应收账款、参加衍生诉讼或仲裁，如此一来，管理人应诉所需的各类基础案件一手资料或者有关信息，只有通过接管才可获得，提高举证能力，力争良好的结果。

此外，除了管理人接管，还有债务人自行占有（又称债务人经管，debtor in possession）。通常，该模式主要适用于债务人具有持续经营前景、持续经营能力的情形。但这并非意味着管理人听之任之，反之，管理人可以通过采取事前审批、事中监督、事后控制等方式，保持对债务人的全面监督，发挥管理人、债务人的优势，实现接管的安全、稳定与高效。

二、常见接管财产范围

实践中，管理人需要以《中华人民共和国企业破产法》第二十五条为基准，全面接管债务人的财产、印章、账簿和文书等资料（以下统称“债务人财产”），包括但不限于：

（1）企业证照。包括：法人营业执照、税务登记证、外汇登记证、经营资质等相关经营的审批文件；纸质版证照与电子版证照、正副本，特别是具有特殊资质的企业，需要关注专业资质的接管，注意期限是否到期，能否延期，延期费用等细节问题。例如，排污许可证、危险化学品登记证、危险化学品安全生产许可证；没有纸质证书的，要注意电子证书接管与核实等；

（2）印鉴。包括：债务人公章、法定代表人章、财务专用章、税务登记专用章、部分分章、银行账户印鉴、合同专用章、发票专用章、内设机构章、分支机构章、数字证书、电子印章等；对印章进行编号与妥善管理；为防止债务人有其他保留章没有上交的，可要求债务人签订承诺书，施加诚信义务，对拒不交出的情形做好记录、免除管理人责任等；

（3）财务会计资料。包括：总账、明细账、台账、日记账等会计账簿；会计凭证、空白凭证、其他重要单据；财务会计报告；审计、评估报告等财会资料。接管此类资料需要根据资料数量与重要性，匹配以合适的保管环境、硬件条件，防止资料丢失、毁损、灭失等。通常，管理人接管财务会计资料是与审计机构指派项目人员共同接管、同时接管，以确保接管的完整性、合法性；

（4）现金、银行卡或账户、票据、有价证券、债权凭证以及其他权利凭证等。接管中，除了盘点移交工作，也需要对账户信息、U 盾、密码，以及支付宝和微信等电子支付工具的账号密码等，确保实质、全面控制债务人财产；

（5）土地、房屋等不动产及权利凭证、合同、会议记录、文件、档案等。特别是不动产面积的核实是细致活儿，一定要确保证照登记面积和实际面积相符；对于不一致的地方需及时核实，并积极、有效采取应对措施。这些信息将会是拟招募投资人重点关注的问题——资产权属瑕疵可能影响资产利用或处置，影响重整投资进程。接管中，尽可能保持资料的完整性、体系性，防止碎片化接管导致后续信息核实难度大、资料丢失或者混乱等；

（6）机器设备、交通工具、原材料、产品、半成品、办公用品等动产及其相关合同、维修记录、基础信息、档案等；

(7) 知识产权（如专利权、商标权、著作权等）、对外投资（如相关合同、协议、文件等）、特许经营许可协议等；

(8) 其他文件资料。包括：债权债务清册、债务人章程、管理制度、股东名册、股东会决议、董事会决议、监事会决议、商业合同、劳动合同、人事档案、涉诉涉仲裁涉执行案件材料等；

(9) 债务人电子数据/档案、各项（如管理）系统授权密码、U 盾、口令等；

(10) 其他应当接管的财产和资料。

关于有助于管理人接管的地方实践，本书列举如下，供读者参考操作：

《上海破产法庭关于规范破产案件接管工作办法》

5. 接管规范要点

(1) 调查财产和相关人员信息

管理人接受法院指定后需立即进行调查，查明债务人财产和相关人员信息或线索。调查途径可包括：

①信息公开平台：企业信息查询平台、裁判文书网、执行信息公开网、庭审公开网等信息公开平台；

②档案户籍：债务人及关联企业工商登记信息；债务人的法定代表人、实际控制人、股东、董事、监事、高管的户籍和居住地信息；

③产权登记部门和银行：不动产、船舶、机动车、有价证券、知识产权等产权登记部门，以及开户银行和相关资金往来银行；

④实地查看：包括债务人注册地、主要办事机构所在地等经营场所。债务人系“三无”企业的还需向物业等周边可能知情人员询问；

⑤涉诉涉仲裁涉执行案卷：向相关法院和仲裁机构申请查阅涉诉涉仲裁涉执行案件卷宗，必要时可申请破产案件受理法院协助。

破产受理前六个月内相关执行程序中已经进行的调查，管理人可直接沿用调查结果，但有证据或线索显示确有重新调查必要的除外。

⑥其他途径：第三方线上支付平台、线索征集、悬赏等途径。

管理人调查发现债务人资产与负债规模过度失衡的，应责令债务人对重大资产去向作出说明，严格审查债务人的财产状况，切实防止逃废债。

（2）审核占有债务人财产的合法性

债务人有关人员或第三人占有债务人财产合法的，管理人根据相应法律关系依法处理。占有缺乏合法依据的，管理人应依法及时接管。

（3）制订接管方案

法院根据案情明确接管完成时间。对于债务人财产分布于不同地区，难以短期内完成接管的，管理人应制订接管方案，并按方案完成接管工作。管理人应及时向法院报告阶段性接管情况。

适用快速审理方式的案件，应按照上海高院《破产审判工作规范指引（2021）》第198条要求的时间完成接管。

（4）释明配合接管要求

管理人凭《破产受理裁定书》和《指定管理人决定书》，要求债务人法定代表人、实际控制人、股东、董事、监事、高管，以及财务管理人员、直接保管人员等责任人员配合接管，通过约谈、书面、电话、电邮、通讯群组等方式，告知以下内容：

①破产案件受理和指定管理人情况；

②接管的时间、范围等事项安排；

③责任人员应配合接管的法律规定；

④无正当理由不配合接管的法律后果；

⑤管理人联系方式；

⑥其他需告知事项。

（5）现场接管

管理人根据个案情况做好人员、车辆等接管准备工作。

接管过程应制作接管笔录、工作记录，或视情摄影摄像，实行全程留痕。

管理人接管时可视现场情况，在财物上贴封条，或在债务人经营或财物存放场所周边张贴告示，载明破产案件受理情况、财产情况、接管依据等有关内容。

管理人应注意邀请债权人代表现场参与、见证接管过程。

（6）制作接管清单

管理人需审查所接管财产的真实性和完整性，清点核对后制作接管清单，按不同财产类型记明财产的名称、数量、编号、价值、外观现状等财产信息。数量众多、难以清点的原材料或者半成品等财产，可以采用存储箱/柜等方式计数，并留存相关影像资料。

接管完成时，债务人有关人员和管理人均应在接管清单上签字确认。债权人代表参与见证接管的，一并签字确认。上述人员拒绝签字或无法签字的，管理人应在清单上记明情况和原因。

接管清单应提交法院存卷。

（7）债务人自行管理的移交

法院批准债务人自行管理财产和营业事务的，管理人需依法将已接管的债务人财产和营业事务移交债务人，并参照上述第（5）/（6）点接管清单要求制作移交清单。

《平顶山中院关于规范破产案件接管的工作办法（试行）》

6. 有效管控

管理人对已接管财产不得脱管，须视情采取上锁、贴封条、启用电子封条、聘用人员看管等有效管控措施，确保所接管财产置于有效管控下。接管物移转应报告法院同意。

管理人须定期核查接管财产保管状况，发现财产可能发生毁损、遗失等风险的，应及时采取相应防范措施。

7. 归集债务人财产

对债务人以下情形，管理人需依法及时追回、归集债务人财产：

（1）股东未履行出资义务或者抽逃出资；

（2）为逃避债务而隐匿、转移财产；

（3）依法应予撤销的个别清偿行为；

（4）应收账款；

（5）其他应追回的财产。

管理人追回、归集财产应尽量采取协商、催讨等非诉讼方式，以降低程序成本。非诉讼方式未能实现财产归集效果的，管理人应及时提起诉讼或申请仲裁，或者按照债权人会议决议的其他方式处置。对于涉嫌妨害清算、虚假破产，以及隐匿、故意销毁会计凭证、会计账簿、财务会计报告犯罪的，应依法向公安机关报案或请求法院移送公安机关。

三、财产接管基本流程

由于信息不对称、债务人风险或其他主客观因素，管理人接管债务人面临不同程度的履职风险。预防、化解、应对接管风险是管理人“勤勉尽责”义务在接管领域的具体化，也能促进重整成功，特别对于大型企业而言，接管面太广且事无巨细，更需要慎之又慎、提升接管质效。熟悉财产接管基本流程，有利于接管工作规范化，在此基础上，为不同破产案件中债务人“量体裁衣”，制订配套的接管方案，也是化解风险的有效应对策略。

（一）接管准备工作

1. 管理人项目负责人拟订接管方案，确认接管期限，并对团队成员进行合理分工；注意，要针对财产的不同特质制订差异化管理方案并报备法院，否则可能面临接管手续不全和接管过程无见证的风险；

2. 召开接管前管理人内部会议，明确接管分工并听取团队成员建议，以确保成员能充分理解其接管范围与内容；

3. 凝聚人心、紧密团结，对接管过程中可能出现的分歧、误会、时间安排、分工协作等，要做好耐心沟通解释工作，确保对外口径一致、树立良好团队形象，加深彼此信任、消弭隔阂；避免接管中可能出现的矛盾、分歧以及信息不对称，提高团队工作效率；

4. 做好分类接管方案，实现接管专业化、规范化与法治化，为不同类型财产接管量体裁衣提供接管方案，提高接管的效率，防止不当接管让管理人招致履职风险，也避免减损破产财产价值；避免方案僵化，识别不同案件接管的共性问题与个性问题，特别关注对公共安全（如食品安全、社会安全等）有影响、重大威胁的财产（如易燃易爆物等）的安全、妥善保管，充分优化接管策略，必要时聘任、留用专业人员进行管理。

（二）接管注意要点

1. 进场接管时，管理人联动资产评估机构、审计机构，做好各项资产的清点、交接工作；重点关注财产的真实性、合法性、资产权属等问题；

2. 一般情况下需全程对接管过程制作笔录、记录、摄影摄像（如有必要，兼顾接管成本效益），基本做到留痕；

3. 确保接管主体明确、时间清晰。通常，要在债务人办公室、档案室、厂区、仓库、财务室等贴上封条；

4. 一般情况下接管团队需对所接管财产做实质审查，同步或及时制作接管清单、详细记录接管状况；完成后，参与人员签字确认；

5. 复盘接管内容，尤其当管理人发现并能够确认财产属于债务人所有，但债务人未占有，应向占有人及时发出交付财产通知书，依法追回债务人财产，必要时启动诉讼程序以维护债务人合法财产权。

6. 完善接管资料，核实接管财产权属。管理人前往财产权属登记部门调档查询，如属地管辖的车管所、房管局、市民大厅等（具体根据当地情况选择），确保财产真实权属信息；对关键财产做到逐一核实；对于真实权属信息和债务人提供/掌握信息不一致之处，需刨根问底，尽可能盘点清晰、不留隐患，为后期财产处置与配置奠定良好的事实基础。

7. 特殊财产（如需要专门养护，容易被盗窃、遗失等贵重财产），管理人需要特别关照，通过留聘原来的保管人员继续履行看管责任，确保此类财产的安全；必要时，如债务人持续经营所必需，或者对重整具有重要价值的财产（例如，机器设备或其他生产线所需要的财产），定期邀请专业人员维护，防止出现故障或其他风险等；

8. 对于无形资产（商标、专利、其他特殊资质等），到相关网站或者前往登记主管机关进行查询调档，掌握最新、最全面情况等，防止信息不对称风险，如有条件，也可以前期了解此类资产价值，判断其对于重整的必要性与价值大小；

9. 管理人需要保持良好的沟通态度、畅通对外沟通渠道。在接管中，时常存在各方信息不对称、认知偏差、知识背景不同等情形，管理人在全程保持警惕，对于接管中债务人不熟悉、不清楚、不了解情况保持耐心沟通，尽可能收集更多信息，消弭管理人接管中的障碍、信息偏差，提升接管的准确性、效率性，也能获得更多人支持。同时，管理人也要避免先入为主，保持客观冷静，对于接管中出现的风险事件，做好记录工作、深入研判后，再采取必要的回应措施。

整体来看，破产财产接管是一项技术活、体力活、良心活。大型破产企业财产接管，对于破产流程或者破产全盘具有基础性、根本性、全局性的意义。否则，可谓“基础不牢、地动山摇”。本书专门开辟篇幅对该问题进行梳理和分析，一来希望对读者有所启发，能够关注大型企业接管的特殊性和必要性，二来能够抛砖引玉，期待能看到更多接管经验，服务破产职业共同体，优化接管体系和制度，更好地为司法层面、管理人团队提供操作指引，降低接管风险、提高接管效率，推进解决大型企业破产问题。

第三节　破产财产处置

一、破产财产处置概述

破产财产处置，从广义层面来看，包括财产（内外部）配置和财产对外出售，前者主要是指如何将债务人财产配置使之能够价值最大化，如可以留在企业继续维持生产经营，或者技术升级处理、出租或承包经营等；后者主要是指出售，通过多种方式转让财产所有权或使用权，获得对价用于偿付破产债权。狭义的破产财产处置主要是指后者。

对于大型企业重整而言，破产财产处置主要是广义层面的处置。由于资产盘过大、企业包袱较重、染指领域甚广，部分资产在重整程序中仍然要保持完整以维持经营，部分资产因并非维持经营、后续重整所必需，就需要对外出售来为企业“瘦身”，并将处置所得现金用于清偿部分债权。

（一）破产财产范围

破产财产是债务人对其债权人承担债务的责任财产，也是债务人重整旗鼓的“基石”。我国破产法律制度对破产财产的范围做了较为全面的规定：

1.《中华人民共和国企业破产法》第三十条规定：“破产申请受理时属于债务人的全部财产，以及破产申请受理后至破产程序终结前债务人取得的财产，为债务人财产。”基于此，债务人占有但并非债务人所有的财产，并不在此范围之中。[①]

2.《最高人民法院关于适用〈中华人民共和国企业破产法〉若干问题的规定（二）》第1条规定，破产财产可概括为：存款、现金等货币；土地使用权、房屋等不动产；交通运输工具、机器设备、存货、原材料等动产；股权、投资权益、基金份额、应收账款、知识产权、特许经营资质等无形资产。

（二）不属于破产财产的范围

《最高人民法院〈关于审理企业破产案件若干问题的规定〉》第七十一条，不属于破产财产的有：

1. 债务人基于仓储、保管、加工承揽、委托交易、代销、借用、寄存、租赁等法律关系占有、使用的他人财产；

2. 抵押物、留置物、出质物，但权利人放弃优先受偿权的或者优先偿付被担保债权剩余的部分除外；

3. 担保物灭失后产生的保险金、补偿金、赔偿金等代位物；

4. 依照法律规定存在优先权的财产，但权利人放弃优先受偿权或者优先

---

① 这里涉及财产所有权人可以不经过破产清算程序，直接取回财产的权利，即取回权。取回权的核心特征是权利主体不是债务人，是财产真正的所有权人，破产债务人只是义务人，取回权具有优先性、排他性、对世性，受到法律保护。参见仇慎齐：《浅议破产程序中的取回权》，人民法院网，2004年9月27日。

偿付特定债权剩余的部分除外；

5. 特定物买卖中，尚未转移占有但相对人已完全支付对价的特定物；

6. 尚未办理产权证或者产权过户手续但已向买方交付的财产；

7. 债务人在所有权保留买卖中尚未取得所有权的财产；

8. 所有权专属于国家且不得转让的财产；

9. 破产企业工会所有的财产。

（三）破产财产处置核心原则

实践中，面对大型企业庞大的资产数量以及维持重整经营需要，无论法院还是管理人，对于破产财产处置均需要关注以下原则，从而更好地提升处置效率、防范处置风险。

1. 依法处置与双重监督原则

法院指定管理人、管理人进场接管企业、盘点企业财产等前期工作完成后，通常，在第一次债权人会议之前提出破产财产处置方案，并提交债权人会议通过；同时，待人民法院批准后，方可生效。

管理人处置的财产需要严格依据法律规定，不得擅自处置，且主要受到债权人会议、法院的双重监督，以及债务人监督，从而防范道德、法律风险与其他风险，保护债权人利益。

近年来，多元化处置破产财产的优势日渐端倪。由于传统处置方式存在信息偏差，尤其对于无形资产处置而言，其评估复杂，缺少专业、系统的评估规范依据，[①] 而且容易受到外界因素干扰，价值相对不确定，其处置更需要灵活性、及时性，从而维护资产的保值增值、实现价值最大化。对此，个别地方进行制度创新，采取了新型处置方式处置资产，取得了较好的处置效果。

例如，上海浦东新区利用法规立法权，创设破产财产快速变价制度，即债权人会议同意就可以直接变价，不适用拍卖程序。[②] 如此一来，将债权人会议

---

① 参见杭州中院课题组：《优化营商环境视野下破产财产处置问题研究》，上海市第二中级人民法院“至正研究”微信公众号，2023 年 5 月 4 日。

② 参见本报记者蒋梦娴、本报通讯员曹赟娴：《“清盘式”转让，破产财产处置难题的浦东新解法》，载《人民法院报》2024 年 1 月 30 日第 004 版。

自治、管理人发挥主观能动性等优势放大，节约处置时间，最大限度地提升破产财产价值。当然，此种做法也需要实质保障中小债权人的合法权益，避免财产变价“变相”损害此类债权人群体的权益。

2. 破产财产价值最大化

破产财产是全体债权人受偿的物质基础，财产处置工作以实现破产财产价值最大化为目标，进而实现债权受偿率的最大化和债权人的利益最大化。

破产财产价值最大化原则，往往具有三重内涵：（1）无论处置方式如何，应当鼓励并选择最高价值进行处置；（2）破产财产应是权属清晰的，能够被有效处置的；（3）价值最大化也要考虑处置的成本和收益，整体价值最大化，而非忽略处置成本或付出其他高昂的代价。

二、破产财产处置方式及其优势

（一）网络拍卖

根据国家市场监管总局印发的《关于促进网络拍卖规范健康发展的指导意见》，网络拍卖是指通过互联网等信息网络，以公开竞价的形式，将特定物品或者财产权利转让给最高应价者的拍卖活动。目前，不少破产企业的破产财产被置于淘宝、京东等互联网平台进行网络拍卖。

网络拍卖具有买家分散、买家数量多、有利于在更广阔的市场发现财产价值等优势，但缺点是网络鱼龙混杂，舆情难以控制。若网络环境不佳，也会影响破产财产处置效果。

主要依据：

《中华人民共和国企业破产法》

第一百一十一条　管理人应当及时拟订破产财产变价方案，提交债权人会议讨论。

管理人应当按照债权人会议通过的或者人民法院依照本法第六十五条第一款规定裁定的破产财产变价方案，适时变价出售破产财产。

第一百一十二条　变价出售破产财产应当通过拍卖进行。但是，债权人会议另有决议的除外。破产企业可以全部或者部分变价出售。企业变价出售时，可以将其中的无形资产和其他财产单独变价出售。

按照国家规定不能拍卖或者限制转让的财产，应当按照国家规定的方式处理。

《最高人民法院关于审理企业破产案件若干问题的规定》

第八十五条　破产财产的变现应当以拍卖方式进行。由清算组负责委托有拍卖资格的拍卖机构进行拍卖。

依法不得拍卖或者拍卖所得不足以支付拍卖所需费用的，不进行拍卖。

前款不进行拍卖或者拍卖不成的破产财产，可以在破产分配时进行实物分配或者作价变卖。债权人对清算组在实物分配或者作价变卖中对破产财产的估价有异议的，可以请求人民法院进行审查。

《四川省自贡市中级人民法院关于破产程序中财产网络拍卖的操作规程（试行）》

第二条【网拍优先原则】债务人财产处置，应以优先适用网络拍卖为原则，债权人会议决议通过其他方式处置，法律、行政法规和司法解释规定必须通过其他途径处置，以及债务人财产不适宜通过网络拍卖处置的除外。

第三条【高效透明原则】通过网络拍卖平台处置债务人财产应在充分保障各相关当事人权益的情况下，遵循高效便捷、公开透明的原则，实现破产财产价值最大化。

第四条【平台范围】网络拍卖平台应从最高人民法院确定的拍卖网络服务提供者名单库中选择。

第五条【责任主体】管理人代表破产企业履行处置债务人财产主体职责，应以自己的名义依法通过网络拍卖平台处置债务人财产，对处置结果负责，并接受债权人会议和人民法院的监督。

（二）内部竞价

此种模式主要是债权人之间内部进行价格竞争，价高者得。优势在于“肥水不流外人田”，处于清偿劣势地位、信息优势地位的债权人可以根据自身需要决定是否参与竞价。但劣势就是债权人需要自掏腰包购买，也要承担购买资产以后可能面临的风险。

地方实践：

《广州市中级人民法院关于推进破产案件依法高效审理的工作指引》（穗中法〔2024〕135号）

15. 经债权人会议决议，管理人可以将破产财产以债权人内部竞价、协议转让、以物抵债等方式进行变价或者分配，但法律法规禁止通过上述方式处置的除外。

债务人财产具备下列情形的，管理人可以根据情况分别予以处置：

（1）属于季节性、鲜活、易腐烂变质、易损易贬值，或者保管费过高物品的，及时提请债权人会议表决并处置，需要在第一次债权人会议前处置的，经人民法院同意后及时处置；

（2）属于数额较少的银行存款、财富通、余额宝等账户余额，且不足以支付处置成本的，可以按照债权人会议通过的变价方案放弃处置；

（3）属于权利凭证缺失或者已经失效的无形资产、未实际接管的车辆的，可以按照债权人会议通过的变价方案放弃处置；

（4）属于已过诉讼时效或者缺乏证据支持的对外应收账款，且经追收无果的，可以经债权人会议同意放弃追收；

（5）属于已被吊销营业执照、下落不明的对外股权投资，且经调查未发现财产线索的，可以经债权人会议同意放弃处置。

《济南市中级人民法院关于破产案件简化审理程序的操作规程（试行）》（济南市中级人民法院2020年第7次审判委员会会议审议通过济中法破〔2020〕1号）

26.（财产处置方式）简化审理程序的破产案件原则上采取网络拍卖方式处置破产财产。经债权人会议决议，管理人可以将破产财产通过内部竞价、协议转让等方式进行变价。

破产财产中的非货币财产变价所需费用超过财产变价所得，经债权人会议决议，管理人可以不再对破产财产进行变价处置。

（三）协议转让，以物抵债

协议转让，即受让方和债务人通过协议约定破产财产转让的价款、交付方式等内容，赋予双方最大限度的自由谈判权和决定交易条件的权利。但协议转让的风险在于如何判断交易的价格是最高、最公允的；交易风险由双方自行承担，故往往会在协议中约定违约责任。典型案例如下：

成都市某旅游资源开发有限公司（简称“某旅游开发公司”）系2015年在彭州市登记设立的本地企业，主营业务为农业观光旅游资源开发。项目运营不久后某旅游开发公司即陷入经营困难，债务缠身。某旅游开发公司主要资产为租用的位于彭州市葛仙山镇蒲沟村一项目，占地1000余亩，包括房屋建筑物（1245.76平方米）、构筑物及辅助设施（45项）、绿化苗木（7947株）等，资产总额约1066.15万元，负债约4356.29万元；涉及执行案件19件，标的金额共计418.30万元。

2020年，彭州市法院在执行一起土地租赁合同纠纷案件时，发现某旅游开发公司除在租赁土地上种植苗木和进行部分基础设施建设外无其他可供执行财产。某旅游开发公司已停止经营，且资产不足以清偿全部债务。

经申请执行人某村村委会申请，彭州市法院将案件移送成都市中级人民法院审查。成都市中级人民法院于2020年10月20日裁定受理该破产清算申请，并指定彭州市法院审理。

案涉资产经两次拍卖流拍后，依照债权人会议表决通过的资产变价处置方案，最终由某文化旅游公司以协议转让方式整体购买。

2023年6月30日，彭州市法院裁定终结某旅游开发公司破产程序。

以物抵债，即以具体的物来对债务进行抵消，从而化解债务。这种方式也在企业破产中被适用。实践中，对于破产财产处置困难，或者债权人有具体诉求的，以及其他以物抵债更能保护债权人利益、推进重整程序情形的，均可以采纳此种方式。对此，有地方针对性出台文件为之提供操作规范。

《重庆市高级人民法院关于审理破产案件法律适用问题的解答》（渝高法

〔2017〕207号）

8. 债权人会议可否对破产财产的拍卖次数和流拍后以物抵债等问题进行决议

答：根据《中华人民共和国企业破产法》第一百一十二条规定，债权人会议有权决议破产财产的变价出售方式。为提高破产审判效率，管理人可以将拍卖次数和流拍后以物抵债等问题纳入变价方案，债权人会议讨论通过后，按变价方案执行。破产财产为国有资产的，其处置方式应当符合国有资产管理的相关法律、法规的要求。

典型案例如湖南和一实业集团有限公司、湖南和一置业有限公司合并破产重整案。[①]

1991年，湖南和一实业集团有限公司（以下简称“和一实业公司”）创办，是湖南省涉及酒店业、房地产业、旅游业等领域的跨行业集团公司，旗下成立有6家子公司、34家孙公司，纵横全国14个地级市，其“和一酒店连锁”品牌为省内知名酒店品牌。

2016年5月，因和一实业公司盲目扩张，同时运营多个项目，现金流不足以支持其高速发展，和一实业公司资金链断裂，引发严重债务危机。

经审查，公司负债14亿余元，涉及债权人700余人，而资产不足11亿，已经严重资不抵债。

长沙市中级人民法院分别于2016年12月2日、2017年5月4日裁定受理和一实业公司及其关联企业湖南和一置业有限公司（以下简称“和一置业公司”）破产清算案，并指定同一机构担任管理人接管两家公司。

管理人对两家公司进行清理后认为，和一实业公司、和一置业公司在股权控制、业务经营、财务往来、公司人员、抵押担保等方面存在高度混同，和一置业公司严重丧失法人独立意志以及独立财产权，据此申请对两家公司实质合并破产。

同时，两家公司以其名下拥有的资产较为优良，其子公司、孙公司自愿以

---

① 信息来源 长沙中院：《破产审判典型案例》，长沙中院微信公众号，2020年9月2日。

其部分公司资产用于偿还母公司所负债务，企业仍有挽救的价值和希望为由，向长沙市中级人民法院申请实质合并重整。长沙市中级人民法院为提高重整的可行性，指导管理人在清算程序中尝试开展预重整工作，通过与债务人、债权人充分沟通协商，预先起草了《重整计划草案》。

2018 年 12 月 26 日，长沙市中级人民法院组织召开和一实业公司、和一置业公司债权人会议，会上高票表决通过了清算转重整报告、合并重整报告及合并重整计划草案等重要决议。后长沙市中级人民法院裁定两家公司实质合并重整，批准合并重整计划，终止重整程序。

根据重整计划，除和一实业公司和和一置业公司名下既有资产外，将子公司、孙公司名下尚能稳定经营的优质项目纳入重整范围，但在破产程序外独立运营，接受监管，产生经营收益与既有债务人财产共同用于清偿债务。经过多次协调，在取得优先债权人的支持后，重整计划将职工债权作为第一顺位予以全额清偿；对涉及人数占比最多、平均年龄最大的产权式酒店债权人，以宜章项目独栋专项住宅产权置换方式清偿债权；对普通债权人设置现金清偿和以物抵债两种清偿方式，确保各类债权人的合法权益得到最大限度的实现。

三、破产财产处置相关问题

（一）担保财产如何处理

根据《中华人民共和国企业破产法》有关规定，债务人担保权人对担保财产享有优先受偿权。那么，是否担保权人能够自行决定随时对其担保财产进行处置呢。目前，这一点并没有达成一致。

司法层面，最高人民法院对该问题提供了原则性指导，即《全国法院破产审判工作会议纪要》（法〔2018〕53 号）规定：

25. 担保权人权利的行使与限制。在破产清算和破产和解程序中，对债务人特定财产享有担保权的债权人可以随时向管理人主张就该特定财产变价处置行使优先受偿权，管理人应及时变价处置，不得以须经债权人会议决议等为由拒绝。但因单独处置担保财产会降低其他破产财产的价值而应整体处置的除外。

上述规定可以从三个方面理解：

第一，担保权人可以随时主张变价处置；

第二，第一点受到限制的唯一情形是单独处置会降低其他破产财产的价值；

第三，第二点的终极目标是整体处置带来的价值高于碎片化式的处置担保财产价值。

上述三点环环相扣，呼应立法目标。但是，这也意味着将何时处置的决定权交给了法院，而非必须经过债权人会议决议，法院通过行使自由裁量权，最终决定担保财产的处置问题。

操作层面，法院作为司法裁判机关，如何判断担保财产处置的必要性以及整体处置优先于担保财产单独处置呢？这一点很重要。法院的经验、专业、知识等具有相对局限性，在该问题上的法官自由裁量权应受到一定限制，或者施以更细化的标准来避免自由裁量权的滥用。防止司法权成为损害担保债权人利益的工具。

对此，可以通过公开召集听证会，邀请行业专家等参与听证、发表专业意见，提高决策的专业性、科学性，允许担保债权人提出异议，有合理理由的，允许担保债权人提出回避申请；法官充分研究、充分论证司法决策的合理性与正当性。

（二）破产财产处置关涉刑民交叉问题的界限与处理

破产实践中，会出现企业非法集资等涉众型经济犯罪，影响破产清偿秩序、破产程序推进以及刑事退赔等。目前，较为通行的做法有两种：一种是刑民并行，一种是先刑后民，也即破产程序并不能直接优先于刑事程序。在基础逻辑层面，刑法与破产法关注的焦点不同，前者关注刑事法律关系，通过定罪量刑以实现处罚、警示、赔偿之目的；后者是集体偿债程序，强调公平清偿，这也意味着二者不会直接发生程序冲突，但会存在时间上的错位——刑事结果可能会影响破产清偿的时间，破产清偿结果受到刑事案件结果的影响。为了确保“刑”“破”程序各自的正当性，破产从业者从不同角度论证了以刑民并行为主导、先刑后民为例外的合理性与正当性。[①]

大型企业破产案件中的刑民交叉问题是常见的，对此，管理人在遇到时应当保持谨慎，不能有“多一事不如少一事”的心态。

1. 若团队无专业刑事专家，则应当咨询专业人士了解案件性质，在定性基础上做下一步安排；

2. 一旦涉及刑事案件，应当依法处理；

3. 和法院、检察院、公安机关等做好沟通工作，尽可能保持刑事案件与破产程序同时推进或时间不要间隔过久；

4. 若刑事案件处理结果影响到破产进程，那么，影响部分暂停处理；其余部分正常进行，待刑事案件处理完毕后，继续推进破产程序；

5. 为了防止程序空转，对于刑、破程序中出现的新问题，及时告知对方，以确保在信息基本对称的情况下，保持程序有效推进；同时，对于不宜、不应公开信息，做好保密工作，设定保密人员范围；

6. 落脚于公平清偿，在分配问题上，坚守破产法的基本原理。

各地做法：

《企业破产处置工作联席会议纪要二》（温中法〔2016〕9号）

7. 关于刑民交叉的问题。破产案件审理过程中遇到的刑民交叉问题，参照《办理银行金融抵押债权执行案件的规定》（温政法〔2012〕111号）、《办理银行金融抵押债权执行案件的规定（二）》（温政法〔2014〕57号）的相关规定处理。若涉及不同部门之间协调的，按照《企业破产处置工作联席会议纪要》（温政办〔2014〕90号）第二条第（一）项规定办理。破产案件审理过程中需要对看守所的犯罪嫌疑人、被告人调查的，在按照要求办理相关手续后，管理人可以在人民法院工作人员陪同下进行调查。

《浙江省高级人民法院民事审判第二庭关于在审理企业破产案件中处理涉

① 参见徐宇丹、林宇婷：《论刑事退赔与破产程序的冲突与衔接》，2023年度福州律师论坛一等奖，https：//www.fzlawyers.net/index.php？s=wap/show/index&id=9100，2024年3月13日；参见曹爱民、孙春华：《破产程序中民刑交叉的冲突与横平》，载《山东法官培训学院学报》2022年第5期。

集资类犯罪刑民交叉若干问题的讨论纪要》

七、法院受理企业破产申请后，应与侦查、审判机关沟通协商，研究解决解除不属于刑事案件处理的破产企业财产的刑事查封、冻结措施等相关问题，由管理人在法院和债权人会议监督下做好解除刑事查封、冻结措施后破产财产的接收、管理和处分事务。

八、法院指导管理人在拟订破产财产变价、分配方案时，充分考虑相关涉嫌犯罪刑事诉讼程序的进程对破产程序的影响。

债务人企业被宣告破产后，涉嫌犯罪案件的刑事诉讼程序尚未终结的，管理人可以参照企业破产法第一百一十九条的规定，将登记为破产债权的犯罪受害人的分配额留存。

管理人根据企业破产案件和相关集资类犯罪刑事案件的情况，拟订针对以下财产的附条件的分配方案：

（1）解除刑事查封、冻结措施后交由企业破产程序分配的财产；

（2）刑事诉讼程序终结后追回的财产；

（3）不属于涉集资类犯罪赃款赃物，依法发还的债务人企业合法财产。

法院对前款情形的破产财产分配方案的合法性、合理性和可操作性进行审查，并依法作出裁定。

九、经法院批准的合并处置清算分配方案，应保留合并破产的“企业股东及高管”自身及其所抚养家属的生活必需费用。

“企业股东及高管”在刑事诉讼中退赔受害人损失和在企业破产程序中清偿债权人态度积极，没有隐匿财产的不诚实行为，得到债权人谅解的，经债权人会议讨论并由法院依法裁定的破产财产分配方案可以对前述相关人员的债务清偿责任作一次性确认或有条件减让、豁免。

四川省资中县人民政府印发《建立企业破产处置府院联动机制的实施方案》（资中府发〔2019〕21号）

（八）依法打击逃废债。协调加大与企业破产相关的挪用资金，职务侵占，虚假诉讼，隐匿、故意销毁会计凭证、会计账簿，妨害清算等犯罪的立案、侦查力度。人民银行协调金融机构配合司法部门做好涉及破产企业银行账户的查控工作，公安部门加大债务企业股东、经营管理人员相关情况的协查力度，形成打击逃废债工作合力。（责任单位：县检察院、县公安局、县金融办、人行资中支行）

（十五）完善刑民交叉联动解决机制。破产案件审理过程中遇到的刑民交叉问题，如涉及不同部门之间协调的，可临时召开企业破产处置工作府院联席会议进行解决；需要对关押在看守所的犯罪嫌疑人、被告人调查的，管理人可以在人民法院工作人员陪同下进行调查；发现破产企业法定代表人、股东以及其他责任人员存在可能涉嫌犯罪的逃废债行为并移送公安、检察机关立案侦查的，公安、检察机关要加大受案力度，合力打击逃废债行为。（责任单位：县委政法委、县法院、县检察院、县公安局、县司法局）

察典型案例：浙江美福食品有限公司、温州市美福餐饮有限公司实质合并破产清算案①

浙江美福食品有限公司（以下简称“美福食品公司”）成立于1997年5月22日，注册资本2000万元，是一家集养殖、种植、加工、销售为一体的股份制民营企业。美福食品公司投资的子公司温州市美福餐饮有限公司（以下简称“美福餐饮公司”）是20世纪温州有影响力的快餐连锁企业，品牌价值较高。美福食品公司因盲目扩大经营、违规建设厂房及管理不善等原因，深陷债务危机，在建美福大楼停工，成为温州标志性的烂尾楼，严重影响城市形象。2016年2月29日，鹿城法院裁定受理美福食品公司破产清算一案。同年8月11日，温州市中级人民法院裁定受理美福餐饮公司破产清算一案。同年9月6日，经浙江省高级人民法院批准，将该案交由鹿城法院审理。

因美福系公司债权债务关系交织庞杂，且后续债权人又向公安机关控告公司实控人非吸犯罪，导致数名意向投资人均放弃注资，重整以失败告终……

其中，关于民刑交叉协同处置问题。美福系公司经营期间，公司实控人以

① 案号：（2016）浙03民破32号。本案系2022年温州法院企业破产审判典型案例。温州破产法庭：2022年温州法院企业破产审判典型案例，温州破产法庭微信公众号，2023年7月18日。

需要资金建设大楼、经营餐饮连锁店为由，以高息为饵向100余名不特定对象非法集资1.9亿余元。两公司进入破产程序后，相关集资参与人陆续向管理人申报债权，但因公司对外负债高达4.26亿余元，加之美福大楼迟迟无法处置，导致各集资参与人数次集聚信访并冲击管理人办公场所，维稳压力极大。为此，鹿城法院在加快美福大楼资产处置破障工作同时，针对涉嫌非吸犯罪问题，积极向公安机关移送犯罪线索，安抚各集资参与人情绪，争取案件回旋时间和空间。

2022年4月12日，两公司实控人被法院以非法吸收公众存款罪，判处有期徒刑四年，并处罚金10万元，责令退赔违法所得6600余万元。为彻底化解各类利害关系人，尤其是集资参与人和破产债权人间的利益冲突，鹿城法院创新提出破产审判民刑交叉问题处置新思路，积极疏通民刑并行通道，通过数次与刑事案件公检法经办人及执行经办人沟通，明确虽有非吸资金被投入美福大楼建设，但具体数额无法区分，美福大楼变价款不按照“先刑后民”原则进行追赃退赔，而是与破产债权人统一参与分配。

之后，通过指导管理人制定统一的债权认定和调整标准，并报两家公司债权人会议审议通过，合理衔接刑事退赔与民事债权认定，为有效调和集资参与人和破产债权人之间的利益分配打下良好基础。

第四节 重整计划执行阶段

重整计划执行是拟订重整计划草案、债权人会议审议通过重整计划草案之后的重要阶段。由于重整计划的执行涉及重整成功与否的最后一关，管理人需要关注重整计划草案等执行情况。重整计划主要涉及偿债计划与企业经营，后者更关键，具有多变性。[①]

一、重整计划执行调整问题

根据《中华人民共和国企业破产法》第八十九条的规定，重整计划由债

① 参见司伟：《重整计划执行变更规则》，载《政治与法律》2024年第2期，第97—98页。

务人负责执行。人民法院裁定批准重整计划后，已接管财产和营业事务的管理人应当向债务人移交财产和营业事务。债务人作为重整计划执行主体，依法承担有效、全面、合法执行重整计划的义务。

此种义务，既是法定义务，也是约定义务。原则上，重整计划一经制订，应当执行，以将各方充分讨论并达成多数意见的重整计划草案付诸行动。在债务人执行过程中，仍然不乏重整计划不得不进行调整才得以执行的情况，否则，重整计划的最初目标难以实现，甚至可能存在按照现有方案继续贯彻执行会发生与《中华人民共和国企业破产法》原则、目标等相违背的情形。那么，重整计划能不能进行调整呢？是否可以随意进行调整呢？调整流程如何？

（1）申请变更主体为债务人、管理人；

（2）申请变更的前提为政策调整、法律修改，或其他特殊情况；

（3）决议机关为债权人会议；决议后须经法院批准；否则，经请求，法院裁定终止执行，宣告破产；

（4）对于上述第 2 点中的"其他特殊情况"，可以是合理的商业理由，如投资人不履行[①]、商业环境变化等，以期能够有利于债权人利益最大化的立法目标。

（5）债权人、投资人无申请变更权，也即发生情势变更或其他致使重整计划无法执行的情形，也只能通过债务人、管理人申请解决。

主要依据/地方指引为：

《中华人民共和国企业破产法》

第八十九条　重整计划由债务人负责执行。

人民法院裁定批准重整计划后，已接管财产和营业事务的管理人应当向债务人移交财产和营业事务。

---

① 参见《广东省高级人民法院关于审理企业破产案件若干问题的指引》的通知（粤高法发〔2019〕6号）第一百条【重整计划、投资人的变更】因出现国家政策调整、法律修改等特殊情况，债务人无法执行原重整计划的，债务人或管理人可以申请变更重整计划一次。变更后的重整计划，应经因重整计划变更而遭受不利影响的债权人组、出资人组进行表决，并经人民法院裁定批准。

重整计划执行过程中，重整投资人不履行重整计划的，经债权人会议同意，管理人可以向人民法院申请由新的投资人承接原投资人的权利义务。

第九十二条　经人民法院裁定批准的重整计划，对债务人和全体债权人均有约束力。

债权人未依照本法规定申报债权的，在重整计划执行期间不得行使权利；在重整计划执行完毕后，可以按照重整计划规定的同类债权的清偿条件行使权利。

债权人对债务人的保证人和其他连带债务人所享有的权利，不受重整计划的影响。

第九十三条　债务人不能执行或者不执行重整计划的，人民法院经管理人或者利害关系人请求，应当裁定终止重整计划的执行，并宣告债务人破产。

人民法院裁定终止重整计划执行的，债权人在重整计划中作出的债权调整的承诺失去效力。债权人因执行重整计划所受的清偿仍然有效，债权未受清偿的部分作为破产债权。

前款规定的债权人，只有在其他同顺位债权人同自己所受的清偿达到同一比例时，才能继续接受分配。

有本条第一款规定情形的，为重整计划的执行提供的担保继续有效。

第九十四条　按照重整计划减免的债务，自重整计划执行完毕时起，债务人不再承担清偿责任。

《全国法院破产审判工作会议纪要》（法〔2018〕53号）

19. 重整计划执行中的变更条件和程序。债务人应严格执行重整计划，但因出现国家政策调整、法律修改变化等特殊情况，导致原重整计划无法执行的，债务人或管理人可以申请变更重整计划一次。债权人会议决议同意变更重整计划的，应自决议通过之日起十日内提请人民法院批准。债权人会议决议不同意或者人民法院不批准变更申请的，人民法院经管理人或者利害关系人请求，应当裁定终止重整计划的执行，并宣告债务人破产。

20. 重整计划变更后的重新表决与裁定批准。人民法院裁定同意变更重整计划的，债务人或者管理人应当在六个月内提出新的重整计划。变更后的重整计划应提交给因重整计划变更而遭受不利影响的债权人组和出资人组进行表决。表决、申请人民法院批准以及人民法院裁定是否批准的程序与原重整计划的相同。

《北京破产法庭破产重整案件办理规范（试行）》（京一中法发〔2019〕437号）

第一百三十七条　债权人会议决议同意变更重整计划的，管理人或债务人应自决议通过之日起十日内提请人民法院批准。申请变更重整计划限于一次，债权人会议决议不同意或者人民法院不批准变更申请的，参照本规范第一百四十三条的规定处理。

第一百三十八条　人民法院裁定批准变更重整计划的，债务人或者管理人应当在六个月内提出新的重整计划，在此期间，债务人不存在严重损害债权人利益的行为或者有其他不适宜自行管理情形的，应由债务人自行负责管理财产和营业事务，并制作变更的重整计划，管理人参照重整期间履行职责。

除当事人另有约定外，为原重整计划的执行提供的担保，在原担保范围和期限内，不因人民法院裁定批准变更而无效。

第一百三十九条　变更后的重整计划应提交给因重整计划变更而遭受不利影响的债权人组和出资人组进行表决。债权人按照重整计划所受的清偿仍然有效，但债权已受偿部分不享有表决权。表决、申请人民法院批准以及人民法院裁定是否批准的程序与重整期间相同。

变更后的重整计划经人民法院裁定批准，加重了为原重整计划的执行提供担保的负担的，担保人对加重的部分不承担担保责任，但当事人另有约定的除外。

二、重整计划执行监督问题

重整计划执行监督的主要法律依据为《中华人民共和国企业破产法》第九十条、第九十一条，我国重整计划执行监督机制的基本特点是：

（1）监督主体为管理人；

（2）监督内容主要为债务人提交的重整计划执行情况和债务人财务状况、

债权受偿情况，以及其他与重整计划有关的内容；

（3）监督期届满时，管理人向人民法院提交监督报告；

（4）自监督报告提交之日起，管理人的监督职责终止；

（5）监督管理人的人，可以是利害关系人，其享有查阅权来查阅管理人提交的监督报告；

（6）监督期是弹性机制。特殊情况下，管理人可申请延长重整计划执行监督期限，须经法院批准；

（7）实践层面，监督应兼顾实质审查与形式审查。一方面，合理控制监督成本，避免监督成本过高影响监督效率，也要起到监督效果，实现重整目标；另一方面，监督要确保债务人、投资人等影响重整计划的主体得到公平、合理的约束，因其违反重整计划的行为受到一定经济处罚或者提出口头警告、书面整改建议书，前者如支付违约金、赔偿金；或其他合理的处罚（如调整人事任免、撰写悔改书并提出修复方案等柔性机制），让管理人监督权设置的初心得以实现。

（8）当然，对于大型企业重整而言，重整计划得不到执行会面临更大经济、社会、产业动荡，管理人、法院需要更加重视重整监督以及因情势变化如何变通以实现重整成功的问题，才能真正做到善始善终，避免虎头蛇尾。根据《中华人民共和国企业破产法》第九十二条的规定，重整计划是经过法院裁定批准的，对债务人、全体债权人是有约束力的。若违反重整计划，且经过管理人、法院建议等，债务人拒不恢复执行、不修正其违反重整计划的情形，可以依据《中华人民共和国民事诉讼法》[①] 进行处理，如对主要责任人员予以罚款、拘留等。

---

① 例如，《中华人民共和国民事诉讼法》第一百一十四条 诉讼参与人或者其他人有下列行为之一的，人民法院可以根据情节轻重予以罚款、拘留；构成犯罪的，依法追究刑事责任：

（六）拒不履行人民法院已经发生法律效力的判决、裁定的。

人民法院对有前款规定的行为之一的单位，可以对其主要负责人或者直接责任人员予以罚款、拘留；构成犯罪的，依法追究刑事责任。

三、重整计划执行完毕后出现新债权申报问题

实践中，重整企业、投资人普遍关注的一个问题是重整计划执行完毕后，出现新的债权申报问题。该问题将直接影响重整计划执行结果，以及重整后企业的正常经营。如果偿债责任由重整后的企业承担，那么无疑投资人、新股东或者企业将面临新的债权债务纠纷，而且若清偿标准不同于重整计划约定的标准，就存在不公平清偿的问题；也可能导致债权人故意不申报，一直拖到重整计划执行完毕，通过“秋后算账”来获得更多利益，甚至可能干扰重整后企业的正常经营，使之陷入商业危机、诉讼泥淖中。

对此，破产法学界和实务界存在不同的声音，但多数声音[①]仍然支持对此做公平对待，也即对新债权人适用重整计划规定的同类债权清偿条件，原则上重整后企业不再承担清偿责任。如此担心与立场的优势在于：

（1）保持破产公平清偿基本秩序；

（2）防止恶意债权人钻空子，延迟债权申请；

（3）保护重整后企业正常经营，避免诉累；

（4）为司法裁判提供确定性指引，维护集中管辖权和普通管辖权在解决有关问题上裁判标准的相对一致性，防止“法院竞择”及其带来的其他潜在弊端。

具体规定如：

《中华人民共和国企业破产法》

第九十二条　经人民法院裁定批准的重整计划，对债务人和全体债权人均有约束力。

债权人未依照本法规定申报债权的，在重整计划执行期间不得行使权利；在重整计划执行完毕后，可以按照重整计划规定的同类债权的清偿条件行使

---

① 参见邹海林：《重整程序未申报债权的救济问题研究》，载《法律适用》2022 年第 8 期，第 25—40 页；参见欧阳良宇：《重整程序未申报债权性质与清偿规则探析》，载《太原学院学报》（社会科学版）2022 年第 3 期，第 51—59 页；参见张善斌、翟宇翔：《破产重整程序中未按期申报债权处理方式的选择与构建》，载《河南财经政法大学学报》2020 年第 4 期，第 31—37 页。

权利。

债权人对债务人的保证人和其他连带债务人所享有的权利，不受重整计划的影响。

《北京破产法庭破产重整案件办理规范（试行）》（京一中法发〔2019〕437号）

第一百二十九条　债权人在债权申报期限届满后申报债权，其债权在表决重整计划草案的债权人会议召开前未经人民法院裁定确认的，除重整计划为此等债权预留了清偿份额的情形外，相应债权人在重整计划执行期间不得行使对债务人要求清偿、提起新的财产给付之诉，或申请强制执行债务人财产等权利。

前款规定的债权人，在重整计划执行完毕后，可以按照重整计划规定的同类债权的清偿条件行使权利。

第一百三十一条　按照重整计划减免的债务，自重整计划执行完毕时起，债务人不再承担清偿责任。

第五节　重整转和解问题

《中华人民共和国企业破产法》分别规定了清算转重整、清算转和解、重整转和解等情形。和解制度具有一定不可替代性，这在一定程度上受到我国传统文化中讲究“和谐”“和为贵”等理念的影响。

《中华人民共和国企业破产法》

第七十条　债务人或者债权人可以依照本法规定，直接向人民法院申请对债务人进行重整。债权人申请对债务人进行破产清算的，在人民法院受理破产申请后、宣告债务人破产前，债务人或者出资额占债务人注册资本十分之一以上的出资人，可以向人民法院申请重整。

第九十五条　债务人可以依照本法规定，直接向人民法院申请和解；也可以在人民法院受理破产申请后、宣告债务人破产前，向人民法院申请和解。

对于重整制度来说，在无法继续重整或者其他制度比清算更有效或者带来更优结果时，及时转化不失为一种明智的选择。本部分针对大型企业破产重整面临的转化问题，进行一定探索。就转化所要注意的问题，例如，何时转化、转化风险控制、转化条件或其他重整实践中可能会遇到的问题。

重整转和解，多数发生在企业破产重整中出现已经通过的重整计划在执行中难以或无法继续实施，各方同意和解解决债权债务问题、资产处置或分配等，从而达到拯救企业、化解集体纠纷、清理债权债务关系等符合破产法立法目的的结果。

具体而言，重整转和解程序的必要性主要体现在以下方面：

一、化解重整僵局，减少各方损失

重整程序中可能会出现投资人“变卦”、破产企业资产处置困难重重、破产财产权属存在瑕疵或争议、债权人与投资人以及金融债权人等主体之间难以达成一致重整计划草案等问题。这些情形都会阻滞破产程序，在法定破产重整期的约束下，很难继续进行。

根据《中华人民共和国企业破产法》第九十三条的规定，只能经管理人或利害关系人请求，由法院裁定终止重整计划的执行并宣告破产。如此一来，失去了再次谈判、转危为安的机会。和解制度的存在，为缓解各方矛盾提供了“缓冲地带”。

就和解的实务技巧来说，需要从以下几方面着手：

第一，管理人作为“中间方”，应尽可能及时、准确、全面地识别并确认、固定利益相关方真实诉求。到了一定阶段，片面诉求的呈现会成为阻滞各方合作的“绊脚石”，尽快了解诉求有利于为各方找到利益平衡点、博弈点奠定事实基础；同时，固定诉求能够以诚信等看不见的商业伦理，让善变者保持相对稳定的诉求，与其他各方合作以尽快推进程序。在该阶段，管理人可以通过各方签字的“备忘录”作为记录和推进后期达成和解的一个依据。

第二，创造友好、平等的谈判、磋商、会面、和谈机会。无论是正式场合，还是非正式场合，良好的气氛和沟通环境，相比剑拔弩张的氛围，更有利于各方放下戒备心倾诉己方的需求和困难，愿意倾听对方的真实想法，为寻找各方共赢点、利益平衡点提供契机。在和解中，甚至有债权人愿意主动让渡条件来换取当下的可得利益；也有投资人愿意进一步投资以拯救债务人，以时间换空间，以相对长期利益替代短期利益，当然，债务人配合投资人工作也是必不可少的。

第三，管理人为和解提供更多可替代性选择。可替代性选择意味着不同类型债权人有着更多选择——相对平等地选择使其能够根据己方资金需求、商业规划、性格特质等做出符合自身利益最大化的选择，也能整体上信任和解方案——相比清算、重整而言，此乃最符合其利益最大化的优质选择。

第四，管理人要力促在法治的框架内达成和解协议。坚定的法治化破产立场、高超的谈判技能、平和的同理心，秉持化解矛盾而非制造对立情绪、进一步激化矛盾的工作底线，能够促成各方和解。否则，超出法治化和解框架，在后期不仅可能因有关主体掌握更多法律知识、商业信息或市场环境变化发生“变卦”，导致和解协议的目的难以实现，而且，还可能因为违法违规追究管理人责任，让管理人深陷经济与声誉危机。

第五，中介服务机构在专业范围内做好扎实的资产评估、审计、债权审核、其他尽职调查等基本工作，是推进和解的根本前提；在此基础上，建立破产程序所需的府院联动机制并发挥应有的功能等。最后，要明确和解不是无原则的让渡权利或增加义务，或违背现有法律法规以及事实不清，而是真正让各方问题得以妥善解决、实现整体效益最大化。

典型案例：

三明市瑞城房地产开发有限公司破产重整案（下称“瑞城公司”）。[①] 瑞城公司以其不能清偿到期债务，且资产不足以清偿全部债务为由，申请破产重整。永安法院裁定受理瑞城公司破产重整申请。

---

① 三明中院：《三明法院破产审判典型案例丨三明市瑞城房地产开发有限公司破产重整转破产和解案》，三明中院微信公众号，2021 年 8 月 17 日。

2019年10月18日，瑞城公司与部分债权人提交的将破产重整转为破产和解的议案经第二次债权人会议审议并表决，债权占比超过90%的债权人同意转和解。

2019年11月28日，瑞城公司向永安法院申请和解，并提交了《和解协议草案》。

2019年12月3日，永安法院裁定终止瑞城公司重整程序，进入和解程序。

2019年12月23日，永安法院主持召开瑞城公司第三次债权人会议，对《和解协议草案》进行了讨论和表决，并获得通过。当日，永安法院于裁定认可和解协议，终止和解程序。法院认为《和解协议草案》系大部分债权人的真实意思表示且有利于保护小额债权人的利益，裁定认可经债权人会议表决通过的和解协议，瑞城公司得以存续，地产项目得以持续开发，最大限度地保护了各方当事人的权益。

二、节约破产资源，优化破产结果

重整转和解程序有助于节约破产过程中的资源消耗，维护并优化企业经营或资产价值。例如，和解程序相对简单；若资源能得以相对灵活且有效的配备，则其闲置率低，处置成本相对也低；程序灵活，往往不受法定期限限制，当事人可基于自身需要达成和解协议并及时执行和解协议等，且和解协议内容可以体现当事人意思自治，在资产配置、债权债务关系处理等方面更灵活；和解程序还可以缓解企业面临的即时财务压力，给予企业一定空间寻求财务支持（如债权人允许利息减免、再次融资）等。

典型案例：

河南省某开发利用有限公司（以下简称某公司）重整案。[①] 该公司成立于2007年1月，由省政府国资委及省内主要煤业集团出资组建，注册资本8.69亿元；所属企业48家。

---

① 案号：（2019）豫01破29号之一。信息来源郑州市中级人民法院：《优化营商环境典型案例》，https：//zzfy. hncourt. gov. cn/public/detail. php? id=26308，2020年5月7日。

2015 年以来，公司业务停滞，资不抵债，债务沉重，诉讼缠身，拖欠工资，人才流失，2017 年被列为省属一级“僵尸企业”。经审计确认，截至 2019 年 7 月 16 日案件受理时，某公司可变现资产仅为 3.21 亿元，负债 28.12 亿元。

2019 年 5 月 21 日，郑州市中级人民法院登记立案某公司预重整案件。

同年 5 月 31 日，预成立某公司破产清算组，并预指定某公司破产清算组担任管理人。同日，发布了某公司预申报债权及第一次预债权人会议公告。

7 月 10 日，召开了某公司预重整第一次预债权人会议，会议审议并高票通过了某公司财产管理方案和重整计划草案。

7 月 16 日，裁定受理某公司的破产重整申请。

8 月 26 日，召开了第一次债权人会议。

9 月 11 日，根据某公司的申请，裁定将破产重整程序转为破产和解程序。

9 月 26 日，召开了第二次债权人会议，高票通过了破产和解协议草案。

10 月 18 日，裁定确认和解协议，终结和解程序。化解了 28.73 亿元债务（债权申报总额 31.15 亿元），化解 56 起案件（涉案金额约 5.7 亿元），573 名职工得到了全员安置。

本案探索了一条“预重整+重整+和解”的独特路径，实现了某公司的持续经营：

首先，预重整在进入破产阶段调查核实清楚破产企业的债权债务、破产原因并广泛征求各方意见，避免了进入重整程序后因时间紧迫管理人不得不投入更多人力进行相关清产核资工作，有效节约了资源。

其次，在前一步的基础上，召开预重整第一次预债权人会议，会议审议并高票通过了某公司财产管理方案和重整计划草案，会后转为破产和解程序。

最后，在尊重绝大多数债权人意见的基础上，形成和解协议草案，债权人会议表决通过和解协议，为大型国有企业破产脱困探索了一条行之有效的新路。该案涉及金额及人数众多，如按正常重整程序，则必然面临时间紧迫、工作量巨大等挑战，管理人对如期完成各项工作承受巨大压力。反之通过上文的举措，有效避免了该问题，不仅节约了资源，同时使程序更加高效地推进，保障了各方利益。

三、缓解矛盾，推进各方达成共识

在破产过程中，各方可能存在对立情绪或利益冲突等，和解的优势包括：第一，和解协议的形成需要管理人充分、逐一与债权人沟通，这种“背对背”式地沟通往往更为有效，防止搭便车或者盲目跟风，有助于管理人了解债权人诉求与不同债权人的差别，为达成和解奠定基础；第二，“和解”一词本身与中国传统“和文化”一脉相承，有利于缓解各方情绪冲突，推进各方从对立走向合作，从冲突走向和谐，最终达成和解协议并能主动执行。

典型案例如焦作市全星钙业有限责任公司破产重整转和解案[①]。

焦作市全星钙业有限公司（以下简称“全星钙业”）成立于2010年，注册资本6000万元。主要生产销售碳酸钙、氧化钙、轻质碳酸钙、氢氧化钙；销售建筑材料。它是在严格环保治理的大环境下，焦作市同类企业中极少数获得环境评估合格的企业之一，有着广阔的市场前景和利润空间。

但是，全星钙业因资金不足、经营管理等原因，导致亏损严重、负债高企，企业控制权在原实际控制人、数个大额债权人之间多次转移，仍未摆脱经营困境。

2019年8月20日，部分小额债权人向人民法院申请对全星钙业破产重整；2019年9月2日，河南省焦作市修武县人民法院（以下简称“修武县法院”）裁定受理。

在案件因疫情影响及案情复杂造成重整期限超期的情况下，审理法院没有按照常规转入破产清算程序，而是根据实际创新适用破产法的法律精神及民事活动中的自愿、公平原则，灵活运用和解程序，化解了各利益相关方积累多年的尖锐矛盾，挽救了一个有着良好发展前景的企业。其中，化解了亿元债务，

---

① 案号：（2019）豫0821破3号。信息来源河南省高级人民法院：焦作市全星钙业有限责任公司破产重整转和解案，https：//www. hncourt. gov. cn/public/detail. php？ id=184209，2021年3月1日。

清偿比例比模拟破产清算的清偿比例提高了5倍多。

综上所述，破产和解制度具有一定优势，尽管在实践中，相比重整、清算案件在数量上较少，但是，和解在缓解债权人矛盾、优化破产效果、加速破产进程等诸多方面，发挥着积极效用，特别是在破产前景不明确、各方立场明显冲突等情形下，破产和解不仅能在法治框架内突破或创新个别规则，实现商业创新、法律创新，而且，也能在面对不确定的商业、产业、政策环境中，通过和解，开辟一条相对稳定的企业拯救、集体偿债之路。

第七章 关联企业破产重整专题

关联企业的存在有着相当的商业合理性，如“资源共享、管理优化、优势互补、风险管控”等[①]。商业合理性如同一把双刃剑，给企业带来了经济便利，也在法律层面带来了诸多挑战。其中，在破产法视域下，关联企业实质合并问题是常谈常新的话题，由此带来的诸多衍生问题成为破产法律庞大知识体系的重要分支。

而企业集团破产是其中一类特殊破产问题，《联合国贸易法委员会破产法立法指南》第三部分将企业集团界定为“以控制权或举足轻重的所有权而互相联结的两个或多个企业”，该部分立法条文目的是（建议 199—201）：（a）推动协同审议这些企业集团成员的破产程序启动申请；（b）允许法院获取有助于确定是否应当下令启动针对这些集团成员的破产程序的企业集团信息；（c）增进效率和减少费用；（d）为法院提供机制，用以评估对这些破产程序进行程序协调是否适当。上述目标对于有序推进集团企业破产重整有一定参考意义。也即集团破产问题应与其成员的破产程序亦步亦趋，对于程序协调问题，需要为司法机关提供相对明确的指引，授权法院获取必要的信息，让评估符合这里的“适当”之原则性要求，同时，兼顾是否经济的考虑，不能只考虑法律与社会效果。

其中，适当原则在一定程度上也即关联企业实质合并裁判标准。除此之外，关联企业实质合并问题还涉及不同企业债权人止息日计算节点、合并期间因持续经营等产生的新借款之定性问题等。

---

① 钟颖：《关联企业实质合并破产法律制度研究》，法律出版社 2024 年版，第 11 页。

这些操作性问题往往困扰着管理人、法院，且影响案件处理效率、质量以及社会舆论等。尽管在新问题上，理论研究并无系统性或直接性回应，但依然可以从破产法基本原理、核心基础理论、司法文件等层面探索到解决问题的路径。

大型企业破产往往会涉及关联企业破产问题，关联企业的存在有利于拓展商业版图、提升融资便利、优化管理结构，回溯海航、北大方正、康美药业等企业破产前的“辉煌时期”，迅速扩张带来高额短期回报的同时也获得了更高的金融机构授信，也助长了企业不顾实际继续举债、风险敞口持续增大的野心，甚至极端情况下企业家丧失企业家精神而误入歧途。最终，到了破产阶段，管理人不得不通过实质合并来拉平不同关联企业之间的清偿率，实现最大限度地对债权人的公平清偿。

例如，北大方正的重整计划中偿债方案的核心内容是：

（1）担保债权人在其评估价值范围内优先全额现金清偿；（2）普通债权人则进一步细分清偿标准，即 100 万以内部分全额清偿；（3）普通债权人超过 100 万的，具有选择权，从现金、现金+以股抵债、现金+留债中，自行选择受偿模式；（4）第三点中选择以股抵债的，还有信用等级 AAA 的投资主体无条件溢价回购的选择权等；（5）有财产担保债权超出担保财产评估价值的部分按照普通债权清偿方案受偿。①

实践中，存在不少大型关联企业破产在一定时期内梗阻在司法程序中，耗费着较多的人、财、物资源。对此，本章对大型企业破产重整实操中遇到的几个特殊问题展开分析。

第一节　关联企业实质合并问题

目前，关联企业实质合并主题在理论和实务上都得到了比较长足的发展。特别是，2018 年最高人民法院发布的《全国法院破产审判工作会议纪要》（本

① 参见彭扬：《独家！方正集团重整计划草案如期提交，多种选择提升债权人清偿率》，载 2021 年 4 月 30 日《中国证券报》。

节简称《会议纪要》）第32—39条，[①] 专门对关联企业破产问题予以系统性、指引性阐释，为关联企业实质合并提供了相对系统性、法治化的规制框架。

一、启动前提

（一）概述

启动关联企业破产重整程序并非越快越好，而是需要审时度势、充分衡量关联破产后对债权人等利益相关者的影响，以及关联企业之间是否必须通过破产解决债务问题。其背后除了法律知识，也会涉及财务、审计、商科、心理学等知识。不少企业因为急于进行关联企业破产，导致摊子过大、纳入不必要的企业，最后引发债权人强烈不满；也有另一种情形是怠于或拒绝纳入关联企业，导致严重损害特定债权人群体利益，亦引发法律与社会矛盾。

关联企业实质合并问题具有鲜明的结果为导向（result-oriented）特质，法官有着较大的自由裁量权（discretion）。

就前者而言，实践中，之所以实质合并是因为多数人都认为需要尽可能周全地考虑多数债权人是否得到充分且公正的清偿，而非少数人的立场与利益。对于后者来说，在破产法语境下，法官自由裁量权的主要法律依据是《中华人民共和国企业破产法》第八十七条，但自由裁量权运用是否得当仍然受制于法官的破产法素养、综合协调能力等主客观因素，不能“先入为主”认为

---

① 例如，32. 关联企业实质合并破产的审慎适用。人民法院在审理企业破产案件时，应当尊重企业法人人格的独立性，以对关联企业成员的破产原因进行单独判断并适用单个破产程序为基本原则。当关联企业成员之间存在法人人格高度混同、区分各关联企业成员财产的成本过高、严重损害债权人公平清偿利益时，可例外适用关联企业实质合并破产方式进行审理。

33. 实质合并申请的审查。人民法院收到实质合并申请后，应当及时通知相关利害关系人并组织听证，听证时间不计入审查时间。人民法院在审查实质合并申请过程中，可以综合考虑关联企业之间资产的混同程序及其持续时间、各企业之间的利益关系、债权人整体清偿利益、增加企业重整的可能性等因素，在收到申请之日起三十日内作出是否实质合并审理的裁定。

38. 关联企业破产案件的协调审理与管辖原则。多个关联企业成员均存在破产原因但不符合实质合并条件的，人民法院可根据相关主体的申请对多个破产程序进行协调审理，并可根据程序协调的需要，综合考虑破产案件审理的效率、破产申请的先后顺序、成员负债规模大小、核心控制企业住所地等因素，由共同的上级法院确定一家法院集中管辖。

39. 协调审理的法律后果。协调审理不消灭关联企业成员之间的债权债务关系，不对关联企业成员的财产进行合并，各关联企业成员的债权人仍以该企业成员财产为限依法获得清偿。但关联企业成员之间不当利用关联关系形成的债权，应当劣后于其他普通债权顺序清偿，且该劣后债权人不得就其他关联企业成员提供的特定财产优先受偿。

法官行使自由裁量权就会导致最优结果——假设存在自由裁量导致结果不符合多数人预期时，截至目前，并无矫正措施或者对应法律责任。

（二）考量因素

基于以上前提，启动关联企业重整需要基于以下维度：

其一，事实层面，管理人需要在进场后尽快掌握企业信息，特别是关联公司内部财务往来、人员管理、客户关系等。以此作为已经受理的破产企业是否具有独立的法人人格事实基础。

一方面，单一财务指标存在局限性，通常，若通过调账能够恢复原貌，只是财务层面的问题，无涉其他，且能够识别不同关联公司账务所对应的法律关系，则无须对关联企业做合并处理，按照非破产法规定处理，仍然能确保债权公平分配。

另一方面，就客户关系而言，如果多数客户均认为其合作对象是某一实际控制人所关联的多家公司——“认人”而不是认不同公司，那么，结合财务、人员、客户关系，尤其是企业内部成本、费用、利润核算等诸多方面的操作，典型如财务主管系同一主体，操盘集团整体账务，且企业借贷区分困难，账务缺失或不明，子公司利润归于母公司，或者母公司利润无偿拨付给子公司等。考虑债权人整体受偿利益、继续经营所需信任基础等综合因素，实质合并是妥当的。

其二，从重整必要性角度来看，重整的落脚点往往是债务人的商业模块，使之“容光焕发”也要考虑关联企业实质合并带来的好处。这些好处的影响范围，从债务人、债权人扩张至产业、上下游供应商、消费者、用户等。对此，《美国破产法》第1123条第（a）（5）（c）条为之开辟了新的思路，旨在允许合并一个或多个债务人以促进重整计划的事实。无独有偶，我国司法实践中也将此纳入考量范围，扩容了实质合并制度带来的种种优势。典型案例如河南新飞电器有限公司等破产案。

1. 基本案情[①]

河南新飞电器有限公司、河南新飞家电有限公司以及河南新飞制冷器具有

① 参见河南高院：河南法院破产审判十大典型案例，微信公众号“豫法阳光”2021年3月1日。新乡市中院官网：企业破产典型案例，2021年12月。

限公司（以下统称“新飞公司”）是全国家电行业的知名企业，曾位列中国工业企业500强，市场占有率曾高达20%。随着家电行业竞争加剧，新飞公司未能顺应市场需求，陷入经营困境。2017年10月底，新飞公司向河南省新乡市中级人民法院（简称“新乡中院”）提出破产重整申请，新乡中院于2017年11月9日裁定受理。

2. 典型经验

第一，及时合并，缓释社会矛盾。新乡中院组成五人合议庭审理本案。经调查发现，新飞公司已持续经营33年，三家企业存在法人人格高度混同的现象，为公平保护各方利益，降低社会矛盾发生风险，新乡中院根据审计结果，于2018年1月4日裁定合并重整。

第二，公平清偿，平衡不同类型、不同规模债权人利益。例如，针对新飞公司的上下游合作企业众多，且该部分债权人对新飞公司依附性强、债权金额小的特点，管理人在制订重整计划草案时，充分考虑了小额债权人与其他债权人的利益衡平，设置小额债权组，提高清偿率；该部分小额债权人大多数为新飞公司上下游供货商和经销商，保障了新飞公司复产后企业供应链、销售链的完整，为快速复苏打下良好基础。

第三，核心资产重组，剥离无效、低效资产。在通过常规方式招募重整投资人受挫后，又迅速调整重整思路，根据意向投资人的需求，创新运用“在重整计划执行期间以股权网络拍卖形式引入重整投资人”的模式，对战略性核心资产进行重整，对其他低效资产剥离清算。2018年5月21日，新乡中院依法裁定批准重整计划并终止重整程序，2019年2月21日，新飞公司重整计划执行完毕。

第四，法院有着相对清晰的裁判标准，有力确保重整成功。具体是：新乡中院发挥破产审判职能，进一步设立并完善投资人招募机制，明确双核心评判标准——即将“是否维护产业链完整”“是否做强、做大品牌”作为招募的关键标准，既有效保证了民族品牌的延续与发展，又确保了上下游近千家供应商、销售商的生存与稳定。在重整计划操作层面，法院重视重整计划的设计和执行，通过与管理人及新飞公司成立联合工作专班，逐一解决了企业信用修复、知识产权保护、职工就业等难题，为新飞公司的后续发展积极排忧解难。

（三）各地经验

《周口市中级人民法院关于关联企业实质合并破产工作指引（试行）》

第九条　债务人、管理人、出资人申请实质合并的，应当提供能够证明关联企业不当利用关联关系，导致关联企业成员之间法人人格高度混同，损害债权人公平受偿权益的初步证据。

债权人申请实质合并的，应当提供能够证明存在合理理由信赖其交易对象并非单个关联企业成员、单独破产损害其公平受偿权益的证据。

第十条　实质合并破产申请的审查，应当组织申请人、债权人代表、债务人以及其他利益相关方听证。

听证通知发出至听证结束，为听证期间，听证期间原则上不得超过三十日。通知申请人听证，申请人无正当理由拒不参加听证的，按撤回申请处理。

《北京市第一中级人民法院关联企业实质合并重整工作办法（试行）》

第七条　【适用标准】关联企业的法人人格高度混同，以致其资产、负债需要过高的费用和大量的时间才能予以区分，或者由于记载资料匮乏等原因，已经在事实上无法区分，单独适用破产程序严重损害债权人公平清偿利益的，可以适用实质合并重整程序。

关联企业部分或全部成员存在法人人格混同，虽不符合前款规定的高度混同标准，但其已经分别符合企业破产法第二条规定的情形，且关联企业符合下列情形之一的，也可以适用实质合并重整程序：

（一）由于企业运营、资产配置等客观原因，上述成员的加入为整体重整所确实必需，且实质合并重整预计将不损害个别债权人的清偿利益；

（二）由于节省区分和清理成本、降低破产费用等原因，上述成员加入实质合并重整预计将使全部债权人受益。

第八条　【协调审理】多个关联企业成员均符合企业破产法第二条规定的情形，但不符合本办法第七条规定的条件的，本院可依申请对多个破产重整案件，或者破产重整和清算案件进行协调审理。

前款所称“协调审理”，系指为提升审理效率、降低破产成本或增加关联企业的挽救可能，集中管辖各关联企业成员的破产案件，保持各关联企业法人人格和资产债务的独立，适当统一协调各破产案件的程序步骤和重整计划、清算方案等内容的审理方式。

拟协调审理的案件涉及多家人民法院管辖权的，集中管辖的法院可由其共同的上级人民法院确定。

二、管辖问题

最高院对于关联企业实质合并破产采取的是审慎适用态度，尤其解决了非常重要且容易引发争议的管辖问题，最终确立了“核心控制企业住所地人民法院管辖”原则以及例外情形——核心控制企业不明确的，由关联企业主要财产所在地人民法院管辖。多个法院之间对管辖权发生争议的，应当报请共同的上级人民法院指定管辖。这一做法，将改善多地“法院竞择”——对于我国而言尤为如此，不少关联企业投资分散性极强且跨越多个区域，可能引发的各类道德风险、法律风险，保持了破产期间债务人的稳定性。

三、处理原则

结合上述《会议纪要》，具体在处理实质合并破产问题中需要把握以下几点核心要素：

（一）基本原则

尊重企业法人人格的独立性，对逐一关联企业成员的破产原因进行判断，通盘考虑、审慎论证，不要先入为主。

（二）成本核算

即关联企业成员之间存在法人人格高度混同、区分各关联企业成员财产的成本过高、严重损害债权人公平清偿利益时，可适用关联企业实质合并破产方式进行审理。

（三）兼听则明

通常，人民法院应当组织并及时通知相关利害关系人（通常听证时间不计入审查时间）。

（四）其他因素

其一，综合考虑关联企业之间资产的混同程序及其持续时间、各企业之间的利益关系、债权人整体清偿利益、增加企业重整的可能性等因素。

其二，实践中，还可能遇到并非一开始就裁定关联企业实质合并的情形，而是在第一家企业破产受理后，经过一定时期（在此期间内，管理人、审计、评估机构等，通过综合评估发现该企业和其他企业存在关联关系，且具有实质合并的必要性，对此有较充分的证据证明），将关联企业纳入实质合并的范围。在发生这种情形时，在《会议纪要》的基础上，需要额外关注两点：

1. 实质合并对管理利益的影响——管理利益主要是基于对合并成本收益、债权人偿付结果以及重整计划通过的财务、人力、沟通谈判成本等，具体是法院裁定实质合并主要考虑合并后债务人重整可能性提升、确认一个重整计划的成本低于确认多个重整计划，以及可以让集团或关联系某个或某几个清偿能力的主体资助其他清偿能力弱甚至无清偿能力的主体。① 管理利益的考量，能够整体上降低重整成本，为分配节约了更多资金。

2. 第一点管理利益的不足之处在于对清偿水平不同的债权人的调和并没有全面考虑——但是，这种考虑本身是否有必要，是否要完全一致，该问题本身就是存疑的，而且不同案件关联企业的实际情况千差万别。

基于此，通常，相对公平，即关注实质合并整体过程、企业失败原因、债权形成因果与背景、处置效率等，基于综合因素得出的清偿分配方案或重整计划，比绝对公平可能更符合解决破产问题的基本逻辑，也能更加贴近破产法的目标。

---

① 参见贺丹：《破产实体合并司法裁判标准反思——一个比较的视角》，载《中国政法大学学报》2017年第3期，第81页。

四、典型案例

如北大方正集团重整案：[①]

（一）案情概述

1986年，北大方正集团有限公司（以下简称“方正集团”）由北京大学投资创办。

截至2018年年底，方正集团总资产3606亿元。股权纠纷、声誉危机等内忧外患，导致方正集团现金流持续恶化，生产经营连续亏损，多处资产被查封冻结。其中，“19方正SCP002”不能按期足额偿付本息是诱发破产的关键导火索。在法院受理破产前，北京大学和方正集团曾多次努力尝试引入战略投资者进行市场化重组，但均未成功。

2019年年底，生产经营陷入困境，债权人向法院申请对其破产重整。

2020年2月19日，北京市第一中级人民法院（以下简称“北京一中院”）受理方正集团重整申请。

2020年7月31日，法院裁定对方正集团等五公司实质合并重整。

受理重整申请后，北京一中院聚焦方正集团核心主营业务，按照法治化、市场化、信息化要求稳妥推进各项重整程序，指导管理人通过公开招募、市场化竞争选定重整投资人，坚持公平对待债权人，切实维护职工权益。

2021年5月28日，北京一中院召开该案第二次债权人会议，表决方正集团等五家公司重整计划草案。依据重整计划草案，职工债权及担保债权均获得全额现金清偿，普通债权100万元以下的部分全额现金清偿，100万以上部分清偿率最高达61%。各表决组均高票通过重整计划草案。

2021年6月28日，北京一中院裁定批准重整计划，并裁定终止重整程序。

---

① 本部分信息参考如下：案号：（2020）京01破申530号，（2020）京01破13号。参见李曙光：北大方正集团重整打造集团重整的新模式，《北大方正集团重整打造企业集团重整的新模式》，法制网，2021年5月12日，http：//m.legaldaily.com.cn/Finance_and_Economics/content/2021-05/12/content_8502910.htm；参见李丹丹：《方正集团被申请司法重整，或是“涅槃重生”最优解》，载《上海证券报》，2020年2月19日第1—2版；参见北京破产法庭：《聚焦两会丨北京破产法庭审理的2个案件被最高法工作报告提及》，北京破产法庭微信公众号，2023年3月8日。

通过司法重整为方正集团引入投资700多亿元，化解企业债务2600多亿元，助力400余家企业持续经营，稳住3.5万名职工工作岗位……

（二）典型经验

第一，通过“多主业企业集团”重整，在出售式重整通道下，有效隔离了方正历史遗留问题；减轻税负；防止僵化或单一业务板块重整对多元主业造成的不良冲击；防止资产贬值给债权人、投资人、出资人乃至其他利益相关者造成不良影响。

第二，全国范围内市场化、遴选性招募投资人，防止封闭式招募投资人产生的弊端——如投资方式单一、重整模式单一、谈判条件受限、内部交易导致价格失衡等。最终，北大方正选择珠海平安联合体投资人，实现了清偿、产业、战略的综合最优配置。

第三，经营层面，北大方正重整真正从外部法律问题切入关乎企业实质经营的技术层面的问题。

第四，清偿方案灵活且多元，能够考虑广大债权人诉求并提供多元化偿债选择。给债权人、破产利益相关者、市场主体较为清晰地传递了一个理念，市场化破产机制不只是利益的再次博弈，更是利益高层次分配的平台。

第二节　实质合并的必要性及其考量要素

一、实质合并考量关键要素

对关联企业进行实质合并往往是实现债权公平清偿、提升资产整体价值等的最优路径，相比单一清算，优势在于防止人格混同、关联企业内部关联混淆、账目混乱导致区分成本过高，以及资产缩水等问题。结合我们办理的某起大型企业破产重整项目，分享几点考量：

第一，集团所辖关联公司均符合法定破产条件，即《中华人民共和国企业破产法》及其司法解释规定的破产条件。

第二，经管理人对拟合并重整的公司工商登记、历史沿革、公司经营管理等资料分析，发现几家公司的股权结构存在关联关系，其中，部分公司的全资控股股东为A公司；部分公司系B公司的全资子公司，A公司又系B公司的绝对控股股东。

第三，A公司能够实际支配关联公司的决策行为，实际控制了上述公司的人员、资产、财务，能对其经营管理做出一致决策。

第四，关联公司丧失法人意志独立性问题，具体表现为：

（1）人格混同。经核查，公司的法定代表人、董事、高级管理人员存在交叉任职等情形；根据人员任免等内部管理文件显示，多家公司人员分工及人员招聘、奖惩评选等，由A公司实际决策、制定人力资源制度规章。

拟合并破产重整的公司部分员工存在交叉任职的情况，且部分员工工资列支等与实际用工单位不一致。

员工分别与其中部分公司建立形式劳动关系，但实质上交叉使用人员但未进行人工成本的分摊，管理人无法区分各公司员工真实劳动关系的建立主体。

（2）经营管理混同。在经营管理架构方面，有关公司均无独立的组织机构和完善的经营管理架构，其中几家公司成立后，并未实际开展经营业务。A公司内部成立最高决策与经营管理层，统管其他公司的经营方案、计划采购、激励政策等重要任务。

在日常经营方面，日常经营管理事项全部需要执行同一套审批流程，由A公司任命的各流程管理人员及系统审批确认，公司工商登记的执行董事、监事等权力机构已丧失实质意义上的重大经营管理决策权，统一由集团公司实施经营管理……

经综合分析，A公司作为管理核心、资金资产调配中心及对外融资决策中心，战略决策、采购销售等均接受来自A公司的统一安排与控制，关联公司法人意志独立性已经丧失。

（3）丧失法人财产独立性，具体表现在以下方面：

其一，财务混同。关联公司未单独制定财务内部控制制度，在货币资金、物资采购、在建工程方面均统一实行A公司下发财务管理制度，并负责审批。

其二，资产混同。在经营场所使用方面，关联公司之间从经营场所、库房到公共区域严重混同，未分摊日常开支费用，且难以清晰区分各公司所应承担的成本费用。

无法清晰区分各公司车辆管理、保养、违章处理等应承担的成本费用……

二、实质合并必要性分析

实质合并必要性分析是管理人勤勉尽责的具体体现，如果未能对应当合并的关联企业进行合并，或者不该合并的纳入合并范围，将在很大程度上损害债权人合法权益，破坏集体清偿秩序所依托的事实性前提，面临大量债权人的诉讼和上访，也会侵蚀破产程序的公平性与效率性，导致不公平清偿、破产财产缩水等。

（一）契合破产法立法目标，保障债权人的合法权益

《中华人民共和国企业破产法》第一条立法宗旨中明确了“公平清理债权债务，保护债权人和债务人的合法权益”，通过破产机制，倒逼企业优化经营管理、提升经济效益、调整有关产业结构与优化商品、服务性能等。[①] 考虑被实质合并公司之间在较长时期内持续、广泛、显著地存在人员混同、经营管理混同、资产混同、财务混同的情况，以及各公司严重丧失企业法人独立意志和财产，导致企业法人独立人格的丧失。

严重的资产、财务混同等，往往在一定时期内导致公司流动性危机，决策缺乏有效的财务支持，公司之间直接或通过第三方进行无实质性交易的资金流转、代支代付、互相担保、资产调拨等情况使两公司之间的资金难以区分，增加了债权人追偿难度，降低了其他债权人的清偿比例，难以保障其他债权人的公平受偿权。如实现合并重整，可对公司彼此往来借款及互相担保债权进行抵消，防止不当减损债权人清偿率。

---

① 参见《中华人民共和国企业破产法注释全书——配套解析与应用实例》，法律出版社2015年版，第3页。

（二）实质合并有利于提高司法效率、节约司法资源

根据最高人民法院关于印发《全国法院破产审判工作会议纪要》的通知（法〔2018〕53号），其中第32条规定了关联企业实质合并破产的审慎适用。人民法院在审理企业破产案件时，应当尊重企业法人人格的独立性，以对关联企业成员的破产原因进行单独判断并适用单个破产程序为基本原则。当关联企业成员之间存在法人人格高度混同、区分各关联企业成员财产的成本过高、严重损害债权人公平清偿利益时，可例外适用关联企业实质合并破产方式进行审理。若每家企业均以单独个体进入破产重整程序，则管理人需要先确定每家公司与其他关联企业之间的债权债务关系后，才能进一步推进重整程序。

据此，可以对关联公司是否可以纳入实质合并程序做基本面分析。例如，在我们处理的另一起破产案件中，若干家公司之间存在着错综复杂的关系，若分别重整，在关联债权清理认定和资产归属划分方面将会产生大量的关联性、重复性工作，特别是关联担保债权重复申报问题，将导致司法资源的不当消耗与浪费。

在彼时审判力量严重不足、审判资源较缺乏的情况下，分别重整将导致重整进度缓慢、重整效率不高、清偿不公……最终影响重整效果的实现。通过对符合条件的关联公司进行合并重整——将会在法律关系的认定、债权债务的清理、企业资产的核算、内部债务的消灭、债权人会议的召开、重整计划的实施等方面节约司法资源，提高司法效率，保障重整的顺利进行。

（三）合并重整有利于招募投资人，提高重整成功率

近年来，解决破产企业资金短缺问题的主要参与者为市场主体，相比政府纾困基金，具有更强的灵活性，也弥补了政府纾困基金数量不足、市场化管理能力不足、资源配置效率较低等局限性。直观上，合并重整往往会形成更为丰沛的资源，包括无形资产、有形资产，尤其是土地、房屋、知识产权、商誉等，特别是对于产业链整合来说更是重要，这也是吸引投资者、建立多方信任的重要桥梁。

例如，在自治区某起房地产企业重整中，由于涉及关联公司较多，土地使

用权及不动产分散于各个关联公司名下，部分公司下剩资产极其有限、未开发土地面积较小、开发空间有限，难以吸引高质量的投资人。管理人结合现有资产状况，反复讨论，最终认为整合部分土地有利于提升开发空间、提高重整成功率。更大面积的土地资源往往能够赋予项目更广阔的空间——包括主体项目、配套基础设施以及联通项目与交通等等，有利于嫁接优质投资人或其他投资资源。最终，确实成功招募到投资人，并引进优质教育资源等。

（四）合并重整有利于稳固产业，优化区域经济发展

考虑规模经济与产业集群带来的经济、社会效益，越来越多的地方通过产业发展带动地方经济增长、刺激消费等。例如，宁夏回族自治区有关城市出台多项产业招商引资政策，为获取产业投资者、企业家及企业资源等提供保障，特别是新能源、新材料、新食品、电子信息工业、生物医药等新兴领域。

（五）项目合并重整，有利于区域经济发展提质增效

如各关联公司单独重整，在关联债权清理认定和资产归属划分方面将会产生大量的关联性、重复性工作，特别是因关联担保债权重复申报问题，将加大债权金额。而将关联公司合并重整，在法律关系的认定、债权债务的清理、企业资产的核算、内部债务的消灭、债权人会议的召开、重整计划的实施等方面会极大地节约资源、提高效率，保障重整的顺利进行。

第三节　区域性大型企业破产的特殊问题

这里的特殊问题主要是指关联企业实质合并时重整的止息日确定问题。目前，该问题并未有定论，但实践中存在着分歧。为了促进该问题早日达成共识，强化合理性，本书进行拓展性分析，即尝试从基本原理层面以及可能带来的影响等方面进行剖析，以期对读者提供有益的参考。

目前，《中华人民共和国企业破产法》第四十六条第二款规定，“附利息的债权自破产申请受理时起停止计息”，我国关于关联企业实质合并重整程序止息日计算标准主要采取两种标准。第一种，以首个案件破产受理日作为止息标准，其他随后进行实质合并的案件也以此为参考日期做止息处理；第二种，每个案件的破产受理日分别作为止息标准。

一、首个案件破产受理日为标准

（一）参考依据及其述评

1. 原则性指导

《全国法院破产审判工作会议纪要》（简称《会议纪要》）

第36条规定，“人民法院裁定采用实质合并方式审理破产案件的，各关联企业成员之间的债权债务归于消灭，各成员的财产作为合并后统一的破产财产，由各成员的债权人在同一程序中按照法定顺序公平受偿。采用实质合并方式进行重整的，重整计划草案中应当制定统一的债权分类、债权调整和债权受偿方案”。

由于《会议纪要》的位阶较低，具有指导性、引导性与权威性，缺乏强制性，在操作层面有着弹性空间，在普适性方面仍然面临一定现实挑战。上述内容的适用前提是：法院裁定实质合并的对象是在同一时间受理的，具有公平受偿的可行性，而对于不是同一时间受理的情形，则需要做进一步分析，考虑更多受时间差影响的范围，才可能做到相对公平，实现实质上的公平清偿。诚然，也有人认为《会议纪要》强调的是统一时间点，按照先受理进行计算，对于这种认识上的分歧或语义上的差异化理解，限于篇幅与经验，我们不做赘述。

2. 成都市指引

《成都市破产管理人协会破产案件债权审核认定指引（试行）》

第九十一条　对于先后进入破产程序的关联企业，在人民法院裁定实质合并破产后，建议以最先进入破产程序的关联企业的破产申请受理日为申报债权的止息日。

该指引具有鲜明的地方特色，特点在于制定者认识到实践的丰富性、复杂性，以及避免“一刀切”导致破产程序陷入僵局、给法院自身造成程序性障碍，特别是关联企业并非在同一时间被法院裁定受理破产——识别关联企业、不同关联企业之间的关系、召开实质合并听证程序、论证关联企业实质合并的必要性与合法性等，都需要经历一定时期，短则数月，长则数年。这种做法的局限性在于对两个或两个以上时间节点之间存在的基本事实及其法律依据等没有做进一步细化，也给司法自由裁量权、管理人履职留有一定空间。

但是，先前进入重整程序的是集团公司或核心企业，其债权人数量通常多于其他关联企业，如果其他关联企业的债权人可以获得更长的计息周期，则在先债权人可能出于“不患寡而患不均”心理对管理人的债权审查工作心生不满，甚至可能增加后期重整方案表决通过难度。

（二）案例支持

1. 郑志锋、湖州镭宝投资有限公司普通破产债权确认纠纷再审审查与审判监督一案①

最高院认为：统一各个合并破产企业的普通债权清偿率，有利于保障债权人等各方当事人之间的实质公平，也有利于厘清各公司债权债务，提高破产清算效率。原判决有关“孳息债权计算统一截至先破产企业镭宝机械破产裁定受理日”的做法符合《中华人民共和国企业破产法》第一条“公平清理债权债务，保护债权人和债务人的合法权益，维护社会主义市场经济秩序”的立法目的，也不违犯该法第四十六条“附利息的债权自破产申请受理时起停止计息”的规定，并且充分保障了全体债权人能公平有序受偿的立法目的。

2. 威海市商业银行股份有限公司烟台分行、烟台市台海集团有限公司等金融借款合同纠纷民事二审②

烟台市中级人民法院亦沿用最高院（2019）最高法民申265号裁判意见，支持将最早进入破产企业的破产裁定受理日统一作为破产债权止息日。

二、关联企业各自受理日为标准

不同于上述以最早进入破产程序的裁定受理日为破产债权止息日，地方层

---

① 案号：（2019）最高法民申265号。
② 案号：（2021）鲁06民终7186号。

面考虑案件复杂性、操作便利性、结果相对公平性，出台了适用于地方的参考文件来指导地方破产案件的办理，特别是实质合并所依托事实问题的复杂性、长期性、不确定性。

（一）参考依据

1. 北京市

《北京市第一中级人民法院关联企业实质合并重整工作办法（试行）》

第三十九条　【停止计息】实质合并重整案件，对相应关联企业成员的附利息的债权，一般自对相应关联企业成员的破产申请受理之日停止计息，法律另有规定的除外。

北京市第一中级人民法院《关联企业实质合并重整问答》

问题二：关联企业实质合并重整能解决什么问题？

法律、司法解释中没有直接规定关联企业合并破产的有关内容。在相关案件的审理中遇到的突出困难是，很多关联企业未能遵守财务制度和会计准则，存在长期和大量的缺乏正常商业逻辑的利益转移，资产和负债的混同甚至达到无法区分的程度。

对于此类关联企业，破产制度本身的矫正功能客观上已经难以发挥作用，而且如果对其成员单独适用破产程序，必然严重损害部分债权人的公平清偿利益。建立关联企业实质合并重整制度主要就是为了解决这个问题。

问题三：此类案件审判应当坚持什么原则？

为了规范审理破产重整案件，充分发挥破产重整的制度功能，营造市场化、法治化、国际化的营商环境，关联企业实质合并重整案件审判应当坚持依法保护和挽救市场主体，公平、高效保障破产程序中债权人、债务人、出资人等利害关系人的合法权益。

《中华人民共和国民法典》《中华人民共和国企业破产法》《中华人民共和国公司法》《中华人民共和国民事诉讼法》等法律以及相关司法解释和司法指导性文件有规定的，审理时必须遵守相关规定。

鉴于实质合并对相关主体的重大利益影响，破产审判中应当以对单个企业单独适用破产程序为原则，以不再考虑企业法人独立人格、合并适用破产程序为例外，而且适用实质合并重整程序的，必须符合一定明确的条件，并给予相关利害关系人充分的程序救济权利。

问题四：关联企业适用实质合并重整程序的标准是什么？

关联企业的法人人格高度混同，以致其资产、负债需要过高的费用和大量的时间才能予以区分，或者由于记载资料匮乏等原因，已经在事实上无法区分，单独适用破产程序严重损害债权人公平清偿利益的，可以适用实质合并重整程序。

关联企业部分或全部成员存在法人人格混同，虽然不符合上述高度混同标准，但如果其已经分别符合《中华人民共和国企业破产法》第二条规定的破产原因，且关联企业符合下列两种情形之一的，也可以适用实质合并重整程序：一是由于企业运营、资产配置等客观原因，这些成员的加入为整体重整所确实必需，且实质合并重整预计将不会损害个别债权人的清偿利益；二是由于节省区分和清理成本、降低破产费用等原因，这些成员加入实质合并重整预计将使全部债权人受益。

2. 四川省

《四川省高级人民法院关于审理破产案件若干问题的解答》(川高法〔2019〕90号)

第五点债务人进入破产程序后，人民法院又裁定其关联企业与债务人合并破产的，在债权审查时的止息日以及可撤销行为时限是以债务人的破产申请受理日为准，还是以人民法院裁定合并破产的时间为准

答：人民法院裁定采用实质合并方式审理破产案件的，各关联企业成员之间的债权债务归于消灭，各成员的财产作为合并后统一的破产财产，由各成员的债权人在同一程序中按照法定顺序公平受偿。在处理债权审查时的止息日以及在处理可撤销行为、追回财产时，应当按照债务人与关联企业各自进入破产程序的时间分别确定，并在债权人会议中予以释明。重整计划草案的提交期限应从人民法院裁定合并重整之日起计算。

3. 广东省

广东省破产管理人协会《广东省管理人业务操作指引（试行）》

第 223 条 【程序衔接】

人民法院裁定实质合并重整的，合并前关联企业成员破产案件中已经完成的接管调查、债权申报审查、财务审计、资产评估以及其他各项已完成的工作或程序继续有效。

合并前发生的破产费用、共益债务，作为实质合并重整案件的破产费用和共益债务。

人民法院裁定关联企业实质合并审理后，可以重新起算重整计划草案提交期限。

4. 深圳市

深圳市中级人民法院《破产案件债权审核认定指引》（深中法发〔2017〕5 号）

第七十八条 管理人可以根据重整案件的实际情况制定符合法律和司法解释规定的供个案适用的债权审核认定标准，经债权人会议通过并报本院备案后施行。

（二）小结

分别计算也是目前较常用的路径，此种路径的优势在于兼顾实质正义与程序公正；能够体现对市场主体权利处分的依法保护；尊重管理人、债权人会议的职能；保障破产程序的稳定。宏观层面，这种做法也有利于激励市场主体在一开始申请破产阶段就考虑申请关联企业集体破产，激励法院受理阶段充分考虑实质合并，同时，也给中介服务机构尽快判定实质合并以合理时间等——待时机成熟，做实质合并处理。

（三）案例支持

1. 华晨汽车集团破产重整案[①]

2020 年 11 月 20 日，沈阳市中级人民法院受理华晨汽车集团破产重整案。

---

① 案号：（2020）辽 01 破 21 号。

本案中，关联企业实质合并破产是新程序的启动，各关联公司因存在法人人格高度混同、丧失法人财产及意志独立性进入实质合并破产程序，成为一个债务企业主体，故相应的债权利息应按实质合并日进行调整确定。

2. 宿州国购广场商业投资有限公司、合肥建工集团有限公司建设工程施工合同纠纷民事申请再审一案①

最高人民法院于2022年1月21日作出裁定，支持了安徽省高级人民法院以关联企业进入重整时间分别计算止息日的裁判意见，该案中最高院未对裁定书中“（2019）最高法民申265号民事裁定与本案事实并不类似，不能简单类比适用”作出详细阐述。

三、基本规律

整体来看，无论立法层面还是司法层面，中央层面还是地方层面，均未对实质合并破产案件中债权止息日做出统一强制性或系统性规定，但仍然有以下规律可循：

第一，止息日确定需要考虑确保破产程序的稳定与效率。

第二，止息日确定要综合考核不同阶段受理关联企业破产所产生的连锁反应，尽量减少此种反应对债权人整体、社会带来的负面冲击。

第三，止息日的确定以债权相对公平清偿为核心目标。

第四，债权清偿方案，包括止息日的确定，可以经过债权人会议集体表

① 案号：（2021）最高法民申6375号。

决，对清偿规则予以表决通过；若未能通过的，则由法院裁决。[①]

第五，之所以产生止息日的分歧是因为破产案件可能涉及不同阶段对关联企业进行合并，而分阶段合并是因为一开始受理案件时，因客观因素不能确认实质合并范围，管理人接管后，经过充分调查研究论证，尤其是区分人财物成本过高，为了控制破产成本，为了程序公正，才能符合债权人整体利益最大化。控制成本和程序公正，二者不可偏废。

第六，补充申报产生的费用为法定费用，且未规定补充的原因是否为实质合并，但有助于保护管理人补充审查的专业劳动。《中华人民共和国企业破产法》第五十六条规定，在人民法院确定的债权申报期限内，债权人未申报债权的，可以在破产财产最后分配前补充申报；但是，此前已进行的分配，不再对其补充分配。为审查和确认补充申报债权的费用，由补充申报人承担。

第七，自《中华人民共和国企业破产法》与最高人民法院发布相关司法解释出台至今，均未以成文法形式对实质合并受理日不一致如何确定起息日问题做出明确规定，有可能不是因为没有考虑这个问题，而是因为该问题非常复

---

① 根据《中华人民共和国企业破产法》第七章第六十一条规定债权人会议行使下列职权：

（一）核查债权；

（二）申请人民法院更换管理人，审查管理人的费用和报酬；

（三）监督管理人；

（四）选任和更换债权人委员会成员；

（五）决定继续或者停止债务人的营业；

（六）通过重整计划；

（七）通过和解协议；

（八）通过债务人财产的管理方案；

（九）通过破产财产的变价方案；

（十）通过破产财产的分配方案；

（十一）人民法院认为应当由债权人会议行使的其他职权。

债权人会议应当对所议事项的决议作成会议记录。

第六十四条　债权人会议的决议，由出席会议的有表决权的债权人过半数通过，并且其所代表的债权额占无财产担保债权总额的二分之一以上。但是，本法另有规定的除外。

债权人认为债权人会议的决议违反法律规定，损害其利益的，可以自债权人会议做出决议之日起十五日内，请求人民法院裁定撤销该决议，责令债权人会议依法重新作出决议。

债权人会议的决议，对于全体债权人均有约束力。

第六十五条　本法第六十一条第一款第八项、第九项所列事项，经债权人会议表决未通过的，由人民法院裁定。

本法第六十一条第一款第十项所列事项，经债权人会议二次表决仍未通过的，由人民法院裁定。

对前两款规定的裁定，人民法院可以在债权人会议上宣布或者另行通知债权人。

杂，数以万计的案件面临不同问题需要回应。因此，立法者可能选择将该问题留给管理人、法院，结合个案进行具体问题具体分析，使之能契合立法原则，符合现有法律规则，做出相对公平而非绝对公平的决定。

第八，目前实务界普遍对关联企业实质合并采纳慎用态度。需要具体考量改变债权人受偿基础、合理性和正当性，以及确定实质合并后，平衡不同关联企业债权人之间的利益。实质合并本身就存在资产状况较差关联企业成员的债权人，合并对其有利的问题。① 深度平衡债权人利益，是贯穿实质与程序的，而非一个简单的标准。

四、具体分析项目的特殊性

实践中，既然确定关联企业实质合并存在分歧，那么，并不能简单认为一刀切式地处理方式就能解决问题。这也意味着需要根据不同案件的实际情况，选择真正合理的日期，以达到破产法的适用目标。在实操层面，可以从以下几个维度进行参考来确定止息日：

第一，若干个关联企业受理破产日期的时间差。如果时间差较小，那么，选择任一时间对债权人、破产程序的影响并不大；反之，则需要做周密性、系统性分析，同时，根据《中华人民共和国企业破产法》规定，这也意味着补充申报会增加债权人申报成本。

第二，是否存在共益债融资。若对已确认债权进行重新计算，将导致：

（1）中介机构前期债权审核工作推倒重来，增加管理人、审计机构工作费用，破产费用增加，债权人亦需要自行承担费用；

（2）程序紊乱，包括：如何界定偏颇性清偿、破产清偿效力，时间节点难以统一；而且，以最新关联企业破产受理日为基准日，则在一定程度上限缩了偏颇性清偿的范围；

（3）截至最新关联企业破产受理日的补充申报部分，管理人需要根据债

---

① 参见钟颖：《论关联企业实质合并破产规则的审慎适用》，载《西南民族大学学报》（人文社会科学版）2024 年第 6 期，第 77 页。

权人申报金额，重新收取补充申报费用，这部分费用依法应当由债权人自行承担，而后合并企业的债权人不存在此问题；债权人之间可能产生分歧；不收取费用，违反法律规定。这里，存在一定的解释分歧以及与之带来的争议，甚至可能会掣肘程序效率。

若对实质合并后，债权人按照首个企业破产受理日为止息日，则部分新债权尚未产生，以及正常营业期间的债权往来要进行重新定性——是否为偏颇性清偿、合同效力问题等，对区域性与之有关的市场秩序产生一定影响。

债权人均未在法定异议期内提出债权异议。一般情况下，审核认定债权不得超出债权人申报的数额和范围。

第三，综合性分析意味着要结合案件情况，做好通盘考虑，包括但不限于重新确定债权止息日对各类债权人的影响、对管理人报酬和破产费用的影响、对其他中介服务机构已完成工作的影响、偏颇性受偿范围、投资人等等。最终，努力做出让债权人、投资人、法院、利益相关方等整体满意的决策。

第八章

重整投资如何点石成金

对陷入危机的债务人而言，破产是不幸的。但是，对于投资人而言，不论是从追求收益出发还是从扩大生产规模出发，皆是投资机会。根据《中华人民共和国企业破产法》及相关司法实践，对破产企业的投资并购机会主要体现在对已进入重整程序但有维持生产经营且缺乏流动性的企业提供投资（如投资股权、购买债权或资产等），并在一定期限内获得收益等，以及将重整项目作为类定增项目，同时满足债务人融资化债的需要与投资者获得投资收益的双重需要等。

西北地区大型破产企业投资人招募相对困难，一方面，是因为有实力的投资人基数小、投资规模相对较小、投资理念相对保守，诸多因素影响使投资者端投资意愿疲软，投资规模有限，可能难以企及化债、盘活全部需求；另一方面，西北市场相对封闭、规模较小、企业经营透明度较低，相比于沿海、经济相对发达地区，后者具有显著优势。例如，人口更多、市场更为活跃；与国内外市场联系相对密切、交易更加频繁、市场需求更加旺盛且多元化；项目潜力大、竞争性强，故破产重整投资机会多、投资人密度高且单体投资与联合体投资资金规模更大，整体上使其抗风险能力也略胜一筹。

这也导致西北地区重整投资市场相对较少，少数投资机会竞争相对激烈，而项目较小、缺乏配套政策支持、综合实力较弱的债务人，或者面临资产处置困难、配套设施不健全等问题的债务人，难以招募到合适的投资人，破产项目对投资人吸引力较弱，盘活资产的前景黯淡，即便破产案件始于重整，也很有可能终于清算……

对此，本部分尝试探索提高西北地区重整成功率的有益做法，汲取发达地区的有益经验，为读者提供一定启发。

第一节　重整投资准备工作

在正式讨论重整投资模式之前，我们专门安排本节讨论重整投资准备工作。重整投资准备工作，看似是“准备”事项，实则能对是否招募到投资人、重整效果有至关重要的影响。这里需要注意：

第一，重整成功与投资人之间的关系。一方面，招募到投资人不等于重整成功。可能存在投资人因各类因素毁约；或者投资人注入资金后，项目仍然无法盘活。个别项目可能因为历史沿革复杂、债权人抵触情绪激烈、阻力大等因素难以推进或者久推不进。例如，广西来宾市某房地产开发有限责任公司，原投资人因各种原因退出重整投资人资格，管理人重新招募投资人；湖南长沙某置业有限责任公司，因投资人未按重整计划支付债权清偿款，自动丧失重整投资人资格，管理人不得不重新招募重整投资人等。

另一方面，招募不到投资人也不意味着重整失败，债务人可以通过自救的方式实现涅槃再生。这里需要注意的是，债务人成功自救需要做好充分的准备，如构建府院联动机制，在必要时获得政府政策支持，如减税政策、产能指标配置、土地等不动产资源的配置等；债权人能够支持债务人自救，恢复信任基础，如果债权人非常反对债务人自救，即便法院强裁，也可能无济于事，甚至可能引发更大社会风险；能够识别现有资产的重整价值，尤其是要关注闲置资产的高效利用、共益债融资、企业信用修复等问题。典型案例如甘肃陇南市某企业自救，本案是陇南中院第一例以“自救式”模式成功重整的案例。①

1998 年 12 月，金色公司（化名）成立，是一家集非金属矿采选、复合材料、纳米粉体材料、油田化工助剂、新材料研发、生产、销售为一体的实体企

① 信息来源　陇南市中级人民法院：《破产重整自救危困企业新生——陇南中院法治化营商环境又一成功案例》，陇南市中级人民法院微信公众号，2023 年 12 月 12 日。

业。金色公司成立之初多年被评为武都区 A 级纳税人和纳税大户。

2020 年以来，因受新冠疫情的影响，加之管理不善、资金链断裂等原因，公司无力清偿到期债务，经营困难，如陷泥沼，举步维艰。

2022 年 12 月，经金色公司申请，陇南市中级人民法院依法裁定受理金色公司破产重整一案，并依法指定了管理人。

重整期间，在陇南市中级人民法院的监督指导下，管理人通过全国企业破产重整信息网、北京交易所、甘肃省产权交易所等平台发布招募投资人公告，多次实地调研，对接意向投资人，但因金色公司采矿权已到期，导致企业自进入重整程序后困难重重，重整工作一度由于无合适的投资人而陷入僵局，公司勉强靠固定资产收入维持，在破产清算边缘苦苦挣扎。

陇南市中级人民法院经过多轮实地调研，分析研判，认为金色公司具备破茧重生的价值，为保护债权人的利益，决定由金色公司自主经营，管理人进行监督管理，开启“自救式”重整——依托“府院联动”机制，陇南市中级人民法院积极与税务、市场监管等部门沟通交流，联合把脉问诊，平衡各方利益，制订出科学公平方案，注入“润滑剂”，推动债权人和解，为企业减负 400 多万元。同时为金色公司与某学校“牵线做媒”，多方协调，经过不懈努力最终促成闲置厂房出租，筹集到资金 800 万元，为企业发展带来“新动能”。

2023 年 10 月 26 日，经管理人申请，陇南市中级人民法院批准金色公司重整计划，终止金色公司重整程序，同时在全国企业破产重整案件信息网上发布了公告。

截至 12 月 7 日，金色公司在管理人的监督下已完成重整计划规定的现金清偿、留债展期告知、预留偿债资金、重整费用支付等事项，陇南市中级人民法院于 12 月 8 日裁定确认金色公司重整计划执行完毕，终结金色公司重整程序，该案件以企业自救方式重整成功审结。

第二，重整项目本身优质，但因准备不充分而影响投资效果。不能做好准备，如破产财产调查不全、不够细致，可能导致投资人在入场尽职调查后，发现项目不佳、不具有盘活的可能性、重整风险高且不可控制，发现事与愿违，进而拒绝投资；或者因主观因素退出重整投资人资格；或者投资人、管理人、债务人签订重整投资协议后，因重整项目涉及利益纠葛复杂、破产财产存在产权瑕疵等，难以继续推进重整程序，投资人、管理人、债务人等均陷入进退两难的境地。

第三，重整投资准备工作的主体并不限于管理人，还可以是债务人、债权人、股东或其他利害相关者——目前，全国范围内，也有政府为了解决企业债务问题，主动搭建投资人与破产者桥梁，创造投资机会。对于管理人而言，除了传统的公开、网络投资人招募方式，亦可以通过个人资源，获取更多行业信息、投资人信息、盘活企业所需要素资源等，主动接洽投资人、合作方等（例如，盘活烂尾楼可以接洽优质教育资源、优质物业服务、房屋设计机构等，从而提升楼宇单价、提升产品与服务品质，获得投资者亲赖）。

“机会是为有准备的人而来”。实践中，不乏股东、债务人为了盘活企业，主动接洽供应商、合作方、其他资源，争取投资人投资。此种安排的优势在于弥补公开招募投资人的不足，能将现有债务人、管理人、债权人等资源做最大限度地挖掘利用，特别是对于西北地区而言，这种熟人之间形成的商业文化，在某种程度上，能够降低信息不对称风险，提升信息交互效率。但也要对熟人进行一定“背景调查”，了解其商业信誉、市场评价、是否存在失信记录以及其他对投资有必要参考价值的信息。

第四，准备工作并不限于进入破产程序以后，在程序申请阶段，债务人、预重整阶段的临时管理人、其他利益相关者，也可以尝试接洽意向投资人，为正式招募投资人奠定信息基础或做好其他重整投资所需基础工作等。典型案例如，甘肃省定西中院办理的甘肃某药业科技股份有限公司预重整案。①

2002 年，甘肃某药业科技股份有限公司成立，是一家集药品研发、生产、销售于一体的股份制民营企业，但受经济环境和公司内部治理机制等因素影响，该公司生产经营出现困难，并因不能清偿到期债务被债权人申请（预）重整。

① 信息来源 定西市中级人民法院：《定西中院审结受理预重整案件》，定西中院微信公众号，2023 年 11 月 14 日。

为准确识别该公司重整价值及重整可行性、降低重整成本、提高重整成功率，在召集债务人甘肃某药业科技股份有限公司及其主要债权人进行听证的基础上，定西市中级人民法院于2023年5月16日决定对该公司进行预重整，就此拉开了定西市中级人民法院探索实践预重整制度的序幕。

11月1日，现场评审会召开。在本次预重整投资人选任中，定西市中级人民法院除遵循对于重大案件一般采取竞争性选任的要求外，在七人评审小组中设置了债务人评委及两个债权人评委席位，与定西市工业和信息化局、定西市市场监督管理局、定西市人力资源和社会保障局评委享有同样的评审权。通过府院联动实现了“司法”与“行政”的完美结合，提升责任担当、强化预重整程序监管，最大限度地保障投资人选任的公平性与科学性、减少人为因素的干扰，共同维护债务人和债权人的合法权益，推进企业预重整工作顺利开展。七名评委会成员通过投资人的阐述，根据管理人会前公布的评审标准，对投资人的综合实力打分并当场予以公布。

第五，心理准备。实践中，不乏破产企业因债权人人数众多、债权结构复杂、债务人行业具有特殊性、行业相对小众、经营者市场口碑不佳等因素，导致无法招募到投资人。对此，应当有充分的心理准备，并需要债务人充分自救，寻求变通方法。例如，通过债务人自行经营、从整体大盘中拆分出个别项目，寻求与第三方、投资人的合作，进而以点带线，逐步盘活。此种方法往往能比直接清算带给债权人更高的清偿率，损失降至最低。对于债务人而言，也能在一定范围内维持经营，盘活一定范围内的营业事务。不能因为眼前的困难而放弃重整，也不能认为必须招募到投资人才是唯一的拯救路径，要有灵活应变的心理准备以及采取必要的管理措施、拿出富有可行性的方案来。

第六，正式进入重整程序后，需要尽可能深入、全面地了解债务人的破产原因，析出主业、副业，哪些具有盘活的可能性，哪些不具有重整价值……近年来，上陵集团、海航集团等全国知名重整案中，均不同程度地存在破产企业多向投资、主业被副业拖累、经营决策错误（如资金配置不当、投资项目及其管理问题、高杠杆运营导致资金链断裂）、产业分散、发展重点不突出、企业混同导致风险蔓延等共性问题。在其重整中，也通过有效回应上述问题，使得企业陆续走出债务泥淖、恢复主业经营、获得战略或财务投资人青睐，同时，也避免了重蹈覆辙，企业实现了瘦身。

就西北地区而言，典型案例如大荔东府医院等三家企业破产清算案。[①]

2017 年 9 月 5 日，大荔县人民法院分别裁定受理大荔东府医院（以下简称“东府医院”）、大荔县文阳汽贸有限公司、大荔县东府医疗有限公司的破产重整申请。大荔县人民法院委托渭南市中级人民法院指定管理人。

管理人履职过程中，于 2017 年 11 月申请三家企业合并破产，经审查三家企业实际受法定代表人侯某一人控制，法人人格已高度混同，确系关联企业，为公平清理债权债务，维护债权人的合法权益，大荔县人民法院裁定三家公司实质合并破产重整。后发现三家企业资债差异悬殊，仅东府医院尚有资产，但亦存在大量的未付工程款等优先债权，客观上不具备重整条件，为确保债权人公平受偿，降低破产成本，大荔县人民法院决定终止三家企业破产重整程序，宣告三家企业进行合并破产清算。

大荔县人民法院受理发现三家企业不具备重整成功的可能性后，适时调整思路，决定宣告三家企业实质合并破产清算，并及时组织相关利害关系人听证，充分保障债权人的知情权和异议权。

2017 年 11 月 10 日，大荔县人民法院召开的第一次债权人会议表决通过了管理人制作的《破产财产分配方案》《破产财产的管理及变价方案》。

为了盘活东府医院企业资产，经指导管理人多渠道联络，中陕核健康医疗集团向管理人及法院表明了其接收东府医院的强烈意愿。

2018 年 1 月，大荔县人民法院通过淘宝网司法拍卖平台，实现资产处理收益 1.31 亿元。

2018 年 4 月，由中陕核健康医疗集团出资建立的公立非营利医院渭北中心医院在东府医院原址正式开业。

2020 年 4 月 30 日破产财产分配完结，2020 年 5 月 6 日大荔县人民法院裁

---

① 信息来源 陕西高院：《陕西法院 10 件破产典型案例出炉！》，陕西高院微信公众号，2022 年 5 月 17 日。

定终结破产程序。

本案系关联企业实质合并破产案件。当关联企业之间存在法人人格高度混同、区分关联企业财产的成本过高、严重损害债权人公平清偿利益时，经破产管理人申请，人民法院对已进入破产程序的关联企业裁定实质合并破产。

人民法院在整个破产处置过程中，确保了民生保障的医疗主营业务的存续，使企业资产能够最大限度地发挥应有价值，实现原有医护人员无一人失业、就诊病人无一人受到影响、破产前后诊疗行为的无缝对接的良好效果。通过破产程序，引进具有三甲医院创办资质的投资人，两年后在当地又新办医疗机构一处，先后提供近500个就业岗位，不但推动了当地经济发展，而且有效改善了当地老百姓的就医条件。

整体来看，充分的准备有利于助力企业招募到优质投资人，为投资人投资提供相对清晰的财产状况、良好的商誉、相对稳定的重整内外部环境，以及确保重整程序处于相对可控、稳定的状态中。这样的重整项目对于投资人而言，更具吸引力和商业价值，也能够在一定程度上保护投资人及其财产权益。

第二节　重整投资主要模式

重整投资模式的选择对于大型企业来说是至关重要的，也是一种“双向奔赴”，而非单向式的。管理人在接管后，尽可能为破产企业制订一套富有成效的重整计划草案，有利于帮助企业对接优质的重整投资模式，也能为重整投资人提供更优质的选择。

在投资人招募阶段或者招募到投资人以后，管理人、债务人、主要债权人、投资人等，亦可就投资模式、重整方案进行充分讨论，以寻求各方利益平衡与最大化而获得债权人会议表决通过。这里切忌闭门造车、固执己见，管理人作为主导方、协调方、组织方、信息汇总方，要能够积极听取各方提出的优化方案、不同诉求并判断其合理性，最终寻找最优解。常见的重整投资模式有以下几种：

一、投资人代偿重整模式

（一）概述

此种模式可谓“元老级”重整投资模式，很受债务人和债权人欢迎。优点在于能够直接提升债权清偿率，但缺点在于资金成本高。投资人代债务人清偿债权，将会直接、有效导致债务人和债权人之间的债权债务关系消灭。对于投资人而言，代偿的好处在于：其一，投资人买断债权后成为主要债权人，进而获得《中华人民共和国企业破产法》第七章专门规定的关于债权人的权利，如表决权、监督管理权、通过重整计划等重要权利，通过归集债权获得对破产企业控制权。实践中，不少大型企业，特别是上市公司利用此种方式，以促进企业存续，提高投资者回报；其二，通过代偿获得企业资产、股权等，有助于推进企业持续经营。

第一种情形也被称为债权收购，其主要法律依据是《中华人民共和国民法典》第五百四十五条关于债权转让的规定，债权人有自由处分债权的权利——但法律另有规定的除外。投资人通过收购债权，以获得债权人在破产程序中的重要权利，特别是根据《中华人民共和国企业破产法》第六十四条关于“二分之一”表决权的规定，以及第八十四条关于“三分之二”表决权的规定。债权收购是达到上述标准的重要方式，操作便捷，但主要是针对不愿意配合重整、不同意批准重整计划草案的债权人，或者有意转让债权的债权人，能够降低沟通谈判成本和表决失败的可能性。

（二）典型案例

1. 长城资产管理公司重组 ST 超日（即上海超日太阳能科技股份有限公司）案[①]

上海超日太阳能科技股份有限公司（以下简称“超日公司”）是国内较

---

① 信息来源 最高人民法院：《上海超日太阳能科技股份有限公司破产重整案》，中国法院网，https：//www. chinacourt. org/article/detail/2016/06/id/1909072. shtml，2016-06-15；《上海超日太阳能科技股份有限公司重整计划》，http：//static. cninfo. com. cn/finalpage/2014-10-31/1200357081. PDF；参见彭江：《“超日债”危机是这样化解的》，载 2018 年 1 月 18 日《经济日报》。

早从事太阳能光伏生产的民营企业，注册资本1.976亿元。

2010年11月，超日公司股票在深圳证券交易所中小企业板挂牌交易。

2012年3月7日，超日公司发行了存续期限为五年的“11超日债”。此后公司整体业绩持续亏损，生产经营管理陷于停滞，无力偿付供应商货款，银行账户和主要资产处于被冻结、抵押或查封状态，应付债券不能按期付息，“11超日债”也因此成为我国债券市场上的首个公司债违约案例。受制于财务负担沉重以及光伏产业整体处于低谷时期等因素的影响，超日公司已经很难在短期内通过主营业务的经营恢复持续盈利能力。

2014年4月初，在长城资产的安排下，上海超日公司的供货商上海毅华金属材料有限公司以超日公司不能清偿到期债务为由，向上海市第一中级人民法院申请对超日公司进行破产重整。

2014年6月26日，上海市第一中级人民法院裁定超日公司进入破产重整程序。

因连续三年亏损，超日公司被暂停上市。上海超日太阳能科技股份有限公司有着58亿的债务黑洞，若破产清算，债权人的清偿率仅为4%。法院受理后，投资人协鑫集团联合八家财务投资人进入——该集团为国内顶尖的光伏巨头，同时，长城资产管理公司、中民投、国家航空基金等实力雄厚的投资企业参与其中。

10月23日，债权人大会上投票通过了破产重整计划。

10月28日，获得上海市第一中级人民法院的裁定批准。

12月24日，上海市第一中级人民法院裁定超日公司破产重整计划执行完毕。上海超日公司的破产重整顺利结束，“11超日债”中6000多名债权人的债权全部全额保障。

超日太阳重整案投资人由江苏协鑫、嘉兴长元、上海安波、北京启明、上海韬祥、上海辰祥、上海久阳、上海文鑫和上海加辰9方组成。江苏协鑫担任牵头人，将在完成投资后成为超日太阳的控股股东，负责超日太阳的生产经营，并提供部分偿债资金；嘉兴长元等8方为财务投资者，主要为超日太阳债务清偿、恢复生产经营提供资金支持。

其中，长城资产公司联合7家财务投资者通过债转股方式获得公司股权。长城资产作出了收购超日公司7.47亿元非金融债权的决定，最终长城资产所掌握的债权金额占全部同意票债权金额的42.98%。重整后超日公司的债务从原来的将近60亿元缩减到不足20亿元。

而江苏协鑫通过提供部分代偿资金收购债权，成为控股股东参与经营管理——改善破产企业经营现状；同时，资本公积之股本溢价转增股本，出资人无偿让渡后，投资人受让；长城资产为“11超日债”提供连带保证责任，保证其全额兑付。此外，部分企业持续经营不需要的资产被处置后，按照破产法规定予以分配或者支付等。

2. 杭州中润客运公司重整案①

本案涉及出租车司机、承包人、拆迁户、失地农民等2000余名债权人。其中，因车辆托管而形成了混乱且复杂的出租车权属和经营关系，威胁行业稳定。管理人在第一次债权人会议召开前，开展了“清晰车辆产权、矫正经营关系”的债权收购工作，将不正常经营的车辆从下游承包人手中收回并归还给上游车主，消除了该类债权人群体的不稳定因素；针对第一次重整计划草案表决中普通债权组未通过的情况，管理人与重整方开展了按预计清偿率提前对剩余近600名普通债权人的债权收购工作，最终经过各方努力，重整计划草案也得以顺利表决通过。

二、共益债投资模式

（一）概述

所谓“共益债投资模式”是指在人民法院受理破产后，管理人为了全体债权人整体利益而举债。共益债模式是多方共同努力、司法政策鼓励创新的阶

① 本案是杭州市中级人民法院发布的破产审判十年之十大典型案例之一，浙江省首例出租车运营企业重整案，杭州中院：《杭州破产审判十年：“让该退出的退出，该重生的重生”》，杭州中院微信公众号2017年7月13日；转引自张亚琼：《维稳应对：涉众型破产案件中的债权收购》，“破产重组法务”微信公众号，2018年7月31日；参见张辰：《出租车企业重整之路——中润等四家公司破产重整案》，载浙江省律师协会编：《破产疑难案件实务应对》，法律出版社2017年版，第67—73页。

段性成果。

2019年，《最高人民法院关于适用〈中华人民共和国企业破产法〉若干问题的规定（三）》出台，允许经债权人会议决议通过，或者第一次债权人会议召开前经人民法院许可，管理人或者经管债务人可以为债务人继续营业而借款。此种借款优先于普通破产债权清偿；不仅如此，还可以设定抵押担保。除了基于继续经营产生的借款，为了支付应付未付的劳动报酬、社会保险费用等产生借款的，也可以作为共益债务。

“共益债投资”的出现，很大程度上改善了企业重整的效率，对于大型企业而言更重要。通过为破产企业注入流动资金以续建在建工程或为企业维持经营所需其他费用等，解决了企业“生存休克”等难题。

共益债投资模式的核心优势在于操作便捷、投资人/借款人不用直接参与公司治理，节省了介入公司治理带来的集体行动成本、谈判成本等。投资者可以从重整企业恢复或优化经营之后的收益中回收本息。不仅如此，债权人——税收债权人、职工、普通债权人、担保债权人均可基于重整成功而受益。

此外，对于投资人而言，共益债的最大优势在于共益债务可以由债务人财产随时清偿，这就提升了投资人借款的清偿顺序，能够保证及时止损或者获取借款，而非作为劣后债权或者无法得到保障，很大程度上保障了投资人的投资稳健性。

典型案例如沈阳机床股份有限公司重整案①。

2019年8月16日，沈阳市中级人民法院（以下简称“沈阳中院或法院”）依法裁定受理对沈阳机床股份有限公司（以下简称“沈机机床”）进行重整的申请。

1993年5月，沈阳机床由沈阳第一机床厂、中捷友谊厂、沈阳第三机床厂和辽宁精密仪器厂四家联合发起。

1996年7月，沈阳机床在深交所上市，主要产品有i5智能机床设备、传

① 案号：(2019) 辽01破18号。参见陈凌瑶：《中国通用技术集团正式重组昔日机床龙头沈阳机床》，https://www.thepaper.cn/newsDetail_forward_5299372，2019年12月21日。

统机床设备及相关零部件、工业服务、配套产品、行业工艺解决方案等。

沈阳机床原为沈阳机床（集团）有限责任公司（以下简称“沈机集团”）旗下企业。后者由沈阳三家机床企业重组而成，于1995年由沈阳三家机床企业重组而成，面向航空航天、汽车、船舶等重点行业和消费电子等新兴产业提供服务，曾以27.83亿美元营业收入在2011年跃居世界机床行业排名第一。

沈阳机床之所以连年亏损，是因为除了机床业务外，还经营着许多与机床并不相关的其他业务。为缓解持续经营压力，由中国通用技术（集团）控股有限责任公司作为战略投资者参与重整，在法院许可的基础上，中国通用技术集团分别向沈阳机床（集团）有限责任公司等提供共益债借款2.2亿元和2.8亿元，上述借款用于公司重整期间的生产经营费用和相关重整费用，包括维持企业生产经营的相关费用和支付职工薪酬及相关费用等。

此外，在重整模式上，根据案件特点采取“集团公司整体重整、上市公司单体重整、全部重整主体协调审理”的模式，极大提高了债权清偿率，有效提升了审判效率。[①]

（二）共益债认定时间

例如，根据《中华人民共和国企业破产法》第四十二条第（一）项的规定，共益债产生于管理人或债务人在破产申请受理后请求对方当事人履行合同，基于文义解释，这意味着合同之债的产生时间点可以是破产受理之前，也可以是破产受理之后。本质上，认定共益债的核心规则是为了“共益”，也就是共同的利益——债权人共同的利益、债务人持续经营对整体索赔者受偿利益的积极影响、其他有利于整体利益的情形。

1. 国网江苏省电力公司宿迁供电公司与江苏欧亚薄膜有限公司供用电合同纠纷[②]

2013年6月26日，宿迁供电公司与欧亚公司签订《高压供用电合同》，

---

① 王欣新、郑志斌：《完善重整挽救制度优化东北营商环境》，载《中国审判》2020年第1期（总第239期）。

② 案号：（2017）苏13民终1504号，国网江苏省电力公司宿迁供电公司与江苏欧亚薄膜有限公司供用电合同纠纷二审民事判决书。

合同对用电地址、性质、容量、供电方式、质量、用电计量、电价及电费结算方式、违约责任等内容作出了约定。其中第十条违约责任约定："……2. 用电人违约责任…… (3) 用电人不按期交清电费的，应承担电费滞纳的违约责任。电费违约金从逾期之日起计算至缴纳之日止，电费违约金按下列规定计算：a. 当年欠费部分，每日按欠费总额的千分之二计算；b. 跨年度欠费部分，每日按欠费总额的千分之三计算……"合同签订后，宿迁供电公司将相关用电设施为欧亚公司安装到位，欧亚公司总户号为1901733180。

后双方一直按约履行合同至2014年11月。自2014年12月起，欧亚公司开始欠缴电费，2014年12月至2015年9月(10个月)共计欠缴电费金额为8806262.03元。

2015年9月19日，沭阳县人民法院裁定受理欧亚公司破产清算一案，并指定江苏雅凯律师事务所担任破产管理人。后宿迁供电公司向管理人申报2014年12月至2015年9月期间的电费债权8806262.03元及计算至2015年9月19日的违约金3771085.79元，债权金额合计12577347.82元，并要求确认优先权；管理人对所申报债权金额均予以确认，对申报的优先权未予确认。2015年11月11日，管理人决定继续履行案涉《高压供用电合同》并通知了宿迁供电公司，此后宿迁供电公司继续向欧亚公司供电，管理人亦陆续向宿迁供电公司全额支付破产申请受理后发生的电费。其中，欧亚公司已付清2015年10月至2015年12月三个月电费共761471.54元；对于2015年9月的电费278367.9元（注：该节电费已包含在上述所确认的债权金额中），因宿迁供电公司表示无法区分每日电费金额，故管理人主张推定每日电费金额相同，由此计得2015年9月20日至30日的电费为102068.23元，并已实际支付该部分电费，对已付的102068.23元，宿迁供电公司同意充除2015年9月电费……

二审法院认为，欧亚公司2015年1月—2015年9月19日产生的电费应认定为共益债务随时清偿，但2014年12月产生的电费以及滞纳金不应认定为共益债务。理由如下：

……

第二，《中华人民共和国企业破产法》第十八条第一款规定："人民法院受理破产申请后，管理人对破产申请受理前成立而债务人和对方当事人均未履行完毕的合同有权决定解除或者继续履行，并通知对方当事人。"第二款规定，"管理人决定继续履行合同的，对方当事人应当履行"，该条规定赋予了管理人对合同的选择履行权，管理人决定是否继续履行合同并不是代表原合同当事人的意思，而是以原合同的价值取向决定合同是否应当继续履行，而管理人决定解除或继续履行合同必须以维护破产企业的权益和破产财产利益为标准，即继续履行合同有利于破产财产的增值，体现共益的性质。

故认定继续履行合同产生的债务是否为共益债务，还应考虑该债务性质是否具有共益性，尤其是对于供电合同等继续性合同项下的分期债务认定，共益性应作为认定各分期债务是否为共益债务的主要标准。

第三，本案中欧亚公司是二级重要电力用户，需要双电源供电，意外失电将造成重大损失。正是鉴于欧亚公司生产设备的特殊性，其在停产无力支付电费的情况下，通过沭阳县政府与沭阳县供电公司协商，即使停产也要保持设备带电状态，以免造成重大损失以维护设备不至于报废。沭阳县供电公司也正是基于该情况，一直未对欧亚公司采取断电措施，即未单方解除双方之间的《高压供用电合同》。而欧亚公司的破产管理人基于上述情况，在该公司进入破产程序后，为了使破产财产保值增值，于 2015 年 11 月 11 日通知宿迁供电公司继续履行 2013 年 6 月 26 日签订的《高压供用电合同》。也正是基于《高压供用电合同》的继续履行，欧亚公司的破产管理人才能在欧亚公司进入破产程序后将欧亚公司的土地、厂房、设备等资产租赁给案外人使用，使欧亚公司的破产财产未有贬损，反而产生新的收益。故为了维护欧亚公司设备不报废、不贬损，即停产后为维护设备而产生的电费具有共益的性质，应认定为共益债务。

因宿迁供电公司诉争的 2014 年 12 月—2015 年 9 月期间的 8704193. 8 元电费，可以明显区分每个月的电费，其中 2014 年 12 月的电费系欧亚公司上一个月生产时产生的电费，并非维护设备产生的电费，故该月电费虽然系案涉供用电合同项下的债务，但因不具有共益性，不应确认为共益债务；而 2015 年 1

月—2015年9月产生的每月20余万元的因维护设备的电费应确认为共益债务随时清偿，共计2010297.79元。当然，因欧亚公司未及时给付该部分电费而产生的违约金因并无共益之性质，故不应确认为共益债务。

2. 深圳市金赛龙实业有限公司与德庆和煌酒店管理有限公司、德庆县阿尔戈斯酒店管理有限公司租赁合同纠纷①

本案中，法院认为：关于金赛龙公司主张的财产权益能否参照共益债务的清偿原则处理问题。金赛龙公司在本院受理和煌公司破产清算前根据租赁经营合同的约定对阿尔戈斯酒店进行装修、改造等而形成添附财产，进入破产程序后管理人亦同意继续履行合同，根据动产附合于不动产的添附原则，添附物在租赁期满后一般归出租人所有。但在双方明确约定保留添附物所有权的前提下，就该添附物的处理应实行约定优先原则。

按照双方2015年签订的租赁经营合同约定，在租赁期间金赛龙公司投入形成的添附财产的所有权仍然属于金赛龙公司，在租赁合同期满或解除后，金赛龙公司有权要求管理人在对酒店资产拍卖处置时一并纳入资产评估，并在拍卖完成后优先收回折价款。

《中华人民共和国企业破产法》第四十二条、第四十三条规定，共益债务是人民法院受理破产申请后发生的债务，共益债务和破产费用由债务人财产随时清偿。原告上述投入虽然发生于受理和煌公司破产清算之前，但管理人在接管和煌公司的财产之后同意继续履行合同，本案原告主张的财产权益是因管理人或者债务人同意对方当事人履行双方均未履行完毕的合同所产生的债务范畴，可参照共益债务的清偿原则处理。故原告主张参照共益债务的清偿原则处理其投入的诉讼请求，依法有据，合乎情理，本院支持。

三、传统债转股模式

（一）概述

债转股的本质是以股抵债，即“债权人和相对人（包括但不限于债务人

① 案号：（2018）粤1226民初873号。

企业、出资人）形成的以债权‘交易’出资人权益的一种复合法律行为，而非单纯的代物清偿或抵消行为”[①]。对于破产企业而言，可以通过这种方式让破产企业的债务整体得以减免，优化财务结构；也能让债权人的身份发生变化，即成为股东，进而享有一定的股东权利。[②] 转股后，原债权可以为普通股、优先股、可转债等。[③] 这里的债转股模式和第一种代偿模式有所交叉，但并非完全重叠重整中，当即变现股权存在价值贬值、受偿率偏低等问题，以股抵债具有一定的抗风险能力。[④]

典型案例如北京汇源食品饮料有限公司重整案中，为了改善普通债权清偿率，采取“现金清偿+债转股”方式，保障转股价格公平、设置上市承诺兜底回购安排，保护债权人利益。[⑤] 此种模式适用广泛，但并非“包治百病”，需要充分考虑重整企业的前景、股东之间的合作意愿与能力等。随着市场下行、政策环境相对变化等诸多主客观因素影响，债转股的风险越发显著，一旦重整后企业未能按照《重整计划》如期实现盈利，那么，原来的债权人（现在的股东）也难以如期实现预期回报。一般来说，债转股的核心步骤包括：

第一步，收购债权。投资人以合适的价格收购普通债权人债权（该价格可以参照破产清算下的清偿率、破产财产价值等进行综合评估），作为其购买部分或全部股权的对价，并以债权人身份进行债转股。

---

① 邹海林：《透视重整程序中的债转股》，载《法律适用》2018 年第 19 期。

② 参见丁燕：《破产重整企业实施“债转股”的法经济学分析》，载《经济法学评论》（第 18 卷）2018 年第 1 期，中国法制出版社 2018 年版。

③ 根据《关于市场化银行债权转股权实施中有关具体政策问题的通知》（发改财金〔2018〕152 号）：

七、允许上市公司、非上市公众公司发行权益类融资工具实施市场化债转股。符合条件的上市公司、非上市公众公司可以向实施机构发行普通股、优先股或可转换债券等方式募集资金偿还债务。

八、允许以试点方式开展非上市非公众股份公司银行债权转为优先股。根据《意见》中实施机构和企业自主协商确定转股条件等相关规定，实施机构可以将债权转为非上市非公众股份公司优先股；在正式发布有关非上市非公众股份公司发行优先股政策前，对于拟实施债转优先股的非上市非公众股份公司市场化债转股项目，实施机构须事先向积极稳妥降低企业杠杆率工作部际联席会议（以下简称“部际联席会议”）办公室报送方案，经同意后以试点方式开展。

④ 参见王卫国：《方正集团重整提交了一份亮眼的答卷》，中国证券报 · 中证网，记者彭扬，https：//www. cs. com. cn/xwzx/hg/202105/t20210504_ 6163858. html，2021 年 5 月 4 日。

⑤ 本案入选 2022 年度全国破产经典案例。信息来源北京破产法庭：《喜报丨北京一中院三案例入选 2022 年度“全国破产经典案例”》，北京破产法庭微信公众号，2023 年 4 月 23 日。

第二步，行使表决权。达到债权人表决的条件是实现对破产企业控制权的关键，即投资人若想最终获取标的资产均须满足法定的债权人表决通过条件，通常，需由出席债权人会议的同一表决组的债权人或有表决权的债权人过半数同意，并且其所代表的债权额占无财产担保债权总额的三分之二以上。

第三步，退出机制。投资人退出时往往面临不同选择：一是通过资本市场退出，即通过主板、新三板、区域性股权交易场所（俗称“四板”）的二级市场交易卖出；二是延长持有期，即在企业经营状况良好、投资回报率较高的情况下延长持股期限；还可以通过股权回购方式退出，具体回购条件应当在最初约定清楚，尤其是回购条件、回购价格、回购期限等。

（二）典型案例①

上海祥发危险品船务储运有限公司重整案。经与债权人多轮磋商，管理人确定了债转股模式：

一是充分利用续期融资金融手段，对重整必需的担保物油罐的担保债权跟抵押银行协商续期融资；对非重整必需的担保物办公楼进行剥离拍卖处置，降低负债规模，减轻现金出资压力，奠定了债转股方案的实施基础。

二是充分尊重愿意债转股的债权人迫切希望取得经营权的意思自治，由其自主选择商定组成新的经营班底；针对其他非转股债权人的清偿问题，确定重整期间经营所得用于清偿非转股债权人，同时转股债权人就非转股债权人现金清偿缺口承担补足责任。债转股方案还就股权限制措施的涤除，或有负债风险、税收筹划等做出约定，保障新、老祥发公司顺利过渡。

2020年11月30日，重整计划草案提交债权人会议表决，以担保债权组、职工债权组、出资人组均为100%，以及普通债权组出席表决人数占比100%、债权占比80%的高比例表决通过。12月3日，法院裁定批准重整计划并终止重整程序。

重整计划执行中，债转股债权人承诺履行的出资款已全部到位。

---

① 信息来源 上海破产法庭：年度典型案例（重整类），上海破产法庭微信公众号2021年1月30日。

四、债转股基金模式

（一）概述

债转股基金模式是在传统债转股模式基础上发展起来的新模式，主要类型为有限合伙基金，通过从社会募集长期资金后，受让银行债权后获得债权人身份。[①] 此种模式的优势在于资金来源广泛、资金量较大，能够满足债务人对于资金的需要，同时，能够起到风险隔离、优化股权结构、提升资金运作效率等积极作用。目前，国家已经出台相对完备的政策体系为之提供规范性参考，使之发展更为健康。

例如，根据《关于市场化银行债权转股权实施中有关具体政策问题的通知》（发改财金〔2018〕152 号），其中，"二、允许实施机构发起设立私募股权投资基金开展市场化债转股。各类实施机构发起设立的私募股权投资基金可向符合条件的合格投资者募集资金，并遵守相关监管要求。符合条件的银行理财产品可依法依规向实施机构发起设立的私募股权投资基金出资。允许实施机构发起设立的私募股权投资基金与对象企业合作设立子基金，面向对象企业优质子公司开展市场化债转股。支持实施机构与股权投资机构合作发起设立专项开展市场化债转股的私募股权投资基金。"

《关于市场化银行债权转股权的指导意见》中，明确了债转股适用企业和债权范围，以及允许参与主体的范围，如金融资产管理公司、保险资产管理机构、国有资本投资运营公司等，特别强调了允许市场化筹集债转股资金，即鼓励实施机构依法依规面向社会投资者募集资金，特别是可用于股本投资的资金，包括各类受托管理的资金。支持符合条件的实施机构发行专项用于市场化债转股的金融债券，探索发行用于市场化债转股的企业债券，并适当简化审批程序。这就进一步为发展债转股基金模式提供了有力的政策支持。

---

① 参见文建秀：《银行债权实现在企业破产程序中存在的几个疑难问题》，本文是作者在中国破产法论坛——破产与金融问题专题研讨会上的大会发言内容，中国破产法论坛微信公众号，2016 年 11 月 16 日。

（二）典型案例[①]

云南锡业集团公司债转股。2016 年 10 月 16 日，云南锡业集团（控股）有限责任公司（以下简称“云锡集团”）与中国建设银行（以下简称“建行”）在北京签订总额 43.5 亿元的市场化债转股投资协议。建行与云锡集团成立一个基金，基金管理人为建信信托，该基金的原始资金来自建行，但是金额很小，主要以保险资管、建行养老金子公司的养老金、全国社保基金、信达资管子公司以及私人银行的理财产品为主。

投资协议约定的 43.5 亿元资金分为三笔投放：23.5 亿元用于置换企业高息负债；10 亿元用于对云锡控股下属关联公司实施投资；10 亿元用于对云锡集团对下属关联公司优质矿权进行投资。对于置换的债务，按照 1∶1 的账面价值进行承接，对于置换的股权，非上市公司按照经过评估的市场价格转股（上市公司参照二级市场交易价格确定）。在债转股实施完成后，建行方面将作为积极股东，参与企业的经营管理，并适时通过上市公司渠道或远期回购协议退出。

云锡集团债转股以 GP-LP 模式设立有限合伙基金，其中 LP（有限合伙人）资金为建行少量资金和社会募集资金，LP 内部根据风险和收益率不同划分为不同优先级，收益率在 5%~15%之间，建行不承诺刚性兑付；GP（一般合伙人）提供的资金在 20%以内，在本案例中由建信信托与云锡集团下属基金公司做双 GP。相比较而言，GP 收益率更高，且能更有效地参与管理。对此，合伙企业由建行方面和云锡集团共同管理，但建行方面占比较高，能够成为积极股东参与企业未来的经营管理。

---

① 参见高翔:《云锡集团 18 年后再次债转股：上轮债转股信达华融退出赚 3 倍》，https：//www. thepaper. cn/newsDetail_ forward_ 1544437，2016 年 10 月 17 日；参见吴红毓然：云南锡业百亿债转股 18 年后又一遭，https：//finance. caixin. com/2016-10-16/100997321. html，2016 年 10 月 16 日；参见刘欣东：《云锡集团债转股案例解析》，破产法快讯微信公众号，2017 年 3 月 23 日。

五、留债模式

（一）概述

所谓留债模式，是破产重整中对债务做出特别偿还安排的一种方式，这并不是单纯对合同期限、内容、履行主体与方式进行的变更。具体可以直接在重整计划草案中约定，也可以在上述计划之外，单独制订留债方案，实践中以上两种模式均被采纳。具体是在尊重债权人意思、各方平等协商的基础上，留存债务在破产企业内，通过采取一定有效承诺、担保或其他保障措施，对这部分债权进行分期清偿——一次性清偿面临资金压力，因此，往往在1—10年（甚至更高）内设置分期偿债计划，同时，也可以设置一定的监督期。具体期限的设置取决于债权人、债务人、投资人等主体之间的谈判情况，破产企业需要对留存部分债务承担法律责任，债权人根据重整计划草案中“留债”部分，向破产企业主张债权。

在具体案件操作中，管理人需要注意留债内容应粗细结合，就留债期限、清偿方式、分期具体内容、本金利息偿付内容等方面进行明确。一方面，能够避免后续发生争议，确保程序推进；另一方面，也能落实留债的初心，督促各方积极履行。

之所以留债模式依然在不少破产案件中存在，主要是基于此种模式能够让债权人支持重整计划、信任企业能够继续创造价值、具备一定清偿能力；并且，由于重整期限的有限性或者不同重整案件中投资者面临的财务成本、融资弹性、投资者投资风险偏好程度、债权人预期等有所差异，对留债有不同程度的需求，尤其对于大型企业来说，留债还能避免拍卖等处置造成的股价波动或其他不利影响，确保基本面的稳定。但是，重整资金毕竟有限，留债的规模是相对有限的、解决的问题拘泥于清偿比例问题等，特别是在当前的经济、社会、产业环境下，留债也将给投资人、债务人留下隐患、压力。

因此，为了有效利用留债方式，发挥其最大优势，可以在对重整投资资金优化配置、对破产企业持续经营或财产处置前景有相对确定判断或预测的基础上，设置合理比例的偿债资金，平衡风险收益，也能减少各方损失。同时，留债清偿方式也需要与整体的重整计划执行期限、债务人经营状况、重整计划草案其他部分匹配、兼容，动态关注留债清偿所需的环境与条件等。

例如，海航集团重整、宁夏上陵实业（集团）等20家公司重整、中国长江航运集团南京油运有限公司重整等案件中均采用了留债方式。不仅丰富了债权人的选择，缓释债权人与债务人和投资人之间的矛盾，也给破产企业留足了发展空间、偿债空间，实现了以时间换空间的目的，最终使得破产企业能够得以喘息生存下来，并在下一阶段中谋求发展。

（二）典型案例

1. 东北特钢。东北特钢重整案中，采取了对有物权担保的债权及建设工程价款债权实施留债处理。由于此类债权对应的担保财产属企业生产经营不可或缺的资产，并且担保债权的数额巨大，超过投资人投入偿债的资金总额。为此，重整计划草案依照破产法的相关规定，对此部分债权采取留债处理，并以支付延期清偿期间利息的方式，予以补偿。[①] 此种操作有效减轻了投资人的财务压力，也同时推动破产计划的如期进行，实现实体与程序、效率与公平、多方利益的平衡。

2. 全南晶环科技有限责任公司等六家公司实质合并破产预重整转重整案。全南县法院提请龙南市法院将龙南新晶钛业公司破产重整案件移送至其审理，对晶环系六家公司采取“存续式”模式实质合并重整。由重整投资人受让晶环系六家公司全部股权并承接全部债务，保留债务人主体、人员、资产以及多年以来从事的锆铪钛等主营业务，在合理周期内，通过逐步投入重整资金、引入管理及技术团队、改善生产制造工艺、优化产业结构、获得相关政策扶持等众多举措，促使生产经营形成良性循环，继而提升营业收入。同时通过减免债务、留债清偿、债转股等方式对债务人的债务进行重组，以合理周期清偿债务，缓解债务人的财务困境。晶环系六家公司通过“现金清偿+分期清偿+留

① 人民法院报记者杨叔朋、通讯员郭云峰：《从破产重整到涅槃重生东北特钢重整案：创新破产审判的大连经验》，载《人民法院报》2017年12月21日第3版。

债清偿+债权转股权”综合偿债方式，有效化解了10.5亿元债务，盘活资产7.5亿元、土地20余万平方米、厂房10余万平方米。经重整投资人注入资金、技术改造、工艺改善、设备添置，晶环系六家公司自我造血功能及盈利能力得到全面提升，近400名职工的就业问题得以解决，债权人的债权公平受偿，其全国独有、世界领先的锆铪分离等先进技术得以保全，经营多年的锆铪产业链持续发展，取得多赢共赢的良好效果。①

六、重整信托模式

（一）概述

此种模式近年来被多起大型企业破产案件所应用，但中小型企业较少应用。原因在于重整信托模式的成本高、周期长，且具有一定风险。该模式是以破产重整企业中的特定财产、财产权益等作为信托标的财产，由信托公司对上述信托财产进行管理、处分、安排，从而实现信托目的。

从类型上看，根据2023年银保监会发布的《中国银保监会关于规范信托公司信托业务分类的通知》（银保监规〔2023〕1号）有关规定，将信托业务分为资产服务信托（包括：财富管理服务信托、行政管理服务信托、资产证券化服务信托、风险处置服务信托及新型资产服务信托五类）、资产管理信托（包括：固定收益类信托计划、权益类信托计划、商品及金融衍生品类信托计划和混合类信托计划）、公益慈善信托（慈善信托和其他公益信托）三大类。

重整信托核心步骤有：

第一，论证设置重整信托的必要性。对于大型企业而言，并非一律要选择重整信托，通常，实践中设置重整信托的必要性包括以下几点：

（1）非核心资产处置存在难度，若容易处置，则可以直接处置，无须画蛇添足。那么，如何判断处置难度呢？这里需要充分与富有处置经验的中介机构进行交流，有条件的话，可以通过多方咨询来了解处置前景。待对于资产处

① 信息来源 江西高院：《江西法院破产审判十大典型案例（2023）》，江西高院微信公众号2024年6月3日。

置有相对明确的了解后，再决定是否设置。此外，就管理人履职风险而言，若部分资产、小额资产处置存在风险，也可以通过信托机构进行处置，信托机构通过安排专业人员处置资产，一定程度上隔离了管理人履职风险，实现了资产处置的进一步专业分工。

（2）投资人和债权人诉求存在一定差异，且难以在一个方案中均实现。回溯重整信托产生历史，最初产生于渤海钢铁重整案①。

该案中，钢铁资产平台引入战略投资者，参与钢铁资产控股平台与钢铁资产运营平台；非钢资产平台委托信托公司，成立信托计划，并引入资管公司进行管理。非钢资产平台以其持有的流动资产、股权收益权等作为信托财产，由非钢资产平台或其指定的主体单独或共同作为委托人设立信托计划，债权人依据其对非钢资产平台的债权额分配相应的信托受益权份额。

重整信托解决了债权人需要获得更高额偿付之短期目标、战略投资人想要以时间换空间和投资实业的长期目标之间的差别，以重整信托之存在实现二者利益之平衡。也避免了债权人在决议中不当干扰重整计划草案及其执行，有效隔离了债权风险和经营风险，实现整体利益最大化和风险管理的专业化。

第二，选定重整信托机构。公开招募或者竞争性遴选信托机构，一般是选定机构的主要方式。防止定向选择可能存在的方案陈式化等弊端，也能有利于在诸多方案中择优选择更有实力、责任心更强的信托机构。具体可以对信托机构历史业绩、风险控制、项目方案、客户评价等进行综合调查，掌握最新信息，防止信托机构自身风险影响破产信托计划的设立与稳定实施。

第三，设置重整信托的范围以及设计信托结构。在以上两步的基础上，可以说已经为重整信托奠定了良好的主体基础与事实基础。设置重整信托范围与信托结构设计是关键环节。

一方面，设置重整信托的范围需要以“精细化”选定取代“粗犷式”选

---

① 参见朱志亮：《论我国重整信托制度之构建——基于对国内现有重整信托案例的分析研究》，本文系江苏省启东市人民法院清算与破产审判庭庭长朱志亮投稿并获得三等奖论文，福建省破产管理人协会微信公众号，2024年8月23日；参见王兆同、李忠锴：《重整信托的“公众公司化”现状及“上市公司化”设想》，破产圆桌汇微信公众号，2022年11月11日。

定，将处置难或者有瑕疵的资产、股权等纳入其中，让管理人将更多精力放在重整主要板块上，实现主次分明、抓大放小、有效重整；另一方面，信托结构的设计上，管理人应积极参与、提供建议、有效监督，而非由信托机构单方参与。

信托机构需要结合破产企业实际情况提供信托计划，主要考虑因素包括：

（1）信托财产处置流程与处置前景、风险，以及所处政策、市场、商业环境；

（2）债权人偿债预期及其与未来处置状况之间可能存在的差异，如何求同存异、尽力实现债权人利益最大化；

（3）为不同企业的信托财产量体裁衣，使之有更匹配的风险管理、经营管理策略并得以有效执行；

（4）信托财产处置所得向债权人分配的方式、周期；

（5）信托费用收取是否合理，以及是否存在过度“掠夺”债权人偿付额的情形；

（6）其他可能影响信托计划实施效果的因素。

此外，就大型企业而言，信托计划往往被适用于房地产企业、业务板块多元的企业，或者其他主营业务板块与非主营板块区分明显等企业。前者，主要是因为房地产企业存在个别烂尾工程处置周期长、资产产权结构模糊且涉诉、其他争议复杂等，且此类资产价值并不高；或者企业板块多元，重整难度大，需要基于效率原则做类型化安排，从而有的放矢、改善处置效能；后者，主要是能够对非主营板块进行有效切割，不影响主营业务的盘活，也能让非主营板块进行有效处置。

第四，信托终止。《中华人民共和国信托法》第五十三条规定，信托终止有六种情形，包括信托文件规定的终止事由发生、信托的存续违反信托目的、信托目的已经实现或不能实现、信托当事人协商同意、信托被撤销以及信托被解除等。在破产重整中，设立信托的目的是为了偿债，也因此，债权人往往通过信托收益权得以偿付（不同案件中可能存在有限份额与普通份额之差异）。

当信托财产被处置完毕、信托计划到期，或发生其他不可抗力等，均使得信托终止。

（二）典型案例

1. 方正集团重整中的信托计划①

2020 年 7 月 31 日，北京市第一中级人民法院（以下简称“北京一中院”）裁定受理北大方正集团有限公司、北大方正信息产业集团有限公司、北大医疗产业集团有限公司、北大资源集团有限公司、方正产业控股有限公司五家公司实质合并重整（以下简称“方正集团破产重整案”）。2021 年 6 月 28 日，北京一中院正式裁定批准方正集团等五家公司重整计划。

经过多家中介机构与管理人磋商，最终敲定信托方案，即：在方正集团破产重整案中，平安信托采用了“出售式重整+他益财产权信托”的方案设计。采用资产出售式重整模式，将重整主体的全部资产划分为保留资产和待处置资产。其中，保留资产主要用以设立新方正集团和各业务平台公司，由重整投资者持股和运营；而待处置资产（主要是有权属瑕疵或诉争未决的资产），则同方正集团 100%股权用以设立信托计划，通过信托计划继续实现资产清理、确权、处置及债权人补充分配。

方正集团破产重整项目采用了“服务类他益财产权信托”，此种模式实现了各方共赢的局面。该信托的主要内涵是：以信托财产独立性为前提，为委托人提供建账、会计、财产保管、执行监督、清算、权益分配、信息披露、合同管理等综合、专业与系统的托管金融服务的信托业务。信托财产在物理、法律上与其他破产财产实现隔离，能够通过专门管理提高财产效益，同时避免影响到破产程序中其他事务的稳步推进，提升破产程序的效率。

财产权信托计划的管理和处置是采用分层决策机制，区分对受益权权益影响的情况及时效要求的程度划分决策层级，分层决策机制兼顾规范性、原则

---

① 信息来源 21 财经：《信托公司如何参与方正集团重整？——专访平安信托特资事业部北区经营中心总经理郑艳》，https://m.21jingji.com/article/20210806/herald/4169969809b723ea66774215432d12d1.html，2021 年 8 月 6 日；参见王欣新：《方正集团重整方案的解读与启示》，中国破产法论坛微信公众号，2021 年 5 月 6 日。

性、灵活性，最终目的还是为了最大限度地保障债权人利益。

2. 济宁置业公司重整案①

2023 年 12 月，济宁高新区法院裁定批准济宁置业公司重整计划。济宁置业公司出资人持有的全部股权将发起设立信托计划，并在信托计划中将公司资产进一步隔离划分为微山业务板块、济宁业务板块。其中，微山业务板块的资产主要包括济宁置业公司微山分公司的所有固定资产等，因开发项目涉及复工续建，该板块将引入重整投资人以“资产托管+承债”的方式进行重整投资，并对应承担济宁置业公司破产费用、共益债务以及部分破产债权等；济宁业务板块名下的固定资产等则将注入信托底层资产，以信托受益权清偿公司剩余破产债权。

七、多元组合模式

所谓多元组合模式，就是在破产重整中采取了两种以上的方式进行重整，可以是上述方式的组合。这种方式的优点是能够满足不同主体的多元诉求、有着“1+1>2”的效果。目前，随着国家破产法治水平的提升、管理人职业技能的改善，多元组合模式在诸多案件中被适用。

（一）典型案例一

在重庆聚丰房地产开发（集团）有限公司破产重整案中，采取了“股权让渡+增加注册资本+共益债投入”的方式。②

1998 年，重庆聚丰房地产开发（集团）有限公司登记成立，连续多年获评“重庆市房地产开发企业 50 强”。

2020 年 7 月，因资金链断裂，聚丰公司陷入债务危机，所有者权益合计为-810，667，147.51 元，资产负债率为 137.7%，无法按期支付银行贷款及利息，欠付职工工资及工程款，在建项目停工。

① 案号：（2022）鲁 0891 破 1 号。参见建纬原创：《信托参与房企重整案件的实务问题研究》，https：//www. jianweishenzhen. com/Academy/Article/Detail/2557，2024 年 5 月 11 日。

② 案号：（2020）渝 05 破 157 号；信息来源重庆破产法庭：2022 年度十大典型案例，重庆破产法庭微信公众号 2023 年 5 月 6 日。

2020年7月21日，聚丰公司以不能清偿到期债务，并且资产不足清偿全部债务为由，向重庆五中法院申请破产清算。

2021年4月30日，法院裁定对聚丰公司重整。

2022年4月8日，法院裁定批准聚丰公司重整计划，并终止重整程序。

重整计划执行期间，聚丰公司已实现职工债权、税款债权全部清偿，购房款债权及建设工程款优先权债权的部分清偿；资产经营方面，聚丰公司已全面启动未完工工程的复工续建，各商业的招商工作同步进行中。

本案是法院通过破产重整程序，成功拯救房地产开发企业的典型案例。采用“股权让渡+增加注册资本+共益债投入”的方式引入战略投资人，以复合式重整模式最大限度地保护债权人利益。案件审理中，多措并举、多方共同推动聚丰项目配套工程轨道九号线观音桥站点的复建施工，既保障了重点市政工程推进，又有效提升了项目价值；依托“府院协调”机制，解决了拆迁安置、物业管理、民工讨薪、交房办证等历史遗留问题，维护了社会和谐稳定；《重整计划草案》安排对职工债权、税款债权一个月内全额清偿，此类权益未受影响的债权人不参加《重整计划草案》的表决，有效提升重整效率、降低沟通成本。聚丰公司的重整成功，为处于低谷期的房地产行业带来了新的希望。

（二）典型案例二

实践中，投资人也会关注企业资质、壳资源，这些特殊资产也会具有一定价值。本书将其纳入本部分的原因在于：围绕核心资产，投资人、管理人可以再为之量体裁衣、给出合适的方案。对于投资人而言，一旦投资人控制了这类资源，便可以发挥其管理优势、商业优势、延续原企业资质价值，保护职工就业和现有生产线——通过支付较高的对价用于偿债以及经营，而对于其他资产、债务问题，可以借力破产制度予以盘活。

例如，京兰床具有限公司破产重整案①。

京兰床具有限公司（以下简称“京兰公司”）成立于1986年，经营范围

---

① 案号：（2020）京01破82号。信息来源北京一中院：中小微企业司法挽救典型案例——京兰床具有限公司破产重整案，北京市第一中级人民法院微信公众号，2022年8月17日。

为加工、制造床垫、货物进出口、销售建筑材料等，是北京最早成立的生产席梦思床垫的中外合资企业之一，于2001年改制为内资企业，其生产的京兰品牌床垫在北京地区具有一定的品牌知名度和认可度。近年来，京兰公司因经营不善，已全面停产。

京兰公司据此向北京市第一中级人民法院（以下简称“一中院”）申请破产清算。2020年4月16日，一中院经审查认为京兰公司具备破产原因，裁定受理京兰公司破产清算申请。根据管理人测算，如果继续推进破产清算，职工债权清偿率仅为20.06%，社保债权及普通债权清偿率则为0。职工及普通债权人均质疑破产程序的正当性，并对破产清算表达了强烈不满。

一中院积极调整并转变案件审理思路，指导管理人深入进行市场调研，挖掘京兰品牌价值，最终决定采取竞价方式，对京兰公司进行反向整体出售。

经充分听取各方当事人意见，一中院根据债权人的申请，于2021年11月23日裁定京兰公司重整。管理人在产权公开交易平台发布《关于以竞价方式遴选京兰床具有限公司重整投资人的公告》，经101次出价，投资人以1525万元的金额获得投资资格，并按约定缴纳了全部投资款。

京兰公司第四次债权人会议于2021年1月21日召开，管理人提交了重整计划草案，经普通债权人组、出资人组表决，京兰公司重整计划草案表决通过，管理人提请法院裁定批准重整计划。

一中院于2022年1月26日裁定批准京兰公司重整计划，终止京兰公司重整程序。在保留原有知名品牌基础上，职工债权、社保债权获得全额清偿，普通债权综合清偿率80.07%，实现了良好的法律效果和社会效果。

尽管本案是中小微企业破产典型案例，但其重整路径依然对解决大型企业破产问题具有借鉴意义。具体来看，本案的重整操盘可以分为三步走：

（1）深度分析案情，清算转入重整程序具有现实性与可行性，符合广大债权人的共同期待；

（2）通过公开竞价的方式招募投资人，且经历了漫长的投资人引进过程，终于成功获得战略投资人注资，进行反向整体出售，投资人获得债务人股权，并剥离不良资产——实现了剥离“包袱”的法律效果与投资效果，推进重整后的企业轻装上阵；

（3）巩固经营、改善管理，让企业能够继续保持好的竞争势头。

第三节 如何有效进行重整投资

成为重整投资人并非易事，部分原因在于重整也有失败的风险，投资人都希望通过投资破产企业获得投资收益，而不是“有去无回”。因此，本部分内容针对性讨论如何提高破产重整投资成功的问题——往往投资人符合管理人发布的投资人招募公告标准、签订合作协议后等，便有资格成为破产重整投资人。

常见的投资失败的情形包括：

第一，将投资款打入管理人指定账户后，因管理人道德风险、管理人与债权人恶意串通等因素违规挪用投资款，并通过虚构交易、虚构债权债务关系等稀释投资款，最终投资款“打水漂”；

第二，由于经管债务人自身问题，或者与管理人合谋，没有将投资款用于持续经营，或者明知债务人不具有持续经营的可能性，仍然继续经营造成资金的浪费，也会导致投资失败；

第三，非道德与法律因素导致的投资失败，例如，正常商业风险，如市场竞争、产品营销、技术创新等没有适应市场导致的风险等。此类风险的发生并非必然，具有偶然性。

为了优化重整投资人投资结果，尽管不能完全确保投资成功，但仍然有方法降低投资失败的风险。结合我们的理论与实践成果，分享以下经验：

首先，从投资人法律顾问角度。对拟投资企业、管理人等在前期有更为深入的了解，包括职业道德水准、成功案例以及社会评价，往往综合评价较高的管理人能够为重整投资提供勤勉尽责的服务、依法公正履职，很少发生道德风险，且处理结果更好。如果管理人有较高的道德风险，也会给投资人增加投资失败风险。通过人脉、互联网、行业交流、企查查等多渠道了解有关信息，降低信息不对称风险。

其次，从管理人角度。破产管理人是解决破产问题的核心主体之一，投资失败也和管理人行为有一定关联——在促进商业发展层面，管理人可以：

（1）为重整投资人提供更全面的信息，使之决策建立在充分信息基础之上，降低信息不对称风险；

（2）为重整投资提供便利的“府院联动机制”——一方面，能够将投资者诉求与政府、法院沟通，争取良好的投资环境，确保投资的安全以及长期利益，为各方利益最大化与资源优化配置寻找、拟定配套政策等，促进合作；另一方面，为确保投资所需政策的稳定、安全而保持与政府的沟通，防止政策变动导致投资失败；

（3）为债务人持续经营、投资人投资提供必要的法律服务，尤其是在管理人工作期间，仍然要为各类重大法律风险等设置“防火墙”，确保在重整动态交易过程中的安全与稳定，防止内部矛盾以及保持与外部供应商、合作商等有关主体的合法合作，等等。

再次，从债务人角度。在重整投资中，债务人未必全然出局，常见的情形有：债务人自行占有破产企业；债务人将股权转让给投资人后彻底退出；债务人与投资人并存。在法律的框架内，不到万不得已的情况，不要让债务人出局——可能导致后期工作推进困难，债务人、高管拒不配合等问题，导致破产程序陷入僵局。

债务人配合有助于尽快了解破产债务人信息、维持当下有价值商业资源的稳定与安全并防止其流失等。如果债务人存在法律风险、道德风险等，也要及时依法解决，逐一化解重整投资中的各类阻碍与问题，确保投资成功——例如，破产企业涅槃重生、改头换面；或者，破产企业有价值资产被置入新的企业盘活，彻底摆脱尾大不掉、经营滞后等问题，走出经营管理或者债务泥淖。

结合目前国内大型企业破产投资现状、我们在破产案件内外与不同类型投资人沟通情况，本书具体提出以下关于投资人风险控制的参考建议：

第一，关注项目自身风险。投资人充分评估（特别要注重现场实地评估，第三方尽职调查的全面性、完整性与真实性)，项目资金的流动状况，项目经过运营是否能够带来投资回报，投资回报周期是多久，项目所依托的当地政府的政策如何（是否有配套政策、政策是否具有相对稳定性以及这种稳定性如何保障）等。

第二，关注管理人风险。具体有管理人道德风险、合规风险、法律风险。近年来，“破产蛋糕”与日俱增，管理人风险亦步亦趋，存在管理人通过某种手段损害投资人利益的情形，且极端情况下具有隐蔽性、专业性。

投资人除了关注管理人品牌、历史这些外在内容外，更需要关注投资协议对于资金使用目的、企业接管情况、资金账户监管、破产企业经营与历史纠葛等，防止管理人与大债权人恶意串通，消耗投资人资金等。一旦发生，外部人很难举证投资人资金被违规转移或使用。

第三，政府与政策风险。包括政府介入重整投资的方式、介入公司治理、公司经营；政府相关政策落地的可能性、稳定性、长效性、连贯性等。对于大型能源项目、房地产项目或其他产业项目，政府政策会直接影响配套资金、税收优惠等，对于投资者而言，不仅只有眼前的产业资源，还有未来的投资收益等。

第四，尽早介入破产，拓宽信息来源，相比重整程序，预重整阶段就介入破产企业，能够为投资人争取更多时间，谈判空间大、投资选择广泛。目前《中华人民共和国企业破产法》规定的是“6+3”个月模式，[①] 具有一定局限性、紧迫性与合理性，对于复杂的案件来说，真正要投资的主体需要尽早介入。

第五，为破产企业“量体裁衣”匹配重整模式，不能“张冠李戴”，防止错误模式导致错误结果，提高投资成功率。

第六，考虑地域壁垒问题。个别地方存在地域投资保护壁垒，投资人应当

---

① 《中华人民共和国企业破产法》第七十九条　债务人或者管理人应当自人民法院裁定债务人重日起六个月内，同时向人民法院和债权人会议提交重整计划草案。

前款规定的期限届满，经债务人或者管理人请求，有正当理由的，人民法院可以裁定延期三个月。

债务人或者管理人未按期提出重整计划草案的，人民法院应当裁定终止重整程序，并宣告债务人破产。

多方打听，选择营商环境优化、没有壁垒或者壁垒问题不严重的地方投资；如此一来，还能促进地方投资环境的优化，倒逼壁垒高的地方主动降低壁垒，以投资选择来响应国家建立统一大市场的战略决策。

第七，财务投资人与产业投资人密切配合、优势互补、消弭隔阂，共建投资前景，共创投资财务，公正分配投资收益，实现投资联合体内部的优化配置，后置共赢思维。

第八，警惕破产重整投资的心理误区之“舍近求远”。重整投资中应当警惕舍近求远，投资人保持相对独立的判断、着眼中长期利益；也要警惕“羊群效应”，时刻关注破产市场动态，找准并迅速抓住真的机遇。

第四节　提升重整投资成功率的若干锦囊

一、概述

《联合国贸易法委员会破产法立法指南》第三部分：破产企业集团对待办法中，关于企业集团内部有着生动的分析，其中：“纵向一体化通常发生在一个单独的产业，例如将部分或所有从原材料来源至最终产品销售的整个序列的作业结合在一起。可以通过收购供应商、批发商和零售商而作为一种战略加以实行，以增强控制和可靠性。”

盘活大型破产企业，需要考虑“尾大不掉”和“规模经济”等问题。这对管理人意味着要理解管理的对象及其业务板块，将业务板块置身于产业、地方营商、国家产业战略部署等更“上位”的时空中思考。实践中，存在阶段性重整成功后转入失败的情形——这种失败的内因在于解决债务问题后的企业未能在市场竞争中保持较长时期的竞争优势、流动性再次遭遇“滑铁卢”，故基于更高维度的投资决策及其法律保障，是真正解决大型企业困境问题的核心因素之一。

二、管理人应积极作为、勤勉尽责

首先，管理人在主导或者参与破产重整计划草案时，应当充分考虑上述问题，有的放矢地关注投资者（无论战略投资者、产业投资者、财务投资者、机会性投资者等）的优势与投资目的，在投资者之间进行深入比较，为后期争取最优投资组合奠定信息、信任基础。

其次，管理人需要在拟确定投资者后进行沟通协调，在投资者之间能够就具体重组、重整、投资方式等进行沟通协调，使之能够基于共同、相似、不冲突的目标达成有效行动，实现多方共赢，让重整取得良好的经济、社会、法律效果。

最后，管理人需要关注政府政策。在破产市场化、法治化实施过程中，政府也是一个重要参与者、影响者，较为显著与常见的领域为：府院联动机制、政府招商引资优惠政策（尤其是税收优惠等）。但值得思考的是，《联合国贸易法委员会破产法立法指南》第三部分：破产企业集团对待办法中指出，“在一些国家，企业集团与政府和政府政策关系密切，例如影响信贷和外币使用以及竞争的政策，这种状况大大影响了集团的发展。同时，也有一些实例表明，政府指定了针对企业集团经营的政策，取消了某种类型的优惠待遇，如获得资金的机会。”这里涉及至少四点：（1）信贷政策——关乎企业获得正规融资的可能性与规模、条件等；（2）外汇政策——涉及外汇结算规则、融资成本与效率；（3）竞争政策；（4）产业政策。此外，还可能涉及外交政策、国际条约或合作等等。因此，作为管理人或者投资人顾问时，上述四点具有一定参考意义。

三、投资人要审时度势、深度参与

投资人进入重整程序后，并不能消极等待管理人、法院、政府或清算组/工作组的单向安排，而是要积极参与、与之双向奔赴，从而消弭信息不对称问题、力争有力和匹配的政策支持，降低道德、法律与政策风险。例如，投资人要积极参与推荐审计、评估机构；如果管理人已经选任了审计、评估机构，那么，也可以进行监督，特别是对重要的评估、审计报告等进行有效监督，为投资奠定相对完备、真实的事实基础；投资人应当积极参与重整计划草案的制订、修改工作，建言献策，能够发挥其在资金、信息、管理、战略方面的优势，提升重整计划草案的质量，使其更符合投资人预期，尽量将投资人各项优势发挥到极致。

此外，还需要进一步区别战略投资人和财务投资人，二者在投资重整企业上具有一定差异，识别差异，求同存异，有助于重整投资事半功倍，也能帮助债务人、管理人、政府、法院、其他利益相关者提升重整成功率，实现整体利益最大化。

（一）战略投资人投资破产企业分析

通常，战略投资人又称产业投资人，其具有较强的实业基础、管理能力、投融资能力、风险管理能力、公司治理能力，其自身是相对稳定的、经营良好的。此类投资者，更加关注投资破产企业对于产业发展、供应链完整性、夯实实业基础等诸多方面的影响，以及投资破产企业将在中长期内给自己带来经济回报、真正实现经营再生。

典型案例如北方重工重整案。本案中，战略投资人方大集团出资15亿元成为第一大股东（持股42%）和实际控制人，其入股直接拉开了公司的混合所有制改革篇章——优化管理体系与管理模式、大力推进技术创新、整合资源、重构产供销系统等。①

实践中，战略投资人往往需要得到企业实际控制权才能实现其控制目标，否则，战略投资人无法有力参与具体的公司决策，对公司发展战略产生实质性影响。

此外，从管理人角度来说，还要全面识别战略投资人的真实投资目的，关注重整计划草案的中长期效果，尤其要防止极端情况下，个别别有用心者为了

① 参见记者石庆伟：《北方重工重整：战略投资者方大集团成为第一大股东》，新华社客户端辽宁频道，2019年5月15日。

掏空破产企业、损害实业、破坏产业链、肆意报复等隐蔽性、恶性目的而参与重整，经过一段时间后，人走茶凉，导致企业不得善终。当然，这种情况较为罕见，但也是有可能的。而且，也要处理好战略投资人和原出资人之间的关系，在战略投资人入股的情况下，往往需要对原出资人权益进行全面调整，处理好退出机制，平衡二者之间的关系，在保障战略投资人利益的同时，兼顾原出资人权益以及取得此类群体的支持，防止其为重整程序制造人为障碍。

典型案例如宁夏中银绒业股份有限公司破产重整案。本案是宁夏高级人民法院发布的宁夏三级法院破产审判典型案例（2020—2022 年）之一，对于发展宁夏特色产业、优化营商环境、招商引资、成功招募战略投资人具有典型示范意义。

宁夏中银绒业股份有限公司（简称“中银绒业”）原名宁夏圣雪绒股份有限公司，系经宁夏回族自治区经济体制改革委员会批准，于 1998 年 9 月 15 日在宁夏回族自治区工商行政管理局注册登记并设立的股份有限公司，于 2000 年 7 月 6 日在深交所挂牌交易，股票简称“中银绒业”，股票代码为 000982。

中银绒业主营业务为羊绒及其制品、毛纺制品等开发、设计。中银绒业 2018 年年度经审计净资产及净利润均为负值，根据《深圳证券交易所股票上市规则》之规定，中银绒业在 2018 年年度报告发布后被交易所实施退市风险警示，公司面临严峻的退市风险。同时，因中银绒业固定资产投资过大、资产折旧损失和财务费用过高、原材料价格攀升等各种不利因素影响，不能清偿到期债务，且现有资产不足以清偿全部债务。

2018 年 11 月 14 日，债权人依据《中华人民共和国企业破产法》向银川市中级人民法院申请对中银绒业实施破产重整。

2019 年 7 月 9 日，银川市中级人民法院裁定中银绒业进入重整程序。银川市中级人民法院及时指导管理人，一方面与公司高管对接，及时了解公司整体情况，要求管理人委托公司高管继续负责管理中银绒业运营；另一方面主动继续履行合同，保障公司商誉。在多次与债权人及股东充分沟通的基础上，通过股东恒天金石控制的债权人豁免对中银绒业的部分债权，形成额外的资本公积用于增加中银绒业的偿债资源，通过市场化方式，多渠道公开招募重整投资人并积极展开与意向投资方的洽谈会商。

在此基础上，2019年8月23日，中银绒业召开第一次债权人会议，表决通过《中银绒业财产管理及变价方案》。

2019年11月13日，中银绒业召开第二次债权人会议，并高票表决通过《中银绒业重整计划》。

2019年12月26日，经管理人申请，银川市中级人民法院裁定确认《中银绒业重整计划》执行完毕。

本案中，银川市中级人民法院把职工和债权人的权益置于破产重整工作的突出位置，多方协调解决破产重整中偿债资源不足的问题。通过协调破产企业股东控制的债权人豁免对破产企业的债权，形成额外的资本公积用于转增股本，所得股票一方面用于清偿债务，保障债权人的利益；另一方面，用于引进战略投资人、补充公司流动资金、稳定公司经营，为破产企业重生奠定了良好基础，取得了利益平衡、多方共赢的良好社会效果。

（二）财务投资人投资破产企业分析

对于财务投资人而言，由于此类投资人往往是资金密集型企业，资金实力雄厚，具有一定抗风险能力，其在企业/项目管理方面的经验相对缺乏，侧重于关注财务回报，但缺点也比较明显——关注点相对单一、片面。

典型案例如西安普众实业有限公司破产重整案。本案中，法院为了让项目复工引入财务投资人解决建设资金问题，特将建设资金作为共益债务随时清偿，确保资金安全和有序施工。[①]

（三）战略+财务投资人混合模式

实践中，也存在财务投资人和战略投资人抱团取暖的情形，发挥各自优势、实现共赢。代表案例如重庆市优化营商环境特别案例之“力帆股份及其十家全资子公司重整案”，本案中产业投资人和财务投资人的合作，开辟了高

---

① 信息来源　陕西高院：《陕西法院10件破产典型案例》，陕西高院微信公众号，2022年5月17日。

效投资、盘活企业的成功道路。[①]

1997年，力帆股份成立，力帆系企业是一家主营汽车、摩托车及发动机产销的集团性跨国民营企业。

2010年在上海证券交易所上市，是中国首家在A股上市的民营乘用车企业。

力帆股份及其十家全资子公司已形成了主营汽车、摩托车及发动机产销的跨国性企业集团，曾十度入选中国企业500强，连续多年出口金额位居重庆市第一，曾是重庆乃至中国民营企业的一面旗帜。

然而，因汽车、摩托车行业深度转型，同时受战略投资亏损、内部管理不善等综合因素影响，自2017年起企业逐渐陷入经营和债务危机，巨额金融债务违约，主要资产被抵押、质押，主营业务基本处于停滞状态，力帆股份及十家全资子公司均已资不抵债。

2020年8月，重庆破产法庭依法受理了力帆股份等24家力帆系企业重整案。其中，力帆股份重整案是全国首家汽摩行业上市公司重整案。在该系列案件审理过程中，重庆破产法庭严格坚持以市场化、法治化为导向，着力发挥府院协调机制的作用，充分发挥市场对资源配置的决定作用，最终，按照“法治化、市场化”原则，拟通过司法重整并引入战略投资人，实现产业转型升级，以彻底解决力帆股份的问题。

两江新区和中介机构经过调查发现，力帆引入战略投资人的难度超乎想象。两江新区“满江红”项目工作专班成立后，先后密集对接了十余家国内大型车企。但当时国内汽车产业正处在行业低谷，多家机构明确表示无意、也无力参与力帆项目。尽管如此，重庆市并未放弃，通过深入调研，重庆市委、市政府明确以当年逆势增长的自主品牌车企吉利为重点引进目标。最终，各方达成了切实可行的破产重整及引战方案。

同时，针对企业集团破产这一理论与实践难题，重庆破产法庭在最高人民

---

① 信息来源 重庆日报：《重庆破产法庭：力帆股份及其十家全资子公司重整案》，载《重庆日报》2022年5月20日第5版；法治日报：《重庆破产法庭创新机制提升破产审判效能》，载《法治日报》2021年11月18日第6版。

法院、重庆市高级人民法院的指导下，深入研究、充分论证，创造性地提出“程序合并+实质合并+单独重整”的方案，综合化解企业集团风险。

当年12月27日，两江新区与战略投资人吉利科技成功签署引战协议。为充分发挥市场对资源配置的决定性作用，重庆市创新采用“财务投资人+产业投资人”模式。

两江新区国有战略投资平台两江基金公司与全国民营汽车龙头企业吉利集团以联合体形式参与重整，财务投资人引入资金，产业投资人导入新业务、新技术，共同打造换电新能源电动汽车产业，实现产业转型升级，形成推动企业重生的双重“驱动力”。不仅为企业发展给予资金支持，充分运用市场化手段实现了对企业的拯救，也充分运用企业破产处置“府院”联动机制，建立跨条线、跨部门、跨地区的协同体系，统筹协调重整各项事宜，高效推动重整工作一体化推进。

为了提高债权人会议表决成功率，各方开展地毯式沟通解释，最终争取到债权人高票表决通过，不仅避免了司法强制裁定批准，更为后续债权人配合重整计划执行创造了良好条件。最终，力帆系上市、非上市两个板块12个重整方案，共计22个表决程序均获高票通过，平均通过率92.14%，其中出资人组表决通过率100%，为上市公司重整案首例。

2020年11月30日，重庆破产法庭分别裁定批准力帆股份及其十家全资子公司重整计划。随即，力帆系企业开展了一揽子法治化、市场化司法重整工作。

2021年2月8日，重庆破产法庭裁定重整计划执行完毕并终结重整程序，较重整计划中约定6个月执行期提前了110天，避免了上市公司退市风险。

同年4月26日，力帆股份“摘星去帽”，并更名为力帆科技。至此，力帆系企业的破产、退市危机终于解除。

此外，特别是要与法院、管理人共同商讨投资款监督、管理、使用规则，而不是“一投了事”，被动等待管理人对资金进行安排使用，对于职业素养较低的管理人而言，这可能成为空手套白狼的机会，滥用其信息、职能、权力优势地位，损害投资人权益；监督管理人行为，尤其是涉及经营管理、资金调拨、人事配置、方案执行等具体问题。

（四）投资人后续问题处理

当重整计划草案得到批准通过后，接下来就是执行问题。顺利执行并实现重整目标，投资人需要特别关注以下几点：

第一，企业经营管理正常，且投资人能够有效监督、合理控制管理过程，而非投资人听之任之，对重整后企业的监督流于形式、纸上谈兵。非实质性监督管理可能带来的风险是，在没有更换到投资人“自己人”或信任管理层的情形下，留任的管理层可能依然存在道德风险、能力无法胜任等问题。如此一来，偿债计划的实现基础就是动摇的、不稳定的，故很难全部实现。这也会激化债权人、债务人、股东、投资人之间的矛盾。

第二，政策配置或行政监管部门审批风险。不少投资人之所以斥重金投资破产企业，部分是因为当地政府基于本地经济发展、招商引资等考量，而允诺提供配套政策（如产能、税收优惠、城市规划等方面）。然而，一旦政策突然变动，如因负责领导换届、职能调整、其他影响政策的因素发生，投资人投资条件难以成就，继续投资无异于石沉大海。此时，重整不得不陷入停滞甚至难以继续执行。

或者因部分特殊行业需要行政监管部门审批，如采矿许可、环保政策、城市规划、土地审批、竣工验收等，在审批环节出现拒绝审批、审批期限遥遥无期、府院联动渠道不畅通，导致无法执行重整计划，难以推进程序。

对此，投资人可以在重整投资协议中约定出现投资条件不成就时，可以主张终止投资，按照共益债问题进行处理，[①] 若有约定的或者符合法定条件的，要求对其前期投入予以退赔等，控制好投资过程中可能存在的重大风险。当然，如果能积极与管理人、政府、法院沟通，进一步争取投资协议的条件成就，不失为更优选择。此外，投资人也可以要求管理人对其提示的投资义务、

---

① 参见张善斌、张亚琼：《破产法实务操作 105 问》，65. 重整投资人在重整计划执行期间投入款项性质为何？重整失败后，该资金如何处理？武汉大学出版社 2020 年版。

风险做出有效书面承诺，作为重整协议的重要提示内容，起到对管理人的督促、约束作用。

第三，重整投资中后期要侧重于关注重整投资的投资并购商业属性，而该类属性是格外依赖投资人，特别是产业投资人改善经营的能力。[①] 若缺乏商业嗅觉、商业管理能力、改善经营的能力、力挽狂澜的勇气和智慧，很难确保重整计划执行到位，甚至可能造成进一步经济损失。实践中，存在重整投资人需要按照重整计划要求履行业绩补偿义务，但因为补偿数额巨大，不得不违约并承担相应的法律责任。

例如，上海证券交易所对庞大汽贸集团股份有限公司重整投资人作出处罚——因投资人未履行重整业绩承诺补偿义务的违规行为，对其进行公开谴责。[②]

第四，投资人要处理好与管理人的动态关系。二者之间的关系不是一成不变的，而是动态变化的。一方面，二者之间有共同的利益，即重整成功后能获得经济回报，因此，有着充分的激励做出专业判断，积极促成合作。另一方面，也存在一定分歧，投资人往往希望以最低投入获得最高回报，管理人希望投资人拿出最高的投入以提升债权人清偿率，从而让法院、社会所认可。若分歧过大，则难以达成共识，甚至可能发生冲突而引入争议。对此，投资人与管理人应当双向奔赴，朝着共同的目标努力：债权人整体利益最大化、降低投资成本和提高收益、投资控制在投资人能够承担的范围内、合理核算维持企业经营的财务成本等。在具体工作中，双方应多次磋商、积极谈判、友好协商，能够换位思考，避免认为自己比对方高人一等、略胜一筹，如此心态容易导致放松警惕，缺乏合作意识和努力，最终，双方一损俱损。

---

① 参见方达破产与重组业务组：《破产年度观察（2023）：重整投资篇》，方达律师事务所微信公众号，2024 年 1 月 15 日。

② 上海证券交易所纪律处分决定书（〔2023〕162 号），《关于对庞大汽贸集团股份有限公司重整投资人予以公开谴责的决定》，https：//www. sse. com. cn/disclosure/credibility/supervision/measures/ident/c/10747969/files/c200e1fcb2a04c8aa0e06321c09e81dc. pdf。

第五节 重整投资人重新选择

实践中，并非一开始招募到的投资人就会成为最终投资人，可能因为资金流变化、投资计划变化等主客观因素，导致投资人毁约、退出重整投资的情形发生。这种情况偶然发生，且并非“无药可救”。破产企业仍然可以通过竞拍投资人资质、重新招募投资人等方式，引进投资人，甚至可能匹配到更合适的投资人对破产企业进行投资。这两种方式并无优劣之分，而且都可以通过综合评估来选择合适的投资人，并非以投资款为唯一标准。因此，管理人可以根据实际情况选择合适的方式。

同时，根据《全国法院破产审判工作会议纪要》第 26 条的规定，“破产财产处置应当以价值最大化为原则，兼顾处置效率。人民法院要积极探索更为有效的破产财产处置方式和渠道，最大限度提升破产财产变价率。采用拍卖方式进行处置的，拍卖所得预计不足以支付评估拍卖费用，或者拍卖不成的，经债权人会议决议，可以采取作价变卖或实物分配方式。变卖或实物分配的方案经债权人会议两次表决仍未通过的，由人民法院裁定处理。”那么，对于此类资质的竞售，并非财产处置，只是其前置阶段或者可能有关联的一个环节，尽管没有直接法律、法规等规范，但可以确认的是，破产法治世界是鼓励创新、鼓励发现更高价值以及鼓励以节约成本的方式来开通渠道、优化重整的，因此，竞售管理人资质，重新招募投资人，是可以被允许和鼓励的。

一、投资人资质竞售

目前，国内多起案件都出现了投资人违约情形，或者通过更开放、富有竞争性的方式招募投资人，从而扩大选择范围、选择更优的重整路径。无论竞售、拍卖还是公开竞买等表达，本质上都是通过公开竞争、选择出价高者作为投资人对破产企业投资。

典型案例如四川内江某天然气开发有限公司，对其投资人资格进行公开竞价。[①] 本案中，公开拍卖的标的物是“重整投资人资格”；正式重整投资人将享有公司全部股权、股权对应重整资产（应收账款、存货、货币资金等），该范围是依托于正式评估机构所出具的评估报告；竞价条件为公开竞价，价高者得；竞价平台为淘宝网阿里拍卖破产强清平台。

这种方式的优势在于出现多位投资者时，可以选择出价高的投资者，如此一来，能有助于提升债权人清偿率，也为企业重整带来更高资金，是符合破产法的价值发现功能的。无独有偶，在浙江百隆针织有限公司重整中，也通过类似的方式招募重整投资人，不过其称之为“拍卖投资人资格”或者投资人资格的竞价。[②] 具体是出价最高者被确定为重整投资人，通过支付重整投资款的方式，取得百隆针织100%的股权，相关财产与收益由投资人通过持有上述股权的方式取得；投资人支付投资款，管理人按照《重整计划》用于支付破产费用、共益债务、清偿各类债权等；竞价平台为京东拍卖平台；竞拍公告还确定了竞价起拍价、保证金与增加幅度等规则。

二、重新招募投资人

重新招募投资人的操作相对简单，即披露重新招募的理由后，重新招募投资人，相比此前，随着管理人掌握破产信息的增加，披露的内容和重整思路可能会有所变化。从这一点来看，也是有利于重新招募到更优质的投资人，或者有着更具针对性的投资方案。

例如，来宾市某房地产开发有限责任公司重整，简单披露重整原因与最新进程、项目优势等，意图招募新投资人。[③] 此种方式相比前一种方式的优势在于程序便利，留给管理人更大的空间来选择合适的投资人，通过遴选的方式选定投资人（具体是债权人会议或债委会商议表决等），同时，相比线上竞价可能存在的平台费用，线下方式的成本更可控或低廉。

---

① 信息来源 内江市东兴区人民法院：《四川内江盛云天然气开发有限公司投资人资格竞买公告》，内江市东兴区人民法院微信公众号，2024年8月8日。

② 信息来源 破栗子：《浙江百隆针织重整投资人资格竞拍公告》，破栗子微信公众号，2023年10月20日。

③ 信息来源 恒通房地产管理人：《关于重新招募来宾市恒通房地产开发有限责任公司恒通·公园天街项目重整投资人的公告》，广西破产管理人协会微信公众号，2024年7月31日。

西北地区重整经验篇

“君子之善善也长，恶恶也短；
恶恶止其身，善善及子孙。”

—
《公羊传·昭公二十年》

第九章 西北地区破产企业的涅槃重生之路

在前几章的基础上，本章进一步汇总了西北地区具有示范意义、具有一定影响力的破产案件。尽管西北地区典型案例或优秀案例在数量、质量、创新度和影响力等方面，和发达地区仍然有一定差距、差异，但仍然值得借鉴和总结，识别其特殊性和重要性，从而更好地适应区域发展特色、提升区域破产从业者执业水平。

第一节　宁夏某光伏发电有限公司破产重整案

吴忠市是宁夏回族自治区一所重要商贸城市，其物产资源丰富、经济发展迅速；企业类型多元，覆盖文旅、物流、能源等。[①] 本案是吴忠中院审理的首例公司破产重整案件，同时入选宁夏回族自治区高级人民法院破产典型案例。[②] 案涉企业的破产原因很常见，是传统企业发展疲软、未能适应市场环境进而触发破产的典型代表。本案中，企业重整成功，对于其他濒临破产、临近危机、未能意识到风险管理重要性的企业而言，具有警示意义、示范意义和指导意义；对于吴忠市优化营商环境、提升破产审判效能、招商引资等，也起到

① 信息来源　吴忠市人民政府官网，吴忠市简介，https：//www. wuzhong. gov. cn/sywz/wzgk/wzjj/，2024年10月28日访问。

② 信息来源　宁夏高级人民法院：《“以破促兴”助推法治化营商环境建设吴忠法院助力企业从濒死到重生》，宁夏高级人民法院微信公众号，2024年4月15日；宁夏回族自治区高级人民法院：《宁夏法院破产审判工作白皮书和典型案例（2020—2022年）》，宁夏三级法院破产审判典型案例，中国破产法论坛微信公众号，2023年8月13日；吴忠市中院：《深化“府院联动”机制助力破产企业成功重整》，吴忠市中级人民法院，2022年5月16日。

了积极的作用。

一、基本案情

2010年7月，某光伏发电有限公司成立，系当地一家经营光伏电站发电运营、投资开发管理及综合服务的有限责任公司。

2020年以来，该公司因经营不善全面停产，且资不抵债。

2022年5月，某银行申请人民法院对该公司进行破产重整。吴忠市中级人民法院（以下简称吴忠中院）受理该案，通过竞争性选任方式指定破产管理人。

同月，法院组织召开府院联动会议，吴忠中院、审批局、管委会、自然资源局、财政局、税务局、市场监督管理局等部门负责人参加会议，围绕案件涉及土地权属、税款清缴、能源补贴等问题进行讨论，并就涉及政府职能部门统筹解决问题等事项达成共识。

2022年7月，召开第一次债权人会议，11月经现场测评、竞争性谈判、多轮报价等，某有限公司被确定为该公司战略投资人。后吴忠中院在线召开该公司第二次债权人会议，全票表决通过公司重整计划草案。

2022年12月15日，吴忠中院依法裁定批准该公司重整计划，并举行公司移交仪式，破产管理人与战略投资人签署交割书。至此，该案历时6个月高效审结。

二、本案显著特色

第一，立足产业特色，能动司法审判。光伏发电属于清洁能源，与国家、自治区产业发展政策相对契合，具有良好的市场前景和挽救价值。本案中，法院能动贯彻国家新发展理念、积极服务保障构建新发展格局，立足光伏行业特色，深度挖掘其重整价值，为产业发展蓄能，让企业得以存续。

第二，积极解决职工就业问题，化解社会矛盾，实现经济、社会、法律效果整体最大化。本案中，法院力促企业持续经营，确保职工再就业，让若干家庭免予陷入困境；化解因破产引发的局部社会矛盾，为保障民生、促进发展提供司法正能量。

第三，公开招募投资人，信息化支撑破产程序有序推进。吴忠中院公开招募投资人、竞争性谈判选定最优战略投资人，发挥市场化选任的优势；借力府院联动机制化解破产重整程序的诸多梗阻；通过线上参会节约了参会时间成本等，提高会议效率。为全市、全区优化破产审判思路和流程提供了有益的经验。

三、综合评价

近年来，宁夏回族自治区凝心聚力，全面打造“六新六特六优”产业，其中，“六新”产业，是指新型材料、清洁能源、装备制造、数字信息、现代化工、轻工纺织六个重点产业，这代表了宁夏回族自治区未来的工业发展方向；“六特”产业，包括葡萄酒、枸杞、牛奶、肉牛、滩羊、冷凉蔬菜，是自治区六类特色农业产业；“六优”产业，主要是文化旅游、现代物流、现代金融、健康养老、电子商务、会展博览六个重点产业。

从宁夏回族自治区层面来看，本案为自治区妥善处理特色产业所在企业破产问题提供了典型示范。我们进一步提炼本案的有益经验可以发现，处理此类企业破产问题，需要从以下几个方面着手：第一，关注产业中长期发展意义及其经济、社会、环境、就业综合价值，而非仅关注短期利益、局部价值、个别意义；第二，战略投资人能够为企业带来资金，也能带来先进的经营管理、财务管理、科学技术优势，帮助企业整顿内部事宜，实现自我迭代，而市场化遴选投资人机制能够真正筛选出有实力、有能力、有诚意的投资者，排除恶意投资者或其他不能有效投资破产企业的投资者；第三，府院联动机制非常必要，特别是对于西北地区企业而言，通常，产业兴，则地方兴；产业弱，则地方弱。府院联动机制能为产业复苏、企业纾困提供政策与公共服务的绿色通道，能同时且有效解决、推动解决职工安置、债务化解、消弭制度阻碍、解决历史遗留问题、促进招商引资、优化地方营商、降低金融风险等若干宏观、中观、微观问题。

第二节 甘肃某露天煤业有限公司重整案

本案是甘肃省武威市中级人民法院办理的首起资产过亿企业的重整案件，也是当地优化营商环境的重要案例。[①]

一、基本案情

甘肃某煤矿成立于2006年9月，系集体所有制企业；2015年8月改制后变更为甘肃某露天煤业有限公司。因经营不善，负债高达6亿多元，并在2019年4月停产、停业，2020年1月申请破产重整。

在破产企业采矿许可证已到期、企业停产停业、复工复产困难重重的情况下，办案人员攻坚克难，多次深入厂区，全面了解企业现状及面临的困难，及时与外省法院对接协调，解除了对原采矿许可证的查封……

2021年8月2日企业全面复产，经济效益凸显。

2022年7月29日，在第二次债权人大会未通过重整计划草案的情况下，武威中院启动应急方案，组织破产管理人、债务人代表及债权人大会主席先后前往陕西、内蒙古、兰州、金昌、张掖等地与部分债权人进行商谈，通过债权转让等多种方式，最终重整计划草案并得以通过。

二、本案显著特色

第一，案件历时三年多，最终取得了良好的综合效果。其中，府院联动机制的存在与应用，解决了本案的“卡脖子”问题，即企业采矿许可证的变更、复产申请批复、验收等；与此同时，管理人做好复工复产前的安全教育培训，防止安全事故发生。如此周密的安排，离不开人民法院所发挥的引导、推进、黏合作用。相比很多存在类似问题的案件，存在久推不进、法院不作为、不同

① 信息来源 甘肃高院：《破产重整让绝境企业“破茧重生”——武威中院首例资产过亿企业成功破产重整》，甘肃高院微信公众号，2023年9月15日。

环节工作脱节等问题，本案起到了很好的示范作用。

第二，跨省高效沟通有利于案件全面推进。一方面，本案中，涉及需要与外省法院对接的问题，即对原采矿许可证进行解封，才能继续推进后续工作；另一方面，本案中有部分债权人分散在陕西、内蒙古等地，管理人、法院、债务人代表等亲自前往外地与债权人真诚沟通，拓宽了债权处置方式，有力推进了重整计划草案的通过。这种做法，扭转了破产各方当事人各行其是导致信息不对称、协作困难等问题，让大家形成合力，共同推进破产程序。

三、综合评价

亿元企业破产是万千西北破产企业的缩影——大型企业面临破产受理推进缓慢、法院因工作繁冗推进破产程序迟缓、债权人通过重整计划草案难度大、府院联动服务不能适应破产案件的需要等问题，不仅严重影响本地经济复苏、社会稳定和招商引资，也给司法审判的效率问题、中介服务机构的质量问题等带来挑战。本案无疑发挥了重要的示范作用，并启发人们：破产案件的推进事在人为，需要多方共同努力、有效作为才能推进，仅靠一方绵薄之力，确实很难。

近年来，甘肃省破产法治实践成效显著、进步很快，通过完善破产制度、提升破产审判效能、筛选优秀破产案例、强化破产培训等举措，一定程度上有效提升了当地的破产法治化水平。除了本书中出现的案例外，还有不少案例沉淀在甘肃省内，为发展区域经济、提升营商环境提供了良好的助力。

第三节　陕西某沃能股份有限公司重整案①

本案系陕西高院发布的一起创业板上市公司重整案例，该企业破产原因相对复杂，覆盖政策、市场、治理等综合因素。面临重重困难和挑战，在法院、

① 本案系陕西高院发布的《陕西法院破产典型案例（2019—2021）》之一，信息来源于陕西高院微信公众号，《陕西法院10件破产典型案例出炉!》，2022年5月17日。

重组投资人、管理人的密切配合、高效联动下，最终取得了胜利。

一、基本案情

陕西某沃能股份有限公司（以下简称“沃能公司”）系一家住所地在西安市的深圳证券交易所创业板上市公司，主营业务为锂离子动力电池，新能源汽车租售、运营以及消防工程安装及维护。

受国内宏观经济下行，国家补贴政策退坡等因素的影响，坚瑞沃能公司生产经营全面停滞，加之其为子公司提供了巨额担保，致使坚瑞沃能公司陷入严重债务危机，面临暂停上市及退市风险。

坚瑞沃能公司因不能清偿到期债务，被债权人申请破产重整，西安市中级人民法院经审查于2019年9月30日作出受理裁定。

2020年4月19日，西安市中级人民法院裁定确认坚瑞沃能公司重整计划执行完毕，并终结坚瑞沃能公司破产重整程序。

本案之所以取得了如此胜利，主要取决于：

第一，法院精准研判，力促重整计划通过。法院组成由庭长担任审判长的五人合议庭，积极协调各方、促使重整计划充分代表各方主体意见，富有可操作性，为重整成功奠定基础。

第二，破产企业通过引入产业重组方，改善财务、经营、战略问题。通过投资人投入偿债、后续运营资金，减免部分债权，实现整体利益的平衡，缓释债权人与债务人之间的矛盾；多项指标同时转优；尽快批准重整计划具有执行确定性。

第三，重整后的企业经济效果显著。法院通过压缩办案时限，确保重整计划提前两个月执行完毕，为保壳重生争取了宝贵时间，最终，使得一家涉及7万余名股民及100余家债权人的上市企业较重整前市值增长了一倍，重塑了上市公司的企业形象。

二、综合评价

本案中的破产企业是一家具有壳资源优势的上市公司，本案重整成功直接保护了股民和债权人的经济利益。从成功经验来看，法院紧锣密鼓推进程序、管理人与法院密切配合做好各项基础工作不可或缺，得以在个案中成就了法院主导型重整程序的优势。同时，本案办理中，关注解决上市公司“内忧”问题——这一点，往往也是企业恢复经营、避免退市、长期盈利、稳健经营的关键所在，仅从形式上化解债务、解决流动性危机并不能真正解决具体问题。实践中，不乏上市公司重整成功不久后退市的情形，部分原因可能是企业经营管理仍然存在问题，或者战略定位等存在偏差，难以适应市场竞争环境、无法实现预期盈利目标。

第四节　凤凰涅槃背后的经验及其启示

破产法律制度是市场退出制度的核心制度之一，特别是在疫情后，企业陆续进入复苏状态，破产法通过保护企业、促进企业再生、缓释社会矛盾、促进资源循环等，发挥了重要作用。从本书中所引用并分析的西北地区破产案例与国内其他地区破产案例来看，大型破产企业重整成功的经验可以归纳为以下几点：

首先，坚持破产法实施的市场化、法治化。市场化破产机制对于多数大型企业而言，能够助力企业有效招募投资人、盘活资源、引进优秀的企业管理者或者经营管理团队、解决破产企业内部积弊；问题更为复杂的国有企业、混合制企业、金融机构、金融基础设施等相关主体破产，需要在政府有效介入下，即采用半市场化或市场化方式破产，能够同时发挥府院联动、市场化机制的优势，解决企业问题。反之，非市场化操作，可能导致暗箱操作以及地方保护主义、排除竞价机制，企业内部固有问题无法得以根治等问题，严重损害市场秩序、债权人公平受偿、破产财产价值最大化等。市场化与法治化相辅相成，法治化是为了更好地实现市场化，确保市场的效率与公平，有效竞争；市场化是法治化的目标之一，市场化有利于实现法治化、巩固法治化效果、提升发展质量。

其次，在法治框架内发挥集体决策优势、发挥管理人主观能动性，探索最优路径：

（1）发挥集体决策优势，破产程序是解决集体债务纠纷的法律制度，也是防止损害个体利益的重要保障。集体决策也是掣肘司法寻租、监督管理人履职以及防止法院作出错误裁判的重要牵制力量。目前，多数成功的重整案件均得益于集体决策，充分尊重债权人意志、保护债权人权利。

（2）有效激励管理人发挥主观能动性；同时，防范管理人的道德风险、监督法院行为。进入破产程序后，管理人面对的问题往往是未知的，甚至存在"法外问题"——难以从现有立法、司法中找到现成的做法，管理人不得不绞尽脑汁寻找解决路径——在符合法治理念、法律框架以及不违反法律规定的前提下，找到一条符合破产法立法目的的解决问题之路。此时，也是真正体现管理人水平与能力的时刻，掌握足够全面的信息、调动各方资源、协调多方等，化解程序性梗阻、解决实体层面的法律与非法律问题等，实现多方共赢。

最后，为解决企业破产问题提供配套制度保障，尤其是要持续优化、完善府院联动机制，使之有力、有效地助益破产程序，打通程序梗阻，实现各方共赢。对于西北地区而言，大型企业破产往往面临着更复杂的内外部环境，相比经济发达地区，西北整体上破产审判专业化仍然有待提升，加之起步晚、个别地区培训密度低、人员配备不足、招商引资机会相对稀缺以及专业化能力相对滞后……那么，不仅需要管理人破产业务能力的提升，也要同步提升办理破产案件法官的审判水平，避免管理人与法官内部信息差、知识差、能力差——难以朝着一个正确的方向前进，存在南辕北辙、相互掣肘的问题。与此同时，行业自律、专业监督机制发展不成熟或者滞后于实践需要。对此，需要利用西北地区后发优势，同步提升破产职业共同体综合素质，持续优化府院联动机制，强化行业自律水平，完善外部监督机制，迈入高水平发展破产法治的良性循环，助力优化西北地区营商环境，为国家加快西部大开发战略蓄力。

第十章 高效重整，守护实业根基

近年来，因经济下行、企业发展疲软、产业政策调整等因素，破产企业骤增。对此，国家陆续出台了一系列纾困政策以保护企业、扶持实体经济，如央行等三部门出台降低存款准备金率和政策利率、降低存量房贷利率、创设新货币政策工具支持股票市场稳定发展等；发改委、财政部、税务总局等推出宏观政策“组合拳”，通过减税降费政策、积极财政政策等为企业营造了宽松营商环境。地方层面，宁夏回族自治区党委办公厅、人民政府办公厅印发《关于全方位优化营商环境促进民营经济发展壮大的实施方案》，为化解民营企业发展中的痛点等提供有效举措；新疆维吾尔自治区高级人民法院先后下发《关于加快破产案件审理工作指南》《关于执行案件移送破产审查衔接工作指南》《企业破产案件管理人管理办法》，关于办理破产的指导性文件，促进当地经济法治建设；甘肃省出台《关于破产程序中网络拍卖的工作指引》《关于破产程序中网络询价的工作指引》《召开远程债权人会议的工作指引》《关于加快破产案件审理的工作指引》等文件，为优化破产程序、提升办案质效提供制度保障……

整体来看，西北地区以及全国范围内的企业复苏普遍有着较宽松的营商环境与较充分的政策支持。

解决大型企业破产问题是一项系统性、中长期工程，除了政策支持、完善立法与配套制度外，还涉及商业发展问题、府院联动机制对破产企业实质性帮助等，将解决破产问题所需的内在与外在因素均纳入考虑体系，从而实现整体效益最优、根治导致破产的各类因素，要么让债务人涅槃重生、重返市场；要么退出市场，释放出有价值的人财物资源在市场中大流通；要么债务人、债权人等主体达成和解，选择一条各方认同的可行路径。一言以蔽之，能够让企业活起来、资产动起来、人跑起来、经济涨起来。因此，本部分在上文理论、实务的基础上，从整体上对西北、全国大型企业重整问题的有益经验做探索式归纳。

第一节　治本清源：做强做优大型企业

一般而言，尽管法院受理企业破产的条件是以“无力偿债”“资不抵债”等作为主要考虑因素，将债权人利益保护作为核心考虑因素——债务人破产的最广泛、最直接受害者。如果债务人受偿能力无法提升，也会限制债权人受偿率，无法达到保护债权人的目的。一方面，微观层面，需要破产保护来防止企业债务规模进一步扩大、保障供应链的相对稳定与可持续性，以及维持经营价值防止其流失，保护资产免予不合理损耗，为后续重整奠定基础；另一方面，需要系统性保护债权人利益，防止系统性资金链断裂诱发更大的债务风险，甚至能够避免区域性金融危机、担保链连锁式的坍塌。

破产法不仅是解决债务问题的法律“工具”，有时也是企业“鲤鱼跃龙门”的过程，只有“疗愈”企业存在的深层次问题，清理、矫正甚至涤除掣肘企业发展的因素，才能做强做优企业，未来，脱离破产程序和司法保护的企业才能独立生存、富有竞争能力，真正具备持续创造价值的能力。

一、改善企业经营管理能力

就大型企业而言，无论国有企业、民营企业还是混合所有制企业等，出现破产问题，可能是一系列因素综合作用的结果，而且原因往往是根深蒂固的。而经营管理能力是其中一项重要、基础性因素。如果破产后，仍然聘用不具有优良经营管理能力的管理人员留在破产企业，那么，化解债务问题就只是阶段性的，经过一段时间以后，破产企业会再次陷入破产，甚至境况更糟。或者说，更换的经营管理者并不具备经营管理能力，也会发生类似的问题。整体而言，能够胜任破产企业经营管理工作人员需要至少具备以下能力：

（一）复盘能力

能够基本识别企业破产的真正原因，不该对破产原因的审查停留在形式层面。在后续经营中避免重蹈覆辙，也能有魄力和决断力优化企业管理、重塑企业文化、提升企业干劲、凝聚企业人心。即便是留用原来的管理者，也应当设置一定的观察期或者合理的考核指标，只有符合合理商业要求的经营管理者，才能胜任后续工作。

（二）经营管理能力

强调管理者商业运营能力，特别是创造或抓住市场机遇、管理企业人财物等管理能力，具有更强的应变力、组织协调能力、创造力、韧性以及凝聚力。实践中，不乏破产企业管理者自身已经思维僵化、固化，经营管理理念落后、排斥现代管理方式等，此类管理者不能适应市场竞争，也难以胜任破产期间对维持企业经营的需要，更难胜任重整计划执行、执行完毕后企业经营的要求，对此，建议及时更换，使其配合后续工作，并做好更换、工作交接工作；或者能够通过沟通、开导、培训等柔性方式，让管理人认识到自身局限性并做出有益的改变，使之能够有所改变以顺势而为，或者配合新的管理者共同经营——但应当避免权力冲突、再次出现决策僵局——对此，需要管理人为此设计配套的公司治理方案，确保重整后公司能正常运营。

二、提升企业风险治理能力

基于对破产企业经验教训的观察以及预防企业破产的考量，提升企业风险治理能力很有必要。

第一，当企业出现流动性风险时，企业能够通过合法路径及时化解危机，同时，有着良好的制度约束与人员操作路径，可有效避免通过违法方式处理而让企业陷入更大的危机之中。不少企业管理能力薄弱，出现危机时，往往通过借旧还新、拆东墙补西墙等方式解决表面问题、债务问题；或者违法违规操作导致声誉风险，接着发生“多米诺骨牌”连锁反应——产生业务危机、供应链危机、挤兑危机等，最终企业问题从小发酵到更大。以上方式的风险在于没有认识到危机关键所在，反而耽误了最佳救助时机、加剧企业流动性危机。

第二，企业风险管理和企业法律治理水平、商业创新能力与盈利水平一样重要，而风险管理也是可以覆盖这几点要素的。实践中，不少企业的风险经历了从隐性到显性、从小到大、从局部到整体的过程，在这个过程中，交织着法律风险的失控、商业创新不足，企业几乎没有盈利。提升企业风险管理能力，首先要算好总账，对资债、流动性、盈利状况有整体、动态、行业层面的掌握；其次，处理好法律治理、商业创新、盈利、道德风险等不同模块的风险并识别其影响，以系统性思维看待企业风险，尽量避免在遇到危机时滋生心态——以小搏大，不惜搭上全部身家、亲戚朋友、员工的积蓄，很有可能适得其反，造成更大危机；再者，寻求专业支持，个别企业家、管理者在遇到重大问题可能会选择非专业，甚至企图用迷信的方式化解问题，不仅可能导致进一步财产损失，或遭遇诈骗，也可能贻误了最佳自救或他救时机。

第二节　胸有成竹：统筹全局推进破产

自《中华人民共和国企业破产法》实施以来，大型企业破产问题有所增加，并且中小型企业也陆续加入破产大军。不少破产企业在产业链中具有重要影响，或者关键影响，尤其是企业规模越大，其破产对于上下游企业影响越显著，甚至影响区域产业发展、社会稳定与地方营商环境评价。考虑大型企业破产的特殊影响，这里提出的统筹全局主要涉及以下几个方面的问题。

一、主次分明，掌握导火索

在企业破产中，往往有一条“导火索”，抓住导火索基本就能触及“债务漩涡中心”，比如烂尾楼续建缺少费用、购房者购房意愿受挫、房市低迷；又如实体型企业生产滞后，产品无法适销对路，如果不改善生产经营，很难实现再生；企业融资后无法到期偿债，导致出现群体性纠纷等。通常，找到导火索才能控制“火情”——即遏制企业破产造成外部风险或其他不稳定因素的持续发酵，防止造成更大范围的人财物损失。同时，也能为下一步工作顺利开展奠定基础。

实践中，导火索千差万别，未必直接与金钱有关。例如，企业声誉——个别企业出现声誉危机，导致消费者集中要求退费，金融机构抽贷，间接影响企业财务流动性；企业供应链断裂——有企业因为单个合同违约导致与此直接或间接相关的合同违约或者解除，难以保持经营的稳定等。

在我们操盘的破产企业中，在识别并隔离导火索风险的初期，都会慎之又慎、全面调查，设计出不同方案进行论证，并择优选择最贴近破产企业实际需要、能够有利于债权人利益最大化、平衡各方合法权益、有利于企业未来发展的方案。我们之所以会在前端投入更多努力，就在于能够充分“勤勉尽责”，回归破产法立法目的。实践证明，这种做法是有意义、有价值的。一方面，我们的努力取得了投资人、债务人、债权人、职工、政府及其职能部门、法院等各方信任，另一方面，通过探索出更多可能的优化方案、可行性路径，我们为当事人提供了更多选择，或者不同选择下的子项目可以再次进行组合，真正做到了择优而破。

无独有偶，在多起典型房地产企业重整案例中，其他地方也运用了类似的工作思路或路径。

例如，较为成熟的盘活房地产企业破产问题的“平顶山模式”，典型代表为瑞邦公司破产重整案。[①] 该公司主营业务为房地产开发等，但因为资金短缺等导致工程停工、涉诉案件量巨大，后根据市委、市政府工作部署，法院联动机制成立后，广开言路，倾听各方，充分论证，有关部门积极配合管理人工作，参与解决问题楼盘老大难问题，实现多方共赢。从长远来看，对于优化地方营商环境、塑造政府真正的形象、化解区域债务危机等，提供了良好的平顶山样本，彰显破产法治化实施对于优化营商环境的现实意义。

① 参见《房地产企业破产盘活的“平顶山式探索”》，“豫法阳光”微信公众号，2023 年 11 月 27 日。

二、化解梗阻，运用法律与政策

不少大型企业破产问题卡顿在历史遗留问题和政策问题上，如果采用传统方法，严格从法律中寻找依据，很难让案件取得实质性进展。比如，建设工程前期资料手续不全，如果无法容缺办证、不能开通续建绿色办事通道，就很难办证以供后期处置；又如，实践中普遍存在着老牌集团公司历史悠久、背景复杂、财产信息不全面等状况，也有着沉重的债务包袱、职工规模庞大，解决此类企业的破产问题，仅靠法律是远不够解决的，但在法治的框架内，仍然要寻求政策支持、法理支撑、法律和政策之间的交叉分析等。从而充分帮助企业应对历史遗留问题、处理好历史与未来的关系，并且，合理的分流职工、安置职工，解决职工债权背后的、深层次的生存权与发展权问题。政策支持是防止政府失灵和市场失灵的有效工具，不仅能够为投资者投资提供良好的营商环境，也能够为破产企业与投资者之间搭建“彩虹桥”——让破产企业或者破产财产能够得以盘活和合理使用。很难说，有一个模式可以通用于各类复杂的破产案件，但基本原理往往是相通的。

例如，北京市发展改革委等 21 部门联合制定了《北京市深化破产制度改革优化营商环境的若干措施》，分别从完善破产企业财产处置机制（允许管理人对破产财产带封处置、完善国有划拨土地使用权转移流程、建设工程不具备划拨核验条件的处置方式、建设工程不具备竣工验收条件的处置方式、明确管理人办理不动产权限、健全破产企业股权变更机制、优化违法车辆记分、罚款处理机制等方面）、构建信用修复协同机制（提供信用修复“一口申报”和信息共享服务、支持企业行政处罚信用修复、支持企业市场监管信用修复、支持企业纳税信用修复、支持企业金融信息修复）、优化涉税服务（及时解除非正常户认定、依法办理纳税申报、依法给予税收政策支持）等多个方面提供支持。

北京市人民政府办公厅印发的《2024 年北京市全面优化营商环境工作要点》中，强调在市场退出机制领域要“健全企业破产案件繁简分流、庭外重组、执破衔接、信用协同修复等机制，持续提升涉税事项、破产信息查询、金融支持等服务水平”。对于运用法律与政策而言，国内存在不少典型案例示范，如安顺市顺成市场开发有限公司重整案。

此外，实践中，不乏进入破产程序后出现债务人“破罐子破摔”的情形——面对经营管理危机，继续随意管理，转移财产；或者怠于和债权人等沟通，导致经济矛盾进一步激化；管理人怠于接管、不会接管，原管理者“欺上瞒下”，能够盘活的企业因主客观因素无法盘活，以及其他导致企业无法持续经营等情形。

化解梗阻是推进破产程序的必经之路，一方面，管理人、法院需要在进入程序后客观评估破产企业的现状、实际控制人、管理人的能力与态度，判断企业层面是否有持续经营前景，管理层面是否具备持续经营的能力、真诚可靠的态度；另一方面，管理人自身要保证廉洁接管，确保在债务人无法自行经管的条件下，能够有序接管以实现企业重整期间的稳定与安全。除了管理人，法院与政府也发挥着督促、指导、协调的作用，尤其是对于区域性企业而言，法律与政策在支撑破产企业上也要发挥积极作用，打通企业重整绿色通道。

第三节　因地制宜：发展产业、振兴实业

以宁夏回族自治区为例。宁夏回族自治区地处西北地区，是“一带一路”的交会点之一，具有相对丰富的自然资源，如能源、矿藏等；也因宁夏回族自治区浓郁的民族风情、历史积淀、自然资源，形成了特色鲜明的文旅资源。经济的背后是无数企业的支撑，对此，构建起适应经济社会发展的破产制度，对于提升经济发展质量、优化企业抗风险能力、优化区域营商环境意义深远，也对落实西部大开发战略、发展国家实业有所助益。

一、固本培元，守护实业根基

立足现实，破产问题的解决需要因地制宜、着眼于中长期利益，本着发展

产业、振兴实业的初心，寻找最优破产路径——无论何种模式的清算、重整、和解、法庭外重组、预重整等，没有唯一正确的路径，但只要有利于实现初心、符合破产法治的理念与要求，那么新方法、老路子均可以在法治框架内得以应用、推广、结合适用，尤其对于关乎地方产业命脉、实业根基的大型企业，其破产问题需要慎之又慎——这里并不意味着要人为地提高受理门槛，而是要慎重地、自始至终地做好全流程优化、风险治理与破产程序推进工作，妥善化解程序或实体性破产梗阻。

首先，需要深度了解企业产品、产能、服务在市场中的定位与现状，在上下游供应链中的地位，是否契合产业政策或者得到产业政策的支持等，有甚至在符合法律规定的条件下，需要与行业专家就企业的经营问题等进行全面交流，深度“问诊”企业深层次问题。其次，掌握企业债务、管理问题，为化解债务、优化管理提供方案，只化解债务不优化管理，可谓治标不治本，化解债务后的企业也可能因为管理不当再次陷入困境，进而丧失市场信誉；只优化管理不化解债务，很难得到债权人认可，也是与破产法公正清偿的理念相悖。因此，二者不可偏废。

之所以强调固本培元，守护实业根基，主要是基于实质性保护破产财产价值以及价值最大化考量。不仅在微观层面关注财产价值，也要基于产业链、生态链、实体经济等更高维度的视角审查如何发展破产财产，如技术改造、组合使用、零散拆分或其他提升机器设备效能的方式方法等，使得破产财产保值增值——或者间接有利于提升债权人受偿率，或者能够维持经营、优化生产效能等。真正在根本上做优做强企业生产力。

典型案例如北京汇源食品饮料有限公司预重整及重整案。[①] 本案是北京破产法庭成立五周年时发布的典型案例之一，也是破产审判发挥救助实体经济类企业的典型代表。该案成功经验在于：运用预重整制度实现了企业实体经营层面的稳定与持续；直击产业链保护关键，对债权人与债权作横向、纵向层面的

① 信息来源 北京破产法庭：《喜报丨北京一中院三案例入选 2022 年度“全国破产经典案例”》，北京破产法庭微信公众号，2023 年 4 月 23 日。

商业分析，采取差别化清偿方式，满足多层次债权人的需求，确保基本面稳定。

二、兼听则明，畅通合作机制

对于深处内陆地区的宁夏回族自治区而言，在创新人才、人才培养、营商环境方面存在一定短板，掣肘本土经济创新发展，尽管在近年来得到显著改善，但就破产层面的举措而言仍然有限，主要表现在投资人招募难，配套政策不健全；管理人水平参差不齐，专业壁垒、信息不对称等问题，给投资人保护埋下深层次隐患；区域内企业和外地合作的模式、信任水平、权利保护等相对滞后，政府工作人员变动、政策变动造成项目不稳定，中长期回报具有一定不确定性，造成资源浪费等。

实践中，结合目前本地经验来看，一方面，兼听投资人、行业专家、政府建议，有助于降低破产重整失败的风险，能够获取更多的信息以供决策，防止信息偏差带来的信息不对称、道德风险、法律风险；同时，有助于获取多元重整方案，供决策人择优适用。另一方面，畅通合作机制是制度性保障，也是基础性工作，在投资破产企业之前，投资人和破产企业之间往往没有什么联系与业务往来，那么，畅通合作机制——信息披露、合作模式、配套政策、管理人员、治理机制等，就有利于为合作提供有益的保障与支持，以弥补信任鸿沟，最大限度地降低合作风险。

反之，沟通协商机制的阻滞、淤堵，不仅会导致破产程序陷入僵局，例如，债务人、债权人、投资人、政府之间缺乏理解、信任与尊重，财产处置难、无人问津；政策不到位，投资人成本畸高、风险大；债权人不支持重整计划或清算方案，有效决策无法做出；而且，整个案件的法律风险也会骤增，对破产法律秩序产生消极影响。

域外采撷篇

海纳百川，有容乃大。
壁立千仞，无欲则刚。

—
林则徐

跨境重组中的全球竞争与集中化集团解决方案的认可

伊利亚·科科林[①]、斯蒂芬·马道思[②]、伊里特·梅沃拉赫[③]

翻译、审校：马学荣、廖月龙[④]

摘　要：企业集团破产和重组程序的高效管理面临着许多挑战。一般来说，针对集团成员启动不同的程序。在国际环境中，协调此类程序是非常复杂的。各国破产法缺乏统一性，领域性倾向（territorialistic inclinations）持续存在，这可能会妨碍整个集团内协调一致的重组战略的实施。为了降低零散清算的风险，并降低针对同一集团的多个程序的运作成本，法律集中化战略被越来越多地采用。这可能导致涉及集团实体的程序集中在同一国家或同一法院，或通过针对集团成员启动的单一程序，通过根据所谓的第三方豁免将重组影响扩大到关联实体——共同债务人、担保人、抵押品提供方——从而解决集团困境。

本文中，我们：（i）观察到各种国家法律制度如何逐渐成为集中化集团破产解决方案的创新甚至竞争领域，其特征是计划和类似计划的程序的兴起，（ii）探讨这种法律创新是否得到国际一级坚实的法律文书体系（即与国际破产有关的《贸易法委员会示范法》）的支持，（iii）审查现行承认制度中的“薄弱环节”，以及（iv）分享我们关于进一步发展该制度的想法，以适应集中式集团重组，并在破产方面促进“良好”的全球竞争。我们概述了将各种

---

① 荷兰莱顿大学博士生。

② 德国，马丁路德·哈勒维腾贝格大学教授。

③ 诺丁汉大学社会科学院、法学院，国际商法教授，兼诺丁汉大学商法中心联合主任。

原文出处：Ilya Kokorin，Stephan Madaus and Irit Mevorach，“Global Competition in Cross-Border Restructuring and Recognition of Centralized Group Solutions”（2021）56(2) Texas International Law Journal 109. 本文翻译得到合法授权。

④ 马学荣，宁夏宁人律师事务所律师，中国政法大学破产法与企业重组研究中心研究员，法学博士；廖月龙，中国政法大学2022级硕士研究生，中国政法大学破产法与企业重组研究中心助理研究员。

计划纳入承认制度的不同方式，包括完全偏离将主要利益中心（COMI）作为承认这些计划的先决条件的要求，在金融重组背景下放宽与主要利益中心有关的规则，以及采用量身定制的国际重组工具。

关键词：企业集团，破产，重组，计划，承认

引 言

在企业集团破产的背景下，合作与协调有助于提高破产程序管理效率，从而确保企业集团的协同效应和持续经营价值，实现破产财产价值最大化并降低成本。联合国国际贸易法委员会立法指南（第三部分），在述及破产企业集团解决方法时承认，有些分散型集团的特点是一体化程度降低，在出现财务困境时无须协调应对。不过，《破产法立法指南》强调，对于很多企业集团来说，合作与协调也许是防止其解体和零散清算进而导致价值减损的唯一路径。[①]

在多个程序被提请同一司法管辖区或同一法院审理的情况下，或者在单个程序寻求重组集团债务的情况下（例如通过解除交叉担保），法律集中化有助于在整个集团范围内协调解决破产问题，特别是在企业集团具有国际性或具有国际方面的有关情况下。在集团重组的背景下，集中化的理念得到了强有力的支持。[②] 然而，在缺乏完善的法律框架的情况下，属地主义倾向可能会占上风[③]，

---

① U. N. COMM' N ON INT' L TRADE L., UNCITRAL LEGISLATIVE GUIDE ON INSOLVENCY LAW, PART THREE: TREATMENT OF ENTERPRISE GROUPS ININSOLVENCY (2010) chap. II, para. 7, U. N. Sales No. E. 12. V. 16 (2012). 联合国国际贸易法委员会，《贸易法委员会破产法立法指南（第三部分：破产企业集团对待办法）》（2010年），第二章，第7段，联合国出版物，出售品编号：E. 12. V. 16（2012），简称《破产法立法指南》；又见 Irit Mevorach, Insolvency Within Multinational Enterprise Groups (Oxford U. Press, 2009)（分析了集团结构的“原型”）。

② See, e. g., Hon. Samuel L. Bufford, coordination Of Insolvency Cases for International Enterprise Groups: A Proposal (Penn St. L., 2014); Irit Mevorach, The ‘Home Country’ of a Multinational Enterprise Group Facing Insolvency, 57 INT' L AND COMP. L. Q. 427, 448 (2008); Nora Wouters & Alla Raykin, Corporate Group Cross-Border Insolvencies between the United States & European Union: Legal & Economic Developments, 29 EMORY BANKR. DEV. J. 387, 423 (2013); Janis Sarra, Oversight and Financing of Cross-Border Business Enterprise Group Insolvency Proceedings, 44 TEX. INT' L L. J. 547, 558 (2009).

③ See Irit Mevorach, the Future of Cross-Border Insolvency: Overcoming Biases and Closing Gaps (Oxford U. Press, 2018)（讨论不同的认知偏差，包括损失厌恶、现状偏差、禀赋效应和短期主义，如何驱动领域性倾向和趋势）。

从而导致（各国）对集团困境采取各自为政式的应对措施。为了实现集中化，法律框架应提供关于国际破产管辖权、承认外国程序以及为支持或服从集中化程序而可给予的救济的规则。这些规则可能存在三个层面：全球、区域和国内。

首先，在全球范围内，破产法受到了《贸易法委员会跨国界破产示范法与颁布及解释指南》（MLCBI）的强烈影响①，该法涉及诉诸外国法院、承认和救济外国破产程序以及跨境案件中的合作。《跨国界破产示范法》是一项软性法律文书②，从某种意义上说，它需要转化为国内法才能获得约束力。一旦实施，它将成为国内法的一部分。虽然其条款主要针对个人债务人，但在实践中，《跨国界破产示范法》在解决企业集团复杂的破产问题方面发挥了重要作用。③ 2019 年，贸易法委员会通过了一项新的示范法，即《企业集团破产示范法》（MLEGI）④，对《跨国界破产示范法》加以补充，并以集团破产为目标，鼓励和促进在此类案件中进行协调，并制订集团解决方案。贸易法委员会 2018 年通过的另一项相关文书是《承认及执行与破产有关的判决示范法》（MLIJ）。该示范法是对《跨国界破产示范法》的补充。它要求承认和执行与破产有关的判决，并澄清 MLCBI 的救济条款包括承认和执行此类判决。⑤

其次，在区域层面，欧盟是拥有独特国际破产框架的一体化市场的主要范例之一。2015 年，经修订的《欧盟破产程序条例》（EU Regulation on

① U. N. COMM' N ON INT' L TRADE L., UNCITRAL MODEL LAW ON CROSS-BORDER INSOLVENCY WITH GUIDE TO ENACTMENT, U. N. Sales No. E. 99. V. 3 (1997). 联合国国际贸易法委员会，《贸易法委员会跨国界破产示范法与颁布及解释指南》，联合国出售品编号：E. 99. V. 3 (1997)，下称 MLCBI。

② See John A. E. Pottow, The Dialogic Aspect of Soft Law in International Insolvency: Discord, Digression, and Development, 40 MICH. J. OF INT' L L. 479, 479-481 (2019) [波托注意到软法的这种变革性，使用了“半软法”（semi-soft law）或“临时性软法”（contingently soft law），并指出软法的对话作用及其对国际规范演进的影响]。

③ Irit Mevorach, on the Road to Universalism: a Comparative and Empirical Study of the UNCITRAL Model Law on Cross-Border Insolvency, 12 EUR. BUs. ORG. L. REV. 517, 537 (2011).

④ U. N. COMM' N ON INT' L TRADE L., UNCITRAL MODEL LAW ON ENTERPRISE GROUP INSOLVENCY WITH GUIDE TO ENACTMENT, U. N. Sales No. E. 20. V. 3 (2020). 联合国国际贸易法委员会，《贸易法委员会企业集团破产示范法附颁布指南》，联合国出售品编号：E. 20. V. 3 (2020)，下称 MLEGI。

⑤ U. N. COMM' N ON INT' L TRADE L., UNCITRAL MODEL LAW ON RECOGNITION AND ENFORCEMENT OF INSOLVENCY-RELATED JUDGMENTS WITH GUIDE TO ENACTMENT, at 23, U. N. Sales No. E. 19. V. 8 (2018). 联合国国际贸易法委员会，《贸易法委员会关于承认和执行与破产有关判决的示范法附颁布指南》，第 23 页，联合国出售品编号：E. 19. V. 8 (2018)，下称 MLIJ。

Insolvency Proceedings）获得通过。[①] 该条例于 2017 年 6 月生效。[②] EIR Recast 协调了与国际破产管辖权、适用法律、对外国破产程序和破产相关判决的承认以及破产从业人员与法院之间的沟通与合作有关的国际私法规则。EIR Recast 还包括有新的第五章，其中还提供了关于协调企业集团破产程序的富有针对性的规定。[③] 这种协调可通过启动特别主导程序——集团协调程序——来进行。[④] 关于承认 EIR Recast 实质范围之外的集团解决办法，如英国的管理计划（schemes of arrangement），已经应用了其他区域性文书，包括 Brussels I-bis Regulation（Brussels I-bis）。[⑤]

再次，一些国家实施了破产法改革，并推出了旨在采用注重集团利益的解决方案，或采用这种解决方案的可能性更大的工具。在这方面，我们区分了两类法律。第一类包括专门为集团破产制定的法律。这方面的一个关键机制是程序合并，这导致将程序集中在一个法庭或法院。破产法还可规定实质性合并，即在破产程序过程中可将集团实体的资产和（或）债务集中在一起。程序性合并在美国很常见，美国《破产法典》允许债务人向任何破产法院提出破产申请，在该法院，涉及债务人关联公司的破产案件是悬而未决的。[⑥] 最近，德国[⑦]、意大

---

① Council Regulation 2015/848, 2015 O. J.（L 141）, 19. 欧盟理事会 2015/848 号条例，编号：2015 O. J.（L 141）19，下称 EIR Recast。

② 同注①，第 84 条。

③ Jessica Schmidt, Group Insolvencies under the EIR Recast, 61 EUROFENIX 17, 17（2015）. See also Christoph Thole & Manuel Dueñas, Some Observations on the New Group Coordination Procedure of the Reformed European Insolvency Regulation, 24 INT'L INSOLVENCY REV. 214（2015）.

④ EIR Recast，同注①，第 61 条。值得注意的是，由于 EIR Recast 已经具有约束力，没有任何跨境集团破产的重大案件通过集团协调程序规则处理。See CERIL Statement 2021-2 on EU Group Coordination Proceedings（2021）.

⑤ Council Regulation 1215/2012, 2012 O. J.（L 351）1. 欧盟理事会第 1215/2012 号文件，编号 2012 O. J.（L 351）1，下称 Brussels I-bis。

⑥ 28 U. S. C. § 1408（2）（2010）. 地点选择的宽泛性导致破产案件集中在少数地区，招致了批评。参见《2021 年破产地点改革法案》（Bankruptcy Venue Reform Act of 2021），该法案试图限制关联起诉规则（affiliate-filing rule）。

⑦ Insolvency Statute（Insolvenzordnung, InsO）, Oct. 5, 1994, BGBI, § § 3（a）, 56（b）, 269（d-i）（F. R. G.）.（旨在为集团破产建立一种统一的会议或统一的管理人，并引入了协调程序。）

利[①]、西班牙[②]和法国[③]等多个国家通过了允许各种形式的程序合并的法律。

在那里，对程序性合并采取宽容的做法导致了对实质性合并的默示接受。企业集团破产也引起了欧洲以外的决策者们的注意。值得注意的是，2019 年，印度破产委员会成立了一个集团破产工作组，讨论并建议一个可能的集团破产框架。[④] 在阿根廷，破产法的重点是集团重组，并规定了可以提出单一或联合申请，以涵盖所有集团成员。[⑤] 在一个集团实体破产可能影响集团其他实体或集团内各实体紧密结合的情况下，就会出现这种情况。有趣的是，只要符合整个集团利益并有利于集团重整，该法允许破产申请包括集团有偿付能力的成员。[⑥] 在巴西，即使没有直接的法定授权，实质性合并也经常适用于集团破产案件。在这些国家，对程序性合并采取宽容的做法导致了对实质性合并的默示接受。[⑦] 我们将在下一节中详细阐述"集中化"的概念，将其作为实现"集团解决方案"的首要工具。

第二类新兴式法律，与第一类不同，并不明确针对集团破产，但包含重组机制——主要用于重组债务人的资本结构（例如，改变资产和/或负债的组成、条件或结构，而不中断业务运营或导致清算）——这是受到英国管理计

---

① See Codice della crisi d' impresa e dell' insolvenza in attuazione della legge 19 ottobre 2017, n. 155, Titolo VI. Disposizioni relative ai gruppi di imprese. Andrea Zorzi, The Italian Insolvency Law Reform, 32 (5) EUR. Bus. L. REV. 935 (2021). Diego Corapi & Domenico Benincasa, The Law on Groups of Companies in Italy, 16 EUR. COMPANY L. J. 121 (2019).

② Ley Concursal (《西班牙破产法》), (B. O. E. 2003, 164) (Spain), art. 25（允许债务人或债权人就属于同一集团的数个债务人企业申请宣告进入合并破产程序）。

③ LOI n° 2015-990 du 6 août 2015 pour la croissance, l' activité et l' égalité des chances économiques（关于增长、活力和市场机会平等的第 2015—990 号法律，2015 年 8 月 6 日），JOURNAL OFFICIEL DE LA RÉPUBLIQUE FRANC AISE [J. O.] [OFFICIAL GAZETTE OF FRANCE], Aug. 7, 2015（第 721—728 条，规定专门商事法庭对某些破产程序的管辖权，并规定母公司和子公司同样破产进入破产程序的可以由相同法院受理）。

④ Insolvency and Bank. Bd. Of India, Report Of The Working Group On Group Insolvency (2019).

⑤ Argentine Bankruptcy and Liquidation Law No. 24, 522 (LCQ), Chapter VI, art. 65-68; Argentine Bankruptcy and Liquidation Law No. 24, 522 (LCQ), Chapter VI, art. 65-68;《阿根廷破产和清算法》第 24，522 号法令（LCQ），第六章第 65—68 条；see M. E. Uzal, National Report on Argentina, in GROUPS OF COMPANIES: A COMPARATIVE LAW OVERVIEW 614-16 (Rafael Mariano Manóvil ed., 2020)(下称《阿根廷国家报告》).

⑥ National Report on Argentina, supranote 20, at 622.（《阿根廷国家报告》，同注⑤，第 622 页。）

⑦ 对巴西集团破产方法的批判性观点，见 Sheila Neder Cerezetti, Reorganization of Corporate Groups in Brazil: Substantive Consolidation and the Limited Liability Tale, 30 INT' L INSOLVENCY REV. 169, 182 (2021).（指出巴西当前的实质合并破产案件无视责任的限制，将例外情形当作通常做法，极大地改变了债权人的权利和债务人义务。）

划的启发。新加坡[1]、荷兰[2]和德国[3]最近都通过了这样的法律。我们认为，这些法律涵盖了有助于实现集中化集团解决方案的创新。此类创新包括通过单一程序免除集团内部债务（第三方免责）和灵活的管辖规则，从而能够集中应对集团困境。[4] 我们研究了这些创新，并探讨了与其跨境实现和承认有关的问题。换言之，我们试图将各国的创新与国际上就破产的跨境方面和影响所制定的对策联系起来。我们研究现有的国际破产法框架是否为集团重组的集中化和承认提供了坚实的基础。在此过程中，我们强调了国际框架中的“短板”，并就如何推进集团集中程序提出了一些初步想法。

本文结构如下：

文章第一部分根据程序集中化的程度描述了管理集团破产的主要方法。第二部分论述集团破产的国际私法方面，并描述长期确立的主要利益中心（COMI）管辖标准所造成的限制。第三部分表明，鉴于新的重组程序（如计划）的兴起，这些限制的相关性可能会降低，例如，包含动态管辖权标准的计划。第四部分审查了这一发展的影响，指出使用灵活的管辖权标准可能会造成管辖权的多元化，有可能引发管辖权冲突，损害债权人的合法预期和可预测性。第五部分探讨了现有的国际破产法框架（MLCBI）是否适用于通过计划实施的集中集团解决方案。第六部分研究了较新的文书——《跨国界破产示范法》（MLIJ），特别是《跨国界破产示范法指南》（MLEGI）——是否为集中式集团解决方案的实现和承认提供了适当和可取的框架。第七部分强调了现行国际制度中的薄弱环节，并提出了进一步发展该制度的想法，以适应集中式集团重组并建设性地促进破产领域的全球竞争。

---

① See Singapore Companies (Amendment) Act 2017 (No. 15 of 2017); Insolvency, Restructuring and Dissolution Act 2018 (No. 40 of 2018). 见《2017年新加坡公司法（修正）》（2017年第15号法令）；《2018年破产、重组和解散法》（2018年第40号法令）。

② Wet homologatie onderhands akkoord 2020, Stb. 2020 (Neth)（下称WHOA）.

③ Gesetz zur Fortentwicklung des Sanierungs- und Insolvenzrechts（《德国重组发展法和破产法》）, Bundesgesetzblatt Jahrgang 2020, Teil I, Nr. 66 zu Bonn am 29. 2020. 12.

④ See Ilya Kokorin, Third-Party Releases in Insolvency of Multinational Enterprise Groups, 18 EUR. COMP. & FIN. L. REV. 107 (2021).

一、集团重组的集中化程度

在实践中，有不同的方式来处理集团诉讼，试图有效解决其财务困境。[①]通常，最有效的方法是通过某种形式的集中化。我们区分程序集中和操作集中。

程序集中是指将不同的破产程序（广义上包括重组）集中到一个法院或一个法庭。[②]它也表现在若干集团实体的义务在针对一个集团实体开启的单一程序中进行重组的情况。因此，程序集中化是根据程序的数量或程序的本地化来确定的。

操作集中涉及在破产时如何控制、管理或指导集团实体。例如，可以通过在多个程序中指定同一管理人，[③]或通过启动承担额外协调或类似管理职能的协助程序来实现集中化处理。[④]与程序集中（procedural centralization）相反，操作集中不是以程序的数量或地点为前提的，而是着眼于决策角色和职能的集中。

程序集中和操作集中往往相互关联、相辅相成。例如，在同一司法管辖区集中诉讼，更有可能指定相同的破产管理人，从而实现对程序的集中管理。结合不同层次和形式的集中，图 1 显示了解决企业集团财务困境的一些典型方法，但其所描述的相关性只是指示性的。

---

① See R. van Galen, Insolvent Groups of Companies in Cross Border Cases and Rescue Plans, in CORPORATE RESCUE (R. van Galen & S. Madaus eds., NVRII & NACIIL, 2012).［按照从非分级协调到实质性合并和灵活（逐案）方法区分与欧盟有关的国际集团破产的六种处理方案。］

② See Daoning Zhang, Reconsidering Procedural Consolidation for Multinational Corporate Groups in the Context of the Recast European Insolvency Regulation, 26 INT' L INSOLVENCY REV. 241 (2017)（列举了程序性合并的好处，包括降低多个破产程序产生的成本和避免集团内子公司法律人格的中断）; see also Janis Sarra, Over sight and Financing of Cross-Border Business Enterprise Group Insolvency Proceedings, 44 TEX. INT' L L. J. 547 (2009).

③ THE WORLD BANK, PRINCIPLES FOR EFFECTIVE INSOLVENCY AND CREDITOR/DEBTOR REGIMES at Cl 7.4. (2021); EIR Recast，同第 274 页注①，序言第 50 及 53 条；InsO，同第 273 页注②，§ 56b；MLEGI，同第 273 页注④，第 17 条。

④ EIR Recast，同第 274 页注①，第 61 条。此外 EIR Recast 为管理人同意授予其中一个集团破产程序中任命的破产从业人员额外的权利提供了可能（第 56（2）条）。

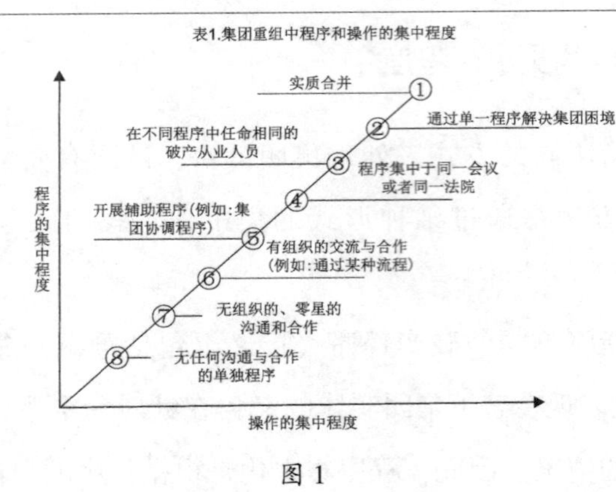

图 1

最高一级，即第 8 级，表示最低水平或没有任何集中化。从该级别开始，图表向上移动以指示其他方法，这些方法可以实现更高级别的程序和操作集中化。因此，第 7 级设想在程序中进行一定程度的交流与合作，尽管是以相当零散的方式进行。第 6 级的特点是跨国界交流与合作的组织化程度越来越高，通过破产协议或合作协定可促进这种交流与合作。[①] 第 5 级通过启动特别协助程序（如《欧洲投资条例修订本》（EIR Recast）规定的集团协调程序）来简化平行程序之间的协调。第 4 级代表程序集中在同一法庭或同一法院。第 3 级在涉及企业集团成员的集中程序中指定同一管理人的情况。第 2 级允许通过涉及集团单一成员的单一程序来解决集团的财务问题，但将其影响扩大到集团其他成员。第 1 级是实质性合并，实际上无视集团成员的不同身份。[②]

集团集中化在多大程度上牵涉或侵犯各实体的独立性也可能有所不同。有些处理集团破产的办法要求严格地对实体进行逐一处理，强调集团各实体在法律上的独立性，不允许任何程序发挥协调作用。这种基于实体的方法旨在保护

① U. N. COMM' N ON INT' L TRADE L., UNCITRAL PRACTICE GUIDE ON CROSs-BORDER INSOLVENCY COOPERATION (2009), para. 13, U. N. Sales No. E. I0. V. 6 (2010). 联合国国际贸易法委员会，《贸易法委员会跨国界破产合作实务指南》（2009 年）。第 13 段，联合国出售品编号：E. 10. V. 6 （2010）。（将跨国破产协议定义为“旨在促进跨国界破产程序协调以及法院之间、法院与破产代表之间以及破产代表相互之间的合作的口头或书面协议”）；see ILYA KOKORIN & BOB WESSELS, CROSS-BORDER PROTOCOLS IN INSOLVENCIES OF MULTINATIONAL ENTERPRISE GROUPs (Edward Elgar Pub., 2021).

② Legislative Guide on Insolvency Law，同第 272 页注①，chap. II，para. 107. （指出虽然实质合并通常在清算背景下讨论，但是原则上仍可适用于集团重组，包括通过重整计划的方式完成）；参见 EIR Recast，同第 274 页注①，第 72 （3） 条，规定集团协调计划不应包括关于程序或破产财产的任何合并的建议。

公司面纱的边界，也可能与属地主义交织在一起。因此，可以保持地方对地方实体的本土性控制。[①] 还有一些办法提倡对程序进行协调管理，摆脱了严格单一实体的观点，认识到制定共同的解决办法可保障集团的协同效应、集团实体的持续经营价值以及集团的整体利益。尽管如此，这种方法仍然保留了实体的独立性，因为集团成员保持了独立性，每个实体的资产和负债都是分别处理的。实质性合并则是另一种做法。其全部形式是将几家公司的资产和负债集中起来，从而将这些公司视为一个单一的法律实体。[②] 它牺牲了独立的法人资格，但避免了因拆分“资产一体化”实体而产生的不成比例的费用或延误。[③]

以上分类的目的并不是说某些方法比其他方法更好或更差，这会过于简单化，忽略了群体形式和结构的多样性。[④] 虽然一体化程度很高的集团可能受益于协调一直努力和集中的危机管理，但对于业务真正独立的非一体化集团来说，这种努力可能是不必要的，只会导致跨境破产协议谈判或集团协调或规划程序启动所引起的交易成本增加。另一个例子是实质性合并。一方面，实质性合并大大降低了交易成本。它简化了破产程序，解决了交叉责任安排（公司间贷款、交叉担保、共同债务、公司间撤销诉讼），因为法律实体和破产财产的分离性消失了。另一方面，实质性合并影响债权人之间的分配，因为单一债务人的债权人被迫与所有合并实体的债权人分享破产财产的价值。这导致强加的财富再分配，对债权人的财产权和追偿权产生深远影响。[⑤]

尽管方法是多种多样的，但在实践中，我们仍然发现出现了法律工具和机

---

① Irit Mevorach, towards a Consensus on the Treatment of Multinational Enterprise Groups in Insolvency, 18 CARDOZO J. OF INT’L AND COMP. L. 359, 385 (2010).

② Legislative Guide on Insolvency Law, 第 272 页注①, chap. II, para. 135. 指出实质性合并可以是部分的或有限的，不包含特定资产或债权。

③ Mónica Fuentes Naharro, National Report on Spain, in GROUPS OF COMPANIES: A COMPARATIVE LAW OVERVIEW 159 (Rafael Mariano Man6vil ed., 2020); see CODE DE COMMERCE [C. COM.] [COMMERCIAL CODE] art. L. 621-2 (Fr.).（支持实质性合并通常仅限于企业集团内部资产和负债混合的情况，或欺诈和滥用公司形式的情况。）

④ Irit Mevorach, Insolvency Within Multinational Enterprise Groups 132 (Oxford U. Press 2009).（根据“业务整合”“资产整合”和“弱整合或无整合”等三个维度区分集团。）

⑤ Christopher W. Frost, Organizational Form, Misappropriation Risk, and the Substantive Consolidation of Corporate Groups, 44 HASTINGS L. J. 449, 451 (1993); William H. Widen, Corporate Form and Substantive Consolidation, 75 GEO. WASH. L. REV. 237, 306 (2007)（认为“实质性合并可能会使对单个法律实体持有预付款的债权人的期望落空”）。

制的新趋势，在跨境企业集团重组中，这些工具和机制可被用于实现更大程度的集中化。我们并不讨论所有这些集中化的机制、水平和形式，而是重点讨论仍未达到实质性合并的较高层次的集中化，即上图 1 所描述的第 2 至第 4 层次。这些层次的集中化的确有助于促进综合集团有效重组，而且计划也为其提供了便利。第 4 层次涉及将集团成员的重组集中在同一法庭或同一法院，允许实现程序和运作的高度集中化。为程序指定单一的破产管理人使得集中化程度达到了第 3 级。这简化了集团范围内一致解决办法的采用，并降低了成本。第 2 层次的特点是针对其中一个实体启动单一程序，并将重组效力扩展到作为共同债务人、担保人和抵押品提供者的关联实体。除了显著降低成本以外，[①] 此种机制还可以保持集团实体运营的连续性和集团持续经营价值。[②] 只要对若干公司的债务进行重组而不需要单独的重组程序，就可以实现这一结果。

我们所考虑的这些集中化程度的背景，是最近荷兰和德国颁布的重组法（restructuring laws），其主要灵感来自英国的管理计划。这些新法律具有充分的灵活性，能为集中解决集团破产提供便利——即使它们可能并非专门为此目的而颁布。在《破产法立法指南》中引入了“集团破产解决办法”这一术语，第六部分将做进一步讨论。集团破产解决可能导致“对一个或多个企业集团成员的部分或全部资产和业务进行重组、出售或清算”，从而保护、维持甚至提高参与企业集团成员的整体合并性价值。[③] 因此，MLEGI 旨在提供一个灵活的概念，能够根据企业集团的具体情况和需要、业务模式及其成员之间的一体

---

① See Stephen L. Lubben, The Costs of Corporate Bankruptcy: How Little We Know, in Research Handbook on Corporate Bankruptcy Law 276 (Barry Adler ed., Edward Elgar Pub., 2020)（讨论破产的直接成本，如与重组有关的专业费用、法院申请费，以及更为抽象的间接成本，如管理时间、收入损失、机会损失和商誉损失等）。

② See FSB, Recovery and Resolution Planning for Systemically Important Financial Institutions: Guidance on Developing Effective Resolution Strategies (2013); J. JenningsMares et al., The Single Point of Entry Approach to Bank Resolution, in Bank Resolution: The European Regime (J. H. Binder & D. Singh eds., Oxford U. Press, 2016) ｛这一战略可与银行破产中使用的单点进入战略（Single Point of Entry）相比较，即在最高母公司或控股公司一级行使破产权力［如自救（bail-out）、转移工具］，而运营子公司继续作为持续经营企业而不进入破产程序｝。

③ MLEGI，同第 273 页注④，art. 2 (f).

化程度进行调整。[①] 集团破产解决路径可以通过不同的方式实现，涉及不同程度的程序和/或运营集中化。本文采用 MLEGI 中使用的集团破产解决办法的定义，但承认新的重组法通常以财务重组而不是清算为目标。

二、COMI 与破产集团集中化的兴起

（一）COMI：兴起、缘由和阐释

主要利益中心（COMI）的概念为破产学者和从业者所熟知。它的起源最早可以追溯至 1980 年的《破产、清算、安排、和解和类似程序公约草案》（以下简称《公约草案》）。[②] 该《公约草案》是欧洲经济共同体协调与破产有关的国际私法问题的早期尝试。尽管 1980 年的《公约草案》没有获得通过，但基于债务人主要利益的管理地使用管辖权联系的想法仍然存在。[③] 这一概念在 20 世纪 90 年代起草的多个文件中得到了复制，包括《伊斯坦布尔公约》（Istanbul Convention）[④] 和《欧洲破产程序公约》（The European Convention on Insolvency Proceedings）（1995 年公约）[⑤] ——该文件对 MLCBI 和 EIR 修订版都产生了重大影响。[⑥]

1995 年《公约》和随附的权威性报告 Virgós-Schmit Report 中提出了一种

---

① U. N. COMM' N ON INT' L TRADE L., UNCITRAL MODEL LAW ON ENTERPRISE GROUP INSOLVENCY WITH GUIDE To ENACTMENT, U. N. Sales No. E. 20. V. 3, pt. 2, para. 42 (2020). 联合国国际贸易法委员会，《贸易法委员会企业集团破产示范法附颁布指南》（2020 年），联合国出售品编号：E. 20. V. 3，第二部分，第 42 段，下称 MLEGI。

② Draft Convention on Bankruptcy, Winding-up, Arrangements, Compositions, and Similar Proceedings, Report on the Draft Convention on Bankruptcy, Winding-up, Arrangements, Compositions, and Similar Proceedings. Bulletin of the European Communities, Supplement 2/82, art. 3 (1), 1982.《破产、清算、安排、和解和类似程序公约草案》，下称 1980 年《公约（草案）》（规定了以下规则："债务人的管理中心位于缔约国之一时，该国法院拥有宣布债务 人破产的专属管辖权"）；另见 Ignacio Tirado, An Evolution of COMI in the European Insolvency Regulation: From 'Insolvenzimperialismus' to the Recast, in ANNUAL REVIEW OF INSOLVENCY LAW 691-722 (J. Sarra & B. Romaine eds., Carswell, 2015)（讨论了欧洲主要利益中心原则（COMI）的来源）。

③ 《公约（草案）》，同注②，第 3（2）条。

④ European Convention on Certain International Aspects of Bankruptcy, art. 4, June 5, 1990, 5. VI. 1990（《伊斯坦布尔公约》由欧洲法律合作委员会下属的一个专家委员会起草。8 个国家（卢森堡、土耳其、意大利、希腊、德国、法国、塞浦路斯和比利时）签署了该公约，但只有塞浦路斯批准了该公约（《伊斯坦布尔公约》从未生效，因为这需要至少 3 个国家的批准）。

⑤ Convention on Insolvency Proceedings, art. 3, Nov. 23, 1995, 1995 J. O. (C 279) 1, 5.

⑥ 见 MLCBI，同第 273 页注①，1995 年《公约》对 MLCBI 的影响在其颁布指南（1997 年）中显而易见。第 18 段明确，"MLCBI 参考了其他国际努力的成果，包括《欧洲联盟破产程序公约》"。

模式，在这种模式中，具有普遍范围的主要破产程序与债务人主要利益中心所在法域相关联，并可在该法域启动。[①] 目前，EIR Recast 也采用了同样的方法，根据该方法，“主要利益中心”被定义为债务人“定期管理其利益并可由第三方查明”的地方。[②] 对于法人实体，在没有相反证明的情况下，其注册办事处被推定为债务人的主要利益中心。[③] 在欧洲联盟法院［Court of Justice of the European Union（CJEU）］裁决的案件中，已承认注册办事处被推定在确定主要利益中心方面的能力和重要性的关键作用。[④] 正如 Virgós 和 Garcimartín 所解释的，“主要利益中心的客观可查明性是一个重要因素，因为它使债权人能够计算其在债务人破产时所面临的商业或金融风险”。[⑤]

在 EIR 体系内，主要利益中心主要履行三项职能。首先，它为开启具有普遍范围的主要破产程序分配了国际破产管辖权。其次，主要利益中心管辖权通常决定适用于破产程序的法律（普通法）及其对债务人、债权人权利和义务的影响。例如，该法规定了破产从业人员的权力、债权的排序和破产财产的构成等。[⑥] 最后，主要利益中心所在地影响着跨境背景中破产从业者的权力。[⑦]

COMI 的概念是贸易法委员会文书不可分割的一部分，尽管其作用与 EIR Recast 所发挥的作用有很大不同。[⑧] 根据 MLCBI，COMI 是确定外国程序类型

---

① Miguel Virgós & Etienne Schmit, Report On The Convention On Insolvency Proceedings 8（1996）（这份报告在英国王室首席法律顾问意见中被频繁提及，尤其是在涉及解释 EIR 的具体案件中，下称 Virgós-Schmit Report）。

② EIR Recast，同第 274 页注①，第 3（1）条。

③ 同注②。

④ Case C-341/04, Eurofood IFSC Ltd., 2006 E. C. R. 1-03813, para. 33（指出主要利益中心“必须参照第三方视角下的客观以及确定两个标准”及“为了确保法律上的确定性和可预见性，第三方视角下的客观和确定的可能性是必须的”）；另见 Case C-396/09, Interedil, 2011 E. C. R. I-09915, para. 49; Irit Mevorach, Jurisdiction in Insolvency: A Study of European Courts' Decisions, 6 J. OF PRIV. INT' L L. 327, 327-57（2010）。

⑤ M. Virgós & F. Garcimartín, The European insolvency Regulation: Law and Practice, in KLUWER LAW INTERNATIONAL 42（2004）；另见 Virgós-Schmit Report，同注①，第 75 段（指出由于破产是一种可预见的风险，“重要的是，国际管辖权……应基于债务人的潜在债权人已知的地点。这样潜在债权人就可以计算在破产情况下必须承担的法律风险”）。

⑥ EIR Recast，同第 274 页注①，第 7 条。

⑦ 同注⑥，第 21 条。

⑧ See Reinhard Bork, The European Insolvency Regulation and the UNCITRAL Model Law on Cross Border Insolvency, 26 INT' L INSOLVENCY REV. 246, 255-58（2017）.（讨论了 EIR Recast、MLCBI 和其他工具中的主要利益中心。）

（即主要程序与非主要程序）以及在承认之前或之后可获得的相应救济的关键。[①] 主要利益中心还可影响根据《跨国界破产示范法》做出的承认决定，因为它允许在债务人既没有主要利益中心又没有设立营业场所的国家拒绝承认与破产有关的判决。[②] 营业所的概念是与主要利益中心同时发展起来的。EIR Recast[③] 和 MLCBI[④] 都使用了这一概念。根据 EIR Recast，"营业场所" 指的是可以启动具有地域范围的继发程序的司法管辖区。[⑤] 根据 MLBCI，该术语是非主要程序的特征，指的是 "债务人利用人力、货物或服务进行非暂时性经济活动的任何经营场所"[⑥]。

在 MLEGI 的框架内，COMI 与启动计划程序有关，这是一项重大创新，可作为改进集团破产管理和制订集团破产解决方案的工具。[⑦] 计划程序被界定为针对集团某一成员启动的主要程序，条件是该集团成员有可能是集团破产解决办法的必要和不可或缺的参与方，并且集团其他成员为制定集团解决办法而参与其中。[⑧] MLEGI 补充道，如果该独立程序已得到对主要程序拥有管辖权的法院的批准，则法院可以承认一个独立于主要程序的程序作为一个计划程序。[⑨] 在这两种情况下，主要程序的管辖权（主要利益中心——管辖权）对计划程序的启动具有决定性意义（尽管其他参与成员的主要利益中心可能不在同一地点）。

因此，虽然贸易法委员会文书没有对主要或非主要破产程序的国际管辖权做出规定，但这些文书，特别是 MLCBI，将 COMI 视为决定这类程序的权力和

---

① 见 MLCBI，同第 273 页注①，第 20—21 条。

② MLIJ，同第 273 页注⑤，第 14（h）条。这是一项任择条款，各国可以决定是否适用。

③ EIR Recast，同第 274 页注①，第 2（10）条。

④ MLCBI，同第 273 页注①，第 2（f）条。

⑤ EIR Recast，同第 274 页注①，第 34 条。

⑥ MLCBI，同第 273 页注①，第 2（f）条。

⑦ See Irit Mevorach, A Fresh View on the Hard/Soft Law Divide: Implications for International Insolvency of Enterprise Groups, 40 MICH. J. INT' L L. 505 (2019).

⑧ MLEGI，同第 273 页注④，第 2（g）条。（关于集团实体适用集团破产解决方案的要求 "必要的以及重要的"，MLEGI 指南第 46 段指出，相关因素可包括 "企业集团的结构、成员之间的一体化程度、拟提出的集团破产解决办法"。MLEGI 指南在第 46 段中指出相关因素可能包括 "企业集团的结构、成员之间的一体化程度、拟提出的集团破产解决办法"。它在第 45 段中指出，在涉及同一企业集团的破产中，可以有一个以上的规划程序，例如，当该集团是横向组织时，或者当集团的不同部分需要不同的计划时。）

⑨ 这一补充允许承认根据 EIR Recast 开启的集团协调程序为计划程序，只要后者已由主要破产程序的法院开启。

效力的一个关键因素。就合同关系和财产法（较少如此）而言，当事方可以事前或事后调整其关系，例如通过选择一种可用的补救办法和争端解决机制。破产法的情况通常并非如此，在许多情况下，破产法限制了当事人的自主权，以确保集体债务执行和债权人之间的平等价值分配。过去几十年见证了担保信贷的扩张、破产中担保债权人的权力、[①] 债权人间协议的缔结、重组支持协议以及经管债务人融资方对破产过程的控制不断加强。[②] 这些发展可能表明破产法中新的合同范式正在兴起。[③] 然而，这种与破产有关的合同很少延伸到破产法庭或适用破产法的确定或选择。[④] 在这一领域，在很大程度上当事人意思自治仍然受限。如下文所示，方案的激增为当事人创造了更多的选项和选择，为集中化集团重组解决方案打开了大门。

（二）集团破产与 COMI 的限制

COMI 是在企业集团破产没有得到广泛讨论或处理的时候出现的[⑤]。人们承认，在其辩论 MLCBI 的案文时，集团破产被认为是“太遥远的阶段”[⑥]。事实上，MLCBI 和 EIR（2000）没有解决集团破产问题，也没有设想“集团主要利益中心”（group COMI）的概念。相反，二者都考虑了单一实体债务人。欧盟法院在 Eurofood IFSC Ltd 案中的裁决支持了这一“独特的愿景”[⑦]。在

① Alfonso Nocilla, Asset Sales and Secured Creditor Control in Restructuring：A Comparison of the UK, US and Canadian Models, 26 INT' L INSOLVENCY REV. 371, 385（2017）; AM. BANKR. INST., COMMISSION TO STUDY THE REFORM OF CHAPTER 11：FINAL REPORT AND RECOMMENDATIONS 12（2014）.

② See Robert Rasmussen, Taking Control Rights Seriously, 166 U. PA. L. REV. 1749, 1758-59（2018）（作者注意到经管债务人在破产保护程序之前和期间影响业务开展的掌控能力有所增强，他提到的掌控手段包括：信贷协议中的契约、债转股策略、任命首席重组官、经管债务人融资、计划支持协议和重组支持协议等）。

③ David Skeel Jr. & George Triantis, Bankruptcy' s Uneasy Shift to a Contract Paradigm, 166 U. PA. L. REV. 1777, 1778（2018）.

④ Ilya Kokorin, Contracting around Insolvency Jurisdiction：Private Ordering in European Insolvency Jurisdiction Rules and Practices, in RECASTING THE INSOLVENCY REGULATION：IMPROVEMENTS AND MISSED OPPORTUNITIES 41（Vesna Lazi? & Steven Stuij eds., 2020）.

⑤ 20 世纪 80 年代的学术文献，很少讨论公司集团破产问题。See generally P. BLUMBERG, THE LAW OF CORPORATE GROUPS：PROCEDURAL PROBLEMS IN THE LAW OF PARENT AND SUBSIDIARY CORPORATIONS（Little Brown & Company, 1983）; Phillip Blumberg, Limited Liability and Corporate Group, 11 J. CORP. L. 573（1986）.

⑥ Legislative Guide on Insolvency Law, supra note 1, chap. III, at 3.《破产法立法指南》，同第 272 页注①，第三章，第 3 节。

⑦ EurofoodI FSC Ltd，同第 282 页注④。

Rastelli Davide e C. Snc v. Jean-Charles Hidoux 案中，[①] 法院强调，即使两家公司的财产混合在一起，也必须分别确定每家公司的主要利益中心，因为每个债务人都是受其法院管辖的独立法律实体。

尽管增加了一个新的章节以促进对集团破产的协调管理，但采用 EIR Recast 并没有改变这种对法律分离的偏好。[②] EIR Recast 承认，“如果法院认定属于同一集团的几家公司的主要利益中心位于单一成员国”，法院应能够在一个司法管辖区为属于同一集团的几家公司启动破产程序。[③] 换句话说，每个单独实体的 COMI 应在同一管辖范围内设立，以便实现充分的集中。这样的解决方案将无缝遵循先前 EIR（2000）设定的现行有效规范。根据 CJEU 的权威解释，欧洲法院在接受对注册办事处推定的反驳时持谨慎态度，要求提供令人信服的证据，证明主要利益中心位于债务人注册办事处所在辖区以外的辖区。[④] 例如，在涉及在荷兰注册但其管理和运营中心在巴西（正在巴西进行集团重组）的特殊目的金融工具（SPV）的主要利益中心的案件中，荷兰最高法院得出结论认为，注册办事处的推定并未被推翻。[⑤]

然而，我们应注意到，对企业集团及其成员的主要利益中心的解释在不同司法管辖区之间并非完全一致。不是所有法院都遵循了 CJEU 划定的严格界限（基于实体的方法）。在许多集团破产案中，法院对主要利益中心采取了以集团为中心的解释，考虑集团之间的相互依存关系以及集团实体可能在某一特定司法管辖区受到集中控制的经济现实。[⑥]

在确定债务人的主要利益中心时，美国法院使用了“神经中心”的概念，

---

① C-191/10, 2010 O. J. (L 160) 1, 15.

② EIR Recast，同第 274 页注①，第 5 章。

③ EIR Recast，同第 274 页注①，引言 53。

④ See, e. g. , LG Berlin, 84 T 2/18, Jan. 8, 2018（涉及柏林航空公司的奥地利子公司 NIKI 的破产）；另见 In the Matter of Videology Limited [2018] EWHC 2186 (Ch)（指出在英格兰和威尔士注册的债务人是一个更大公司集团的一部分，其母公司在美国特拉华州。这也是做出经营管理决策的地方。然而，法院不认为注册地推定已被推翻，特别是因为债务人的贸易场所、客户和债权人关系都在英国）。

⑤ HR, July 18, 2017, ECLI:NL:HR:2017:1280 (OI Brasil Holding Coöperatief UA) (Neth.).

⑥ See Irit Mevorach, Jurisdiction in Insolvency: A Study of European Courts' Decisions, 6 J. OF PRIV. INT'L L. 327, 327-357 (2010).

该概念指的是指导和控制债务人活动的地点。[①] 与上述荷兰法院的调查结果相反，美国法院认定特殊目的公司的主要利益中心位于巴西——公司“神经中心”所在地。[②] 加拿大判例法在确定集团实体的主要利益中心时也包含神经中心的概念。[③] 澳大利亚一家法院在 Buccaneer 破产案中使用了对集团敏感的 COMI 确定方法。Buccaneer 是一家在澳大利亚上市的公司，主要业务在美国，其子公司在美国从事各种石油和天然气资产的开采。通过确定在澳大利亚注册的母公司的主要利益中心在美国，澳大利亚法院考虑了集团的整体结构和债务人在第三方眼中的作用。[④] 新加坡高等法院在 Re Zetta Jet 案中援引 Buccaneer 的判决，与 CJEU 的逻辑（依赖实体独立性）相反，认为“在确定特定公司的主要利益中心时，没有必要严格区分集团内的不同实体。可以对整个公司集团的活动进行分析，而不是对有关的具体债务人公司进行分析”[⑤]。

确定和解释主要利益中心的方法各不相同[⑥]，其固有的模糊性和有时存在的不灵活性，使其在考虑集团集中重组时成为一个难以适用的标准。对于在不同司法管辖区注册有若干运营子公司且管理分散的公司集团，可能很难在同一管辖区找到所有或大多数集团实体的主要利益中心。[⑦] 因此，集中的集团重组

① In re OAS S. A. , 533 B. R. 83 (S. D. N. Y. 2015); Morning Mist Holdings Ltd. v. Krys (In re Fairfield Sentry Ltd.), 714 F. 3d 127 (2d Cir. 2013).

② Order Granting Recognition of Foreign Main Proceeding and Certain Related Relief (July 22, 2016), In re OI S. A. , No. 16-11791 [ECF No. 38] (Bankr. S. D. N. Y. 2016); see also In re Servigos de Petrdleo Constellation S. A. , 600 B. R. 237 (S. D. N. Y. 2019).（注意到，法院在确定主要利益中心时，可考虑债务人的“神经中枢”，包括其活动的指导和控制地——其“公司集团的主要执行办公室”。在本案中，钻井平台的中心协调地在巴西。法院注意到外国实体是一个综合企业集团的成员这一事实，并详细分析了集团的作用和关系。法院认为，对于一家控股/融资公司来说，其产生实际正现金流的子公司的所在地与 COMI 分析相关。然而，根据本案的事实，它裁定控股公司的主要利益中心在卢森堡。）

③ See Massachusetts Elephant & Castle Group Inc. (Re), [2011] ONSC 420, para. 29-30 (Can.)（将“债务人总部或总部职能或神经中心的所在地”以及特定债务人在较大企业内的一体化定性为解释主要利益中心的重要因素）; see also Angiotech Pharmaceuticals Ltd. (Re), [2011] BCSC 115, para. 7 (Can.).（认为企业国际业务的一体化程度、实体内部和组织内部共享管理的存在，以及企业的综合管理是确定主要利益中心的相关因素。）

④ Young, Jr, in the matter of Buccaneer Energy Limited v Buccaneer Energy Limited, [2014] FCA 711 (Austl.) at 5, 15.

⑤ Re: Zetta Jet PTE LTD and others (Asia Aviation Holdings Pte Ltd, intervener), at [83][2019] SGHC 53 (Sing.).

⑥ See generally Ilya Kokorin & Bob Wessels, COMIs Under Chapter 15 and EIR Recast: Brothers, but Not Twins, 39 (8) AM. BANKR. INST. J. 20 (2018).（回顾主要利益中心解释的重大差异。）

⑦ Mevorach，见第 272 页注②。

将变得不太可能。[1] 在此背景下，我们将在下一部分讨论作为法律机制出现的计划，这些计划可以（并且已经）用于重组集团债务。我们还考虑了这些计划的基本管辖规则，这些规则允许集中管理和解决危机。

三、计划的兴起与充分联系的测试标准

我们首先介绍英国的管理计划，特别强调其跨境方面的内容。然后，我们将讨论管理计划对荷兰和德国最近通过的同等法律的影响。

（一）“充分测试”作为司法管辖权的门槛

在世界范围内，英国的管理计划是众所周知的。它们是一种灵活的法定机制，用于促进和实施公司与其债权人或任何类别的债权人，或其成员或任何类别的成员之间的妥协或安排。[2] 经法院批准后，计划对公司及其股东和相关债权人具有约束力。[3] 本质上，计划是一种工具，通过允许多数股东或债权人约束某一类别内的少数股东或债权人（类别内强裁）来解决拒付问题。在纯粹的庭外安排中，不可能出现这种强裁。

尽管起源于19世纪，但自2000年以来，管理计划特别受欢迎，[4] 当时其已被证明是一种有用的程序，即重组公司债务和/或股权、重新安排其合同或类似债务、改变债权人权利（例如延长到期日、解除担保、注销债务）、进行债转股、迫使债权人接受债权转让等。[5] 撇开对这类计划的实质性要求不谈，我们集中讨论相关的国际私法问题。在这方面，管理计划是非常独特的。

与欧盟的大多数破产和重组程序不同，英国的管理计划被有意排除在EIR

---

① See Mevorach，同第283页注⑦，第521页（强调“没有关于集团程序集中化的明确规定，可能导致在同一地点开启这类程序或给予承认和救济的可能性并不确定”）。

② Companies Act 2006, c. 46, § 895（1）（Eng.）.

③ Id. § 899（3）.

④ See JENNIFER PAYNE, SCHEMES OF ARRANGEMENT: THEORY, STRUCTURE AND OPERATIONS (Cambridge U. Press, 2014).（讨论管理计划的历史发展。）

⑤ G. Moss et al., Giving Effect to Debt Compromise Arrangements- Binding the Minority or out of the Money Classes of Creditors, in C. MALLON ET AL. (eds.), THE LAW AND PRACTICE OF RESTRUCTURING IN THE UK AND US, para. 7.100 (Oxford U. Press, 1st ed., 2011).

Recast 的范围之外（当时英国仍是欧盟的一部分）。[①] 因此，主要利益中心的严格管辖门槛并不适用。取而代之的是，英国法院使用一种不同的、严格程度低得多、直接的“充分联系测试”——拟议的管理计划与英国之间的关联。[②] 随着时间的推移，判例法对这一测试标准进行了进一步发展。被认为足以建立充分联系以批准一项计划的标准包括：受英国法律管辖的关键融资合同（finance contracts）的债务和债务人在英国的主要活动；[③] 受英国法律管辖的合同；[④]按债权价值计算，持有超过 50%债权的债权人在英国有住所；在融资协议中选择英国法律和英国法院的管辖权；[⑤] 有目的地将合同中的管辖法律和管辖权条款更改为英国法和英国法院；[⑥] 将业务转移到英格兰（England），以及 18%的计划债权人的住所在英格兰。[⑦] 从这一简明的概述可以清楚地看出，管理计划的国际管辖权可以以不同的因素为前提。这些因素不同于适用于确定主要利益中心或营业所的因素。它们更加灵活。通常，采取措施建立英国法院的管辖权，除其他外，通过将合同中的适用法律更改为英国法律，将业务转移到英国或在英国成立公司，其目的仅在于为某项计划创建司法管辖权基础。[⑧]

2020 年，英国对其重组法进行了改革。[⑨] 《2020 年公司破产和治理法》（CIGA）于 2020 年 6 月 26 日生效，引入了现代程序和工具来帮助陷入困境的

---

① See P. Mankowski, The European World of Insolvency Tourism: Renewed, But Still Brave? 64 NETH. INT' L L. REV. 95, 106 (2017).（讨论为何管理计划未被纳入 EIR Recast 附件 A。）

② Drax Holdings Ltd., Re [2004] 1 WLR 1049 para. 29.（表明如果满足三个条件，外国公司可以在英格兰清盘：1. 必须与英格兰有足够的联系；2. 如果发出清盘令，必须有合理的可能性使申请清盘令的人受益；3. 在公司资产分配方面有利害关系的一个或多个人必须是法院可以行使管辖权的人。）

③ Id. para. 32-33.

④ Primacom Holding GmbH, Re [2011] EWHC 3746 (Ch); Vietnam Shipbuilding Industry Groups, Re [2013] EWHC 2476 (Ch), 2013 WL 3994997.

⑤ Rodenstock GmbH (The "Scheme Company"), Re [2011] EWHC 1104 (Ch) 62, 64, 2011 WL 1151484.

⑥ Apcoa Parking Holdings GmbH & ORS [2014] EWHC 1867 (Ch) para. 19, 2014 WL 2530822; see also Algeco Scotsman PIKS. A. [2017] EWHC 2236 (Ch) para. 58, 2017 WL 02672218.

⑦ Noble Group Ltd., Re [2018] EWHC 3092 (Ch) para. 100, 2018 WL 05982647.

⑧ See Selecta Finance UK Ltd., Re [2020] EWHC 2689 (Ch) para. 44（为确立英国的管辖权，（1）将优先担保票据的适用法律从纽约法改为英国法；（2）管辖权条款做了修改，规定英国法院对债务人提起的任何诉讼拥有专属管辖权；（3）新成立的英国公司订立了补充信托契约，成为共同发行人。法院将这些步骤解释为“选择好的法院”）。在荷兰零售商 HEMA 的重组中也采取了类似步骤（注册成立一家英国公司、将债务文书中的准据法改为英国法以及承担债务）。See Hema UK I Limited, Re [2020] EWHC 2219 (Ch), 2020 WL 04354882.

⑨ The Corporate Insolvency and Governance Act 2020, c. 12 (UK).

企业。其中包括重组计划，这是一种类似于管理计划的程序。它允许债务人向其债权人和（或）成员提出妥协或安排，并得到法院的批准。[①] 然而，与管理计划不同的是，重组计划可能会强加给持不同意见的债权人类别，适用跨类别强裁。[②] 因此，它被称为“超级计划”。[③] 重组计划也有赖于债务人目前或预计可能会出现的财务困境。[④] 至于国际司法管辖权，超级计划遵循与管理计划相同的规则。[⑤] 因此，只要与英国司法辖区有“充分的联系”，在英国以外拥有 COMI 的外国注册公司就可以提出计划。[⑥]

（二）免除第三方义务的司法管辖权问题

为了确保集团重组的效率，可以实施一项计划来免除或修改担保人和共同债务人的义务，以防止他们对借款人提出反向（代位）索赔（第三方或辅助免除）。如果担保人和共同债务人是在英国以外的国家注册的集团实体，则会产生管辖权问题。在这种情况下，只有一个集团实体（如主要债务人、担保人或共同债务人）受到计划约束，但这种计划旨在使计划债权人与其他集团实体相约束。

在英国法律体系中，计划可以影响债权人对第三方的权利，这一点已得到公认。然而，问题依然是扩大计划效果的管辖权基础是什么。在 T & N Ltd 案中，法院批准了有关雇员和前雇员对债务人的保险公司的权利的计划，指出“索赔人对保险公司的权利与索赔人对 T & N 的权利有充分的联系，足以将拟议的计划纳入《2006 年公司法》第 425 条的范围内。”[⑦] 在 Re Lehman Brothers International（Europe）一案中，各方均同意，在有必要“使公司对其债权人的

---

① Companies Act 2006, c. 46, Part 26A, § 901A（UK）.

② See Deepocean I UK Limited, Re［2020］EWHC 3549（Ch）, 2020 WL 07409918（承认跨类别强裁）。

③ Jennifer Marshall et al., The Big Three: The UK Restructuring Plan, The Dutch Scheme and US Chapter 11 Proceedings, INSOL WORLD at 27（2d Q. 2020）.

④ 同注③。

⑤ In the Matter of Pizzaexpress Financing 2 Plc［2020］EWHC 2873（Ch）（就第 26A 部分指出，“这是一个新的司法管辖区，尽管与行之有效的计划司法管辖区密切相关”，“在管理计划方面行之有效的原则”应适用于重组计划）。

⑥ Drax Holdings Ltd, Re［2003］EWHC 2743（Ch）（认为英国法院“在与英国有充分联系的情况下”具有管辖权）与第 26 部分（管理计划）一样，第 26A 部分（重组计划）也适用于“根据《1986 年破产法》应进行清盘的任何公司”。英国法院对该条款的解释是认为包括在外国注册的公司。

⑦ Re T&N Ltd（No. 4）［2007］Bus LR 1411.（着重部分由作者标明。）

债务和负债的处置安排生效”的情况下，应解除对关联方的合同权利。[①] Noble Group 一案中澄清道，这将涵盖“与计划索赔相关或与之相关的任何索赔以及导致计划索赔的任何事实与事项”。[②] 因此，不是与英格兰的领土联系或英国法律的使用定义了对第三方豁免的管辖权，而是被豁免的债权与计划债务人义务的联系（即义务联系）以及最重要的安排的有效性。[③]

总之，英国法律采用了提前免责的方法，管理计划中免除第三方责任的管辖门槛似乎相当低。这一门槛甚至低于将债务人公司纳入计划（使其成为计划公司）的门槛。各种类型的公司间债务安排（交叉担保、共同债务和抵押安排）促进了集团之间的相互联系和相互依存，由此产生的债权通常都有资格获得豁免。如果计划公司是主要债务人，[④] 作为主要债务人之一，[⑤] 以及作为担保人，[⑥] 均可得以豁免。

（三）计划的地理扩张

英国的管理计划已输出到澳大利亚、新西兰、加拿大、中国香港、爱尔兰、新加坡、南非和开曼群岛等地。[⑦] 其中许多在实质内容和管辖规则方面都是接近英国模式的。[⑧] 英国计划也成为荷兰和德国等欧洲非普通法司法管辖区

---

① Re Lehman Brothers International（Europe）（No. 2）［2010］Bus LR 489 at［65］.

② Re Noble Group Limited［2019］BCC 349 at 24.（着重部分由作者标明。）

③ 然而，第三方免责并不限于担保和其他与计划债权密切相关的债权，例如：Lecta Paper UK Ltd, Re［2020］EWHC 382（Cb），免责范围扩大到计划债权人对大量第三方（包括董事、法律顾问、财务顾问和其他人）的索赔。

④ Re APCOA Parking Holdings GmbH［2014］EWHC 3849（Ch），2014 WL 5833966.

⑤ See Re NN2 Newco Ltd［2019］EWHC 1917（Ch）.（说明 NN2 在英格兰注册成立的具体目的是促进安排计划。注册成立后，NN2 自愿成为财务义务下的共同发行人和共同债务人，承担债务工具下的连带责任。法院指出，这种为安排计划设立管辖权的手段并非滥用。）

⑥ See Swissport Fuelling Ltd, Re［2020］EWHC 1499（Ch）［证明计划公司是担保人而不是借款人。该公司在英格兰和威尔士注册成立，而借款人在卢森堡和瑞士注册成立，可能无法与英格兰建立足够的联系。最初，借款人对担保人没有分担权或赔偿权。但是，为了建立相互联系（即连带索赔），计划公司签订了一份有利于借款人的契约，根据该契约，计划公司与借款人一起承担主要债务人的地位］。

⑦ See Payne, supra note 87, c. 8（回顾了其中一些司法管辖区的计划条款）。

⑧ See Nordic Aviation Capital Designated Activity Co. v. The Companies Act 2014 to 2018（Approved）［2020］IEHC 445（表明爱尔兰高等法院彻底分析了适用于第三方免责的管辖权问题，并广泛借鉴了新加坡、澳大利亚和英国的案例。法院采用了支持免责的方法，并接受了“充分关联或联系”测试）；see also Re PT MNC Investama TBK［2020］SGHC 149.（指出“实质性联系显然包括在新加坡的商业活动、控制和资产”，并认为即使债务人是一家印度尼西亚公司，没有开展业务，没有注册为外国公司，在新加坡没有营业地或实质性资产，但它与新加坡有实质性联系，因为它是在新加坡证券交易所上市的票据的发行人。）。

近期改革的灵感来源。本节探讨这两个国家采用的司法管辖权规则。

1. 荷兰 WHOA 与管辖权之谜

荷兰破产和重组法经历了重大修订。关于改革国家破产法框架以促进采用非司法程序重组计划的讨论自 2012 年开始，并促成了《法院确认非司法程序重组计划法》（WHOA），该法于 2021 年 1 月 1 日生效。在 WHOA 之前，荷兰法律规定的重组选择非常有限，而且事实证明，现有破产程序在拯救陷入财务困境的公司方面是效率低下的。[①] 因此，许多荷兰公司利用了英国的管理计划或美国的第 11 章程序。[②]

根据 WHOA，重组计划可以通过公开（即公开披露）的破产前程序或非公开程序来制订和批准。[③] 荷兰法院在公共程序中的管辖权是根据 EIR Recast 确定的。换言之，为了从公共程序中受益，集团中的所有公司都应该在荷兰设有主要利益中心或营业所。如果属于 EIR Recast 范围之外的非公共程序（因为后者不包括保密程序），[④] 则根据《荷兰民事诉讼法》（DCCP）建立管辖权。[⑤] 这意味着，如果至少有一名申请人的住所或经常居住地在荷兰，或者该案件与荷兰法律体系有充分联系，则荷兰法院对案件具有管辖权。[⑥] 根据 WHOA 草案的解释性备忘录，如果一个集团成员在荷兰设有主要利益中心或办事处，债务人在荷兰拥有（大量）资产，或者债务人对荷兰法院有管辖权的另一债务人的债务负有责任，则可能会产生充分的联系。[⑦]

因此，如果债务人或重组计划与荷兰有足够的联系，荷兰法院应有权批准重组计划。在集团重组的背景下，想要建立这种管辖权，至少有一个集团实体与荷兰有足够的联系即可。只要是这种情况，荷兰法院将能够重组根据集团内

---

① Explanatory Memorandum to the Draft Act on Court Confirmation of Extrajudicial Restructuring Plans (2020) at 3 [hereinafter Explanatory Memorandum].

② See, e. g. , Van Gansewinkel Groep B. V. , Indab Kiat International Finance Company B. V. , Estro Groep B. V. , Magyar Telecom B. V. , Metinvest B. V. , HEMA B. V.

③ WHOA，同第 276 页注②，art. 369.（表明除了不同的管辖规则外，公开程序和非公开程序之间的唯一主要区别是，与后者不同，公开程序在破产和贸易登记册中公开披露。此外，向法院提出的请求是公开开庭审理的。）

④ EIR Recast，同第 274 页注①，Recital 13.

⑤ Dutch Code of Civil Procedure (Wetboek van Burgerlijke Rechtsvordering or Rv), art. 3 (Neth.).

⑥ Id. art. 6 (i)（解释了对自然人破产、暂停支付和债务重组程序的管辖权；但未列出 WHOA 计划）。

⑦ Explanatory Memorandum，同注①，第 35 页。

部责任安排（例如交叉担保、共同债务、集团内部抵押品）负有责任的非计划公司的债务。

WHOA 在《荷兰破产法》第 372 条中引入了第三方免责工具[①]。此类免责的标准之一是，如果这些第三方自己提出重组计划，则法院拥有管辖权。[②] 在集团重组方面，要建立这种管辖权，至少有一个集团实体与荷兰有充分的联系就足够了。对于非公开重组方案，应采用上述充分联系测试。因此，如果一个集团的融资结构包括荷兰债务人或该集团通过荷兰融资工具发行公司债券，即使所有其他债务人位于其他地方，荷兰法院也可以对整个集团的债务进行重组。[③] 因此，所有相关债务均可通过单一重组计划进行重组。

值得注意的是，第三方免责仅适用于符合荷兰法律中“集团”定义的企业集团。集团是“法人和商业伙伴在组织上相互联系的经济单元”[④]。从集团的定义中，我们可以得出两个相关标准：经济统一性和组织联系。前者涉及集团内各实体之间的经济纽带。它体现在对外交流、集团融资和集团实体之间的相互依赖上。后者表示集团结构内部存在一定程度的整合。这种整合可以采取各种形式和程度。它可能产生于资本参与、成员权或基于协议而行使可能的控制权等法律关系，当然，也存在例外情形。从立法历史中可以推断出第三项要素，即（3）集中管理。[⑤] 在实践中，这种集中领导和单个集团成员的自主权可能存在不同程度的差异。然而，这一因素表明存在某种联合战略和层次结构，使得实施和执行共同战略成为可能。[⑥]

这三个标准之间存在联系：毕竟，经济统一的前提是在集中领导下建立某

---

① WHOA，同第 276 页注②，第 372 条。

② 同注①，第 372（1）（d）条。

③ Hengst et al.，Court Confirmation of Extrajudicial Restructuring Plans：What You Heed to know about the Hew Dutch Act，DE BRAUW BLACKSTONE WESTBROEK（July 2021）.

④ Dutch Civil Code（Burgerlijke Wetboek or BW），Book 2，art. 2：24b.（Neth.）.

⑤ Kamerstukken II 1979/80，16 326，nr. 3，MvT，p. 42（指出集团成员之间的联系通常表现为资本参与，“考虑到作为一个单位行事所需的控制权，这种参与通常是直接或间接的多数股权；50%和少数股权只有在股权以特殊权利得到加强的情况下才会成为集团成员，否则参与公司将无法以决定性投票权继续其领导地位”）。See also Kamerstukken II 1987/88 19 813，nr. 5，MvA，punt 14，zie voorts art. 2：406，aant. 2.1. 自 2005 年起，集中管理的概念出现在与之密切相关的年度合并账目条例中，即《德国商法典》第 2406 条。

⑥ M. Kroeze，Groep，in Asser/Maeijer & Kroeze 2-I* 2015，261.

种组织联系。[①] 这便是为什么不属于紧密结合和相互关联的集团成员的第三人——如债务人的董事和高管，保险公司或法律和财务顾问，并不能从第三方免责中受益。还有人认为，通过特许经营协议联系在一起的公司可能并不构成一个集团，因为集中管理和经济统一性均可能很弱或并不存在。通常，特许经营商既不会对特许经营商的业务成果负责，也不会分享其成果。[②] 持有另一家公司股份的“纯”投资公司不得在集团中与该公司有关联。[③] 换言之，组织情境下的商业和经济现实起着至关重要作用。

2. 德国 StaRUG 与国际司法管辖权

德国于 2020 年改革了破产法，通过了《进一步发展重组和破产法法案》。该法纳入了自 2021 年 1 月 1 日起生效的《企业稳定与重组法》（StaRUG）[④]。StaRUG 旨在建立一个高效的重组框架，在破产程序之外，为陷入财务困境的企业提供重组机会。在这方面，它实施了欧盟重组指令的规定，但也借鉴了英国管理计划和荷兰的 WHOA 计划。[⑤]

按照荷兰的做法，StaRUG 规定了公开和非公开程序之双轨制。债务人应决定是否公开重组事宜。在前一种情况下，法院必须在开启程序的第一份裁决中说明其管辖权是基于 EIR Recast 第 3（1）条还是第 3（2）条。[⑥] 换言之，应当依据债务人的主要利益中心或营业所确定公开程序的国际管辖权。非公开程序不受 EIR Recast 及其管辖权要求的约束。相反，他们的管辖权是基于

① M. Olaerts, Het begrip “groep”, in GS Rechtspersonen, art. 2 : 24b BW, aant. 3.

② S. Bartman, A. Dorresteijn & M. Olaerts, Van het Concern, Wolters Kluwer, 2020, 2. 2. 1.

③ G. van Solinge & M. P. Nieuwe Weme, Mr. C. Assets Handleiding tot de beoefening van het Nederlands burgerlijk recht. 2. Rechtspersonenrecht. Deel II. De naamloze en besloten vennootschap, Deventer: Kluwer 2009.

④ Gesetz fiber den Stabilisierungs- und Restrukturierungsrahmen flir Unternehmen [StaRUG] [Corporate Stabilization and Restructuring Act 2020], Dec. 22, 2020, BGBI. I S. 3256 at I 3256 (Ger.)（下称 StaRUG）.

⑤ Directive (EU) 2019/1023, 2019 O. J. (L 172) 18; Directive (EU) 2017/1132, 2019 O. J. (L 169) 46.

⑥ StaRUG，同注④，§ 84（2）（认为该程序将列入 EIR Recast 附件 A）。

Brussels I-bis，以及本国的国际私法规则。[①] 当涉及非德国债务人和债权人时，StaRUG 没有澄清在决定其管辖权时可以考虑哪些标准或情况。一般的德国理论认为，规范属地管辖权的条款也决定了德国法院的国际管辖权，除非欧盟法可以直接适用。[②] 根据这种方法，StaRUG 第 35 条将限制只有拥有德国主要利益中心的企业才能参与德国计划，除非 Brussels I-bis 适用。因此，明智的做法是，依赖于 Brussels I-bis 规定的管辖权基础，在批准管理计划的基础上来审视英国的案例。

英国法院秉持的立场是，这些计划是否属于 Brussels I-bis 的范围这一问题仍未解决。尽管如此，他们采取了务实的方法，并假设 Brussels I-bis 是适用的，并根据这一假设确定了法院是否对计划债权人拥有管辖权。根据 Brussels I-bis，在成员国定居的人应在该成员国的法院被起诉。[③] 但是，为避免在相关诉讼中做出不可调和的判决，并便于以权宜之计来解决争议，可设立联合管辖权。[④] 因此，可以在同一司法管辖区起诉多个被告。2016 年，在 DTEK Finance PLC 案中，法院裁定，如果至少有一名计划债权人的住所在英格兰，则 Brussels I-bis 赋予英格兰法院管辖权，以制裁影响住所在英格兰以外的债权人权利的计划。值得注意的是，在其他一些案件中，有人认为仅有一个住所在英格兰的债权人（主要被告）可能是不够的，法院需要考虑债权人的数量和规模。[⑤] 然而，尽管如此，最近的案件证实，原则上，法院管辖范围

---

① Regulation (EU) No 1215/2012, 2012 O. J. (L 351) 1; see generally S. Madaus, Auf in die Moderne! Das SanIns FOG macht den Restrukturierungsstandort Deutschland 2021 wettbewerbsf? hig (Oct. 2, 2020), https: //stephanmadaus. de/category/news/; D. Skauradszun & W. Nijnens, Brussels la or EIR Recast? The Allocation of Preventive Restructuring Frameworks, 16 INT' L CORP. RESCUE 193 (2019) (supporting the Applicability of Brussels I-bis to non-public preventive restructuring proceedings); See also S. Madaus, Darfder StaRUG-Plan Rechtsverhaltnisse gestalten, die auslandischem Recht unterliegen? (Aug. 31, 2021), https: //stephanmadaus. de.

② See the German Federal Court of Justice in BGH, NZI 2009, 859 para. 21.

③ Brussels I-bis，同第 274 页注⑤，第 4（1）条。

④ 同注③，第 8（1）条。

⑤ In the Matter of Noble Group Limited (2018) EWHC 3092 (Ch) at 114, 116; Re Van Gansewinkel Groep (2015) EWHC 2151 (Ch) at 51; Re Global Garden Products Italy SpA (2017) BCC 637 at 25-28.

内的单个债权人的住所足以批准影响外国债权人的计划。[①] 这为批准计划提供了广泛的司法管辖基础。

根据英国和荷兰的示例，StaRUG 试图引入第三方免责的规则。此类免责可用于修改或免责债务人集团公司的义务，其作为担保人、共同债务人和抵押品提供者（上游、跨游和下游担保和担保）。[②] 在单一重组计划中重组公司间债务的可能性，应当有助于集中集团解决方案并提高其效率。虽然 StaRUG 没有对第三方免责规定任何具体的司法管辖要求（在这方面偏离了 WHOA），但它提到，提供担保的子公司应可获得这种解除，以确保债务人履约。因此，必要的（管辖）联系似乎与所涉公司间的责任有关，而不是子公司——担保提供方的住所或其他联系。

四、集团重组与监管竞争

（一）监管竞争：积极和消极的外部性

我们认为，作为一般前提，对计划采用灵活的管辖标准可能有助于高效的集团重组，但也可能破坏确定性并增加管辖权的多元性。

计划兴起的原因可能是多元的。至少在欧盟，《重组指令》（Restructuring Directive）要求欧盟成员国建立预防性重组程序，允许债务人在破产前进行重组。[③] 荷兰和德国的现有计划受到《重组指令》的影响，并在一定程度上受到该指令的推动。类似计划程序兴起的另一个可能原因是监管竞争。这种竞争创造了公司重组市场，主要是基于：（1）不同国家适用的法律规则的多样性；（2）各国竞相保留和吸引重组案件的动机；（3）市场参与者选择的可行性。[④]

---

① In the Matter of Castle Trust Direct Plc & Ors. [2020] EWHC 969（Ch） at 29; Re Lecta Paper UK [2020] EW HC 382（Ch）; Swissport Fuelling Ltd, Re [2020] EWHC 1499（Ch）; see In Virgin Atlantic Airways Ltd, Re [2020] EWHC 2191（Ch）（在处理维珍航空的重组计划时，法院注意到每个类别中至少有一个计划债权人的住所在英格兰）；Selecta Finance UK Ltd 案与之相反，同第 288 页注⑧（法院的观点略有不同，法院初步指出，Brussels I-bis 第 8 款规定的检验标准"与潜在被告在数量和规模上的地域分布关系不大，而更多地涉及在一个地方解决相关索赔在案件管理上的便利性，即使只有一个主要被告的住所在那里"）。

② StaRUG，同第 293 页注④，§ 2（4）.

③ See generally Directive（EU）2019/1023，同第 293 页注⑤。

④ Horst Eidenmiiller, The Rise and Fall of Regulatory Competition in Corporate Insolvency Law in the European Union, 20 EUR. BUS. ORG. L. REv. 547, 549（2019）.

因此，我们所指的监管竞争是一种广泛的现象，其中包括由允许当地企业在当地进行有效重组的愿望推动的国家法律改革，而不是吸引外国企业。荷兰和德国法律改革的动机至少有一部分是为了建立一个有效的改组框架和一个国内替代办法，以阻止荷兰和德国公司向国外转移（即保留案件而不是吸引案件）。[①]

事实上，《重组指令》（Restructuring Directive）和各种软性法律文书[②]都在促进破产和重组法的协调统一。然而，尚未实现全面统一，未来也不太可能实现。[③] 这同样适用于计划。例如，在表决门槛[④]、批准重组计划的适用标准、“债权人最佳利益”检验标准的制定[⑤]、法院监督和参与程度、类别分类、第三方免责的可用性和范围，以及终止或修改待履行合同的可能性等方面的规则可能存在差异。[⑥] 这些差异可能会促使市场参与者选择特定的法律制度来实施重组计划。适用于计划的灵活的司法管辖规则使这一选择成为可能。[⑦] 各方将在多大程度上利用这种选择仍有待观察。这可能取决于除法律之外的许多因素，包括体制环境、法院系统的效率、法官和破产从业人员的专业知识以及更广泛的法律文化。

---

① See Explanatory Memorandum，同第 291 页注①.

② See e. g. , Legislative Guide on Insolvency Law，同第 272 页注①；THE WORLD BANK，PRINCIPLES FOR EFFECTIVE INSOLVENCY AND CREDITOR/DEBTOR REGIMES（2021），同第 277 页注③；EBRD Core Principles of an Effective Insolvency System，EUR. BANK FOR RECONSTRUCrION AND DEV.（2021）.

③ Eidenmtlller，同第 295 页注④，第 560 页（指出《重组指令》包含 70 多种监管方案，为试验和分歧留出了足够的空间）。

④ See WHOA，同第 276 页注②，第 381（7）条（规定如果一个债权人团体的投票数占该债权人团体投票数的三分之二，则该债权人团体接受了该计划）。第 381（7）条规定，如果一组债权人投了赞成票，而这组债权人的总和占该类债权人所投债权总额的三分之二，则该类债权人接受了该计划。根据第 383（1）条的规定，如果只有一个全额债权人类别接受了重组计划，则可以进行跨类别强裁；然而 StaRUG，同第 293 页注④，§ 25（要求一个类别中至少四分之三的债权人债权总额支持重组计划。若要实施跨类别强制批准，则必须有大多数类别的债权人批准该计划——这与 WHOA 不同，在 WHOA 中，只要有一个全额类别的债权人支持就足够了）。

⑤ See Directive（EU）2019/1023，同第 293 页注⑤，第 2（1）条，Recital 52［允许成员国在国内法中选择阈值，以确定贷款人最佳利益测试。这些阈值可包括替代清算方案（零散清算或作为持续经营的企业出售）或次佳替代方案］；另见 Axel Krohn，Rethinking priority：The dawn of the relative priority rule and the new“best interests of creditors” test in the European Union，30 INT’L INSOLVENCY REV.，75（2021）。

⑥ WHOA，同第 276 页注②，第 373 条（对待履行合同的终止或修改做出了规定）；see Stephan Madaus，The final version of the SanInsFoG is available- and will come into force on January 1，2021，available at：https：//stephanmadaus. de/2020/12/17/die-finale-fassung-des-saninsfog-steht-und-tritt-zum-1-1-2021-in-kraft/.（StaRUG 最初包含一个关于合同终止的章节（§ § 51 ff. RegE），然而，在最后审议期间，决定删除这一部分。）

⑦ 可以说，选择破产法院和破产法在实践中也是可行的，但这需要进行有效的主要利益中心转移，而这可能是复杂和昂贵的。

监管竞争可以成为改革的驱动力，进而产生积极的外部性，特别是以更有效率的法律框架的形式，使各种利益相关方受益。[①] 各国可以相互学习，借鉴最佳做法，以类似的方式解决类似的问题，进一步创新并提出替代方法。[②] 然而，监管竞争也可能产生负外部性，因为对某些市场参与者群体提供的保护标准较低，从而导致"逐底竞争"。[③] 负外部性会特别影响那些无法行使合法流动性和选择法律制度的人。在破产或重组的情况下，这类群体可能由不做调整的债权人代表，理由是他们没有真正的机会影响破产法院或适用法律的选择。

EIR Recast 承认在跨境破产中选择解决问题的平台可能会产生负面影响。它指出，为了内部市场的正常运作，有必要"避免鼓励当事人将资产或司法程序从一个成员国转移到另一个成员国，以寻求获得更有利的法律地位，从而损害债权人的整体利益。"[④] 为防止滥用法院竞择，EIR Recast 包含若干保障措施，包括主要利益中心测试及其"规律性"和"客观可确定性"要素，以及抵消注册办事处假设的怀疑期。[⑤] 类似的保障措施不适用于管理计划或类似的重组程序（如荷兰和德国的非公开计划），因为它们已经或很可能被排除在 EIR Recast 的范围之外。Brussels I-bis 现有制度没有提供一个全面的框架来打击滥用法院竞择问题，也没有提供足够的保障措施来以允许采取集体或半集体的程序。[⑥]

---

① See Horst Eidenmaller, The Transnational Law Market, Regulatory Competition, and Transnational Corporations, 18 IND. J. OF GLOBAL LEGAL STUD. 707, 748 (2011)（结论是："原则上，不同国家的法律产品和法律市场之间的监管竞争应予以积极评价，并将其作为发现哪种法律最好的过程"）；另见 Gerard McCormack, Jurisdictional Competition and Forum Shopping in Insolvency Proceedings, 68 CAMBRIDGE L. J. 169, 179 (2009).（强调"国家一级的竞争和创新范围可能会极大地释放能量和创造力"。）

② But see Silvia Ferreri & Larry A. DiMatteo, Terminology Matters: Dangers of Superficial Transplantation, 37 BOs. U. INT' L L. J. 35 (2019).（指出法律移植并非在所有情况下都有效："肤浅的移植注定会失败，很可能会造成负面影响，如法理混乱"。）

③ See JOHANNA STARK, LAW FOR SALE: A PHILOSOPHICAL CRITQUE OF REGULATORY COMPETITION c. 2 (Oxford U. Press, 2019).

④ EIR Recast，同第 274 页注①，Recital 5.

⑤ EIR Recast，同第 274 页注①，第 3（1）条（规定注册办事处所在地应推定为主要利益中心，除非注册办事处"在申请启动破产程序前 3 个月内"搬迁。）。

⑥ Dominik Skauradszun & Walter Nijnens, The Toolbox for Cross-Border Restructurings Post-Brexit- Why, What & Where? 7 NOTTINGHAM BUs. & INSOLVENCY L. E-J. 1, 21 (2019).（指出"人们可以详细讨论 EIR 中规定的这些保障措施是否能真正有效地防止滥用择地诉讼，但如果有任何事情是明确的，那就是这些保障措施比适用 Brussels I 要有效得多。"）

（二）司法管辖权冲突和合理期待保护

使用灵活的充分联系的标准会导致两个或两个以上国家的法院可以行使管辖权来启动程序和批准计划。欧洲重组程序市场的建立加剧了这一问题。从历史上看，外国公司经常诉诸英国的管理计划来重组其债务。今后，全球将有一系列重组程序可供使用。

由于两点原因，这种管辖权多元化是有问题的。首先，它可能导致管辖权冲突，这可能导致案件失败，并阻碍集中式集团重组。[①] 其次，它可能与债权人的合理期望以及交易信任、交易确定性原则相矛盾。在授信时，合理的债权人会对与其交易对手的财务困境和破产有关的风险进行评估。这种评估还可能决定由哪个法域的法律来管辖重组或破产程序。简而言之，“人们需要确定自己的法律权利和地位”[②]。司法管辖权的多元化使得人们很难准确地确定这种立场，并据此对失败的风险进行定价。这种不确定性可能会增加融资成本。[③]

最近的一个例子，涉及以 COMI 为中心的方法，以及更灵活的管辖权测试之间的冲突，这是英国注册成立的 Hydrodec Group Plc（Hydrodec）的破产案，该公司也在澳大利亚注册开展业务。在澳大利亚启动清盘程序后，Hydrodec 根据英国《1986 年破产法》启动了第 A1 部分的延期偿付程序。延期偿付的目的是给债务人一个喘息的空间来实施救助计划。Hydrodec 寻求澳大利亚承认英国的延期偿付为外国主要程序。在 2021 年 6 月 24 日的判决中，新南威尔士州最高法院拒绝承认延期偿付，认为相关公司的主要利益中心不在英国，而是在美国企业集团内唯一的贸易实体所在地。[④]

---

① See Brussels I-bis，同第 274 页注⑤，art. 29. [Brussels I-bis 规定了有利于首先决定管辖权的法院的待决案件规则，从而减少了管辖权冲突和判决冲突的风险。然而，这些规则并没有消除在提出第一项动议之前挑选有利管辖权的可能性。此外，如果案件不在 Brussels I-bis 的适用范围内，则仍可启动相互冲突的诉讼程序。这适用于过渡期结束后（即 2020 年 12 月 31 日）提起的英国管理计划，除非欧盟和英国之间做出了特殊安排。]

② REINHARD BORK, PRINCIPLES OF CROSS-BORDER INSOLVENCY LAW para. 4.56 (Intersentia, 2017).

③ See VANESSA FINCH, CORPORATE INSOLVENCY LAW: PERSPECTIVES AND PRINCIPLES 142 (Cambridge U. Press, 2d ed., 2009).（提出“不确定性……增加了信贷成本。”）

④ Re Hydrodec Group Plc (Hvdrodec) [2021] NSWSC 755. For critical analysis of this judgment, see Scott Atkins & Kai Luck, Re Hydrodec Group [2021] NSWSC 755 [case comment], 30 INT'L INSOLVENCY REV. (2021).

有一种观点认为，管辖权多元化的负面影响可能并不那么显著。通常，管理计划用于重组亏欠复杂交易对手的债务，而这些交易对手实际上可能会从司法权多元化中受益。这些债权人（如银行、票据持有人）可能会得到专业顾问的建议，与部分贸易债权人不同，他们可能会在不同的投资机会之间做出选择，并相应地分散风险。① 他们还应该预见到，陷入财务困境的债务人可能会选择有利于其计划的重组。② 不过，虽然金融债权人可能更有能力计算与重组或破产有关的风险，但这并不能解决管辖权多元化及其成本的问题。老练的债权人可以就管辖法律和法院竞择进行谈判，并在融资文件中规定防止条款变更的内在保障措施，但批准计划的法院可能不受排他性法院选择条款的约束。③ 此外，如果计划仅限于金融债权人，而将出租人和贸易债权人排除在外，将会阻碍计划作为公司资本结构再平衡手段的效率。WHOA 和 StaRUG 似乎都没有将其适用范围局限于某一特定类型的债权人，因此，原则上既可用于财务重组，也可用于业务重组。

五、跨境承认集中式集团解决方案

适用于集团国际破产的、类似于计划的程序需要得到跨境承认才能有效。在这方面，如果国内国际私法规则不够统一，或者如果国内规则与国际一级的

---

① See Sarah Paterson, Debt Restructuring and Notions of Fairness, 80 THE MOD. L. REv. 600 (2017).［讨论了债务重组中的公平性问题，并认为公平性概念应在适用于特定情况时加以解决（中小企业债务重组、仅涉及金融债权人的大型公司债务重组等。）］

② Irit Mevorach & Adrian Walters, The Characterization of Pre-insolvency Proceedings in Private International Law, 21 EUR. BUS. ORG. L. REv. 855, 877 (2020).（指出在皮包公司的重组中，债权人无一例外都是成熟的跨国当事人，他们的预期既受重组市场的流行趋势影响，也受合同影响。）

③ See Re Tiger Resources Ltd［2019］FCA 2186 (Austl.)，澳大利亚联邦法院在该案中认定，排他性管辖权条款并未授予英国法院对拟议管理计划的排他性管辖权。该案涉及一项担保人计划（担保人是一家澳大利亚公司），该计划影响在刚果民主共和国［刚果（金）］注册成立的主要债务人的义务，涉及受英国法律管辖的债务。有趣的是，在本案中，本可以在三个法域寻求重组，即刚果民主共和国（主要债务人法域）、英国（债务受其法律管辖的法域）和澳大利亚［母公司（担保人）注册地］。进一步参见 P. Apathy and A. Dick, Australian Restructuring: Legislation, Transactions and Cases, GRR (16 November 2020).

规范不匹配，则这些规则的帮助有限。[①] 欧盟跨境破产框架的地理覆盖范围有限。[②] 我们注意到，《跨国界破产示范法》建立了承认外国破产程序的国际框架，[③] 但在起草时，并未考虑集团破产。在确定外国程序是否可以得到承认以及应当提供何种救济时，它认可 COMI 和营业所的概念。问题是，尽管如此，《跨国界破产示范法》能否为促进承认通过计划或类似程序达成的集团重组提供坚实的基础。

（一）主要利益中心或营业所的存在是获得承认的先决条件

《跨国界破产示范法颁布和解释指南》（The Guide to Enactment and Interpretation of the MLCBI）解释说，外国程序“应被承认为主要程序或非主要程序”。[④] 这一结论是基于 MLCBI 第 17（2）条，根据该条，外国程序应被承认为：（a）外国主要程序，如果它发生在债务人主要利益中心所在国，或（b）如果债务人在始发外国设有机构，则为外国非主要程序。[⑤]《跨国界破产示范法指南》在起源外国设立机构。《跨国界破产示范法指南》明确指出，“根据不同的依据启动的程序，例如，存在资产但没有主要利益中心或营业所，将不

① 适用并非以 MLCBI 为基础的国内破产法和国际私法规则，可能会使承认计划和类似计划的程序复杂化。因此，在德国这样的国家，根据其国内国际私法制度，不属于区域文书范围的计划显然不会得到承认。在 Equitable Life Insurance 案（BGH，15 February 2012，IV ZR 194/09）中，德国法院得出结论，英国的计划不能根据 InsO 得到承认。法院的理由是，这些计划在功能上（就主要特征而言）与德国法律规定的破产程序不具可比性，因为它们既不要求破产，也不要求集体性。因此，不可能依靠国内破产法来承认这些计划。由于 Brussels I-bis 不适用于与保险法有关的案件，德国法院拒绝承认该计划。在荷兰，如果没有国际条约或已执行的示范法，而且不在《欧洲投资条例修订本》的范围内，则承认外国破产程序的依据是国际私法的一般规则。见 Dutch Code of Civil Procedure，第 291 页注⑤，第 431（2）条（荷兰）。431（2）（Neth.）. 在承认的条件中，荷兰最高法院提到，根据国际标准，外国法院的管辖权必须是普遍可接受的。HR Sept. 26，2014，ECLI：NL：HR：2014：2838，at 4（Gazprombank）（Neth.）；HR Jan. 18，2019，ECLI：NL：HR：2019：54（Promneft-stroy）（Neth.）. 然而，关于“普遍接受的管辖权”的确切范围以及方案是否始终遵守该范围的问题仍未解决。见 Lucas Kortmann & Michael Veder，The Uneasy Case of Arrangements under English Law in Relation to non-UK Companies in Financial Distress：Pushing the Envelope？3 NOTTNGHAM INSOLVENCY AND BUS. L. E-J. 239，259-60（2015）（表明荷兰法院有可能承认英国的管理计划，从而使其在荷兰生效）。

② See，e. g.，Brussels I-bis，同第 274 页注⑤，第 8（1）条（法院通常将管辖权扩大到计划管辖区以外的债权人的一项规定只适用于欧盟其他地方的计划债权人，而不适用于欧盟以外的计划债权人）。

③ 截至 2021 年 9 月，共有 53 个辖区的 49 个国家通过了基于 MLCBI 的立法。

④ U. N. COMM’N ON INT’L TRADE L.，UNCITRAL MODEL LAW ON CROSS-BORDER INSOLVENCY WITH GUIDE TO ENACTMENT AND INTERPRETATION（2013），pt. 2，para. 30，U. N. Sales No. E. 14. V. 2（2014）[hereinafter Guide to the MLCBI].

⑤ MLCBI，同第 273 页注①，第 16（3）条（MLCBI 没有界定主要利益中心，但规定“在没有相反证据的情况下，债务人的注册办事处……被推定为债务人的主要利益中心”）。

符合《示范法》制度下的承认条件。"①

一些基于《跨国界破产示范法》的法域遵循了这一解释。例如，美国破产法院以债务人在起源国没有主要利益中心或营业所为由，拒绝承认外国程序。② 这种做法被认为反映了"美国的立法政策，即破产法院只向那些以债务人在外国司法管辖区实际存在为前提的外国破产程序提供援助"③。在澳大利亚和新西兰的案件中也采取了类似的立场。④

因此，根据《跨国界破产示范法》，如果外国破产程序源自无主要利益中心/无营业所管辖区，则可拒绝承认该程序。如上所述，计划可能既不取决于主要利益中心，也不取决于营业所。资产、债权人、单一集团实体或适用法律的存在可能足以构成充分的联系，从而使一项计划得到批准，包括重组非计划内公司债务的计划。根据 MLCBI（以及 EIR Recast）的解释，这些因素可能不足以确认主要利益中心或营业所。因此，存在一些计划可能超出 MLCBI 范围的风险，从而可能危及其跨境效率。⑤

Mood Media Corp. 及其子公司的计划，就是一个很好的例子。⑥ Mood Media Corp. 是一家加拿大公司，与 14 家直接和间接的美国子公司一起受加拿

---

① Guide to the MLCBI，同第 300 页注④，para. 32.

② In re Bear Stearns High-Grade Structured Credit Strategies Master Fund, Ltd. (Bear Stearns I), 374 B. R. 122, 129 (Bankr. S. D. N. Y. 2007); In re Servigos de Petroleo Constellation S. A., 600 B. R. 237, 271 (Bankr. S. D. N. Y. 2019)（指出"如果某项程序不符合主要或非主要程序的条件，则不能根据第 15 章予以承认。)；In re British Am. Ins. Co., 488 B. R. 205, 213 (Bankr. S. D. Fla. 2013)（指出第 15 章"反映了贸易法委员会和国会的政策决定，即除非债务人在外国诉讼所在国有足够的存在，否则本法院不应协助外国诉讼的代表"）；另见 In re Ran, 607 F. 3d 1017 (5th Cir. 2010)（拒绝承认外国破产程序为外国主要程序或外国非主要程序，依据是认定债务人的主要利益中心在美国，外国程序不能被承认为外国非主要程序，因为债务人在起源国没有营业所。法院认为，确定主要利益中心和营业所的相关时间段是在美国提出承认申请之日。)。

③ Daniel M. Glosband, Bankruptcy Court Rejects Cayman Proceedings of Bear Stearns Hedge Funds, 25 ABI J. 10 (Dec./Jan. 2007).

④ See Indian Farmers Fertiliser Cooperative Ltd v. Legend International Holdings Inc [2016] VSC 308 (Austl.)（拒绝承认第 11 章程序，理由是在澳大利亚注册的债务人在美国既没有主要利益中心也没有营业所，还认为为遵守美国的审计要求而采取的必要行动不足以建立营业所）；Gainsford v. Tannenbaum [2012] FCA 904 (Austl.); Williams v. Simpson [2011] 2 NZLR 380 (N. Z.)（拒绝承认英国破产程序，因为债务人在英国既没有主要利益中心，也没有营业所。)。

⑤ See G. Ray Warner & Michael Veder, Enterprise Group Restructuring: Dutch Options and United States Enforcement, 2021-7 EUR. INS. & RESTR. J. 1 (2021).（持一种乐观的观点，认为"只要关联企业中至少有一家在荷兰存在主要利益中心或拥有荷兰营业所"，那么适用于荷兰集团重组的宽松管辖规则不会妨碍其在美国得到承认。）

⑥ See generally In re Mood Media Corporation, et al., 569 B. R. 558 (Bankr. S. D. N. Y. 2017).

大的协议管辖。[①] 债务人寻求在美国承认加拿大程序为外国非主要程序。[②] 加拿大法院批准的安排要求 Mood Media Corp. 的债权人交换其票据，并解除对美国公司的任何担保债权。[③] 美国法院拒绝承认适用于这些公司的安排，他们认为：（i）在外国诉讼中，美国公司是受益人而非债务人，[④]以及（ii）美国公司在加拿大没有办事处或实体存在。[⑤] 因此，法院得出结论，美国子公司没有"在加拿大的经营场所"，因此在加拿大没有主要利益中心或机构。[⑥] 尽管如此，法院还是承认了因承认有关加拿大母公司的计划而产生的第三方免责，因为加拿大母公司的主要利益中心在加拿大。[⑦]

应当指出的是，各国已将《跨国界破产示范法》纳入其中，但存在一些显著差异，这也可能影响对不以主要利益中心或营业所为基础的外国破产程序的承认。例如，《加拿大公司债权人安排法》（CCAA）将外国非主要程序定义为"外国主要程序以外的外国程序"。[⑧] 因此，它取消了作为非主要程序的资格认定要求。由于加拿大法律并不要求将营业所的存在作为承认非主要程序的条件，加拿大法院拒绝承认外国破产程序的可能性较小。[⑨] 在 Syncreon Group B. V. 案中，[⑩] 加拿大法院准予承认针对在荷兰注册的 Syncreon B. V. 采用的英国管理计划。法院的理由是，由于债务人在英国没有主要利益中心，因此外国程序应被承认为非主要程序。由于 MLCBI 的移植及其解释存在差异，很可能存在同一计划在某些国家有资格得到承认，但在其他国家却无法得到承认的情况。这就造成了复杂性和法律不确定性，但也带来了新的规划机会。

---

① 同第 301 页注⑥，第 556 页（引用了 Canada Business Corporations Act（R. S. C. , 1985, c. C-44），§ 192）.

② 同第 301 页注⑥，第 559 页。

③ 同第 301 页注⑥，第 559 页。

④ 同第 301 页注⑥。

⑤ 同第 301 页注⑥，第 562 页。

⑥ 同第 301 页注⑥。

⑦ 同第 301 页注⑥，第 561 页。

⑧ Companies' Creditors Arrangement Act（R. S. C. , 1985, c. C-36），§ 45（1）.

⑨ S. Bomhof & A. Slavens, Shifting Gears in Cross-border Insolvencies from Comity to COMI, 24 BANKING & FIN. L. REv. 31, 58（2008）; see A. MacFarlane & T. Gertner, Foreign Non-Main Proceedings and the Public Policy Exception - A Comparison of Canadian and American Insolvency Regimes, in ANNUAL REVIEW OF INSOLVENCY LAW（J. Sarra ed. , 2015）.

⑩ Syncreon Group B. V. , Re, 2019 ONSC 5774（Can. ）.

一般而言，MLCBI 不太容易适用于权力被下放的集团，即实体在不同国家有单独的主要利益中心，而不是通常在集团总部有一个共同的主要利益机构的集团结构。虽然，集团重组可能发生在所有集团实体主要利益中心所在的国家，或者主要利益中心和机构相结合的国家，从而使所有程序都能被承认为外国主要或非主要程序，但在集团权力下放的情况下，这就不那么简单了。MLCBI 没有考虑不同集团结构的任何具体集团机制。因此，即使主要利益中心是其中一个实体与执行该计划的管辖权之间的联系，但本应参与重组的其他实体的参与可能得不到承认并生效。

（二）有偿债能力的公司参与集团重组

集团重组的特点是，它可能涉及一个或多个没有破产或财务困境的集团实体。然而，他们的参与对于达成可行的重组结果可能是必要的。在这种情况下，谈判达成的重组计划需要有偿付能力的集团实体出资，包括延长贷款期限、增加担保或抵押品。这类实体可能拥有某些资产和数据，而这些资产和数据对于正在为企业集团制订的破产解决方案是不可或缺的。它还可以保护自己的利益。在相互依存或控制程度很高的集团中，纳入有偿付能力的集团成员是特别合理的，因为在这些集团中，危机无法在单一实体层面上解决，而需要在整个集团范围内解决。在相互依赖或控制程度较高的集团中，纳入非破产集团成员尤其合理，因为无法在单个实体层面解决困境，需要集团范围的解决方案。贸易法委员会持这一观点，它在《立法指南》中强调，“列入集团非破产成员可能有助于为整个集团制定破产解决办法”①。例如，这种解决办法可能导致通过一项涵盖集团破产实体和非破产集团实体资产的重组计划。②

（例如）为了从 WHOA 中受益，债务人应处于一种可以合理假设债务人将无法继续偿还债务（即破产的可能性）的情况下。③ StaRUG 提供的基于法院的重组支持工具仅适用于未来 24 个月内预期现金流破产（流动性不足）的债

① Legislative Guide on Insolvency Law，同第 272 页注①，第二章，第 82 页。另见第二章第 238 页。
② 同注①。
③ WHOA，同第 276 页注②，第 370（1）条。

务人。[①] 英国《2006年公司法》26A部分规定的重组计划（超级计划）适用于“已经或可能遇到财务困难，正在或将要，或者可能影响其持续经营能力”的公司。[②] 这些测试设定了财务困境标准，作为使用重组工具的准入条件。但是，这并不妨碍有偿付能力的实体自愿参加重组计划并为此做出贡献（例如，提供融资）。根据英国法律批准的管理计划，原则上可以包括财务困境或资不抵债和有偿债能力的集团实体。关键问题仍然是，涉及有偿付能力的集团公司的计划或重组计划是否可以根据MLCBI得到承认。为了回答这个问题，我们将研究其实质性范围。

《跨国界破产示范法》适用于承认以下外国程序：

集体司法或行政程序……为了重组或清算的目的，债务人的资产和事务在破产程序中受到外国法院的控制或监督。[③]

《跨国界破产示范法指南》澄清，“破产”一词是指“针对处于严重财务困境或资不抵债的债务人启动的”集体程序。[④] 其补充道，就MLCBI而言，清算有偿付能力实体的程序不应被视为破产程序。如果该程序有几个目的，包括对有偿付能力的实体进行清算，则只有在债务人破产或陷入严重财务困境的情况下，该程序才属于MLCBI的范围。[⑤] 似乎只有资不抵债或出现严重财务困难，外国程序才有资格根据MLCBI获得承认。

然而，如果严格遵照这一解释，则会阻碍对涉及有偿付能力或未严重陷入困境的集团实体的计划或重组计划的承认。集团重组的情况与MLCBI指南中

---

① InsO，同第274页注⑦，§ 18（2）；Stephen Madaus，A Giant Leap for German Restructuring Law? The New Draft Law for Preventive Restructuring Procedures in Germany，OBLB，Oct. 26，2020.

② Companies Act 2006，at Part 26A，§ 901A（2）.

③ MLCBI，同第273页注①，第2（a）条。

④ Guide to the MLCBI，同第300页注④，第48段（着重部分由作者标明）；see Guide to the MLCBI，同第300页注④，第67段（重申《跨国界破产示范法》的重点是“严重财务困难和无力偿债的债务人”。《跨国界破产示范法指南》（以下简称《指南》）与此类似，它在第51段中指出，《跨国界破产示范法》适用于“严重财务困境和无力偿债的债务人”。51段指出，《跨国界破产示范法》适用于针对破产债务人启动的集体程序。《指南》在第71段中澄清，“破产”一词是指“债务人”。它在第71段中澄清，“破产程序”一词意在“泛指涉及处于严重财务困境的公司的程序”）。

⑤ Guide to the MLCBI，同第300页注④，第48段。

提到的有偿付能力的清盘程序迥然，后者只有股东的权利受到威胁。[①] 在克罗地亚对 Agrokor 及其集团实体启动的特别管理程序的案例中，讨论了承认集团集中重组的破产或财务困境要求。[②]

克罗地亚法院暂停了针对 Agrokor 及其控制和关联公司的诉讼和执行行动。[③] Agrokor 寻求多个司法管辖区承认法院的命令。塞尔维亚和黑山的法院均已移植 MLCBI，但拒绝承认克罗地亚的程序，理由是适用于子公司的管理不符合任何破产条件。[④] 关键问题是，《跨国界破产示范法》是否要求外国程序所涉及的所有公司都是资不抵债或陷入财务困境的公司。与上述法院的结论相反，英国法院认为，“子公司或附属公司或不受任何破产威胁的公司”，可以与受到此类威胁的另一集团实体（如母公司）一起加入同一程序，这一事实本身并不能将该程序排除在 MLCBI 的范围之外。[⑤] 法院的结论是，公司的实际破产或可能破产引发了可由集团其他成员加入的程序，可被定性为依据与破产有关的法律提起的程序，因此属于 MLCBI 的范围。

关于 MLCBI 适用方面存在的意见分歧，可能因其在国家一级的执行不一致——包括在“外国程序”的定义方面的差异，而有所加剧。澳大利亚、英国和新西兰，并没有改变 MLCBI 中的定义。美国法律在定义中增加了外国程序可与“债务调整”（adjustment of debt）有关的内容。[⑥] 有趣的是，日本法律

---

① 关于《跨国界破产示范法》的承认和协助制度是否涵盖有偿付能力的清盘，存在相互矛盾的观点。例如，在 Carter v. Bailey & Anor（Sturgeon Central Asia Balanced Fund Ltd）［2020］EWHC 123（Ch），一案中，英国法院终止了早先对在百慕大注册成立的有偿付能力的投资基金的清算下达的承认令，并得出结论认为，“将‘外国程序’解释为包括有偿付能力的债务人有悖于……《示范法》的宗旨和目的”。在 In re Betcorp Ltd，400 B. R. 266（Bankr. D. Nev. 2009）一案中，美国法院持不同观点，认为只要清算是根据与破产或债务调整有关的法律授权进行的，则根据《跨国界破产示范法》，有偿付能力的成员自愿清盘有权得到承认。In Re Chow Cho Poon（Private）Ltd（2011）80 NSWLR 507 一案中，澳大利亚法院承认，新加坡公司基于“公正和公平理由”（而非破产）的清盘令可被视为《跨国界破产示范法》所指的外国程序。

② See D. Djuric & V. Jovanovic，“Too big to fail?” The Agrokor case and its impact on West Balkan economies，28 INT’L INSOLVENCY REV. 22（2019）（讨论 Agrokor 破产问题）；V. Savkovi6，Universalism and the recognition of group proceedings under the UNCITRAL Model Law in Montenegro，28 INT’L INSOLVENCY REV. 103（2019）.

③ Djuric & Jovanovic，同注②。

④ 同注③。

⑤ Agrokor D. D.，Re（Cross-Border Insolvency Regulations 2006）［2017］EWHC 2791（Ch）.

⑥ 11 U. S. C. §101（23）；N. HANNAN，CROSS-BORDER INSOLVENCY：THE ENACTMENT AND INTERPRETATION OF THE UNCITRAL MODEL LAW 65（Springer eds.，1st ed. 2017）.（指出这一增加将承认旨在重组公司债务的程序，否则该公司可能是有偿债能力的。）

将外国程序定义为与（日本）破产清算、民事恢复、Agrokor 及其集团实体相对应的程序。韩国（Korean）法律中“除非另有规定，特别提及恢复、破产和其他类似的公司重组、公司重新调整或特别清算程序。[①] 韩国法律“具体指复权、破产和其他类似程序”[②]。

（三）集团集中重组、公共政策和充分保护

MLCBI 规定，如果行为“明显违反”承认国的公共政策，法院可以拒绝采取行动。[③] 人们承认，相关规范的意图是，公共政策例外应做限制性解释，并且只应在特殊和有限的情况下使用。[④] 重要的是，MLCBI 澄清，“破产制度的差异本身并不能成为认定执行一国法律将违反另一国公共政策的理由”[⑤]。除了公共政策例外之外，MLCBI 还规定，在准予临时或酌情救济时，法院必须确信债权人和其他利害关系人的利益得到了充分保护。[⑥] 充分保护与可能给予外国程序的救济和受影响人（包括本地债权人）的利益之间的平衡有关。[⑦] 在实践中，充分保护的论点可用于指程序参与以及公平性、外国程序与本国程序相比的资产分配顺序和优先次序，以及权利的同一性。[⑧]

有人指出，充分保护规则的潜在广泛适用和解释可能导致与修正的普遍主

---

① K. Yamamoto, New Japanese Legislation on Cross-border Insolvency as Compared with the UNCITRAL Model Law, 11 INT’ L INSOLVENCY REV. 67, 71 (2002)(日本法院承认不以债务人无力偿债为启动前提条件的程序为外国破产程序)。

② Wai Yee Wan & G. McCormack, Implementing Strategies for the Model Law on Cross-Border Insolvency: The Divergence in Asia-Pacific and Lessons for UNCITRAL, 36 EMORY BANKR. DEV. J. 59, 79 (2020)(认为管理计划在韩国很可能被视为类似于恢复名誉的程序)。

③ MLCBI，同第 273 页注①，第 6 条。

④ Guide to the MLCBI，同第 300 页注④，第 30 段。各国并没有统一移植 MLCBI。例如，新加坡省略了“明显”一词。在 Re Zetta Jet 案（同第 286 页注⑤）中，法院的结论是，由于这一省略，“在新加坡，以公共政策为由的排除标准低于未对其修改的司法辖区。”这一标准的确切轮廓并不完全清楚。

⑤ 同注④。

⑥ MLCBI，同第 273 页注①，第 22（1）条。

⑦ Guide to the MLCBI，同第 300 页注④，第 196 段（解释了在给予外国代表的救济和可能受到这种救济影响的人的利益之间应该有一个平衡）。

⑧ 在 In re Artimm 案中，明确了“sufficient protection”（美国立法中使用的术语，而不是“adequate protection”）包含三个原则：（1）公正对待破产财产索赔的所有债权人，（2）保护美国债权人在处理外国诉讼中的索赔时免受偏见和不便，以及（3）根据美国法律规定的顺序分配外国破产财产的收益。See In re Artimm, S. r. l., 335 B. R. 149 (Bankr. C. D. Cal. 2005), cited in In re Atlas Shipping AIS, 404 B. R. 726, 731 (Bankr. S. D. N. Y. 2009) and In re ENNIA Caribe Holding NV, 596 B. R. 316 (Bankr. S. D. N. Y. 2019).

义原则相违背的结果。[①] 问题是，计划程序的分歧，特别是在第三方免责和跨类别强裁方面的分歧，是否会导致拒绝承认和（或）救济，理由是这将违反公共政策，或由于外国没有向债权人或其他当事人提供充分保护。

1. 承认第三方免责

第三方免责是集中式集团重组的一种工具，因为它允许在一个司法管辖区和一个程序中处理集团实体的责任。它们属于图 1 中第二层。虽然有些司法管辖区采取支持免责的做法（如爱尔兰、新加坡、澳大利亚、加拿大、英格兰和威尔士），但许多其他司法管辖区禁止免责，或在极少数情况下允许免责。例如，根据日本法，除非得到所有债权人的同意，否则，在救助计划中是不允许免责的。[②] 在美国，法院要么不允许第三方免责，要么在特殊情况下允许第三方免责。[③] 这种犹豫不决的态度可以用美国《破产法典》[④] 以及滥用第三方免责权的潜在风险来解释。[⑤] 鉴于对第三方免责的方法缺乏一致性，并提到使用第三方免责以逃避问责的危险，美国于 2021 年夏天提议立法，禁止在破产程序中未经同意的非债务人免责。[⑥]

美国法院在承认外国重组计划或方案时所采取的方法并不是直截了当的，其中涉及非经同意的第三方免责。例如，在 In re Vitro 案中，[⑦] 外国破产管理人提出申请，要求承认在墨西哥批准的重组计划。该计划免除了第三方担保人——在美国注册的子公司的义务，而这些子公司本身并不属于墨西哥程序的一

---

① Mevorach，同第 272 页注③，第 219 页；See Akers v Deputy Comm’r of Taxation（2014）311 ALR 167（Austl.）[考虑了在将资金从澳大利亚汇往外国程序的情况下对当地债权人（税收债权）的保护，并指出“在普遍主义的祭坛上牺牲当地债权人的权利（或权利中的价值）可能会使普遍主义的一般通知概念走得太远。”]；In re Sivec SRL, 476 B. R. 310（Bankr. E. D. Okla. 2012）（美国和意大利法律之间的差异，特别是在享有抵销权的债权人是否被视为担保债权方面的差异，使得美国法院无法认定，如果债权人被要求上交保留金供意大利法院管理，其利益将得到充分保护。）。

② See Zentaro Nibei & Hideyuki Sakai, Corporate Restructuring and Insolvency in Asia, ASIAN BUS. L. INST. 406（2020）.

③ See Kokorin，同第 276 页注④。

④ See 11 U. S. C. § 524（e）（规定“债务人债务的解除不影响任何其他实体对该债务的责任或任何其他实体对该债务的财产”）。

⑤ See In re Metromedia Fiber Network, Inc., 416 F. 3d 136, 142（2d Cir. 2005）（非债务人豁免是一种容易被滥用的手段……从形式上看，它是一种免责；从效果上看，它可以在没有申请和没有《破产法典》保障的情况下安排破产免责）。

⑥ Nondebtor Release Prohibition Act of 2021, S. 2497 - 117th Congress（2021-2022）.

⑦ In re Vitro, S. A. B. de C. V., 473 B. R. 117（Bankr. N. D. Tex. 2012）.

部分。承认法院拒绝承认和执行。法院指出，墨西哥破产程序永久禁止债权人对债务人子公司的债权，从而大大改变了这些债权人本来会得到的待遇（因为他们对担保人的权利被切断了）。法院指出，债权人的利益没有得到充分的保护。法院的结论是，“在破产案件中保护第三方债权是美国的一项基本政策”，而包含第三方免责条款的计划明显违背了这一公共政策。后一项结论在上诉中没有得到检验或确认。①

另一起案件涉及在美国承认对 Bakrie Telecom TBK 电信公司启动的印度尼西亚破产程序，法院拒绝执行其包含第三方免责的重组计划。② 法院指出，在“决定是否给予礼让以强制执行载有第三方免责声明的计划时，法院必须考虑外国程序是否遵守了程序公正的基本标准，并有明确和正式的记录证明”③。法院认为，在本案中，尚不清楚外国法院在批准第三方免责时是否考虑了债权人的权利，以及这种免责的理由是什么。

在其他情况下，法院没有认定第三方免责违反了公共政策，也没有构成承认外国计划或重组计划的障碍。例如，在 In Re Metcalfe 案中，④ 法院强调了对公共政策例外的狭义解释，并强调在外国程序中给予的救济，包括第三方免责，不必与在美国提供的救济完全相同。⑤ 在最近的案件中，⑥ 包括在涉及集

---

① 在 In re Vitro S. A. B. de C. V. , 701 F. 3d 1031, 1042（5th Cir. 2012）一案中，上诉法院维持了下级法院的判决，依据是外国计划在诉讼程序中只有一类无担保债权人，而且批准计划所需的债权人投票仅通过计算内部人的投票来实现。相比之下，美国破产法要求至少有一类受损债权人接受该计划，而不考虑任何内部人的投票［《美国破产法典》第 11 章 29（a）(10) 条］。重要的是，上诉法院明确指出，它并未“涉及 Concurso 计划是否明显违背美国的基本公共政策”。因此，一审对公共政策的解释并未得到确认。相反，裁决仅以第 1507 条和第 1521 条以及“充分保护”债权人利益的要求为依据。

② In re PT Bakrie Telecom Tbk, 628 B. R. 859（Bankr. S. D. N. Y. 2021）.

③ 同注②。

④ In re Metcalfe & Mansfield Alternative Inv. , 421 B. R. 685, 698（Bankr. S. D. N. Y. 2010）［在本案中（与 Bakrie 案不同），第三方解除合同的计划是以破产程序中的可靠记录为基础的］。

⑤ See In re Rede Energia S. A. , 515 B. R. 69, 105（Bankr. S. D. N. Y. 2014）（指出“法院不会仅仅因为巴西破产法与美国破产法不尽相同而拒绝扩大礼让范围并给予额外救济”）；另见 In re Agrokor d. d. , 591 B. R. 163（Bankr. S. D. N. Y. 2018）。

⑥ In re Ocean Rig UDW Inc. , 570 B. R. 687, 707（Bankr. S. D. N. Y. 2017）；In re Avanti Comm. Grp. PLC, 582 B. R. 603, 617-619（Bankr. S. D. N. Y. 2018）（法院强调债权人几乎一致支持该计划，但不包括内部人的支持。法院还指出，不执行担保人的免责声明可能会导致债权人受到不利待遇，“损害债务人的重组努力，并妨碍重组的公平和有效管理”）；In re Olinda Star Ltd, 614 B. R. 28, 47（Bankr. S. D. N. Y. 2020）（债权人有“充分和公平的机会就英属维尔京群岛的管理计划进行投票并发表意见”，而且法院以前曾发布过永久禁令，以支持外国管理计划的适当实施。）。

团重组的案件中，[①] 解除关联担保的计划和重组方案得到了承认。在做出承认决定的同时，法院还准予救济，即中止针对包括集团担保人在内的第三方提起的诉讼，以协助和维护外国破产程序管理的完整性。[②]

2. 承认绝对优先权规则，跨类别强裁

近年来，引起激烈辩论的一个话题是：各国法律中可能存在的优先权规则之间的差异，包括绝对优先权规则、相对优先权规则及其各种迭代。[③] 优先权规则在适用跨类别强裁机制上发挥着重要作用。这一机制是许多计划和重组制度提供的关键工具之一。它旨在克服拒不接受的问题，并允许在持异议的债权人类别否决计划的情况下确认计划。本节将介绍 APR 和 RPR，并讨论它们之间的差异是否会对集中式集团解决方案的跨国界承认产生影响。

绝对优先权规则被誉为“现代公司重组法的组织原则”[④]、“重组实践和理论的基石”[⑤] 以及“破产法最重要和最著名的规则”。[⑥] APR 要求持不同意见的债权人在较低等级的债权人在接受或保留该计划下的任何东西之前，先获得全部价值，从而在跨类别强裁的情况下提供保护。[⑦] 在 20 世纪初，美国制定了

---

① In re Avanti Comm. Grp. PLC, 582 B. R. 603, 609 (Bankr. S. D. N. Y. 2018) [提到对英国管理计划的承认，该计划涉及一个大型企业集团的债务重组，并由计划公司的联属公司——直接和间接附属公司——为其发行的债务提供担保（说明对英国管理计划的承认，该计划涉及一个大型企业集团的债务重组，并由计划公司的联属公司为其发行的债务提供担保。）]；In re Agrokor, supra note 215, at 196-197（承认并执行克罗地亚程序中针对外国债务人达成的重组计划，该计划解除并免除了非债务人关联公司对英国法和纽约法债务的书面担保。）。

② CT Inv. Management Co., LLC v. Carbonell, 2012 WL 92359, at 14 (S. D. N. Y. Jan. 11, 2012)（认为墨西哥和美国的法律不一定要完全相同才能适当地扩大礼让范围）；与此相反，参见 Jaffe v. Samsung Electronics Co., Ltd., 737 F. 3d 14 (4th Cir. 2013). [依据第 1522 条中“充分保护”的要求（而不是第 1506 条中更一般的公共政策例外），拒绝给予德国知识产权酌情救济，否则将使与知识产权（即美国专利）有关的被许可人权利的单方面终止生效。] See A. Walters, Giving Effect to Foreign Restructuring Plans in Anglo-US Private International Law, 3 NOTTINGHAM BUS. & INSOLVENCY L. E-J. 375 (2015)（指出美国对来自普通法姊妹司法管辖区的计划的接受一贯是慷慨的）。

③ See Riz Mokal, The Court's Discretion in Relation to the Part 26A Cram Down, 36 J. INTL. BANKING FIN. L. 12 (2021).

④ Douglas G. Baird, Priority Matters: Absolute Priority, Relative Priority, and the Costs of Bankruptcy, 165 U. PA. L. REv. 785, 786 (2017).

⑤ Bruce A. Markell, Owners, Auctions, and Absolute Priority in Bankruptcy Reorganizations, 44 STAN. L. REv. 69, 123 (1991).

⑥ Mark J. Roe & Frederick Tung, Breaking Bankruptcy Priority: How Rent-Seeking Upends the Creditors' Bargain, 99 VA. L. REV. 1235, 1236 (2013).

⑦ 如果受调整分组支持该计划，则允许偏离绝对优先原则。

APR，旨在解决股权接管制度对内部人有利而对无担保债权人不利的问题。①该规则现已编入《美国破产法典》。② 这一规则的理论基础是，它执行破产以外的优先偿付权，③ 因此，有助于法律确定性和保护当事人的预期。这最终应有助于降低债务资本成本。也有人指出，APR 鼓励各方达成协议，因为跨类别强裁取决于根据预先确定的分配瀑布式机制（distribution waterfall）进行全额支付。④

尽管 APR 存在已久，但仍难逃批评。一些学者称其为“缺陷”，因为它可能会激励持不同意见人（拒不让步之人）的行为，并阻止有效的重组。⑤ 美国破产协会（American Bankruptcy Institute）也认识到 APR 的僵化和灵活性匮乏，该协会承认，虽然确保了重要的债权人保护，但该规则“已被证明缺乏灵活性，经常成为债务人成功重组的障碍”⑥。对 APR 提出了各种替代方案，其中大多数都考虑了在重组计划下向劣后级（包括价外债权人）债权人提供价值的可能性，以激励其参与。⑦

《重组指令》（The Restructuring Directive）也不再严格遵守 APR 模式，而

---

① See Louisville, N. A. & C. Ry. Co. v. Louisville Trust Co. , 174 U. S. 674, 683 (1899).（认为“如果不同时承认和维护抵押权人以及公司所有债权人的利益，就不能合法地完成承认和维护股东任何利益的程序”。）

② 11 U. S. C. § 1129 (b). 意大利法、印度法和新加坡法中的一般规则是“APR”的一种形式。参见 Zorzi，同第 275 页注①；D. Kumar, The Absolute Priority Rule in Indian Insolvency law, 33 INS. INTELLIGENCE 87-95 (2020); Wai Yee Wan et al. , Schemes of Arrangement in Singapore: Empirical and Comparative Analyses, 94 AM. BANKR. L. J. 463, 474 (2020)。

③ See Elizabeth Warren, A Theory of Absolute Priority, 1991 ANN. SURv. AM. L. 9, 37.（指出，APR 提供了一种债权人保护形式，试图“限制公司所有者和内部人员为自身利益耗尽倒闭企业的能力，使债权人只剩下企业的空壳”。）

④ Jonathan C. Lipson, The Secret Life of Priority: Corporate Reorganization after Jevic, 93 WASH. L. REV. 631, 672 (2018).

⑤ Lorenzo Stanghellini Et Al. , Best Practices In European Restructuring: Contractualised Distress Resolution In the Shadow of the Law 46 (Wolters Kluwer Italia, 2018); Bob Wessels Et Al. , Instrument of the European Law Institute: Rescue Of Business In Insolvency Law 333 (Eur. L. Inst. , 2017) noting that the argument that shareholders with no real economic interest cannot claim any value［只要债权人尚未得到全额偿付，就对债权人进行赔偿（包括合作产生的额外价值）是没有法律依据的］; see Stephen Lubben, The Overstated Absolute Priority Rule, 21 FORDHAM J. CORP. & FIN. L. 581, 602 (2016).（认为“在重组案件中适用‘严格’优先权的愿望被严重误导。重组不是清算。它需要不同的规则。”）

⑥ Michelle M. Harner Et Al. , Final Report of the Abi Commission to Study the Reform of Chapter 11 213 (Am. Bankr. Inst. , 2014)（指出第 11 章中估值和分配问题引起的不公平）。

⑦ See Douglas G. Baird & Donald S. Bernstein, Absolute Priority, Valuation Uncertainty, and the Reorganization Bargain, 115 YALE L. J. 1930 (2006); See Anthony Casey, The Creditors' Bargain and Option Preservation Priority in Chapter 11, 78 U. CHICAGO L. REv. 759, 807 (2011).

是采用了一种更灵活的模式，通常称为相对优先权规则（RPR）。只要优先债权人的待遇相对较好，相对优先权规则允许将重组盈余的一部分分配给包括股东在内的劣后债权人。[①] RPR 模式在欧盟的引入引发了学术界的进一步争论。[②]《重组指令》发布后，一些司法管辖区决定放弃严格的 APR 方法。WHOA 纳入了一种灵活或"弱化"的绝对优先权形式，根据这种形式，如果有合理的理由并且不损害相关债权人或股东的利益，可以允许偏离破产债权排序。[③]

StaRUG 采用了一种"宽松的"绝对优先权办法，允许在劣后债权人为重组创造了新价值（"新价值例外"）或维护债务人持续经营价值需要股东类别参与的情况下偏离绝对优先权。[④] 在这种情况下，坚持 APR 不符合债权人的利益，而这一规则的本意为了保护债权人。根据 2006 年《公司法》新引入的 26A 部分，重组计划中的跨类别强裁既不依赖于 APR 也不依赖于 RPR，而是依赖于债权人的最佳利益测试。[⑤] 这种方法沿袭自管理计划。

我们并不试图倡导某种特定的强裁模式。相反，我们专注于国际影响，并认为不同模式之间的差异不应妨碍对计划或重组计划的承认。

绝对优先权规则也有例外情况，这使其不那么"绝对"。例如，最近对第 11 章进行了修订，以满足中小型公司的需求。[⑥] 除其他外，关于小企业债务人重组的第五分章规定，在其范围内的案件不适用 APR 规则。[⑦] 与此同时，在实践中还制定了 APR 其他的例外情况（例如"新价值"例外、"赠与计划"

---

① Directive（EU）2019/1023，同第 293 页注⑤，第 11（1）（c）条，第 11（2）条（指出作为对 RPR 的减损，各国可决定实施 APR）。

② See R. de Weijs et al., The Imminent Distortion of European Insolvency Law: How the European Union Erodes the Basic Fabric of Private Law by Allowing "Relative Priority"（RPR）, Amsterdam Law School Legal Studies Research Paper No. 2019-10（2019）; Jonathan Seymour & Steven L. Schwarcz, Corporate Restructuring under Relative and Absolute Priority Default Rules: A Comparative Assessment, 2021 U. ILL. L. REv.（2021）; Krohn, supra note 145.

③ WHOA，同第 276 页注②，第 384（4）（b）条。

④ StaRUG，同第 293 页注④，第 26 条。

⑤ Companies Act 2006, at Part 26A, § 901 G.（异议组别的处境不应比相关替代方案的情况更糟。相关替代方案的定义是"如果该妥协或安排没有根据第 901F 条获得批准，法院认为最有可能发生的与公司有关的任何情况"。）

⑥ Small Business Reorganization Act, 11 U.S.C. § 1181-1195（2019）.

⑦ 11 U.S.C. § 1181（a）（2019）.

例外）。[①] 这些例外情况表明，尽管 APR 具有基本特征和悠久历史，但其演变方式减少了它与其替代模式之间的分歧。

一般来说，即使在规则不同的情况下，这种差异也往往是有限的和细微的，不应构成公共政策问题或缺乏适当保护的问题。外国法在其他方面符合最低限度的公平标准，如此一来，集中化可能取决于法院拒绝仅仅因为破产法不同而援引基于 MLCBI 的保障措施的诱惑。[②] 因此，在外国程序中使用不同的标准——包括优先权规则、表决门槛、第三方免责或债权人最大利益检验标准所提供的不同程度的实质性保护——不应妨碍对这些标准的承认，也不应妨碍使在该外国程序中通过的重组计划生效。

拒绝承认和执行违反承认国规则的外国程序，将影响大量集团重组的尝试，破坏集团重组的效率。例如，许多国家并不遵循 APR 的做法，或者规定了例外情况。其中包括荷兰、德国、英国、韩国[③]和中国。[④] 这些国家通过的重组计划可能得不到承认，这一风险，不利于实现 MLCBI 的目标，因为 MLCBI 旨在建立一个法律框架，使跨国界破产的解决变得便捷、可预测和高效。它还可能阻碍由计划促成的集中式集团解决方案，在某种程度上，它们允许根据同一套规则和原则解决集团财务困境。相反，集团实体将被迫在不同的管辖区进行重组——每个管辖区都有自己的规则和标准，甚至同时在几个管辖区进行重组，以确保此类重组得到广泛承认。[⑤]

---

① Adam J. Levin, Business Bankruptcy: Financial Restructuring And Modern Commercial Markets 799 (Wolters Kluwer eds., 2d ed. 2019).

② Mevorach & Walters，同第 299 页注②，第 890 页。

③ Corporate Resiructuring and Insolvency in Asia 2020 719 (Asian Bus. L. Inst. Legal Convergence Series, 2020).（韩国法律“仅要求股东的减值比例大于适用于无担保债权人的比例”。）

④ Zhao Huimiao, Lame-Duck Bankruptcy Institutions under Government Intervention in Reorganisation of Listed Companies in China, 46 H. K. L. J. 339, 370 (2016).（指出“在 45 个重整案件中，有 43 个案件违反了绝对优先权规则”。）

⑤ See In Re OJSC International Bank of Azerbaijan [2018] EWCA (Civ) 2802 (Eng.).（通过适用 Gibbs 规则，促使重整权力下放。根据该规则，英国法院拒绝执行免责或修改英国法律管辖的债务条款的外国重整。因此，为了重组英国法律管辖的债务并使其在英国得到承认，这种重组需要在英国进行。因此，Gibbs 规则显示出亲属地主义。）另见 Kit Mevorach, Overlapping International Instruments for Enforcement of Insolvency Judgments: Undermining or Strengthening Universalism, 22 EUR. BUS. ORG. L. REV. 283, 291 (2021) （认为 Gibbs 规则“排除了对中央法院破产法律和判例的遵从”）；但参见 Pacific Andes Resources Development Ltd [2016] SGHC 210（在新加坡 Gibbs 规则被拒绝遵循）。又见 In re Agrokor，同第 308 页注⑤，第 163 页（在美国，Gibbs 规则相类似的规则被拒绝遵循）。

六、新一代破产示范法

尽管 MLCBI 并未明确涉及企业集团，MLCBI 及其立法已被用作承认集团解决方案的法律依据，包括通过计划达成的解决方案。但我们发现了一些重要的“薄弱环节”，在这些环节上，MLCBI 对集团解决方案的适用可能会遇到障碍，从而导致效率低下并产生法律不确定性。这些薄弱环节涉及对外国重组计划的承认：（i）在债务人或部分债务人没有主要利益中心或营业所的管辖区采用的计划；（ii）同时涉及破产（财务困境）和有偿付能力的集团实体；或（iii）通过适用不同于承认法院所适用的实质性规则而得到确认，特别是那些与第三方免责的可用性和跨类别强裁中的优先权规则有关的实体规则。这些薄弱环节可能归因于 MLCBI 中使用的一些规则的模糊性，其重点是单一债务人破产（而不是集团破产），以及在将 MLCBI 转化为国内法和对其解释方面存在分歧。

为了补充 MLCBI 并弥补某些显著缺陷，贸易法委员会制定了两部新的示范法，即上文简要提到的 MLIJ（2018）和 MLEGI（2019）。下一节将探讨新一代贸易法委员会示范法是否解决了上述薄弱环节。

（一）集中式集团重组和 MLIJ

制定 MLIJ 的一个原因是希望解决在承认和执行外国破产程序中做出的判决方面的不确定性。[①] MLIJ 力求为承认与破产有关的判决提供明确的规则，其中包括：（i）确认或变更重组或清算计划；（ii）准许免除债务人的义务或债务，以及（iii）批准自愿或庭外重组协议。[②] 因此，MLIJ 可适用于法院批准的计划。应当指出的是，《跨国界破产示范法》并未明确涉及企业集团破产问题。它是否会使承认计划和重组计划、实施集中式集团解决方案更加安全、具

---

① Mevorach，同第 312 页注⑤，第 293 页［认为 MLIJ 的适用是为了应对英国最高法院在一案中判决所带来的不确定性：Rubin v. Eurofinance SA（2012）UKSC 46，（2013）1 AC 236］。

② U. N. COMM’N ON INT’L TRADE L.，UNCITRAL MODEL LAW ON RECOGNITION AND ENFORCEMENT OF INSOLVENCY-RELATED JUDGMENTS WITH GUIDE TO ENACTMENT，pt. 2，para. 60（e），U. N. Sales No. E. 19. V. 8（2018）. 联合国国际贸易法委员会，《贸易法委员会关于承认和执行与破产有关判决的示范法附颁布指南》，第 60（e）段，编号：E. 19. V. 8（2018），下称 MLIJ。

有可预测性?

根据 MLIJ 第 14 (h) 条，与破产有关的判决可被拒绝承认和执行，如果该判决来自其破产程序根据 MLIJ 不可能或将不可能得到承认的国家。[①]《跨国界破产示范法颁布指南》(The Guide to Enactment of the MLIJ) 澄清到，如果起源国既不是债务人的主要利益中心所在地，也不是其营业所所在地，就可能出现这种情况。[②] 它解释说，这一规定旨在确保 MLCBI 的监管框架不因承认和执行与破产有关的判决而受到破坏，这些判决本应在主要或非主要程序中得到解决。[③] 换言之，MLIJ 在某种程度上容纳了(主要或非主要)破产程序和相关诉讼应集中在同一管辖权或程序中的想法。这一理论被称为破产案件集中管辖原则(vis attractiva concursus)。[④] 关于承认源自无主要利益中心/无营业所管辖权的集团破产解决方案的问题，这一学说意味着 MLIJ 不干涉或偏离 MLCBI 所采取的做法。

然而，MLIJ 规定了拒绝承认和执行外国判决的其他司法理由。其中包括原诉法院根据承认法院不熟悉的依据行使管辖权，或者行使这种管辖权与承认国的法律不相符。[⑤]

因此，可以承认并执行影响集团实体的单一计划，或针对同一管辖区内的几个集团实体启动的程序中采用的重组计划(支持第一部分中讨论的 2 级或 4 级集中化)。但是，如果承认法院不熟悉作为集团计划基础的"充分联系"标准，或者认为这一标准(或外国法院适用的另一标准，如单一的集团成员所

---

① MLIJ，同第 273 页注⑤，第 14 (h) 条(已颁布或正在考虑颁布 MLCBI 的州可考虑的 MLCBI 的可选条款)。

② Guide to the MLIJ，同第 313 页注②，第 117 段。MLIJ 第 14 (h) (i) - (ii) 条规定不承认非主要利益中心地或住所地原则的一个例外情况，即适用于主要程序或非主要程序(即能够得到承认的程序)的破产从业者参与了产生有关判决的程序，并且该判决仅与位于初始国的资产有关的情况。

③ 同注②，第 118 段。

④ See Zoltan Fab6k, Jurisdiction Concerning Annex Actions in the Context of the Insolvency and Brussels Ibis Regulations, 29 INT' L INSOLVENCY REV. 204, 220 (2020). (讨论了 EIR Recast 第六条的规则，该条规定，主持主要、次要或属地程序的法院应对"直接源自破产程序并与破产程序密切相关的任何诉讼"具有管辖权。)

⑤ MLIJ，同第 273 页注⑤，第 14 (g) (iii) - (iv) 条；Guide to the MLU，同第 313 页注②，第 114 段。[第 14 (g) (iii) 条不应允许接收法院以原诉法院未适当行使管辖权为由拒绝承认和执行，如果接受国的法律允许法院在类似情况下行使管辖权。第 115 段解释说，第 14 (g) (iv) 条的范围更广，应"劝阻法院在原诉法院行使管辖权并非不合理的案件中拒绝承认和执行判决，即使在接受国没有确切的管辖权依据"。]

在地）与国内法不符［《跨国界破产示范法》第14（g）条］，则可能拒绝承认集中式集团的解决方案。事实上，《跨国界破产示范法》可能为基于相当不精确和有待解释的类似性和非不兼容性（non-incompatibility）标准，为更多的拒绝理由敞开大门。[①]

关于有偿付能力的集团实体参与集团解决方案的问题，MLIJ采取了与MLCBI相同的做法。MLIJ中使用的“破产程序”的定义与MLCBI中使用的“外国程序”的定义相同。[②] 这一连贯的术语可能导致这样一种解释，即MLIJ及其破产相关判决制度，只涵盖针对严重陷入困境或资不抵债的债务人启动的程序。[③] MLIJ也与MLCBI相对一致，因为它包括公共政策例外和对债权人在承认和执行重组计划方面的充分保护。[④]

总之，虽然MLIJ的目标是承认与破产有关的判决，包括批准重组计划的判决，但它不一定支持集中式集团解决方案，也未必使其承认更具可预测性。MLIJ本身并不涉及集团破产。在许多方面，它沿用了MLCBI，在其他方面，它提供了与外国法院管辖权有关的其他拒绝理由。

（二）集中式集团重组和MLEGI

2019年，贸易法委员会通过了《企业集团破产示范法》（MLEGI）。该示范法旨在提供处理集团破产的有效机制。[⑤] 与MLCBI和MLIJ不同，MLEGI是专门为提高企业集团跨国界破产管理效率和促进制订集团破产解决方案而设计的。在第一部分中，我们注意到，集团破产解决方案是MLEGI引入的一个新概念。MLEGI提供了各种工具来支持集中式集团解决方案的工具。其中包括：(i)启动和承认计划程序以及由此产生的广泛救济，以及(ii)“合成程序”，可用于避免启动多个程序——特别是在集团情形下——并便利集中处理企业集

---

① Pottow，同第273页注②，第501页［积极评价第14（g）（iv）条，认为它“可以成为国际私法新的重要分支的开始，为间接管辖权的有意义的扩展（和连贯的基础）提供理论基础”］；Cf. Mevorach，同第312页注⑤（提出了一种更加怀疑的论点，即临时司法管辖区“在管辖权基础上有些模糊，不完全符合一般的跨界制度”）。

② MLIJ，同第273页注⑤，第2（a）条；MLCBI，同第273页注①，第2（a）条。

③ Guide to the MLI，同第313页注②，第22段。

④ Compare MLIJ，同第273页注⑤，第7条（公共政策例外）和第14（f）条（债权人保护），以及ML-CBI，同第273页注①，第6条（公共政策例外）和第22条（债权人保护）。

⑤ MLEGI，同第273页注④，序言。

团破产中的债权。[①]

MLEGI 并不试图调整营业所和主要利益中心（COMI）的概念，以允许在同一法院集中管辖集团程序。它没有提出“集团主要利益中心”，也没有要求所有参与实体的主要利益中心都在同一管辖区内。[②] 相反，《多边破产协议》的集中化动力来自加强协调，这也可以通过计划程序来实现。在第二部分中，我们提到，如果集团成员之一的主要利益中心是集团解决办法不可或缺的必要组成部分，则可以启动计划程序。为了支持协调工作，MLEGI 为计划程序提供了救济。这种救济可包括中止对企业集团成员资产的执行，暂停转让、抵押或以其他方式处置企业集团成员任何资产的权利，中止涉及参与集团成员的破产程序，以及授权集团内部融资安排。[③] 在计划程序中使用不同形式的救济和参与可能会导致程序合并，限制在多个管辖区启动程序，并促进其集中在一个或少数地方。[④] 回溯到我们在第一部分中指出的集中化层级，MLEGI 规划程序和集团解决办法概念至少能够实现第（4）级集中化，即在单一管辖区考虑集团解决办法（包括重组程序），集团成员之一拥有其主要利益中心，其他实体（无须证明与计划地方有任何联系）参与其中。

MLEGI 允许进一步加强集中化。它允许通过“合成”程序的概念来推迟集中程序。[⑤] 因此，MLEGI 规定，为了尽量减少非主要程序的启动或便利处理

---

① Guide to the MLEGI，同第 281 页注①，第 200 段。

② U. N. COMM’N ON INT’L TRADE LAW WORKING GROUP V（INSOLVENCY LAW），TREATMENT OF CORPORATE GROUPS IN INSOLVENCY，U. N. Doc. A/CN. 9/WG. V/WP. 76/Add. 2，para. 10（Mar. 6，2007）.（讨论集团商业信息管理的概念，注意到“确定一个公司集团最核心的管辖权可能有助于发展一个企业集团‘COMI’的概念或制定一项规则，将集团的 COMI 视为集团母公司的注册地或集团开展业务活动的地点”。工作组承认，很难就公司集团达成商定的定义，并且存在与债权人对集团公司集团的可预见性有关的问题。）

③ See，e. g.，MLEGI，同第 273 页注④，第 20 条（在已开启计划程序的州，计划程序可获得的重新开始）；MLEGI，同第 273 页注④，第 22 条（讨论临时救济）；MLEGI，同第 273 页注④，第 24 条（讨论在承认外国规划程序时可能给予的救济）。

④ Mevorach，同第 283 页注⑦，第 527 页；See In the Matter of Videology Ltd［2018］EWHC（Ch）2186［在该案中，通过承认外国非主要程序（基于在美国设立营业所的认定）和给予救济，将这些程序视为事实上的外国主要程序，并拒绝在英国（主要利益中心平台）启动平行程序，实现了管辖权的集中。因此，集团重组可以在美国（非主要利益中心平台）不间断地进行。值得注意的是，这一结果是在《跨国界破产示范法》下达成的］。

⑤ See generally Bob Wessels，Contracting out of Secondary Insolvency Proceedings：The Main Liquidator’s Undertaking in the Meaning of Article 18 in the Proposal to Amend the EU Insolvency Regulation，9 BROOK. J. OF CORP.，FIN. & COM. L. 63（2014）［描述如何使用不同术语来描述同一概念，包括“实质的”（virtual）二次诉讼和“视同”（as if）诉讼］。

集团破产中的债权，“企业集团成员的债权人在另一国的非主要程序中可能提出的债权，可在主要程序中处理……按照在非主要程序中将给予的待遇……[①]为实现这一规范，需要由主要破产管理人或与集团代表（如已指定）共同做出扩大这种“视同处理”的承诺，并且主要程序中的法院应批准在此类程序中给予的待遇。[②] 如果做出承诺，潜在（“合成”或“虚拟”）非主要程序的法院可以中止或拒绝启动非主要程序。[③]

该补充文件还允许在承认计划程序后以中止或拒绝开启当地程序的形式给予额外救济，特别是在已经做出承诺的情况下。重要的是，MLEGI 还预见到，通过计划或非主要程序以及避免在多个管辖区中进行额外程序，从而将程序集中化。在补充条文（B 部分）中，MLEGI 允许集团成员的破产管理人或集团代表向债权人做出承诺，否则债权人可能会在潜在（“合成”或“虚拟”）主程序中提出索赔。[④] 在这种情况下，债务人主要利益中心所在管辖区的法院可以中止或拒绝启动主要程序。[⑤] 因此，最大限度地减少了启动主要程序的需要，并通过类似合同的安排（承诺）和灵活的管辖权联系（单一集团实体的主要利益中心或相关集团实体的设立）实现了集中化。补充部分还允许在承认计划程序后，特别是在做出承诺的情况下，以中止或拒绝启动本地程序的形式给予额外救济。[⑥] 使用广泛的救济以及合成次要程序和主要程序应有助于避免程序重复，尽量减少费用，并实现程序合并。在这一过程中，重组计划可以在全球范围内得到考虑和支持。因此，MLEGI 可以用来实现第（4）层级的集中化，但也有可能实现第（2）级的集中化。

---

① MLEGI，同第 273 页注④，第 28（1）条。

② 同注①，第 28（2）条（具体规定一项承诺“对主程序的破产财产具有可执行性和约束力”）。

③ 同注①，第 29 条 {“综合”诉讼的概念源于实践。在 Collins & Aikman Europe SA 案中 [In Re Collins & Aikman Europe SA and other Companies (2006) EWHC 1343 (Ch)]，英国法院授权企业集团的联合管理人履行此前在相关欧洲司法管辖区向债权人做出的保证，从而脱离英国法律的普通条款——主诉讼法的适用。因此，集团重组更具可预测性、集中性和成本效益}；see K. Ramesh, Synthesising Synthetics: Lessons Learnt from Collins & Aikman, Keynote Address at the 2 "d Annual GRR Live New York, Sept. 26, 2018.（讨论了这个案例，并指出合成次级程序的固有适应性和多功能性及其在集团破产背景下的实用性，作为“重组工具包中的强大工具，促进关键问题集中在一个法庭上”。）

④ MLEGI，同第 273 页注④，第 30 条。

⑤ 同注④，第 31 条。

⑥ 同注④，第 32 条。

我们在第五部分指出，有偿付能力的集团实体参与一项计划或重组计划可能会在承认阶段造成问题，因为MLCBI（和MLIJ）似乎要求债务人要么破产，要么陷入严重的财务困境。另一方面，MLEGI向集团所有实体开放，不论其财务状况如何，都可以参与计划程序和集团解决方案。[①] MLEGI的重点是企业集团成员参与另一个集团成员的破产或重组程序的有用性和可取性。[②] 同时，MLEGI明确规定，作为一般规则，对于企业集团成员的资产和业务来说，如果尚未启动破产程序，不得给予救济以支持本地[③]或外国计划程序[④]。这并不排除有偿付能力的集团成员（或者更准确地说，未进入破产程序的集团成员）自愿参与或协助计划程序。事实上，这类集团成员可以帮助制订一个有利于其他集团成员的集团解决方案。[⑤]

最后，在公共政策和对债权人的充分保护方面，MLEGI总体遵循着MLCBI和MLIJ。它包括一项首要规则，即如果任何行为明显违背公共政策，法院应对此拒绝。[⑥] 除公共政策例外情况之外，MLEGI还包含有一项根据MLEGI第22条的规定，根据该规定，法院在准予、拒绝、修改或终止救济时，“必须确信受计划程序管辖或参与计划程序的每个企业集团成员的债权人和其他相关人……的利益得到充分保护”。[⑦]

七、集中化集团重组：薄弱环节与前进方向

在前几部分中，我们强调了有利于集中式集团重组的重组程序的出现，包括通过管辖权集中程序（第4级）或通过单一程序重组集团债务（第2级）。我们还注意到，以MLCBI为基础的现行国际破产法框架可以支持重组努力的

---

① Guide to the MLEGI，同第281页注①，第47、111段。

② 同注①，第111段。

③ MLEGI，同第273页注④，第20（2）条。

④ 同注③，第22（4）、24（3）条。

⑤ Guide to the MLEGI，同第273页注①，第134段；Legislative Guide on Insolvency Law，同第272页注①，第238条建议（“破产法应明确规定，未进入破产程序的企业集团成员可自愿参与为一个或多个已进入破产程序的企业集团成员提出的重整计划”）。

⑥ MLEGI，同第273页注④，第6条（强调了对公共政策的限制性解释，并在第65段中补充说，“法院之间的合作，包括通过承认计划程序进行的合作，不应因对公共政策的扩张性解释而受到阻碍”）。

⑦ 同注⑥，第27（1）条；Guide to the MLEGI，同第281页注①，第189段。

集中化。不过，也存在一些瓶颈，或者我们称之为薄弱环节，可能会破坏集团的集中化重组的发展。这些问题主要涉及 MLCBI 的实质范围（可能无法承认非主要利益中心/不设营业所的集团重组计划）、MLCBI 的属人范围（可能排除有偿付能力的集团实体参与集团解决方案）以及保障措施适用于不同实体法和不同管辖区的法律标准的适用（可能导致拒绝承认或给予救济）。新一代示范法提供了更多的机制，但也可能存在一些薄弱环节。在本部分中，我们考虑了替代机制，并提出了在全球跨境破产框架内进一步推进集团重组的某些可选方式。

如果我们认为管理计划和类似的重组程序属于 MLCBI，即使它们可能不是完全集体的和经过破产程序检验的，我们也会使它们符合 MLCBI 的要求。如上所述，根据 MLCBI 获得承认和支持的一个关键要求是在起源国设有主要利益中心或营业所。由于计划往往偏离这些管辖权基础，并采用更灵活的测试，例如，充分的联系，因此计划与基于 MLCBI 的承认制度之间存在固有的差异。这种不匹配会导致法律上的不确定性，并使对集中式集团重组的承认复杂化。

一种可能的解决办法是改变现行的 MLCBI 途径，完全放弃将主要利益中心或营业所作为承认外国程序的先决条件的要求。考虑 MLCBI 为各种各样的清算或重组程序提供了一个总体的框架，这一步可能走得太远。虽然管辖权的灵活性有利于某些轻触式重组，但对于涉及业务重组以及大量非调整债权人和贸易债权人的完全集体的和更传统的破产程序来说，这种灵活性可能并不可行。其原因在于，通常在债务人业务活动集中的地方启动这些程序更有效，主要利益中心和营业所就表明了这一点。同样重要的是，事实证明，MLCBI 成功地促进了跨国界承认和救济，同时保持了一定程度的法律确定性和可预测性。如第四部分所述，虽然灵活的管辖权规则可促进将程序集中在单一法院，但也会带来管辖权多元化（择优选择）和管辖权冲突的风险。它们也可能违背各方的合理期望，因为谋划重组的地方及其适用法律变得更加困难。

另一个解决办法是“放宽”对主要利益中心或营业所的认定，这将使选择法院更容易，并对仅旨在重组财务义务的计划（所谓的“瘦身”重组）引入“好”法院竞择的假设。[①] 由于债券持有人、信贷机构和其他金融债权人通常是经验丰富的对手方，与大多数贸易和非调整债权人相比，他们更有能力评估和分散风险。因此，采用不太严格的管辖标准可能是合理的。事实上，许多计划都是针对资产负债表（瘦身）重组的。[②] 因此，放宽有关主要利益中心和营业所的规则有可能涵盖本文讨论的许多集中式集团重组。然而，对于涉及业务重组和影响非调整债权人和贸易债权人权利的计划，放宽管辖规则可能不是最佳选择。

第三种解决方案包括通过创新性地应用新一代示范法中开发的各种工具来促进集中式集团解决方案。这些工具（将在第六部分讨论）包括广泛救济、计划程序、合成主要和次要程序，以及执行判决——包括与计划有关的命令。我们看到，这些工具非常灵活，因此，有可能促进高效的集团重组。可以实现程序集中化或涵盖多个实体的单一程序，而不必将集团所有实体的主要利益中心集中在同一诉讼地。无须将所有集团实体的 COMI 集中在同一个法院，即可实现程序集中化或包含多个实体的单一程序。

为此，可以通过参与计划程序，做出尽量减少程序数量的承诺，或承认和执行计划令。然而，这一解决办法要求采用和适用示范法中的全部备选办法，包括 MLEGI 补充案文中设想的允许服从集体程序和避免启动多个程序的规定。这些条款中的一些是作为补充部分的备选条款，这可能导致各国和执行机构不愿采用和适用这些条款。[③] 此外，至少有一个集团实体的主要利益中心存在——它是所设想的集团解决方案的一个必要和不可分割的参与方——仍然是 MLEGI 规定的启动计划程序的一个先决条件。最后，虽然 MLIJ，特别是 MLEGI 可以在促进集中式集团重组方面发挥作用，但只有在国家立法颁布时才有可能利用它们。

第四种解决办法是，为重组量身定制一份国际文书，而不是试图将这些程

---

① See Guide to the MLCBI，同第 300 页注④，第 71 段及之后（确认根据《跨国界破产示范法》，在启动破产程序之前以移动主要利益中心的形式选择法院以有利于全体债权人是可以接受的）。

② Mevorach & Walters，同第 299 页注②，第 864 页（指出“在实践中，瘦身重组是破产前程序的主要领域”）。

③ 见 Mevorach，同第 283 页注⑦，第 528 页。

序纳入现有框架。[①] 这种文书可以采取一项新的示范法的形式，以承认重组计划和程序，而不论其全部集体性、债务人的财务状况或债务人的主要利益中心或营业所，从而更好地反映发展中的市场和法律实践。该示范法可在承认阶段适用灵活的管辖权标准和管辖权审查。

为了换取这种灵活性，这种框架可能会以充分保护测试的形式加强事后控制。这一标准可以更加“苛刻”，超越要求外国程序遵守广泛认可的破产法原则，而是要确保提出异议的债权人根据最初适用于其债权的法律享有核心权利基线。这一测试背后的理念是 MLEGI 中关于合并程序的规则的基础，这些规则旨在便于集中处理企业集团破产中的债权，从而给予债权人应享的规定待遇。这种做法有明显的优点。首先，它使当事人在选择重组法院时有一定的回旋余地，允许重组工作的集中化。其次，它尊重合同自由和合同适用法律的选择。再者，它维护了当事人的合法期望和其他适用法律（破产宣告地法和合同缔结地法）所提供的保护。它还使债权人更容易计算与投资和预期重组有关的风险。尽管如此，尽管一项新的最先进的文书可能会带来重要的好处，但它可能首先需要付出相当大的努力来制定，然后，需要基于政治层面的意愿将其纳入国家法律。

在第四部分的前面部分，我们注意到，计划和类似计划程序的激增并没有导致适用规则和标准的完全统一。这种分歧明显体现在有关第三方免责和跨类别强裁的方法上。我们认为，适用相互冲突的规则可能会造成问题，并破坏集中式集团解决方案，使其无法获得跨境承认和援助。公共政策例外和对债权人的充分保护是现行国际破产法框架的组成部分，发挥着重要的防御功能。这是因为《跨国界破产示范法》（和其他示范法）中没有对“充分”或“公平”进行定义，可以对其进行相当宽泛的解释，以保护当地债权人，为地域主义偏见提供辩护，并阻碍集中重组的尝试。除了这种模糊性之外，在集团重组中，困难可能来自需要考虑多个实体的债权人以及此类集团实体本身的利益。

---

① See S. Madaus, Leaving the Shadows of U.S Bankruptcy Law: A Proposal to Divide the Realms of Insolvency and Restructuring Law, 19 EUR. BUS. ORG. L. REv. 615, 644 (2018) [认为“简单地将破产规则扩大到（所有）重组似乎并不令人信服”，并建议根据关于判决和合同的国际私法规则采取区别对待的解决办法]。

因此，归根结底，至关重要的是受相关集中式集团重组影响的国家和当事方必须对外国法律制度和选择该制度的利益攸关方的诚意抱有一定程度的信任。这种信任应建立在承认实质性破产或重组实体法存在差异的基础上。承认国的法律没有提供相同的规则或救济，或者其适用将导致与国外不同的结果，这一事实本身就不应被视为因缺乏充分保护而侵犯债权人权利，也不应触发公共政策例外。在这方面，前进的方向可能是进一步统一实质性重组法，以及进一步明确在集团重组中理解和适用充分保护的方式。由于我们预见到适当保护的概念将在今后发挥越来越大的作用，贸易法委员会和其他标准制定组织可以着手制定有关这一概念的一般原则或准则。

结　论

高效管理企业集团的破产和重组程序富有挑战性。由于法律（实体）的独立性，通常针对公司集团中的单个实体启动不同的程序。在国际环境下，这类程序在不同管辖区进行，因此，这类程序的协调非常复杂。此外，一国破产法和重组法不统一，以及地域主义倾向与偏见的持续存在，都妨碍了整个集团采取协调一致行动的重组战略。

可以利用法律集中化来减少零散清算的风险，或降低对同一集团进行不必要的多次重组的成本。这种集中可以通过将集团实体的程序集中在同一法院（即程序合并），也可以通过涉及单个集团实体的单一程序来解决集团困境。在实践中，这两种机制都包含在集团重组中。在这篇文章中，我们在增加使用管理计划和类似计划程序的情况下对其进行了研究，这些程序允许集中的集团重组。这一趋势似乎——至少在一定程度上——受到监管竞争的推动，既产生了积极的外部效应，也产生了消极的外部效应。

我们已经阐释了这些新的重组程序得到了在国际一级制定的一套相当坚实的文书体系的支持。一般来说，贸易法委员会有关跨国界破产的示范法可以容纳集中式集团解决办法，并促进其跨国界承认和执行。然而，仍有一些问题或薄弱环节需要加以解决。

其中的一个薄弱环节是由于不连贯地纳入、解释和适用以 MLCBI 为基础的国内法条款，由此产生了不确定性和不可预测性。这在一定程度上可能与该文书中使用的一些术语缺乏明确定义有关。类似的问题也可能出现在较新的示范法——MLIJ 和 MLEGI——的未来实施和适用中。因此，在这些示范法中发现的“充分保护”“公共政策”“外国程序”和“管辖权不相容”等术语需要连贯的解释和明确的指导，以确定它们应如何适用于集团重组。考虑重组计划的激增并没有导致各国法律的充分统一，这一点尤为重要。这些法律之间的差异可能会在选择重组法院时起到关键作用，并导致在承认阶段出现问题。我们注意到了其中的一些差异，包括第三方免责条款的可用性以及为债权人提供的实质性保护的差异。

所寻求的集中化往往偏离了长期以来确立的主要利益中心和营业所的因素。计划的兴起及其在集团重组中的使用可能导致特殊的管辖权困境。具有管辖权灵活性的计划使集中解决债务问题成为可能。这可能有助于节省成本和缩短完成重组案件的时限。然而，它们也可能使重组法庭与实际经济联系脱节，使债权人的风险计算变得不那么直接，同时也会影响债权人的参与。此外，管辖权的灵活性可能导致管辖权多元化和冲突，即多个法院同时主张管辖权，从而破坏集中化的努力。

我们认为，需要采取新的、创造性的方法，以保持各种计划在管辖方面的灵活性、允许集中式集团重组、阻止滥用，并保护债权人和其他当事人的利益。本文考虑了在国际上适应和支持集团重组的各种方式，包括通过进一步发展国际示范法体系。

作为一种激进的解决办法，我们可以不把主要利益中心或营业所作为根据 MLCBI 获得承认的先决条件。但这一解决方案会引起人们对救济规则和保护当事人期望规则的兼容性的担忧——对于许多全面和集体的破产程序来说，这也可能是不可行的。另一种解决办法是，在适用于通过计划重组债务时放宽与主要利益中心和营业所有关的规则。这种放宽的规则不会延伸到业务重组，因此贸易债权人和非调整债权人不会受到影响。国际集团重组也可以依靠示范法体系中提供的各种破产工具。可以创新地使用这些工具，包括 MLEGI 中提出的更先进的解决方案——可能给予集中式集团程序救济范围、使用主要和非主要综合程序，以及通过启动和参与计划程序来实现集中。最后，可以制订一项全新的示范法来处理承认重组计划和程序的问题，以便更好地反映其独特性，接受各种计划的管辖灵活性，并采取适当的保障措施来保护受影响各方的权利和合法期待。

破产中的交易一致性与新金融①

小戴维·A. 斯基尔②

托马斯·H. 杰克逊③

翻译、审校：马学荣 冶玉龙④

学者也好，衍生品业界也罢，均没有充分探讨过这样一个问题，如果取消对衍生品和回购的一些破产核心条款的豁免，破产对它们的处理会发生怎样的变化。本文试图填补这一空白，并就“交易一致性”（transaction consistency）——即对类似交易做同等处理的重要性提出一个更普遍的理论。交易一致性对回购的影响会是有限的，因为回购将在申请破产时自动终止，因此债务人无法恢复。衍生品的风险往往更大，但非债务人（nondebtor）的抵消权将减少许多不利的影响。然而，不应简单地取消这种特殊待遇。鉴于这些合约的独特属性，本文认为，回购贷款人（repo lenders）应该能够立即出售某些种类的抵押品，而对衍生品的自动中止期应限制在三天内。本文还阐释了如何将交易一

① Skeel, David A. Jr. and Jackson, Thomas, “Transaction Consistency and the New Finance in Bankruptcy” (2012), Faculty Scholarship at Penn Law. 346. 本文得到合法授权，感谢两位作者在本文翻译中提供的支持。

② ［美］宾夕法尼亚大学凯里法学院（University of Pennsylvania Carey Law School），S. Samuel Arsht 教授。

③ ［美］罗切斯特大学（University of Rochester），教授。我们感谢巴里·阿德勒（Barry Adler）、达雷尔·达菲（Darrell Duffie）、富兰克林·爱德华兹（Franklin Edwards）、安娜·盖迩彭（Anna Gelpern）、大卫·哈恩（David Hahn）、理查德·海因斯（Richard Hynes）、罗莎·拉斯特拉（Rosa Lastra）、洛克·麦克默里（Locke McMurray）、查尔斯·穆尼（Charles Mooney）、埃德·莫里森（Ed Morrison）、哈比卜·莫塔尼（Habib Motani）、吉迪恩·帕奇莫夫斯基（Gideon Parchomovsky）、马克·罗（Mark Roe）、肯·斯科特（Ken Scott）、詹姆斯·汤普森（James Thompson）、金伯利·苏姆 Kimberly Summe）、奥伦·苏斯曼（Oren Sussman）、约翰·泰勒（John Taylor）、安东尼·萨卡洛利（Antony Zacaroli），以及牛津大学破产圆桌会议、国际金融监管中心“银行融资的未来”的会议、宾夕法尼亚大学法学院公司法圆桌会议，里士满和费城储备银行研讨会的与会者，以及其他相关方。感谢他们对文章初稿提出的有益意见；伊丽莎白·亨迪（Elizabeth Hendee）提供的出色研究协助，以及宾夕法尼亚大学法学院提供慷慨的暑期资助。

④ 马学荣，宁夏宁人律师事务所律师，中国政法大学破产法与企业重组研究中心研究员，法学博士；冶玉龙，法学硕士，中国人民银行宁夏分行四级调研员、公职律师。

致性与《多德—弗兰克法案》相结合，并且在大多数情况下可能使《多德—弗兰克法案》的决议规则变得并非必要。

引　言

2010年美国金融改革没有对金融业进行重大重组的少数领域之一是破产。破产是专为陷入财务困境的公司（和个人）设计的，它有一系列条款规定了停止个人债务追讨[①]、重新安排资本结构（并且改变相关决策者）[②]，以及从不可行的（nonviable）企业中挑选可行的（viable）企业[③]。《多德—弗兰克法案》借鉴了破产法中的一些条款，为陷入财务困境的、具有系统重要性的金融机构制定了新的处置规则[④]；其赋予银行监管机构新的权力以处理这些机构的困境问题[⑤]；还要求对破产问题开展多项研究[⑥]。但是，这项立法并未修订破产法。

要理解对破产的忽视（the neglect of bankruptcy）是多么值得人们关注的问题，我们只需要考虑，2008年危机前后对当代金融工具的监管处理。危机

① 其中最主要的是自动中止条款和待履行合同假设条款。自动中止条款禁止债权人扣押或出售抵押品、终止合同或从事“任何其他行为以获得对破产财产的占有”，见《美国法典》第11卷第362条（2006年版）。同样，《美国法典》第11卷第365条规定了允许的合同假设，赋予债务人承担有价值的待履行合同的能力，即使债务人在申请破产时已经违约。

② 这是所谓的绝对偏颇性清偿条款（见于《美国法典》第11卷，第725、726条）在重组规则（同上第1123、1126、1129条）中实施的结果。该规则要求优先债权人在一般债权人和股东之前获得偿付，除非优先债权人同意接受不同的待遇或处置。

③ 托马斯·H. 杰克逊（Thomas H. Jackson）:《破产法的逻辑与限制》（The Logic and Limits of Bankruptcy Law）1986年，第8—17页。

④ 参见《多德—弗兰克华尔街改革与消费者保护法案》第210(a)(11)(a)—(b)条，124 Stat. 1376，1470—1471（2010）.（将在12 U.S.C. §5390编纂，纳入类似破产的欺诈性转让和优先权条款。）

⑤ 参见注④，第201—217条，124 Stat. at 1442—1520（将在《美国法典》第12编的分散章节中编纂决议规则）。

⑥ 同注⑤，见第202（e）条、第124编第1448—1449条（编于《美国法典》第12编第5382条）（规定由美国法院主计长和行政办公室进行破产研究）；同上。美国联邦法典第1519条，第216、124条（编于《美国法典》第12编第5394条）（供联邦储备委员会和美国法院行政办公室研究）。

之前，过去30年的金融创新——掉期和其他衍生品合约[①]、回购协议融资[②]，尤其是结构性融资[③]——无论是在破产外还是破产内，几乎完全不受监管。在破产之外，场外交易（OTC）衍生品被视为双方之间的私人合同，而2000年的立法明确禁止证券交易委员会（SEC）和商品期货交易委员会（CFTC）对场外交易衍生品进行监管[④]。在破产情况下，回购和衍生品不受自动中止等核心破产条款的约束，这些条款禁止债权人终止合同或扣押和出售抵押品[⑤]，这要归功于一系列立法修正案，这些修正案为合同创造了通常被称之为“安全港”或“豁免”的条款。

当2008年的危机使衍生品和回购的特权地位（privileged status）受到压力测试时，委婉地说，人们发现它们存在不足。衍生品曾被吹捧为降低风险和自我监管的市场[⑥]。他们的理由是，实施监管会干扰市场，并可能带来灾难性后果。然而，监管的缺失并未缓解2008年任何一家公司倒闭带来的冲击——贝尔斯登（Bear Stearns）、雷曼兄弟（Lehman Brothers）或美国国际集团（AIG）。在每一个案例中，监管都加速了内爆（implosion），并放大了它们的

---

① 掉期的主要形式包括信用违约掉期、利率掉期和货币掉期，参见《美国法典》第11卷第101（53B）条，该条款定义了“互换协议”。信用违约互换的功能类似于保险，一方（保护卖方）向另一方（保护买方）承诺，如果作为合同主体的第三方（参考实体）经历违约或破产等“信用事件”，将向另一方（参考实体）支付款项。在利率掉期中，一方同意支付一种形式的利息（如固定利率），另一方同意支付不同的利率（如固定利率），通过货币互换，一方同意支付指定的一种货币（如美元）的金额，而另一方承诺使用不同的货币（例如欧元）。这些义务通常在合同结束时结清，由一方支付另一方差额。

② 在回购或“回购”交易中，一方向另一方出售证券，并承诺在未来的特定时间将其买回来。同注①，§101（47）（定义“回购协议”）。回购通常用于融资，与以证券为抵押品的担保贷款非常相似。

③ 在其最常见的形式中，结构性融资或“证券化”涉及发行人向新实体出售抵押贷款或信用卡应收账款等资产。新实体的投资者获得新实体发行的证券，他们出资的资金由新实体用于购买其资产。参见Steven L. Schwarcz，《证券化的未来》（The Future of Securitization），《康涅狄格法律评论》第41卷，第1313—1317页（2009年）（41 Conn. L. Rev.）（概括并解释了证券化）。

④ 见《2000年商品期货现代化法案》，Pub. L. No. 106—554，app. E，114 Stat. 2763—365（经7 U. S. C. 的部分条款修订后生效）。《2000年商品期货现代化法案》将一系列衍生品交易排除在CFTC和SEC的管辖范围之外，使这些交易不受联邦政府监管。诺亚·L. 温科普（Noah L. Wynkoop），《不受监管？对冲基金与信用衍生品的危险融合》，76《福德汉姆法律评论》（Fordham L. Rev.）3095，3099（2008）。

⑤ 参见11 U. S. C. § 362（a）.

⑥ 最著名的支持来自美联储前主席格林斯潘，他认为，衍生品缓解了安然和世通倒闭的影响。艾伦·格林斯潘，美联储主席，在芝加哥联邦储备银行第41届银行结构：风险转移和金融稳定年会上的讲话（2005年5月5日），可在http：//www.federalreserve.gov/Board docs/ speech /2005/20050505/default.htm（存档于《哥伦比亚法律评论》）归因于“银行体系的非凡弹性”，它在早些时候《哥伦比亚法律评论》将“银行体系的显著弹性（到格林斯潘2003年早些时候发表讲话时）最近摆脱了对经济和金融体系的严重冲击”归功于衍生品和复杂的风险管理。

违约导致金融体系瘫痪的风险。正如我们在其他地方详细记录的一般，监管的缺失是问题所在，而不是解决办法。①

为了应对这一意料之外的压力测试（stress test），《多德—弗兰克法案》为破产之外的衍生品建立了一个庞大而全新的监管框架。如果新规则按其所设计的得以运行，则大多数衍生品（在立法中被定义为“掉期”）将在清算所进行清算，清算所将作为双方义务的担保人（guarantor）②。它们还必须在交易所（在该法案中称之为“交易委员会”）进行交易③，这就要求它们比以前更加透明，条款更加标准化。《多德—弗兰克法案》对回购或结构性融资的监管远不及对衍生品的监管广泛④。但它对它们在破产之外的运作施加了新的重要限制。

关键词依然是，“破产之外”（outside of bankruptcy）。尽管《多德—弗兰克法案》将对破产产生重要且间接的影响，但立法者在很大程度上没有触及衍生品、回购和其他金融创新的破产处理问题⑤。它们的特殊地位依然存在。

本论文从一个崭新的维度探讨了这种特殊待遇的影响。为了推进分析，本文指出了回购和掉期特殊规则造成的四种不同的扭曲（distortions）⑥。首先，这种特殊待遇削弱了交易对手对债务人进行筛选和监督的动机，尤其是对那些在衍生品行业中占据主导地位、具有系统重要性的公司，一旦其陷入财务困境，就可能得到纾困。其次，特殊待遇对新融资起到了提供信贷补贴的作用。相对于传统的资金来源，债务人更青睐新的融资方式，而债权人也不会限制其

---

① 参见本文第二部分（分析了如果受与其他合同相同的核心破产政策约束，将如何对待回购和衍生品，并引用每一位作者在这些问题上的观点）。

② 参见《多德—弗兰克法案》，美国联邦法典第111—203号，第723段，第124、1376、1675—1682条（2010）［讨论清算要求（clearing requirement）］。从技术上讲，清算所是双方的委托人，成为每个卖方的买方和每个买方的卖方。其效果类似于担保，这一术语将在整个论文中使用。

③ 同注②［讨论交换要求（exchange requirement）］。

④ 最重要的是，银行监管机构有权限制具有系统重要性的金融机构在其资本结构中允许拥有的短期债务数量。参见《多德—弗兰克法案》第165（g）条，124 Stat. at 1429（编于12 U. S. C. § 5365）。对于结构性融资，立法要求发起人保留至少5%的结构性融资实体的信用风险。参见《多德弗兰克法案》第941、124条（编于《美国法典》第15编第780—11条）。

⑤ 本文特别关注的是回购和衍生品。目前对结构性融资的处理方式问题较少，因为它将证券化交易视为真实交易，因此，除了在极端情况下，证券化交易与发行人破产相距甚远。

⑥ 特殊待遇可以防止其他扭曲。本文在讨论取消特殊待遇可能产生的影响时考虑了该益处。见第329页注③。

对潜在弱势债务人的风险敞口。再次，与破产的核心政策相隔离，使债务人丧失了暂时停止挤兑的能力，从而加剧了挤兑风险。最后，缺乏中止（stay）和债务人的衍生工具大规模终止（termination）的前景，阻碍了债务人在破产中有效解决财务困境的能力。这一初步分析借鉴了我们和其他人在以往工作中发展起来的洞察。

然后，本文转向其主要的反事实（counterfactual）：适用核心破产政策——遵守我们称为“交易一致性”的原则——这对衍生工具和回购意味着什么？[①] 包括我们两位在内的学者，此前并没有研究过取消对回购和衍生品的特殊保护的影响，并像对待其他合约一样对待它们。结果令人惊讶，甚至令人震惊。尽管美联储、美国财政部和金融服务业在过去30年中花费了巨大精力进行游说，使得回购与适用于破产中普通合同的规则隔离开来，但交易一致性对回购的处理的影响是有限的。由于回购是一种融资交易（financing transactions）——用破产术语来说，是一种“金融融通”（financial accommodation）——所以债务人不能像其他待履行合同那样，在破产时“承继”这些交易。[②]

另一方面，对于掉期而言，交易一致性意味着破产处理发生了重大变化；尽管如此，对衍生品行业的担忧也被人为夸大了。虽然交易一致性确实表明债务人可以承继这些合约，但债务人挑选好的掉期合约、放弃坏的掉期合约——正如该行业恶兆式地称之为“挑拣”——的能力将是有限的，因为破产将在很大程度上尊重该行业用于处理净债务的主要掉期协议。[③]

---

① 将这一原则称为“交易一致性”对一些破产内部人士来说似乎是异端（或不必要的）。它与“债权人平等”原则有着明显的相似之处，“债权人平等”原则是一项长期存在的破产原则，该原则认为，在任何可能的情况下，处境相似的债权人都应得到同等对待。参见托马斯·H. 杰克逊（Thomas H. Jackson）:《破产、非破产权益与债权人的交易》（Non-Bankruptcy Entitlements, and the Creditors' Bargain），载《耶鲁法律杂志》第91卷第857页，1982年发表（讨论了“债权人平等”原则）。尽管“债权人平等”原则很熟悉，但出于几个原因，我们更喜欢“交易一致性”。首先，这个传统术语太熟悉了，以至于在实践中失去了很多内容。其次，这两个术语有不同的内涵。债权人的平等意味着公平，确保公平是其历史目标：在19世纪，老练的债权人经常受到歧视，因为债务人偏爱自己的朋友和当地债权人。公平仍然是一个问题，但交易一致性可以更好地理解偏差造成的扭曲，这是本文的主要关注点。

② 参见《美国破产法》第11章第365条(c)(2)款(2006年版)(承继或转让“贷款合同，或延长其他债务融资或财务便利”的权力除外)。

③ 这里的关键条款是《美国破产法》第553条，它尊重破产前的抵消权。

此外，本文并不是简单地呼吁从形式上应用交易一致性，而忽视回购和掉期不同于大多数普通合同的特点。最重要的是，它们极不稳定，其价值往往在短期内急剧变化。许多交易必须不断进行微调，双方每天都要重新调整彼此的保证金或抵押品义务。[①] 为了诠释这些独特的属性，本文建议对正式交易的一致性进行几处调整。就回购而言，本文的结论是，立法者应继续豁免（exempt）国库券（treasury bills）或机构债务（agency debt）等现金类抵押品的自动中止。这将使交易对手能够快速平仓涉及证券的合约，这些证券易于估值，不太可能对金融系统造成系统性风险，而且通常对于有效解决债务人的财务困境也不是必不可少的。对现金类抵押品的优先处理也将鼓励各方使用这些证券，而不是流动性更差的证券，比如在 2008 年危机中表现突出的抵押贷款支持证券。对于掉期交易，由于衍生品交易的高速率（high velocity）和高波动性（volatility），本文建议将中止期限限制在三天之内。虽然，本文主张在破产中主净额结算协议一般应得到遵守，但不应允许交易对手以回购（自动）终止（termination）为由取消包括掉期和其他衍生品在内的主协议中的所有义务。

本文的论证结构如下：第一部分简要概述了在破产中对衍生品和回购进行特殊对待的理由。然后介绍衍生品和回购在 2008 年压力测试中的表现，并从重大失败中汲取了教训。第二部分分析了交易一致性对衍生品和回购的影响，考察了其作为待履行合同的地位、自动中止的影响、抵消和净额结算的情况，以及破产优先权和欺诈性转让条款的适用。

第三部分探讨了新金融改革立法（new financial reform）对交易一致性分析的影响，尤其重要的是：（1）新规定要求大多数衍生品必须在清算所进行清算，这将保证合同双方的履约，并施加适当的抵押品要求；（2）联邦存款保险公司（FDIC）新近针对具有系统重要性的大型金融机构制定的决议规则。对于已清算的衍生品，如果交易对手破产，清算所将成为真正的利益相关方。

---

① 在许多衍生品合约中，交易双方被要求公布“初始保证金”——这是与合约下任何潜在债务的一部分相对应的价值——以及“变动保证金”——额外的保证金支付，以反映合约当前价值的变化。

这意味着在交易中，清算所不仅仅是一个中间人（middleman）。因此，清算所在破产时应受到与交易对手相同的交易一致性处理。

《多德—弗兰克法案》的新处置机制有自己的暂时中止和其他类似破产的规则，这似乎使回购和衍生品的破产处理变得多余。但处置机制只适用于规模最大的机构，甚至这些机构也无法使用此项机制，除非美国财政部介入并援引处置规则。本文所倡导的破产调整不仅适用于大多数情况，而且能使处置机制的必要性大大降低。有了中止令和其他破产保护措施，一家陷入困境的大型机构——比如下一家美国国际集团（AIG）——的管理者，将有动力在监管机构介入之前申请破产，以控制公司资产的处置。

了解到改革进程的现实情况[①]，第四部分提出了几项更为有限的备选改革建议。国会可以通过一些非常有限的调整来限制现行规则的许多有问题的影响，而不是走向完全的交易一致性。最简单的做法是恢复破产规则，通过宣布所谓的"破产约定"条款无效来防止合同终止。[②] 一种稍具扩展性的策略还将在不改变对回购的处理方式的情况下，重新引入有限的掉期中止。虽然这两项改革都不能保证交易一致性的全部优势，但都能矫正现行框架中最严重的扭曲。

结语部分简要总结了本文所倡导的对交易一致性原则的分析以及启示。

一、发生了什么事？2008—2009 年压力测试

破产的核心和灵魂在于两个条款：自动中止和受托人撤销偏颇性清偿的权力。[③] 自动中止是破产集体程序的关键，它禁止债权人在债务人提交破产申请后采取措施收回欠款。从债务人申请破产的那一刻起，中止令就阻止了债权人

① 这种认识部分来自我们自己的经验。我们二人都参与了与两党国会工作人员的多次讨论，并以其他方式参与了最终制定《多德—弗兰克法案》的立法辩论。虽然我们愿意认为我们为从多德（参议院）法案的原始版本中删除 500 亿美元的专用基金做出了小小的贡献，参见 2010 年《恢复美国金融稳定法案》（S. 3217，第 111 届国会）（2010 年 4 月 15 日在参议院首次提出），我们对最终立法的影响几乎可以忽略不计。通过本文，我们将重新回到起点。

② "破产约定"条款是一种规定，将债务人的破产或无力偿债定义为违约事件，并因此作为终止合同的理由。对于普通合同的所谓"破产约定"条款的无效规则可以在《美国法典》第 11 编第 365（e）节、第 541（c）节中找到。衍生品和回购交易不受这些规则的约束。第 559、560 节和第 561 节分别豁免了回购、掉期和净额协议。

③ 参见注②第 362（a）条和 547 条（分别概述了自动中止和优先权的规定）。

的“勤勉竞赛”，从而为协调解决债务人的财务困境创造条件，否则，这种竞赛可能会导致债务人资产的零散清算。偏颇性清偿条款通过授权受托人收回在破产后90天内向债权人支付的款项或其他转让款，强化了这种集体解决财务困境的办法。[①] 这种偏颇性清偿的权利旨在确保一些债权人不会受到比其他债权人更优惠的待遇，并旨在鼓励债权人启动集体程序，而不是在破产之外向陷入困境的债务人寻求付款。[②]

自1978年现行破产法颁布以来，美国国会已经创建并稳步扩大了衍生品、回购和其他金融合同的豁免范围，使其不受这些和相关破产条款的约束。[③] 截至2006年，在金融危机爆发前夕，国会已豁免这些合同的如下条款：中止和偏颇性清偿条款，反破产约定条款规则（anti-ipso facto clause），信托人的规避欺诈行为的权力以及非债务人抵消或净债的限制（即非债务人可以将其对债务人的债务与债务人对非债务人的债务相抵消或净债）。[④]

本部分探讨了在2008年金融危机的严重压力下，用于证明特殊待遇具备正当性的理由如何发挥作用。由此得出两个结论：（1）特殊待遇对全球金融造成了重大扭曲；（2）对于普通破产处理对这些合同的确切影响，几乎没有给予关注（或自那以后一直没有给予关注）。

（一）排除理由

这一特殊待遇的支持者——包括美联储、美国财政部等监管机构和主要行业团体——提出了将衍生品和其他金融合同排除在破产框架核心政策之外的四个主要理由。

在20世纪80年代末和90年代衍生品市场大规模扩张之前的最早辩论中，排除的理由集中于证券专业人员作为中间人的地位，而不是证券交易中真正的

---

① 参见第331页注③，第547条b款（4）项。如果受让方是内幕人士，追溯期可延长至一年。也可参见前述条款第101条31款（对“内幕人士”的定义）。

② 例如，参见Jackson，Logic and Limits（见第326页注③）第125页（解释偏颇性法的规范性基础）。

③ 对于时间线和其他细节，请参见爱德华·R. 莫里森（Edward R. Morrison）和乔格·里格尔（Joerg Riegel）的文章《金融合同与新破产法：保护市场免受破产债务人和破产法官的影响》（Financial Contracts and the New Bankruptcy Code：Insulating Markets from Bankrupt Debtors and Bankruptcy Judges），载于《美国破产法研究所法律评论》2005年第13卷，第641—645页（描述了国会为交易对手方提供的保护措施的演变过程）。

④ 同注③。

利益方。例如，假设买方与经纪人安排以 100 美元的价格从卖方手中购买一股股票，买方在向经纪人支付 100 美元后申请破产。从理论上讲，买方破产案的受托人可以起诉经纪人，声称经纪人获得了 100 美元的优先权，即使经纪人只是将资金转给了卖方。① 支持排除的人认为，在这种情况下，经纪人只是一个渠道，并不是真正的偏颇性转让的接受者。② 这种排除的正当性是合理的，并且很容易与交易一致性的目标相协调。

特殊待遇的第二个正当性是，证券和衍生品市场过于复杂，不能像其他合同一样对待。复杂性的正当性有时与中间人的正当性融合在一起。在 1981 年的一次听证会上，纽约可可清算协会（New York Cocoa Clearing Association）和纽约糖业清算协会（New York Sugar Clearing Association）的代表律师警告说："应当牢记，当这些资金在清算链中流动时，它们会流向许多不同的方向，而且确实无法追踪它们的去向。"③ 另一位证人表示，如果破产经纪人的受托人"试图进入系统中追回作为保证金所支付的款项"，"那么，整个系统就会陷入瘫痪，因为没有人知道谁有权获得什么。"④

最后，两个正当性主导了辩论——实际上是讨论，因为很少有人提出相反的观点——焦点完全转移到了金融工具本身。根据特殊待遇的第三个正当性，回购和衍生工具需要与普通破产程序隔离，因为让它们受制于中止和受托人的

---

① 如果买方没有立即付款或以信用购买股票，该付款可能会被解释为"先前债务的偿付"，因此可能受到偏颇性清偿行为的挑战。根据《美国破产法》第 547 条第（2）款，作为付款的初始受让人，理论上经纪人可能被要求返还 100 美元，即使实际上经纪人只是充当中介。例如，根据《美国破产法》第 550 条第（1）款，受托人可以向"初始受让人"追索资金，即使该受让人并非"支付的受益人"。

② "如果一家公司或清算组织必须将从债务人处收到的保证金返还给已将资金转至清算链中其他成员的债务人，那么其财务状况将受到严重破坏，甚至可能导致破产。"——《商品和证券经纪商破产案：美国众议院司法委员会下属垄断与商业法小组委员会听证会，第 97 届国会》（1981 年，埃德蒙·R. 施罗德律师代表纽约可可清算协会和纽约糖清算协会在纽约巴雷特·史密斯·沙皮罗·西蒙与阿姆斯特朗律师事务所发表的声明）。

③ 同注②。

④ 参见原文第 167 页（史蒂芬·F. 塞利阁下代表 Comex Clearing Association、商品交易所、堪萨斯城商品交易所、巴奇、贝恩斯·斯戴伦、迪恩·威特·雷诺兹和美林商品发表的声明）。证券交易委员会（SEC）委员比维斯·朗斯特雷思（Bevis Longstreth）也在同一次听证会上提出了这一主题，认为将普通优先权法应用于证券交易"会制造出与国家清算和结算系统高效运转不相容的不确定性"。参见原文第 240 页（比维斯·朗斯特雷思委员，证券交易委员会）的声明。

优先选择权，会放大波动性，阻碍市场增长。[①] 关于回购，最重要的是 1982 年的伦巴德—沃尔案（Lombard Wall）案，破产法院裁决中指出：在回购卖方破产时，回购买方应被视为担保债权人，并受到自动中止约束。[②] 国会议员沃尔特·冯特罗伊（Walter Fauntroy）是创建初始回购排除条款立法的发起人之一，他报告称，该案让市场参与者感到震惊，放大了他们的不确定性，减缓了回购的增长。[③] 一位业内人士表示，这一决定“给回购市场未来的健康发展蒙上了一层阴影”，并“造成了市场‘僵局’的风险”。[④]

这一理由在回购方面引起了特别强烈的共鸣，因为美联储在调整国家货币供应量和保护金融系统稳定的过程中本身就使用了回购机制。其理由是，如果回购被卷入回购参与者的破产，那么会干扰美联储的货币供应工作。[⑤]

---

① 在回购交易的早期讨论中，讨论的范围比衍生品要宽泛一些。财政部在 20 世纪 80 年代初曾表示，可能没有必要将回购交易排除在自动中止之外。1983 年 9 月 29 日，美联储主席保罗·沃尔克写信给参议院司法委员会主席罗伯特·J. 多尔。虽然美联储对此持不同意见，但最初愿意考虑对特殊待遇进行一些限制。1984 年，代表彼得·罗迪诺表示，时任美联储主席保罗·沃尔克“在写给本委员会的书面信函中表示，对 100 万美元以上的回购交易的保护进行限制的修正案”就足够了，并且“会规避现有破产法的重大例外情形”。《破产法与回购协议：关于 H. R. 2852 和 H. R. 3418 的听证会》，第 98 届国会众议院司法委员会下属的垄断与商业法小组委员会听证会，1984 年（简称 1984 年众议院听证会）（彼得·W. 罗迪诺，主席，众议院司法委员会的声明）。

② 隆巴德—沃尔公司诉银行家信托公司案（以“隆巴德—沃尔公司”案为例），23 B. R. 165（1982 年 SDNY 破产法院）。隆巴德—沃尔是一家从事政府证券交易的证券公司。1982 年 8 月，该公司申请破产后不久，破产法院裁定其回购将被视为有担保的贷款而非销售，并受自动停止令的约束。法院还发出临时禁令，禁止回购买家在未经法院批准的情况下出售担保物，尽管回购买家无法出售担保物将减少回购市场的流动性这一抗议，法院还是确认了这一裁定。原文 166 页（要求回购买家将证券交还给遗产，并认为“除非隆巴德能够立即获得并使用这些证券……否则隆巴德将被迫停止运营，使遗产及其债权人面临财政灾难”）。有关隆巴德—沃尔违约以及寻求破产保护的讨论，参见 Kenneth D. Garbade，The Evolution of Repo Contracting Conventions in the 1980s，12 Fed. Res. Bank N. Y. Econ. Pol’ y Rev. 27，35-36（2006）. 隆巴德—沃尔公司的倒闭发生在另一家证券经纪商德莱斯代尔政府证券公司倒闭三个月之后，这一事件震动了政府证券市场。参见上文第 32—34 页（讨论德莱斯代尔公司的倒闭及其随后对应计利息的认可）。

③ 参见 1984 年众议院听证会，同注①，第 19 页（弗农代表的发言）。

④ 同注③，证人预测，如果回购保护措施得到扩大，市场将繁荣发展。即使在多年之后，对于扩大回购保护措施的理由也依然稳固。1999 年，克利里·戈特利布·斯汀与汉密尔顿律师事务所的塞思·格罗斯汉德勒在做证称：“市场参与者可以……以更大的信心进入……回购交易，从而改善底层工具的流动性和融资成本……”《1999 年破产改革法》（第三部分）：美国众议院司法委员会商业与行政法小组委员会关于《H. R. 833》的听证会，第 106 届国会（1999 年听证会）（塞思·格罗斯汉德勒律师的证词，克利里·戈特利布·斯汀与汉密尔顿律师事务所合伙人）。

⑤ 针对市场对隆巴德—沃尔决定的担忧，美联储主席保罗·沃尔克向国会表示：“如果回购市场变得不再那么有吸引力，它作为货币政策工具的有用性就会下降。”参见 1984 年众议院听证会，第 34 页（引自 1983 年 1 月 20 日保罗·沃尔克主席致罗伯特·J. 多尔参议员的信，多尔参议员是司法委员会下属的法院小组委员会主席）。对于回购融资对全国金融市场和美联储货币政策活动的重要性的详细阐述，see In the Matter of Bevill，Bresler & schulman Asset Mgmt Corp.，67 B. R. 557，566-71（D. N. J. 1986）。

对于掉期交易，业界代表对“挑肥拣瘦”的不良影响提出了警告①：如果债务人能够承继“有价值”的合同，同时拒绝“糟糕”的合同，并将交易对手的损害索赔要求降级为一般无担保状态，那么，债务人的破产可能会破坏掉期市场的稳定。②

最后一个理由是需要控制系统性风险，这往往会平息住任何顽固的反对意见（但从2008年以后的有利视角来看，这多少是有点讽刺的）。此种观点认为，如果衍生品和回购适用自动中止规则，债务人的破产可能会产生多米诺骨牌效应，使得衍生品市场的其他参与者也随之倒闭。③ 与债务人签订了大宗衍生品合同以对冲其商业风险的交易对手，如果不能取消合同，并与其他人签订新的对冲合约，可能会发现自己未能对冲风险。随着合约价值的持续变化，对手方还可能面临不断增加的损失。因此，交易对手终止其与债务人的衍生品的能力的任何延迟都可能产生严重影响，甚至可能更普遍地破坏市场信心。另一方面，如果交易对手能够迅速退出合约，衍生品市场就会进行调整，并迅速恢复平衡。

在2008年危机之前，这些理由（尤其是最后一条）被认为是决定性的。④对破产中的衍生品和回购的特殊待遇不断扩大，而且没有任何严格的举措加以控制。

---

① 例如，约翰·C. 杜根（John C. Dugan）在《衍生品：轧差、破产和最终用户》（Netting, Insolvency, and End Users）一文中指出了“挑拣式”（cherry-picking）的担忧，该文发表在1995年《银行法杂志》（Banking L. J.）第612、640页。

② 对于这一论点的批评，参见斯蒂芬·J. 卢本（Stephen J. Lubben）的《衍生品与破产：对特殊待遇的有缺陷的主张》（Derivatives and Bankruptcy: The Flawed Case for Special Treatment），载《宾夕法尼亚大学法学评论》（U. Pa. J. Bus. L.）第12卷第1期，第68—73页（2009年）［“《破产法典》并没有改变（资不抵债公司的）计算方式，因为第365条下的拒绝权与破产时的违约权完全相同。‘挑肥拣瘦’论点的说服力有所削减。”］。

③ 见第334页注④（1999年众议院听证会），奥利弗·爱尔兰（Oliver Ireland）副总法律顾问、联邦储备理事会（Board of Governors of the Federal Reserve System）董事会成员的准备发言称：“终止权或清算权可以保护金融机构……以个体为基础，并通过同时保护受监管和不受监管的市场参与者，防止‘多米诺骨牌效应’式的系统性问题。”

④ 例如，参见迈克尔·H. 克里明格（Michael H. Krimminger）的文章《调整规则：破产改革将对金融市场合同产生何种影响》，载于FDIC网站“FYI：银行业新兴问题动态”（2005年10月11日，网址为http://www.fdic.gov/bank/analytical/fyi/2005/101105fyi.html，已由《哥伦比亚法律评论》存档）。该文指出：“如果（交易对手方）被置于破产或接管状态，通常情况下，合同终止和担保物清算的暂停可能会导致损失不断扩大。因此，迅速终止合同和减少敞口的能力对于限制非违约方的损失至关重要。”

(二) 来自危机的证据

正如2008年的危机使得自我监管的衍生品和回购市场在破产之外陷入严重质疑一样，它也驳斥了有关它们不受破产核心条款约束的论点。下面的讨论简要地强调了三个最明显的关于破产的教训，尤其是其中的信息细节即将为第二部分的分析提供依据。

1. 贝尔斯登

2008年3月初，当贝尔斯登的现金大量流失，该公司就申请破产的可能性咨询了一个破产律师团队。① 如果破产排除（bankruptcy exclusions）是抑制挤兑的有效机制，那么，允许贝尔斯登破产应该是一个可行的选择。实际上，贝尔斯登的回购交易对手甚至在破产决定做出之前就开始挤兑了，财政部部长亨利·保尔森（Henry Paulson）和时任纽约联邦储备银行主席蒂莫西·盖特纳（Timothy Geithner）都拒绝破产，他们认为破产是不可想象的。② 监管机构不仅对破产的特殊回购和衍生品条款能否抑制挤兑风险信心不足，还担心大规模出售回购抵押品可能会压低抵押贷款相关证券的价值，并进一步破坏市场稳定。③ 这种分析表明，当陷入困境的机构像贝尔斯登一样，在相关市场上扮演重要角色时，那些被证明可以降低系统性风险的除外条款——允许交易对手在自动中止的情况下终止（并出售抵押品）——实际上会通过出售抵押品来加剧风险。

人们担心特别除外条款不能阻止挤兑，甚至可能引发挤兑，这些问题是贝尔斯登陷入财务困境后才出现的，换言之，这些问题是事后担心（expost concerns）。除外条款可能在事前也产生了有害影响。由于回购和衍生品不受中止

① 威廉·D. 科汉：《纸牌屋：华尔街的傲慢与奢侈浪费的故事》（House of Cards：A Tale of Hubris and Wretched Excess on Wall Street）（2010年），第66—67页（描述贝尔斯登高管的咨询过程）。

② 例如，凯特·凯利（Kate Kelly）在《华尔街日报》（Wall St. J.）2008年5月28日A1版上发表文章称［指出盖特纳（Geithner）、保尔森（Paulson）和伯南克（Bernanke）之间关于允许贝尔斯登（Bear Stearns）倒闭可能产生后果的讨论］：“恐惧、谣言引发贝尔斯登致命抛售”。

③ 大卫·韦斯尔（David Wessel）在《我们信赖美联储：伯南克对抗大恐慌》（In Fed We Trust：Ben Bernanke's War on the Great Panic，166-168）一书中写道：“美联储敦促财政部承诺，如果与抵押贷款相关的证券最终价值不到300亿美元，美联储将得到补偿。”

和受托人的撤销权力的影响，因此与其他融资方法相比，其享有特权。[①] 在融资方面，贝尔斯登可能因回购享有的特殊地位而更多地依赖回购，而更少依赖于股权或传统的担保融资。例如，马克·罗伊（Mark Roe）指出，贝尔斯登的回购融资比例从 1990 年占其负债的 7%、股本的 2 倍，上升到 2008 年的 25%、股本的 8 倍。[②] 重要的是，不要夸大此种影响。正如下一部分所述，破产交易一致性对破产中回购处理的影响远小于对衍生品的影响。但是，即使回购相对于普通担保信贷的优势很小，也可能会扭曲贝尔斯登的融资决策。

2. 雷曼兄弟

2008 年 9 月，在雷曼兄弟申请破产前的灾难性日子里，一个鲜为人知的事实是，信用违约互换市场（CDS）——至少是基于 CDS 价格——几乎是最后一个了解雷曼困境的市场。直到 2008 年 9 月 12—14 日周末雷曼倒闭前的时刻，为雷曼兄弟债务提供保险的 CDS 合同的利差几乎没有显示出即将违约的迹象。[③] 直至几天前息差终于开始飙升，CDS 市场几乎没有任何迹象表明出现了问题。这种引人注目的定价模式并不能证明市场参与者的健忘——当然，乍一看似乎是这样。更有可能的是，这表明了 CDS 保护卖方的信心，即如果雷曼兄弟倒闭，他们将得到救助。

对衍生品的特殊保护加剧了这种扭曲，并可能在两个方面放大了雷曼兄弟意外破产造成的损失。第一个问题涉及如今已臭名昭著的“回购 105”，当时雷曼兄弟在每个季度末都会采取该交易来掩盖其杠杆规模。出于会计目的，回购交易通常被定性为融资而非销售。但雷曼兄弟对会计规则的解释是：如果标

---

① 弗兰克林·R. 爱德华兹和埃德·莫里森最早指出，破产程序中的特殊待遇可能导致对衍生品的使用相对于其他融资形式得到补贴。参见弗兰克林·R. 爱德华兹与爱德华·R. 莫里森合著的《衍生品与破产法：为何给予特殊待遇?》，22 Yale J. on Reg. 91，121（2005）（简称《爱德华兹与莫里森：衍生品与破产法》，指出“法律可能会无意中改变公司的债务结构，使之更加依赖衍生品，而对衍生品交易对手方的偏好会优于其他债权人”）。

② 参见马克·J. 罗伊（Mark J. Roe）的《作为金融危机加速器的衍生品市场支付优先权》（The Derivatives Market’s Payment Priorities as Financial Crisis Accelerator），载《斯坦福法律评论》第 63 卷，第 539、552 页（2011 年）。

③ 参见戴维·斯凯尔（David Skeel）的《新金融交易：理解多德—弗兰克法案及其未预料到的后果》[The New Financial Deal：Understanding the Dodd-Frank Act and Its（Unintended）Consequences]，第 28—29 页，图 2.3（2010 年）（此后简称《新金融交易》）。

的证券的价值至少是回购买方所支付现金的105%，则回购卖方就可以将回购视为出售。正如雷曼破产案中任命的审查员（examiner）所述，通过这种解释，雷曼将回购定性为销售而非融资——即债务——以在2007年年底和2008年美化其资产负债表。[①] 将回购重新定性为销售后，雷曼2007年第4季度的债务减少了386亿美元，2008年第一季度和第二季度分别减少了491亿美元和503.8亿美元。[②]

破产关于回购的特殊待遇微妙但集中地引发了这种会计操纵。如果破产法将回购视为担保交易——它们显然是担保交易[③]，则会计漏洞可能永远不会出现。从这个意义上说，“回购105”是隆巴—沃尔案（Lombard-Wall）后，使回购豁免于破产的产物。[④] 将这些融资交易伪装成出售，延迟了外界对雷曼真实财务状况的认识，而且几乎肯定会放大其破产的成本。

衍生品除外条款对雷曼损失的第二个贡献体现在：摩根大通（J. P. Morgan）能够在雷曼破产前立即占有并出售其资产。由于雷曼欠下近200亿美元，摩根大通冻结了170亿美元的证券和现金，并要求雷曼偿付50亿美元。[⑤] 由于衍生品的特殊待遇，雷曼无法阻止摩根大通通过申请破产出售资产，除了支付此笔款项外别无选择，也无法指望在随后的破产中收回款项。[⑥]

一旦雷曼真的申请破产，有关特别条款的效力多少有点模棱两可了。即使没有中止措施，雷曼也能将其投资银行业务出售给巴克莱银行，70多万份衍

---

① 安东·R. 瓦卢卡斯报告，732号案件审查员，关于“雷曼兄弟控股公司”(In re Lehman Bros. Holdings Inc.)，破产案号08-13555（JMP），2011年西法第407号（2011年9月14日，纽约南区破产法院）（以下简称“瓦卢卡斯报告”），可在http：//lehmanreport. jenner. com/访问（由《哥伦比亚法律评论》保存）（结论是回购被用于“创造对公司财务状况的误导性画面”）。受审查员报告的启发，纽约州检察长对雷曼的会计师安永提起诉讼，指控他们知道雷曼的操纵行为却没有披露。参见起诉书，库莫诉安永有限公司案，案号0451586（2010年12月21日提交至纽约州高等法院），可在http：//www. ag. ny. gov/media_ center/2010/dec/ErnstYoung Complaint. pdf访问（由《哥伦比亚法律评论》保存）。

② 参见瓦卢卡斯报告。

③ 关于是否将回购视为贷款交易或销售的问题，请参见下文第二部分（二）1—2节。

④ 参见第334页注②至注⑤，以及相关的文本（讨论了Lombard-Wall案）。

⑤ 例如，参见达雷尔·达菲（Darrell Duffie）的《经纪银行的失效机制》(The Failure Mechanics of Dealer Banks)，载《经济视角》（J. Econ. Persp.）第24卷，第51、67—68页（2010年），后文简称为达菲《失效机制》(主要描述了摩根大通的干预措施)。

⑥ 例如，苏珊·克雷格（Susanne Craig）与罗宾·西德尔（Robin Sidel）在《华尔街日报》2008年10月8日的C2版上发表了题为《华尔街危机：摩根大通提出了双重现金要求》(Crisis on Wall Street：J. P. Morgan Made Dual Cash Demands)的文章，讲述了摩根大通对雷曼施加的压力。

生品合约被终止且得以净额结算，但没有导致雷曼对手方破产。[①] 然而，自动中止的缺位造成了极大的混乱，并在案件一开始就出现了巨大的价值损失。一年后，雷曼破产案的首席律师哈维·米勒（Harvey Miller）告诉国会，“由于缺乏破产法规定的‘喘息空间’（breathing space）”，该案一开始就是“一段永久的危机时期”[②]。

3. 美国国际集团（AIG）

对于美国国际集团（AIG）来说，衍生品除外条款无疑扮演了一个有问题（problematic）的角色。由于评级下调，AIG 被迫开始为其庞大的 CDS 投资组合（这些 CDSs 是在抵押贷款相关证券池上形成的）提供抵押品，此后 AIG 的命运一落千丈。[③] AIG 的交易对手一再提高抵押品要求，甚至到了有可能威胁公司利益的地步。[④] 如果 CDS 在破产时自动中止，AIG 本可以直接拒绝抵押品要求，因为它知道破产将为之提供中止措施和喘息空间，以便安排应对公司财务困境的措施。[⑤] 此外，如果 CDS 受到破产偏颇性条款的约束，那么，在最后一刻进行抵押品争夺就可以作为偏颇性转让而撤销。[⑥] 中止的特殊除外规定意味着 AIG 别无选择，只能接受抵押品要求，而偏颇性清偿除外规定

---

① 例如，参见债权人根据破产法第 105 条和 365 条的规定提出的申请令，以建立解决或承接和转让破产前衍生合同的程序，见第 4 页，“In re Lehman Bros. Holdings, Inc.” 案，破产案号 08-13555（JMP）（纽约南区破产法院 2008 年 11 月 13 日裁定：“……债务人参与了约 93 万份衍生合同交易，其中约 73.3 万份被声称已终止。”）。

② “大而不能倒：在金融监管改革中破产法和反垄断法的作用：美国众议院司法委员会商业与行政法小组委员会第 111 届国会听证会记录（2009 年）（Weil, Gotshal & Manges, LLP 的哈维·R. 米勒准备的发言）。”

③ 据负责处理问题资产救助计划（TARP）的特别检察长后来的一份报告称，美联储和财政部官员担心，如果 AIG 停止向交易对手方付款，将产生一系列潜在的后果，包括“对美国退休体系的影响，因为许多退休计划从 AIG 购买了稳定价值基金合同；AIG 的商业票据义务的影响；对已冻结信贷市场和货币市场共同基金的更广泛影响，以及对全球金融体系的重大系统性风险”。问题资产救助计划特别检察长办公室（SIGTARP）、SIGTARP 10-003 号报告《影响限制向 AIG 交易对手方付款努力的因素》(2009 年)，http://www.sigtarp.gov/reports/audit/2009/Factors_Affecting_Efforts_to_limit_Payments_to_AIG_counterparties.pdf (on file with the *Columbia law Review*)。

④ 通常来说，格雷琴·莫格林（Gretchen Morgenson）与路易丝·斯托里（Louise Story）在《纽约时报》2010 年 2 月 7 日 A1 版上发表文章《与高盛的紧张冲突帮助将 AIG 推向深渊》(Testy Conflict with Goldman Helped Push A. I. G. to Precipice)（描述了 AIG 从高盛追讨被指控多付的抵押品的困难）。

⑤ 比较《美国破产法》第 362 条(a)款（2006 年版本，规定了普遍适用的停止令）与第 362 条(b)(17)款(规定了对掉期交易的例外)。

⑥ 比较注⑤，第 547(b)条(描述破产后 90 日内进行的可避免的转让，包括担保物的转让）与第 546(g)条(概述对掉期交易的特殊待遇)。

(preference exclusion)，意味着无法从高盛等受亲赖的债权人那里收回任何东西，而高盛也因 AIG 的救助而额外获得了数十亿美元。①

特殊衍生品条款也对政府的决策产生了重大影响。大规模终止 CDS 合同导致的潜在结果，是政府决定安排 850 亿美元（最终增至 1820 亿美元）救援资金的主要理由——在破产的情况下，对手方可能援引破产约定条款并免予中止，这是有可能发生的。②

总结 2008 年这些标志性案例的经验，我们可以发现，破产对回购和衍生品交易一致性的背离带来了五个不利影响。第一，这种特殊待遇抑制了交易对手筛选和监控的积极性。如果交易对手方确信自己将受到保护，那么它在与谁签订合同时就不会那么谨慎，换言之，它可能不会仔细甄别，也不太可能主动监督其合同伙伴的行为。③ 我们认为，就衍生品而言，特别条款对这一结果的贡献主要是间接的，因为它与债务人的衍生品交易对手获得救助的前景是密切相关的。对监督激励的抑制似乎在掉期交易中最为严重。因为如果政府认为债务人具有系统重要性，这些合约就特别有可能得到救助，掉期交易的债权人就不会因未能仔细审查债务人的财务状况而承继后果。破产中对衍生品的特殊待遇加剧了这一问题，因为它剥夺了债务人通过申请破产来阻止挤兑的能力，从

---

① 例如，卡里克·莫伦卡普（Serena Ng）与赛拉娜·恩格（Serena Ng）在《华尔街日报》2009 年 11 月 18 日的一篇报道中反驳了高盛关于 AIG 的说法：TARP 审计表明，如果 AIG 倒闭，可能会造成巨大损失，因此质疑高盛关于自己完全受到保护且不需要救助的说法。

② 例如，参见第 339 页注③的 SIGTARP 报告，其中援引了美联储主席本·伯南克（Ben Bernanke）的证词，指出“拥有 500 亿美元的贷款、信贷和衍生品损失敞口的全球性银行和投资银行”是干预的原因。

③ 例如，参见戴维·A. 斯基尔二世（David A. Skeel, Jr.）所著《破产边界游戏》（Bankruptcy Boundary Games）一文，载于《布鲁克林法学评论：公司金融与商业法》（Brooklyn Journal of Corporate Finance & Commercial Law）2009 年第 1 期，第 1 页至第 18、20 页［hereinafter Skeel, Bankruptcy］(描述监管效果)，亦可参见诺曼·罗伊（Norman Roy）所著文章《破产中的利益冲突》（Conflicts of Interest in Bankruptcy），载《乔治敦法律评论》（Georgetown Law Journal）1997 年第 4 期，第 556 页至第 600 页（详细探讨了监督问题）。

而加大了纾困的压力。[①]

第二，这种特殊待遇扭曲了债务人的融资决策。特殊待遇使得回购和衍生工具成为比传统担保贷款等其他融资方式更具吸引力的融资来源。[②] 破产保护并不是投资银行大幅增加使用回购融资的唯一原因，但它们肯定对这一趋势推波助澜。2005 年对破产法的重大修改，将回购的保护范围扩大至抵押贷款和与抵押贷款相关的抵押品，包括在 2008 年危机前夕贝尔斯登和雷曼用于回购交易的抵押贷款支持证券。[③] 与传统的担保融资不同，短期回购可以在出现问题的第一时间拒绝展期，从而立即撤出。因此，正如在 20 世纪 30 年代，存款保险出现之前的商业银行一样，严重依赖回购融资的金融机构很容易遭遇挤兑。[④] 通过增加使用回购融资的动机，破产安全港（the bankruptcy safe harbors）加剧了金融体系的脆弱性。

第三，除了间接增加挤兑风险外，通过鼓励使用短期融资，特殊待遇也可以直接促进挤兑。这种观点与衍生品行业的“特殊待遇可以防止整个系统出问题”的观点相反（对于较小的债务人来说，这是最合理的）。但如果债务人

---

① 詹姆斯·斯普雷根（James Sprayregen）是被咨询的资深破产律师之一，当时美国国际集团（AIG）濒临倒闭。他回忆说，破产曾被短暂地考虑为一种可能的选择，但正是因为破产不会阻止 AIG 衍生品交易的终止而被拒绝。参见吉姆·斯普雷根（James H. M. Sprayregen）合伙人、克雷兰德与艾利斯律师事务所（Kirkland & Ellis LLP）致大卫·斯凯尔（David Skeel）的电子邮件（2011 年 6 月 9 日，东部夏令时间下午 1：48）（哥伦比亚法律评论档案馆存档）。斯普雷根在 2011 年 7 月 26 日费城和里士满联邦储备银行（Richmond and Philadelphia Federal Reserve Banks）举办的“金融公司破产”研讨会上进一步阐述了这一观点。新的多德—弗兰克（Dodd-Frank）重组规则在一定程度上扭转了这一局面，为适用这些规则的公司提供了临时中止“自动生效条款”的选择。参见《多德—弗兰克华尔街改革和消费者保护法案》，《美国公法》第 111—203 号，2010 年 124 号公报，第 1376、1491 页（2010 年编入《美国法典》第 12 卷，第 5390 条）。但在实践中，监管机构仍可能对衍生品进行救助。

② 参见爱德华兹（Edwards）和莫里森（Morrison）所著的《衍生品与破产法典》（Derivatives and the Bankruptcy Code）（参见第 337 页注①），其中指出了替代效应。

③ 例如，斯蒂芬·J. 卢本（Stephen J. Lubben）在《没有安全港的破产法典》（The Bankruptcy Code Without Safe Harbors）一文中提出，对破产法的修改可能鼓励了将抵押贷款支持证券用作回购抵押品的做法（见 2010 年《美国破产法杂志》第 84 卷，第 123、138 页）。

④ 戈登的这一比较是其近期工作的核心特点。在与安德鲁·梅特里克（Andrew Metrick）的一篇论文中，他提出“金融危机的核心问题是‘回购挤兑’（repo run）”，即在紧张的回购买家增加“折扣”（即抵押品价值与回购买家在初始销售中支付金额之间的差额）的情况下发生的挤兑。戈登与梅特里克在《监管影子银行体系》（Regulating the Shadow Banking System）一文中指出，“回购折扣的增加”相当于“从发行银行中撤资”。该文发表于《经济活动布鲁金斯论文集》（Brookings Papers on Econ. Activity）2010 年秋季号，可在 http：//www. brookings. edu/~/media/Files/Programs/ES/BPEA/2010_ fall_ bpea_ papers/2010fall_ gorton. pdf 访问，该文已由《哥伦比亚法律评论》存档，见前引文，第 279 页。

像 AIG 一样，是大量合同的对手方，那么，没有中止令似乎特别有可能助长挤兑，而不是防止挤兑。[①] 如果没有中止措施，债务人将面临艰难的选择，要么满足不断升级的抵押品要求，甚至不惜肢解自己，要么申请破产并引发其所有合同的同时终止，这可能会导致资产价格下跌，造成系统性损害。[②]

第四，与此相关的是，如果公司陷入财务困境，这种特殊待遇会削弱管理者为破产做准备和申请破产的积极性，因为破产并不能为对手方终止其衍生品、扣押或出售抵押品提供任何保护。

第五，此种特殊待遇可能会妨碍债务人事后有效解决其财务困境的。如果债务人甚至暂时无法阻止其交易对手终止合同，那么，在破产一开始，债务人就可能面临严重的价值损失。这可能会严重损害解决财务困境的效率。

尽管存在这些不利影响，但交易一致性仍有可能比现有保护措施更糟糕。为了对金融困境中的新金融监管得出更可靠的结论，有必要仔细考虑交易一致性在破产中会产生什么影响，以及多德—弗兰克改革的影响。

二、交易一致性对衍生工具和回购意味着什么

本部分将讨论如下内容：如果在破产中恢复交易一致性，即回购和衍生品与其他合同一样受到相同的核心破产政策的约束，那将该如何处理？

（一）破产对普通合同的处理

当然，破产并不对所有合同均一视同仁。由一方或另一方完成的合同要么是资产（如果由债务人完成），要么是负债（如果由另一方完成）。如果实质上合同双方都没有完成——因此同时具有资产和负债的要素——那么，它们就属于第三类：待履行合同。[③] 因此，只有在待履行合同的背景下，谈论债务人

---

① 例如，肯尼斯·阿约特（Kenneth Ayotte）与大卫·A. 斯基尔（David A. Skeel, Jr.）在《破产还是救助?》(Bankruptcy or Bailouts?)（破产还是纾困?）一文中提出了这一观点［见 35 J. Corp. L. 469, 495 (2009)］（下文简称 Ayotte & Skeel, Bailouts）。

② 同注①。

③ 参见弗恩·考垂曼（Vern Countryman）的《破产中的待履行：第 1 部分》，载《明尼苏达法律评论》第 57 卷，第 439 条和第 460 条（1973 年制定，定义“待履行”为“双方当事人尚未履行合同义务，任何一方未能完成履行都将构成实质性违约，从而使另一方得以履行合同”）；See also Jackson, logic and Limits，见第 326 页注③，第 105—118 页（讨论破产中待履行合同的特性）。

选择继续履行（即认为资产价值超过负债价值）或拒绝履行（即认为资产价值低于负债价值）合同才有意义。即便如此，《美国破产法》还是严格限制了债务人继续履行（或转让）一类待履行合同的能力，即“向债务人或为债务人的利益提供贷款，或延长其他债务融资或财务融通”的合同。①

我们之所以提出这一点，是因为不同的金融合同将根据其基本属性面临不同的破产规则。一般来说，就目前的目的而言，有可能确定三种“典型”合同，这些合同因其基本属性而在破产时面临不同的处理结果。一旦我们确定了这三种典型的合同及其破产处理，我们就可以将各种金融合同“映射”到这些分组中。②

首先是贷款合同，以及向债务人发放贷款（或提供其他财务融通）的合同。一旦债务人提出破产申请，这些合同实际上都被“违反”了。违约贷款的价值从那一刻起开始计算——为贷款提供担保的任何抵押品的价值也是如此。无担保（或其他权利，如补偿或抵消）的索赔人持有无担保债权，并在该点估值（不计利息或其他，除非所有无担保债权都将得到全额偿付）。③ 担保债权人的债权，如果担保不足，则分为担保债权和无担保债权。④ 同样，抵押品的价值也在提交申请之日确定并“固定”下来。此后，担保债权人对抵押物价值的权利得到了“充分的保护”⑤，这实际上意味着，虽然担保债权人没有实现抵押物的价值的任何增加（假设自动中止排除了抵押物的取得），但担保债权人也得到了保护，以防止抵押品价值在破产程序期间的任何减少——当然，延迟的时间价值除外。

---

① 参见《美国破产法》第365条(c)(2)款(2006年版)。对债务人发行证券的合同所做的禁止承继或让与的规定同样适用于此处，或者适用法律的履行或向其提供履约的情形。同上。§365(C)(I)(A)。该法第365条c节(1)(A)项规定：“除非另有约定，否则不得接受或向债务人以外的实体提供服务或履行义务。”

② 本文主要探讨了破产程序中对以下合同的处理：(a) 其估值；(b) 其能否被接管或转让；以及 (c) 对以担保权益为基础的合同的保护。本文随后还讨论了其他涉及此类合同的问题，例如破产法对破产前90日内收到的款项的适用。详见下文第二部分（五）（解释了对回购、衍生品和其他金融合同的优先权和欺诈规则的豁免）。

③ 根据《美国破产法》第11章第726条(a)(5)的规定，在这种情况下，所有无担保债权人将获得“自破产申请提交之日起按法定利率计算的利息”。

④ 同注③，第506条（a）。

⑤ 同注③，第361条和第362(d)(1)条（规定了“适当保护”的构成要素以及何时需要提供适当保护）。

如果贷款合同的资金尚未到位，债务人将无法继续履行或转让贷款，这就意味着双方都无法摆脱贷款的困境。[①] 如果非债务人一方能够证明这种对待履行合同的有效拒绝履行造成了损害，则该方就可以对这些损害提出索赔，索赔金额以提交申请之日起计算。为简单起见，这些合同将被称为“贷款合同”。

第二种是标准的待履行合同，双方都有未履行的义务。虽然接下来我们将讨论一个复杂的问题——因此还有第三类——但我们在这里暂且考虑一个标准的商业合同，如：买卖“典型小产品”的合同，其交付和付款都发生在未来。根据《美国破产法》第 365 条的规定，债务人在此类合同方面有两种选择。首先，债务人可以“继续”或“拒绝”履行合同，[②] 并且可以在破产案件审理期间的任何时候这样做，除非法院根据动议命令提前做出决定。[③] 如果债务人拒绝履行合同，可能是出于债务人认为合同是一种负担——即在上述例子中，债务人认为“典型小产品”的价值不如债务人按合同为其支付的金额。如果债务人继续履行了合同，大概是因为债务人认为合同是有价值的——在上面的例子中，要交付的“典型小产品”比它们的付款义务更有价值——合同被视为是由债务人持有的合同（一种“管理费用”）。在继续履行的情况下，债务人有第二种选择。如果债务人不需要已完成的合同，但仍认为其有价值，债务人可将合同“转让”给另一方；转让后，由另一方而非债务人将承担履约责任。[④] 尽管有任何合同条款被视为破产约定条款，但继续履行和转让都可以实现；即规定由于“在结案前任何时候债务人破产或财务状况不佳或者根据本法启动案件”而违反（或终止）合同的条款。也就是说，一项条款规定了合同被违反（或终止）是因为“债务人在案件结束前任何时间的无力偿债或财务状况”或“根据本法启动案件”。[⑤] 这些规定可能并不完美。例如，它们似

---

① 同第 343 页注③，第 365 条(c)(2)款。

② 同第 343 页注③，第 365 条 a 款规定，如果债务人希望接管合同或租赁，必须“纠正，或者提供充分的保证，表明其将迅速纠正”任何违约行为，补偿对方的任何损失，并“提供充分的保证，确保未来履行义务”，第 365 条 b 款规定。

③ 同第 343 页注③，第 365 条(d)(1)款的规定，债务人在决定是否接受或拒绝合同或租赁时通常具有相当大的自由裁量权。其中少数例外之一是非住宅租赁，其受限于 120 天的期限，见第 365 条(d)(4)款。

④ 同第 343 页注③，第 365 条(f)(2)款要求债务人或受托人满足转让的条件，并提供“受让人未来表现的充分保证”作为转让的先决条件。

⑤ 同第 343 页注③，第 365 条(e)(1)(A)—(B)款。

乎在破产程序中给债务人一个单向选择权，看看合同是否有价值。在此期间，合同的另一方可能会面临是否继续履行合同的决定，而这将对该方造成一定的损失。[①] 但我们的观点更为基础：对于这类合同而言，无论这些规则是否完全“公平”，其都是明确的，并适用于所有方面。[②] 这些合同将被称为“典型待履行合同”。

还有第三类——作为第二类的变体——典型的例子是保险合同和房地产租赁合同。在这些合同中，即使债务人最终不再履行合同，债务人也会在破产案件开始到决定是否拒绝履行合同期间获得“使用”利益。在破产程序中“使用”不动产的债务人，无论最终决定是继续履行还是拒绝，都应被要求支付使用不动产的费用。[③] 同样，在破产程序中，其建筑物已经投保的债务人，无论是否履行合同，都应被要求支付保险费。

《美国破产法》完全符合这种直觉。就非住宅不动产租赁而言，债务人被要求“及时履行其全部义务……直至该租赁被承继或拒绝”。[④] 在其他情况下，例如，保险范围，债务人在决定承继或拒绝承保之前“使用”保险范围，将形成按市场价值计算的管理费用索赔。[⑤] 除了在决定承继或拒绝之前为财产（或保险）的“使用”付费的问题之外，这些合同与我们所称的传统待履行合同是并行处理的。由于缺乏更好的术语，我们称之为“类保险待履行合同”。

现在，我们可以将衍生品、回购和其他金融合约“映射”到这些类别中。当我们这么做的时候，显而易见，并非所有的金融合约都有一样的基本属性。这一分析强调了各方在破产中所获得的待遇，这为审查这种待遇是否不充分以

---

① 参见道格拉斯·G. 贝尔德（Douglas G. Baird）与托马斯·H. 杰克逊（Thomas H. Jackson）合著的《破产案例、问题与素材》（Cases, Problems, and Materials on Bankruptcy）第278页（1990年第2版），其中描述了这一时期各方的激励因素。

② 在我们刚才提到的情况下，对方的主要补救措施是向法院申请命令，要求债务人接受或拒绝合同。《美国法典》第11章第365条(d)(2)款。

③ 例如，参见汤普森诉IFG租赁公司案（Thompson v. IFG Leasing Co.）（汤普森案，第9巡回上诉法院1986年裁定），该案认为，在债务人对财产进行拒绝之前使用财产的情况下，“公平合理的财产价值”属于管理费用。

④ 见《美国破产法》第365条(d)(3)款。

⑤ 我们必须假定债务人实际上正在使用保险，因为在拒保之前确实会这样做。如果建筑物投保了，并且没有发生火灾，那么，在保险期结束时，债务人会拒绝合同；但如果发生了火灾，那么在那一刻，债务人会接受合同。鉴于此，很明显，在保险期内，债务人实际上是在“使用”保险。

及为什么不充分奠定了基础。

就破产目的（bankruptcy purposes）而言，回购协议和互换协议，这两种主要金融合同的特点截然不同。本质上，回购是有担保贷款。根据上述分析，它们相应地属于传统贷款的范畴。第二类合同的概念是截然不同的，其集中体现在掉期和各种其他形式的衍生品上。通常，这种合同的核心是套期保值——经过分析，其与6月1日以某一价格[①]购买特定的合同没有什么区别——而且完全符合典型的待履行合同范畴。[②] 作为待履行合同，它们可以（如果与破产中的其他合同得到相似的待遇）被承继和转让，而不用考虑破产约定条款。那些功能类似于保险单的合同，会获得额外的保护，即在破产案件审理期间为使用该"保险"而付费。

接下来，我们将更为详细地介绍在交易一致性规范下的回购和掉期的基本处理方式，然后转向讨论这些合同中忽略的另外两个核心破产政策：抵消和受托人的撤销权。

（二）如何处理（以及是否应该处理）回购？

1. 作为担保贷款的回购（Repos as Secured Loans）

当雷曼的审查员发布了其关于雷曼破产的长篇报告时，媒体报道立即集中在迄今为止未知的交易模式上，雷曼员工将其称为"回购 105（Repo 105）"[③]。这些交易为更加仔细地探讨回购的处理方法提供了有用的背景。

如前所述，雷曼兄弟在每个季度结束前不久安排了一系列回购。[④] 回购（repos）包括雷曼出售证券，雷曼将在本季度结束后以特定价格买回（repur-

---

① 这种紧张关系在天然气分销商的供应合同是否应被视为破产特殊规则下的互换的问题上得以显现。Hutson v. Smithfield Packing Co.（In re Nat' l Gas Distribs. LLC），369 B. R. 884，900（Bankr. E. D. N. C. 2007），rev' d sub nom.，Hutson v. E. I. du Pont de Nemours & Co.（In re Nat' l Gas Distribs. LLC），556 F. 3d 247（4th Cir. 2009）. 从分析角度来看，这种合同既是标准的商品合同，也是一种对冲工具，如果仅根据"主要目的"或其他类似的标准来进行界定，这将是很奇怪的。

② 正如我们在下面的讨论中所提到的，如果一个掉期被嵌入或用作贷款，那么，它应该被视为一种金融便利。请参见第354页注③④、第355页注①，及以上注释的附随文本（讨论类似贷款的掉期）。

③ 参见瓦卢卡斯报告，其中指出，安永会计师事务所被指控知晓"Repo 105"交易并默许了这些交易。新闻媒体立即对此事进行了报道。例如，Jacob Goldstein 在2010年3月12日发表于NPR的一篇文章中解释了雷曼兄弟的"会计技巧"，文章标题为《Repo 105：雷曼兄弟的"会计技巧"解释》，网址为 http：//www. npr. org/blogs/money/2010/03/repo_ 105_ lehmans_ accounting_ gi. html（由《哥伦比亚法律评论》保存）。

④ 参见瓦卢卡斯报告（描述雷曼通过使用回购来减少其报告债务的情况）。

chase）这些证券。“回购 105”中的 105，是雷曼兄弟对基本会计规则解释的简称。只要回购中使用的证券价值，至少是回购买方支付现金的 105%，雷曼对相关会计规则的解释就是允许将交易记为出售（sale）而非贷款（loan）。[①] 将“回购 105”视为销售而非担保贷款处理，使雷曼能够将其从资产负债表债务中剔除，从而降低其表面杠杆比率，从而使雷曼兄弟看起来比实际风险更低。[②]

正如审查员所指出，“回购 105”的处理完全是人为的。无论这些证券的价值高于还是低于所收现金的 105%，回购在功能上都与以证券为抵押品的普通贷款相同。根据担保交易的一般原则，回购将被定性为担保交易。[③] 这一结论得以确信，是因为美国商法（American commercial law）——主要反映在《统一商法典》（U. C. C.）中——有着根深蒂固的承诺，即穿透合同的“名义标签”，根据交易的实际形式来定义交易本身。例如，第 9 条的一项关键守门条款明确规定，通过合同在个人财产或固定物上设定担保权益的交易，不论其形式如何，都将被视为担保交易。[④]

---

① 参见瓦卢卡斯报告（Valukas Report）。该报告指出，雷曼（Lehman）利用金融会计准则委员会（Financial Accounting Standards Board）的第 140 号财务会计准则声明（Statement of Financial Accounting Standards No. 140，简称 SFAS 140）将回购交易（Repo）描述为销售行为。从会计角度来看，回购通常被视为贷款。但 SFAS 140 允许回购卖方在满足特定条件的情况下将回购交易描述为销售行为。具体而言，金融会计准则委员会在 2000 年发布的第 140 号财务会计准则声明中指出，如果证券卖方将证券转让给买方，且证券的价值至少为买方支付现金的 105%，那么就可以将该交易描述为出售行为。雷曼对这一规定的解读是，如果证券卖方将证券转让给买方，且证券的价值至少为买方支付现金的 105%，那么，就可以将该交易描述为出售行为。

② 据莱曼审查官称，莱曼在 2007 年第四季度使用了 386 亿美元的“Repo 105s”，在 2008 年第一季度使用了 491 亿美元，在第二季度使用了 503.8 亿美元。这些交易将该公司的实际负债与权益比率从 17.8 美元的债务对 1 美元的权益降至报告的 16.1 的负债与权益比率；在第三季度，这一比率降至 17.3，随后在第四季度降至 15.4；在第三季度，这一比率降至 13.9，随后在第四季度降至 12.1。参见第 338 页注⑥，第 748 页。

③ 对于回购市场早期发展阶段的这一观点的详尽分析，可参见加里·沃尔特斯的《备忘录：回购协议与破产法：立法行动的必要性》（Repurchase Agreements and the Bankruptcy Code：The Need for Legislative Action）（《福尔德法律评论》第 52 期，第 828、838—840 页（1984 年），指出回购交易与贷款类似，因为购买者通常支付的金额低于证券的市场价值，而卖方通常会收到证券的利息或其他分配）。这一领域的一篇领先文章持相反的观点。参见琼·L. 施罗德的《回购狂热：回购协议在破产法和统一商法典下的界定》（《锡拉丘兹法律评论》第 46 期，第 999、1018 页，以下简称《施罗德：回购狂热》），该文认为回购交易不属于有担保的交易，因为它们缺乏有形的“担保物”。然而，值得注意的是，作者是顶级的商法学者，她从“回购市场规模庞大且重要”这一前提出发，并试图找到一个强有力的理由来支持这一结论。参见该文第 1014 页。

④ 《统一商法典》第 9—109 条（a）款（2011 年版）。在最近备受争议的一起案件中，一位破产法官裁定，回购交易的性质应取决于当事人的“主观意图”，这在某种程度上造成了事实材料上的争议，因为回购方被要求“转让相同的证券，而不是仅仅相等的证券”。参见：In re Criimi Mae，Inc.，251 B.R. 796，05—05（Bankr. D. Md. 2000）.

诚然，具有某些贷款属性的交易是否应当被定性为担保交易并不总是显而易见的。在一些情况下，《统一商法典》的起草者简化了分析，其将以出售形式进行的交易清晰地界定为担保交易（secured transaction）；而在另一些情况下，由司法自由裁量权决定终止与否。根据“保理”（factoring）安排出售账户是第一种情况下最著名的例子；[①] 而作为证券化交易的一部分，债务人出售的已确定资产（如信用卡应收款或抵押贷款）是否应被视为真正的出售，有关这方面的判例法是第二种情况最重要的例子。[②]

“真实出售”的案例使得我们对回购的分析变得一目了然。发起者在证券化交易中的目标是确保资产出售将被视为真实出售，而不是担保交易，因此，如果债务人后来申请破产，则破产的可能性很小。为了达到这一目的，债务人必须放弃对所出售资产的任何权益。相比之下，回购的意图截然相反。各方当事人充分考虑到，债务人将以指定的价格重新获得回购交易中使用的证券——这在功能上与贷款偿还并无区别。[③]

租赁（leases）和售后回租（sale-leaseback）安排导致分析变得复杂化，但也只是复杂了一点儿。虽然这些交易的结构是租赁，或者是先出售再由买方租回给卖方，但其功能往往类似于贷款交易。《统一商法典》第 2A 条款为租赁安排提供了广泛的规则，但在很大程度上将确定交易是“真实”租赁还是

---

① 账户销售被定义为有担保的交易，并根据《统一商法典》第 9—109（a)(3）条纳入第 9 章。

② 在证券化过程中，一家公司将应收账款或其他资产出售给为交易目的而设立的新实体，通常是为了为公司的业务筹集资金。如果交易不是“真正的销售”，它可能会被重新定义为有担保的贷款，并且资产会被作为破产案件的一部分来处理，如果公司随后申请破产的话。然而，只要是真正的销售，交易就会是“破产隔离的”。参见肯尼斯·C. 凯特琳（Kenneth C. Kettering）《证券化及其不满：金融产品开发的动态》（Securitization and Its Discontents：The Dynamics of Financial Product Development),《卡多佐法律评论》第 29 期，(1553)(1564 年)(讨论了破产隔离、证券化及其引发的一些争议)；参见爱德华·J. 詹格（Edward J. Janger）《流动性提升的成本：透明度成本、风险改变和协调问题》（The Costs of Liquidity Enhancement：Transparency Cost, Risk Alteration and Coordination Problems), 4 Brooklyn J. Corp. Fin. & Com. L. 39 (44)(2010)[确保资产已真正出售的不确定性一直存在]。

③ 许多回购合同的标准条款强调了这一意图。通常情况下，回购合同存续期间，回购证券的收益（包括利息和其他收益）归卖方而非买方所有。例如，Jeanne L. Schroeder 在《回购歌剧：美联储如何让回购交易本末倒置》一文中写道：“回购交易通常规定，回购证券的卖方是该证券在回购期间产生的所有利息和其他分配的拥有者。”参见 Jeanne L. Schroeder, A Repo Opera：How Criimi Mae Got Repos Backwards, 76 Am. Bankr. L. J. 565, 571 (2002) [hereinafter Schroeder, A Repo Opera]. 同样，《债券市场协会与国际资本市场协会全球回购协议》(2000 年)（以下简称《全球回购协议》）也规定了基于英国法的回购交易的标准主协议，该协议访问网站：http：//www.icmagroup.org/ICMAGroup/files/25/25561a36-72bc-439d-8538-039a3a979b03.pdf.（《哥伦比亚法律评论》（Columbia Law Review）存档）（根据英国法为回购交易提供标准主协议。）

变相的担保贷款的权力，留给了司法进行裁决。① 法院倾向于关注：如果承租人/债务人希望在租赁期结束时购买资产，是否要求其支付高于名义价值的费用。②

回购远比证券化或售后租回交易更像担保贷款。例如，回购卖方完全有望支付指定金额，并重新获得作为交易标的的证券。"折减"——即证券的现值与向债务人提供的信贷金额之间的差额——在功能上相当于债务人与其贷款人之间就贷款抵押物的金额进行的谈判。此外，如果回购卖方未能履约，而回购买方出售证券，回购买方通常必须将超出预期回购价格的部分返还给回购卖方。③

许多回购协议的特征似乎会让人对其作为担保交易的结论提出质疑，即许多回购协议下，回购买方拥有返还原始证券或等价替代证券的选择权。④ 这使得交易的表面担保物比传统担保贷款更为模糊。⑤ 可替代性问题只适用于不要求返还原始抵押品的回购。⑥ 虽然，回购买方返还不同（尽管具有可比性）抵押品的可能性引发了关于双方各自权利的问题，我们将在下文讨论再抵押时考虑这些问题，但这并不改变其作为贷款而非销售的地位。

该推理解释了一个令人匪夷所思的讽刺事件——雷曼兄弟对会计准则的阐释导致其105回购交易。虽然各类回购本质上都是担保贷款，但涉及价值超过

---

① 例如，《统一商法典》第2A—103（1）（j）条将"租赁"定义为"在一定期限内以对价换取对货物的占有和使用权的转让"，但未对"出售"（包括"试用出售"或"售后退货"或"保留或设立担保权益"）进行定义。

② 名义回购价格意味着该交易实际上是一笔贷款。有关1990年代初期根据第2A条出现的案例的综述，see generally Robert D. Strauss et al., Leases, 47 Bus. law. 1545（1992）.

③ 像雷曼这样的回购卖家认识到，他们的回购交易实际上是贷款，因此，通常在会计核算时将其视为贷款。雷曼的审查员在他对雷曼的"Repo 105"交易的批评中强调了这一事实。"像其他大型投资银行一样"，他报告称，"雷曼在日常业务中进行了数十亿美元的回购交易，用于融资目的"。第338页注①，Valukas报告第751页。与"Repo 105"交易相反，"雷曼将这些普通的回购交易视为融资交易"。

④ 例如，参见第348页注③中的《全球回购协议》第3（f）条（要求在回购到期时归还"等值证券"）；see also Schroeder, A Repo Opera，同第348页注③，第571页（"通常回购买家有权处理证券，只被要求在回购到期时卖出等值证券"）。

⑤ 没有明确可辨识的担保物是让珍妮·施罗德（Jeanne Schroeder）认为回购交易最好被视为出售而非担保贷款的核心论据。参见上文中的《回购狂热》（Repo Madness）一文；参见第347页注③（讨论施罗德的论点及其反驳意见）。

⑥ 例如，参见Criimi Mae, Inc. 一案，251 B. R. 796，797—798（D. Md. 2000）（发现所涉回购交易的性质存在模糊之处，并强调必须归还特定的担保物，这倾向于将其视为担保交易）。

信贷金额105%的证券的回购看起来更像是担保交易，而非出售。这是因为，如果证券的价值远高于预付现金，债务人就会有更强烈的动机重新获得证券，而非证券的价值更低。在这种交易中，回购买方俨然一位严重超额抵押的担保债权人。从这个角度来看，使用105回购的要求来确定回购是否属于出售，恰好适得其反。

2. 回购的交易一致性（Transaction Consistency for Repos）

如果破产法院将回购解释为贷款，并对其适用与其他担保交易相同的核心破产规则，那么，在破产中如何处理回购呢？简而言之，其待遇显然只会在有限的几处发生变化。

如前所述，首先需要注意的是自破产申请提交之日起，回购将自动被"违反"，并且，在那一刻，索赔和抵押品价值将得以确定。[①] 从那时起，债务人将不再负有提供抵押品的义务，但需要为抵押品在申请破产时的价值提供充分的保护。[②] 尽管对手方可以从自动中止中获得救济（relief），从而行使法定抵消权，但其仍享有追偿权（recoupment rights）和抵消权（rights of setoff）。[③]

除了要求交易方在行使抵消权之前，获得法院许可这一可能的例外情况之外，我们认为这种处理方法并不特殊。在抵押品不足的情况下，交易对手将是无担保的，需要与其他无担保债权人保持一致。问题的关键在于，对手方明知自己在破产时的状况，并可据此行事。

我们的确认为，只要回购买方（或其代理人）拥有抵押品，就应该迅速

---

① 金伯利·萨姆（Kimberly Summe）认为，回购协议（repos）和衍生品（derivatives）将带来无法解决的估值问题。见《终结我们所知的政府纾困：经验教训》（Ending Government Bailouts as We Know Them）94（Kenneth E. Scott、乔治·P. 舒尔茨（George P. Shultz）与约翰·B. 泰勒（John B. Taylor）主编，2010年）["基于资产支持证券（asset-backed securities）或担保债务凭证（collateralized debt obligations）的复杂衍生品，比如信用违约互换（credit default swaps），当市场开始崩溃时，其估值问题非常严重。"] 然而，这是任何终止程序所不可避免的一部分；萨姆认为，这足以让人重新考虑是否应该将复杂衍生品纳入逐笔清算（mark-to-market）模式。参见上引文献。

② 见《美国法典》第11章第361、362(d)(1)条(2006年版本)(规定了何种情况构成充分保护以及何时需要提供充分保护)。

③ 参见第362条(a)(7)款的规定，该款规定，提交破产申请的行为将导致"在本法所规定的案件审理期间，对债务人所欠任何债务的抵消（setoff）"停止。明确承认抵消权的存在，通常将其视为与破产申请提交时存在的有担保的债权相等同。第553条规定了这一点。如果抵消权源于同一笔交易，则被视为"追偿"，而不是"抵消"，因此不受第553条或第362条(a)(7)款的约束。see In re Holyoke Nursing Home, Inc. 一案，该案认为，该交易属于追偿而非抵消，"因此，它既不是可撤消的偏颇性清偿，也不是自动中止的违反"。

对抵押品变现。在大多数情况下，抵押品要么是现金，要么是类似现金的高流动性（highly liquid）资产。[①] 在这种情况下，几乎没有拖延的理由（即使有也很少）。当抵押品是现金或类似现金的资产时，估值争议极少甚至不存在，抵押品也不存在“公司特有”的问题，这意味着适用于担保债权人的自动中止的一般理由并不存在。[②] 事实上，如果是作为一种追偿事项——换言之，即对单个回购合同本身予以平仓，美国破产法将允许交易对手无须首先诉诸法院而继续进行。[③] 无论哪种情况，关于现行破产规则的“例外情况”（如果有的话）充其量都是次要的。[④]

如果这一分析是正确的，那么它表明美国破产法对回购的特殊待遇所产生

---

① 在2008年危机之后，这种趋势尤为明显，促使衍生品交易重新采用现金类担保，抵押贷款支持证券和其他流动性较低的担保品的回购业务也大幅减少。例如，亚当·考皮兰（Adam Copeland）、安托万·马丁（Antoine Martin）和迈克尔·沃克（Michael Walker）在2010年改革之前撰写的《三方回购市场》（The Tri-Party Repo Market）一文中指出：“作为担保品的资产构成发生了一些变化，流动性较高的担保品被用于替代流动性较低的担保品。从2008年7月到2009年7月，非联邦合格担保品的数量减少了一半以上，从6000亿美元降至300亿美元以下……”［见《联邦储备银行纽约职员报告》（Fed. Reserve Bank of N. Y. Staff Reports）第477号《工作人员报告》（Staff Report No. 477），2010年11月，网址为http：//www. ny. frb. org/research/staff_ reports/sr477. pdf（由哥伦比亚法律评论存档）］。

② 债务人的流动性需求，特别是对于希望重组的金融机构来说尤为紧迫，但这并不会削弱这一结论。这是因为流动性需求不会使现金或现金类担保成为“特定于企业的”。相反，流动性需求应通过破产状态下的融资予以解决。虽然这不是本文的主题，但两位作者都是霍华德研究所（Howard Institute）的一个工作小组的成员，该小组已经提出了一个针对最大型金融机构破产的提案。该提案包括对这些机构破产状态下的债务人融资标准规则和程序的多种修改。参见托马斯·H. 杰克逊等人，《失败金融机构的清算：有序清算权和第14章新提案》（2011年4月25日）（简称“杰克逊等人的第14章提案”）（未发表手稿），可通过http：//media. hoover. org/sites/default/files/documents/Resolution-Project-Booklet-4-11. pdf访问（由哥伦比亚法律评论存档）。要求持有现金或现金类担保的对手方将其转让给债权人，而不是将其作为“特定于企业的”担保，这将有助于确保公平的清偿。将财产转移给债务人，无论是从原则上还是现有的程序来看，都是极其可疑的流动性来源。根据第542节（e）款的规定，在财产转移之前需要举行听证会，并且根据第363节（a）和（c）（2）款的规定，在财产可用于债务人之前也需要举行听证会。11 U. S. C. §§ 363（a），363（c）（2），542（e）。此外，一旦财产转移，对方必须得到充分的保护，第361节规定了这一点，这实际上是对拥有最高优先权的债务人融资的要求。第364节（d）规定了这一点。在其他情况下，只有“管理人无法以其他方式获得此类信贷”时，此类融资才能使用。第364节（d）（1）（A）规定了这一点。基于这些原因，金融机构的流动性需求并不是偏离“对方持有的现金和现金类担保物不应受自动停止效力影响”这一原则的理由。

③ 有关追偿原则及其对回购和衍生品交易的含义的讨论，请参见第361页注①至注⑤及其附随文本。

④ 对于信托受托人规避权力的运用及其他相关法律的讨论，请参见下文第二部分（四）节。值得注意的是，在极端市场条件下，即使是现金类抵押品的价格也可能波动剧烈，例如2008年的一些国债。例如，参见斯坦·卢克斯伯格（Stan Luxenberg）的文章《在经历了过山车般的一年之后，TIPS是否具有吸引力?》（After a Rollercoaster Year，Are TIPS Attractive?），Registered Rep. 2010年4月5日，3：31，网址为http：//registeredrep. com/investing/fixedincome/tips_ little_ inflation_ yet0403/（由《哥伦比亚法律评论》存档，描述了国债通胀保护证券的波动性）。然而，这仍然不会要求暂停，因为在任何特定时间点，其价值仍不太可能受到不确定性的影响，而与更不透明或特定于公司的抵押品相比。

的消极影响比许多人所说的要更加微妙。例如，这种特殊待遇并没有从根本上改变回购贷款人监督债务人的动机。[①] 在贝尔斯登（Bear Stearns）和雷曼（Lehman）破产案中，回购贷款机构（与上文中的掉期交易对手不同）进行了积极监控，并确实利用了其特殊地位。

但是，特殊待遇确实从几个方面鼓励了过度使用回购，而不是更传统的担保融资形式。首先，回购的特殊待遇消除了退出相应合同的延迟，从而提高了回购与波动性较小的资金来源相比在融资方面的吸引力。[②] 其次，破产时的特殊待遇可能会导致将回购定性为销售，从而达到雷曼的回购105交易等目的。[③] 再者，尽管回购与它们在破产中的特殊地位并无直接联系，但它可以自动完善，这就消除了完善普通担保贷款的交易成本。[④]

撤销回购的特殊待遇将减少这些扭曲，而不会大幅改变回购在破产中的实际地位。[⑤] 可以肯定的是，即使是很小的改变也可能会产生成本。[⑥] 例如，收益的边际减少（marginal reductions）可能会促使回购贷款人坚持进行更大幅度的折减。此外，即使回购贷款人在破产时行使其权利和出售其抵押品的能力上存在微小差异，也可能增加财务不稳定的回购债务人在破产前发生挤兑的风险。[⑦]

我们主张，我们的提议可以很好地解决上述每一项成本，即免除以现金或现金类证券为抵押的回购协议的自动中止。允许贷款人直接控制现金类抵押品（cash collateral），将保护最重要的一类回购协议，而不会损害债务人根据破产

① 因此，我们在这一点上与马克·罗伊（Mark Roe）的分析分道扬镳，尽管在其他方面我们完全赞同其精彩的文章。参见第335页注②，第541页（主张给予特殊待遇会减少放贷人的监督债务人的动机）。

② 参见第335页注①②③④、第336页注①、第337页注①②以及相关文本（讨论了给予特殊待遇的动机，包括消除延误）。

③ 参见第338页注⑤⑥、第339页注①②③以及相关文本（对雷曼的105交易予以审查）。

④ 如果回购被重新定义为有担保的交易（如我们所主张的那样），那么《统一商法典》第9—309（10）条将自动完成担保物权的设立。参见《统一商法典》第9—309（10）条（2011年版）。

⑤ 这不会改变完善担保权益的便利性，因为《统一商法典》第9条309（10）款将继续提供自动完善。如果保留回购的特殊破产处理，则应将其纳入文件要求，对此，参见恩里科·佩罗蒂（Enrico Perotti）的《系统性流动性风险和破产例外》（Systemic Liquidity Risk and Bankruptcy Exceptions）第4页［2010年，经济政策研究中心（Center for Economic Policy Research）政策洞察第52号，可在 www. cepr. org/pubs/policyinsights/policyInsight52. pdf 上查阅，已提交给《哥伦比亚法律评论》（Columbia Law Review）存档］。

⑥ 正如我们的朋友和同事达雷尔·达菲（Darrell Duffie）一再提醒我们。

⑦ 参见第343页注③及其附随文本（阐述了这一观点）。

法第 11 章程序所需的抵押品。虽然，以其他更不透明的抵押品为担保的回购可能因此会被中止，也许变得更加昂贵，而且，一些当前的贷款人可能无法参与这些交易，[①] 但考虑这些回购带来的风险和中止的优势，这些影响是完全合适的。[②]

3. 再抵押（Rehypothecation）

回购买方不是简单地持有或控制其在回购交易中获得的证券，而是经常在其他交易中使用这些证券。这种普遍的做法——也即上一节提到的再抵押——给破产中回购（repo）（和衍生品）交易的处理增添了新的难题。[③]

人们有理由认为，再抵押化（即使没有实际进行再抵押）或再抵押权的行使，将使回购交易从一种贷款交易（lending transaction）转变为一种销售行为。然而，我们认为贸然得出这一结论是对基础交易性质的误解。即使证券被重新抵押，交易从根本上说仍然是贷款。虽然大多数担保交易涉及的可识别的、形式不变的抵押品，但并非所有担保交易都是如此。例如，存货贷款中的抵押品是不断变化的，而在普通贷款中，对抵押品享有财产权益的继受当事人的数量是没有限制的。[④]

最后一点彰显了再抵押的真正问题所在。问题不在于再抵押证券（rehypothecated securities）是否不再是贷款。真正的问题是，如果一方或多方未能履行义务，双方各自所享有权利的问题。如果债务人（回购卖方）同意再抵

---

① 例如，货币市场基金仅限于投资于可迅速变现的资产。参见亚当·考皮兰、达雷尔·杜菲、安托万·马丁与苏珊·麦克劳林的《设计三方回购市场的政策问题》（Hoover Inst.，Working Paper No. 55，Jul. 2011），可通过访问 http：//www.darrellduffie.com/uploads/working/CopelandDuffieMartinMcLaughlin_Working_July%2023_2011.pdf（由哥伦比亚法律评论保存，备索）了解，该文指出："修订后的《投资公司法》第 2a7 条旨在降低货币市场基金的风险，迫使这些基金投资于较短期资产。"

② 文中提出的提案可以很容易地与阿查亚和昂库最近提出的建立回购协议（回购）抵押品透明化担保品的解决机制相协调。维鲁·阿查亚（Viral V. Acharya）与T. 萨布里·昂库（T. Sabri Oncu）在《监管华尔街：多德—弗兰克法案（Dodd-Frank Act）与全球金融新架构》一书中提出，监管回购市场：维鲁·阿查亚、托马斯·F. 库利（Thomas F. Cooley）、马修·P. 理查森（Matthew P. Richardson）与英戈·沃尔特（Ingo Walter）编著，2010 年）。根据他们的提案，一个新的机构将向回购交易的交易对手方支付初始款项，并随后清算抵押品。同上。对扣押或出售抵押品的暂停将有助于这一过程。

③ 对于再抵押的详细描述以及对历史背景和当前模式的分析，请参见肯尼斯·C. 凯特琳（Kenneth C. Kettering）的《再抵押的解构》（Repledge Deconstructed），载《匹兹堡大学法律评论》（University of Pittsburgh Law Review）1999 年第 61 卷，第 45 页。

④ 例如，参见舒罗德（Schroeder）所著《回购狂热》（Repo Madness）一书第 92 页，其中将以谷物为抵押品的证券作为非可分证券（如国债）的标准回购合同的示例（参见第 1023 页）。

押，那么，基本上债务人放弃了对后继买方或从贷款人（回购买方）处获得证券担保权益收款人的任何权利，但该交易仍然属于贷款。在这种情况下，债务人的唯一追索权是针对其贷款人的——原始买受人（original buyer），事实上，这一结论也是完全符合第8条和第9条现行规则的。[①] 很多人之所赐对此感到费解，仅仅是因为在对回购的定性和处理上，有多处偏离了交易一致性。

（三）如何（以及应该）处理掉期及其他衍生品？

由于掉期的功能覆盖范围较为广泛，根据核心破产原则，对掉期的处理将比对回购的处理更为多样化。尽管，大多数掉期都被定性为普通的待履行合同，但掉期也被用于融资和不同类型的保险目的（在后一种情况下，属于我们所分类的类保险式待履行合同）。

从使用掉期进行融资开始，这是最不直观、最不常见，也最容易处理的功能。虽然，掉期常常不被视作一种融资工具，但在某些交易中，却具有这一目的。考虑一个不太可能的掉期借款人：意大利。意大利在准备加入欧盟的过程中，为了优化其资产负债表，意大利与摩根大通（J. P. Morgan Chase）签订了一笔大规模的掉期交易。[②] 从形式上看，该合同是一个基于里拉价值与伦敦银行同业拆借利率（LIBOR）之间关系的标准掉期（standard swap）。[③] 然而，通过将里拉低估44%，双方将其转化为一笔贷款，意大利会被要求在合同到期时偿付这笔贷款。[④]

尽管此项交易的规模和目的异乎寻常，但贷款人有时也会将掉期交易用于

---

① 参见《统一商法典》第8—502条、第8—510（a）条（2011年版）；还可参见克里斯蒂安·A. 约翰逊（Christian A. Johnson）所著的《衍生品与再抵押失败：现在是下午3点，你知道你的担保品在哪里吗?》（Derivatives and Rehypothecation Failure：It' s 3：00 PM，Do You Know Where Your Collateral Is?）一文，该文发表于《亚利桑那法律评论》（Ariz. L. Rev.）第39卷，第949页（1997年），该文得出结论称，任何明确允许再抵押的一方“实际上已将其在存入的担保品上的权利置于第三方之下”。

② 例如，参见本恩·施泰尔（Benn Steil）的社论，《安然与意大利：罗马为加入欧元所做的努力与德克萨斯州的金融欺诈行为之间的相似之处》，外交关系委员会（Council on Foreign Relations）（2002年2月21日），http：//www. cfr. org/italy/enron-italy-parallels-between-romes-efforts-qualify-entry-financial-chicanery-texas/p4455。

③ 伦敦银行间同业拆借利率（LIBOR）是指银行之间相互借贷的利率。

④ 对于J. P. 摩根来说，显然无法保证这项互换交易的价值不会发生变化，因为里拉价值和LIBOR利率的波动是不可避免的。但是，如果J. P. 摩根希望保护自己，它可以通过对波动进行套期保值来锁定交易的价值。

更为普通的目的。在破产程序中，此种形式的合同将被阐释为“财务融通”(financial accommodations)，因此，其处理方式与回购是相同的。[①] 与回购和其他贷款一样，当债务人申请破产时这些合同将自动终止，债务人不得承继合同。我们针对此种处理方式的修正建议，同样适用于类贷款掉期。自动中止应当适用于大多数担保物，但非妨碍债务人交易对手出售现金或类现金的抵押物。

多数掉期属于第二类。由于掉期涉及双方的持续义务（ongoing obligations)，即使是最奇特的掉期，也不过是为实现破产目的之普通待履行合同而已。这一结果最麻烦之处在于，如上文所述，它可能会给债务人时间投机且不产生任何后果（如果对冲结果是“赚钱”的，债务人就承继合同；反之，债务人拒绝承继)；[②] 正如下文关于净额结算和抵消的讨论所分析道，若债务人与其交易对手签订了主净额结算协议，那么，有关战略性承继或拒绝承继的决策风险就会大幅降低，这种情况时有发生。但风险并未消失。[③]

诚然，策略性地行使债务人待履行合同的权力，属于典型待履行合同之概念层面考量的问题，但是，对于那些本身就被明确设计为对冲而非货物买卖的交易，这种权力也许会产生特别的影响。目前，美国破产法对其他情形下待履行合同的处理方式并不完全一致。例如，延期选择权相当部分的不良属性可以被削弱——通过在承继或拒绝之前遵守租赁条款的有关要求，并且，在非住宅类不动产租赁未到期的情况下，第 365（d）条对债务人作为承租人的债务人的决定设定了时限。[④] 但是，债务人确实有相当大的自主性来决定是承继还是拒绝，以及何时承继。鉴于掉期交易和衍生工具的当事人可能都是老练的参与者，特别是假定有法院专业知识，因此，最好规定一个较短的承继或拒绝期限。那么，至于是由美国破产法做出的硬性规定，还是交由法院根据交易方请求做出决定——然而，假定期限不宜过长——这个问题我们将在下文中讨论。

有观点认为，不同于回购，衍生品有其特殊理由不受自动中止束缚——无

---

① 参见《美国破产法》第 365 条(c)(2)款(2006 年版)。

② 参见第 332 页注①（指出“债务人有能力挑选优质的掉期合约并放弃劣质的合约”)。

③ 请参见第二部分（四)。

④ 见《美国法典》第 11 章第 365 条(d)(4)款(规定了 120 天的期限)。第 7 章中也有关于此类决定的时限规定。同第(d)(1)条。

须等待债务人做出承继或拒绝决定，就允许交易对手终止。因此，用一位知名专家的话说：

尽管，自动中止的适用在表面上保全了破产实体“资产”的价值，但在涉及衍生品时，这可能是虚幻的，因为衍生品交易和与这些交易相关的抵押品并非传统意义上的真正资产，而且，尤其是在陷入困境的市场中，价值保护可能会迅速改变……在投资银行倒闭后，雷曼兄弟的许多交易对手终止了高流动性的衍生品交易，如利率和外汇衍生品（占600万亿美元名义价值场外衍生品市场的80%），使这些交易对手能够通过进行替代交易来减少潜在损失。由于适用了中止（stay）条款，从而丧失了对冲交易账簿的能力，这会给合格金融契约对手方造成重大损失，进而导致金融市场发生灾难性衰退。①

然而，上述论点存在以下弱点。首先，衍生品肯定会对债务人具有重大价值，因此，衍生品是债务人的“资产”（这正是最初允许做出承继或拒绝决定的原因所在）；其价值可能会迅速变化——这是一项特征，而不是区分衍生品与“传统意义上的资产”的理由。② 其次，关于在债务人决定承继或拒绝承继之前的一段时间内，交易对手无法对冲其账簿的论点（即使这是真的），③ 也只有在存在系统性问题的情况下才会产生重大影响。因此，这主要针对的是具有系统重要性的债务人，而非所有债务人。再者，即使在这些情况下，也可以通过创造性地进入替代交易（对冲自身），或要求就承继或拒绝承继的决策制定严格的时间表，从而缓冲其中的部分后果。④ 最后，如前所述，如果掉期是有抵押的，抵押品的价值在破产申请提交后下降，那么，交易对手方很可能有

---

① 萨姆，见第350页注①。

② 实际情况是，在破产程序中，利率互换的重要性确实降低了，因为（大部分情况下）债务人在破产案件中至少不会就预申报债务支付利息。参见第342页注①，Ayotte & Skeel，Bailouts，原文第496页注136。即便如此，只要它们有价值，由于是“盈利性对冲”，它们就是债务人谈判争取的要素，因此，从分析角度看，是破产财产的合法组成部分。

③ 鉴于原始的衍生品合约是一种对冲工具，那么对假设或拒绝的预期（或风险）在逻辑上应与原始衍生品合约所基于的货币、利率或其他基础因素的相对价值直接相关。由于存在这种直接的相关性，似乎完全有可能对这两种可能性（或两者）进行对冲。

④ 交易对手可以通过“限制对任何特定债务人的敞口……并将复制性套期保值出售给第三方”来降低风险。此外，如果要求债务人在假设时迅速做出决定（就像银行监管机构在银行破产时所做的那样），那么不确定性就可以得到降低。参见Skeel，Bankruptcy，同第342页注①。

权获得偿付。[①]

放弃中止的另一个主要理由是互换的“可逃离性”（runability）。由此可以推论，如果互换交易对手预期在破产程序中得到的待遇并不如其在破产程序之外的境遇，那么，一旦识别到破产的前景，他们就会立即逃离。互换对手方，似乎不像银行储户那样有能力逃离；互换对手方，不可能像债券持有人或其他债权人一样随时解除合同并攫取任何欠款。然而，衍生品市场的结构使得对手方很容易达到一样的效果。例如，假设美国银行（BOA）和高盛（Goldman Sachs）有一笔货币互换，其要求美国银行在六个月内交付 130 万美元，高盛交付 100 万欧元。如果高盛听闻美国银行可能破产的风声，它可以要求美国银行进行第二次、抵消互换（offsetting swap），并要求在原始协议相同的日期进行交付，美国银行交付 100 万欧元、高盛交付 130 万美元。一种替代方案或许更有可能发生的是，高盛可以与另一个表现更为健康的对手方进行第二次互换。无论何种方式，第二次互换都将消弭其对 BOA 的敞口。大规模的挤兑，可能会削弱一家事实上并未破产的金融机构，就像银行挤兑可能削弱一家原本健康的银行一样。

如上文所述，我们认为，挤兑风险确实是金融合约交易一致性中最让人放心不下的问题。[②] 但是，这里人们的担忧似乎也没有大到足以证明完全不适用核心破产原则是合理的。例如，掉期交易对手可以保护自己，并通过要求足够的保证金或抵押品等权宜之计，来减少后续运营方面的需求。[③] 如下文所述，当新改革立法中的清算所要求得到全面实施时，有充分抵押的掉期交易比例应该会大幅上升。[④] 此外，对于没有足额抵押的掉期交易对手而言，特殊待遇可能会防范一种挤兑——在破产前大规模退出合约——但也会增加其他类型的挤兑风险。例如，如果大量交易对手同时索要抵押品，债务人的流动性可能会迅

① 参见第 344 页注④及其附随文本（描述了破产申请后，对有担保债权人提供的保护，以防止随后的破产程序中担保财产价值的减少）。

② 参见第 342 页注①②、第 353 页注①及其附随文本。

③ 虽然如果破产保护期较长，这会比较困难，因为对方的担保金需要覆盖合同价值在破产后可能出现的大幅变动，但如果破产保护期较短，这个问题就不那么严重了。

④ 请参见第三部分（一）。

速枯竭，正如 AIG 在高盛和其他银行提高抵押品要求时发现的情况。如果债务人的确申请了破产，则申请破产可能会触发大量合同同时被取消，并抛售担保合同的抵押品。[①]

所以说，尽管当前草率地取消中止措施和其他核心破产政策的理由是缺乏说服力的，但掉期合约和其他金融合约的显著特点，确实证明了在更短时间内采取自动中止措施是合理的。新的改革立法包括在解决程序中规定了一天以上的暂停终止（halt on termination）［在这种情况下，其类似于中止（stay）］。[②]我们认为，即使在复杂的案件中，类似的缩短中止期限——我们建议的是 3 个工作日——在破产案件中，也是可行的。[③] 尽管有些人可能会争辩说三天的时间不够，但重要的是我们应该认识到，陷入困境的金融机构管理者们并不会在申请破产的当天，就开始考虑承继哪些掉期合同、拒绝哪些掉期合同。债务人的经理人们深谙他们只有三天的时间可以利用，因此，就有了动力在其实际申请破产前很久就着手计划好关于待履行合同的决策。此外，《多德—弗兰克法案》（Dodd-Frank Act）要求具有系统重要性的金融机构定期制订清盘计划——即使在它们健康的情况下也是如此，这将有助于其迅速厘清应承继哪些掉期合约，而新监管应着力提高衍生品市场的透明度。[④]

总之，根据普通破产原则处理掉期交易要比处理回购交易更为复杂。掉期属于所有三类破产合同，只有第一类——作为贷款的掉期——会被自动终止和

---

① 例如，参见 Ayotte & Skeel，Bailouts，同第 343 页注③，原文第 494—495 页（讨论破产申请的潜在后果）。

② 参见《多德—弗兰克华尔街改革和消费者保护法案》，第 111 届国会第 203 号法案，第 210（c）（10）（B）（i）（I）节，《美国联邦公报》第 124 卷，第 1376、1491 页（2010 年，即将编入《美国法典》第 12 卷，第 5390 条）。

③ 我们中的一人（杰克逊）为由胡佛研究所协调的一个工作组起草了一份提案，建议采取类似的三天停业措施。参见杰克逊等人，第 351 页注③，第 14 章提案，第 2—27 页。除了对自动执行条款的临时限制外，《多德—弗兰克法案》还宣布“免责”条款无效，允许合同相对方在不向债务人支付任何款项的情况下取消合同，即使债务人处于盈利状态。《多德—弗兰克法案》第 210（c）（8）（F）节，124 Stat. at 1488（即将编入《美国法典》第 12 卷，第 5390 条）。在破产程序中，也应宣布“免责”条款无效。

④ 参见《多德—弗兰克法案》第 165（d）节，《美国法典》第 124 卷，第 1426—1427 页（即将编纂为《美国法典》第 12 章，第 5365 条，要求制订清算计划）。正如下文所探讨的，《多德—弗兰克法案》还推动建立一个制度，要求大多数掉期交易在交易所或“掉期交易执行设施”进行交易，并在清算所进行清算。见下文第 366 页注①至注④、第 367 页注①至注④、第 368 页注①至注④、第 369 页注①，及其附随文本。这种做法几乎肯定会使掉期交易的估值速度加快，从而再次促进在三日停留期内对这些掉期交易做出决策的能力。

加速。其他掉期交易的对手方将受到自动中止的约束。不过，他们的抵押品价值将受到保护，并在中止期间获得保险价值补偿。

（四）抵消、收回和净额结算

截至目前，我们一直将衍生品和回购作为独立的合同进行处理，债务人有权在逐个合同的基础上承继或拒绝。尽管交易商银行与最终用户（即使用衍生品进行套期保值的企业）之间的合同通常采用此种形式，但主导衍生品市场的交易商银行彼此之间有大量交易存在。[①] 通常，这些合同都是根据标准化国际掉期及衍生工具协会（International Swaps and Derivatives Association，缩写为 ISDA）主协议进行协调的。[②] 结合现行做法来看，ISDA 已成功说服美国和许多其他国家将其纳入法律，一旦发生违约，各方有权对所有合同（而不仅仅是单个合同）进行平仓和净额结算。[③]

衍生品行业一直将净额结算作为现行做法的显著优势加以宣传，大幅降低了风险敞口，从而扩大了衍生品交易的潜在范围。[④] 尽管，在早期为特殊待遇的辩护中，净额结算并未占据显著地位，但在该行业中，当前，人们越来越多地将净额结算作为保护破产豁免情形理由。其背后的机理在于：在破产程序

---

① 例如，杜菲（Duffie）在第 338 页注⑤、第 339 页注③④指出，场外交易衍生品的双方当事人通常都是经纪商（dealers）。

② ISDA 是衍生品行业的主要贸易和游说团体。参见 ISDA 网站：http：//www. isda. org（最后访问日期为 2011 年 10 月 9 日）。它为大多数衍生品交易提供标准合同（由交易双方根据自身需求进行定制）。例如，ISDA 主协议和附件——Comerica 银行与 Rackspace US，Inc. 于 2007 年 9 月 26 日签订的协议，可在 SEC 网站找到：http：//www. sec. gov/Archives/edgar/data/1107694/000119312508091225/dex1032. htm（由 Columbia Law Review 存档）。

③ 例如，见美国法典第 11 编第 101 条第 53B 款（2006 年修订，将“掉期协议”定义为包括主协议）；同条第 560 款（豁免掉期协议下的净额结算）；同条第 561 款（豁免多个掉期和其他金融市场合同以及主协议下的净额结算）。

④ 净额结算是指抵消交叉性义务的做法。例如，如果交易对手在一项衍生产品上欠债权人 50 美元，而债权人在另一项衍生产品上欠交易对手 30 美元，那么交易对手对债权人的“净”义务为 20 美元。如果不允许净额结算，那么双方的总体风险敞口将为 80 美元。净额结算可被视为大幅降低衍生品市场整体风险敞口，从而降低整体风险。国际掉期与衍生品协会（ISDA）已警告称，在破产程序中取消保护净额结算权利的特殊规定可能产生严重后果。参见戴维·孟格尔（David Mengle），《净额结算的重要性》（The Importance of Close-Out Netting）6—7 页（2010 年 ISDA 研究报告第 1 号，可从 http：//www2. isda. org/attachment/MTY4MQ = =/Netting-ISDAResearchNotes-1-2010. pdf 下载，《哥伦比亚法律评论》存档）（认为禁止净额结算将导致增加信用风险敞口、缺乏抵押品和资本、增加风险和不确定性以及无法对冲）。对于净额结算影响的更模棱两可的评价，参见罗伯特·R. 布利斯（Robert R. Bliss）与乔治·G. 考夫曼（George G. Kaufman），《衍生品与系统性风险：净额结算、抵押品与结算》（Derivatives and Systemic Risk：Netting，Collateral，and Closeout）2 J. Fin. Stability 55，56（2006）（“将净额结算和担保条款与终止操作结合起来是否能如以往研究中所普遍声称的那样减少潜在的经济损失，这一点并不清楚，或者实际上会增加风险。”）

中，如果衍生品被中止（stay），且债务人有权在其合同中“挑选”对自己有利的条款，那么就会导致净额结算权利的丧失，这将极大地增加衍生品的风险，并迫使衍生品市场规模收缩。[①]

在此我们重申，准确理解交易一致性是如何影响衍生品处理是很重要的。在转入这一分析之前，我们一并提醒关注，人们可能会质疑衍生品市场的持续扩张是否必然是一件好事，而其被业界视为无可辩驳的理想状态。危机过后，越来越多的证据表明，在衍生品市场扩张时期，金融部门在经济中所占的比重可能已经过大。[②] 然而，与主张保留衍生品特殊地位的人一样，我们同样认为如果恢复交易的一致性会破坏净额结算带来的所有好处，那么，这么恢复会是有问题的。

事实上，这是不会发生的。这里的关键破产理论是债权人的抵消权和追偿权。根据破产的抵消条款，债权人有权抵消其与债务人之间的相互债务。[③] 由于主协议下的许多义务，或许是全部义务，都将被视为互付义务，债务人将无法挑选承继哪些衍生工具。债务人将被要求承担或拒绝单一主协议中的所有衍生工具。[④] 因此，对“挑肥拣瘦”的担心被误导了的——因为它与单一主协议（single master agreement）有关。

目前，对主协议中合同的处理与交易一致性之间的主要区别在于，债权人不能单方面援引普通抵消权，如果债务人希望保留所有合同，债权人将受制于债务人承继全部合同的能力。抵消受自动中止的限制，在破产法官批准之前是不允许的。[⑤] 根据我们所提议的对衍生品的处理方式，意味着交易对手在其主

---

① 梅恩勒（Mengle）见第 359 页注④，原文第 3—4 页指出，净额结算可以避免“不必要的市场风险暴露”，并指出“尚未平仓的衍生品名义金额达数万亿美元，很大程度上这是净额结算的结果”。

② 例如，帕特里克·博尔顿（Patrick Bolton）、塔诺·桑托斯（Tano Santos）和何塞·A. 舍因坎曼（Jose A. Scheinkman）在 2010 年 9 月 8 日发表的一篇未发表的手稿中（现保存在哥伦比亚法律评论档案中），对导致金融部门过度发展的因素进行了建模。

③ 参见美国法典第 11 章，第 553 条(a)款。

④ 《多德—弗兰克法案》的清算制度将这一原则进一步发扬光大，要求 FDIC 要么全盘接受或拒绝与单一对手方的所有衍生品交易，无论这些衍生品是否属于单一的主协议。《华尔街改革和消费者保护法案》，第 110 届国会第 203 号公法，第 210 节(c)(9)款，124 Stat. 1376，1489-90（2010)(将编入《美国法典》第 12 卷，第 5390 条)。

⑤ 《美国破产法》第 362 条(a)(7)规定，除非债权人提出异议，否则自动中止条款适用于债务人在破产案件开始前所欠的任何债务的抵消行为。

协议中抵消合约的能力，至多将被延迟三天。我们认为，这是在立即抵消（immediate setoff）——或行业术语中的净额结算（netting）——与促进有效重组的利益之间做出的恰当折中。

在某些情况下，另一个关键原则——追偿（recoupment）——甚至可以使得衍生品交易对手能够避免这种有限的延迟。追偿类似于抵销，但具有追偿权的非债务人可以立即行使权利而不受自动中止的干扰。① 追偿的关键在于，只有当非债务人和债务人之间的债权产生于同一交易时，才可以行使追偿权。在典型的补偿案例中，非债务人扣押了债务人此前根据供应合同而超额支付的款项，并用这些款项抵消债务人根据合同所承担的下一批债务。② 由于这些索赔是如此紧密地联系在一起，使得非债务人有权行使追偿权。③

就任何衍生品或回购协议而言，其一方对另一方承担交叉义务，将是追偿的候选者（a candidate for recoupment）。例如，如果债务人根据掉期向非债务人支付了保证金，并且价值有所变化，使得非债务人承担了掉期下的义务，那么，追偿将使得非债务人能够使用多余的保证金来抵消其对债务人的债务。④

如果主协议被视为单一的合同，则追偿甚至可以适用于协议中的所有义务。虽然有一类案例相当严格地定义了相互性要求，但我们认为，在单一主协议中的交易往往是密切相关的，因此，它们应该受到追偿权约束。⑤ 这不会赋予非债务人立即终止主协议中所有衍生品的权利。然而，非债务人可以在债务

---

① 追偿被认为是自动中止的“公平例外”。例如，参见 Thompson v. Board of Trustees of the Fairfax County Police Officers Retirement System（In re Thompson），182 B. R. 140，146（E. D. Va. 1995）（解释自动中止原则的依据和范围）。

② 在阿什兰石油公司诉阿佩尔（布莱恩和洛石油公司）一案中（In re B&L Oil Co.）（第 10 巡回上诉法院，1986 年），这是一起重要的追偿案件。布莱恩和洛石油公司与阿什兰石油公司签订了一份有利于阿什兰的石油分销协议，该协议赋予阿什兰从布莱恩和洛石油公司购买石油的权利。阿什兰两次多付了石油款。同上，第 156 页。随后，布莱恩和洛石油公司申请第 11 章破产保护。同上。在申请破产后，阿什兰从应支付给布莱恩和洛石油公司的后续石油款中扣留了部分款项，以追回阿什兰在破产申请前的多付款项。同上，第 10 巡回上诉法院认为，在此情况下适用追偿是合理的，因为该订单是一份单一合同，多付款项与在其他案件中得到支持的预付款和多付款类似。同上，第 158—159 页。

③ 指出当债务人和债权人的索赔源于同一笔交易时，可以进行追偿。

④ 对于在类似情况下非债务人也应享有抵消权的观点，参见第 354 页注①约翰逊的观点：“（如果允许担保人将其付款义务与已存入的担保物进行抵消），这似乎会限制在担保人破产时，国会所关注的系统性风险。”

⑤ see，e. g.，Tavenner v. United States（In re Vance），298 B. R. 262，267—268（2003 年，弗吉尼亚东区破产法院）（描述了相对宽松的“逻辑关系”测试，并与要求义务必须源于“单一整合交易”的更严格方法进行了对比）。

人做出是否承继或拒绝的决定之前的一段时间内，利用其追偿权抵消债务人提出的任何要求（例如，要求支付保证金）。

我们认为，上述现行破产规则只需要进行一次重大调整。根据截至当前所做的分析，因为回购不能被承继，所以同时包含衍生品和回购的主协议（许多主协议都是这样）将自动终止。理论上，交易双方可以通过将其衍生品合约与回购协议分离来解决这个问题。但主要交易商可能会继续混合处理，要么是因为他们没有预料到破产，要么是故意限制破产带来的好处。为防止因回购的存在而人为终止主协议中的所有合同，我们建议立法者修订待履行合同条款，明确回购的终止或加速并不排除债务人承继其他相关合同。①

因此，总体而言，对交易一致性影响的担忧被格外夸大。除了我们注意到的有限例外情况外，现行破产规则考虑人们所担心的交易一致性会破坏现行法律下净额结算的优势。

（五）偏颇性清偿与欺诈性转让

除了不受自动中止的影响外，对于破产中的衍生品和回购的另一个主要保护是，它们不受破产偏颇性清偿和欺诈性转让条款的限制。对于普通债权人而言，如果破产债务人在破产后 90 日内偿付或转让抵押品，则转让行为可作为偏颇性清偿而被撤销（债权人必须返还价值）。② 同样，如果破产债务人进行的交易没有获得合理的同等价值，则该交易可作为欺诈性转让而撤销。③ 对于回购、衍生品和其他金融合同而言，不适用这些规则。④

再一次，被用来证明这种排除是合理的行业担忧，且并不像人们普遍认为

---

① 最后一项调整：正如前面所提到的，我们还会加入相关语言，明确“放弃”条款在破产程序中不受法律保护，正如它们在新的多德—弗兰克（Dodd-Frank）的解决机制中被宣布无效。《多德—弗兰克华尔街改革和消费者保护法案》，第 111—203 号公法，第 210 节(c)(8)(F)款，124 卷美国法典第 12 卷第 5390 条，2010 年（即将编纂为 12 卷《美国法典》第 5390 条）。

② 参见《美国破产法》第 11 章第 547 条（2006 年版）。

③ 同注②，第 548(a)(1)(B)。

④ 同注②，第 546(e)—(g)。

的那么严重。[①] 即使衍生品参与者有理由担心，其对与合同有关的保证金或抵押品的持续调整会陷入偏颇性清偿的陷阱，尽管这种担心也是合理的，但这并不能证明目前将衍生品全面排除在偏颇性清偿法之外的制度是合理的。例如，在之前所描述的掉期交易中，美国银行承诺在六个月内支付 130 万美元以换取高盛的 100 万欧元，通常，双方会每天调整保证金。[②] 如果美元升值，美国银行就会增加保证金，如果欧元升值，高盛也会增加保证金。如果适用偏颇性清偿法，美国银行申请破产，那么，美国银行在破产前 90 日内支付的每一笔保证金或追加的抵押品，都可能被质疑为是偏颇性的。主张特殊待遇的人们认为，要厘清转让的顺序不仅困难重重，而且，实际上，这些付款根本就不是偏颇性的。它们只是普通的调整，并非特殊待遇。

如果我们只关注这些普通的调整，而忽略违约前的争夺——如高盛在 AIG 摇摇欲坠时对抵押品主张权利，则这一论点是令人信服的。但衍生品交易对手的困境并非个例。在过去，其他信贷安排也曾引发过非常类似的问题，并在破产偏颇性清偿条款中得到了解决。最类似的是对取得存货或债务人应收账款担保权益的放款人的处理。由于存货被出售，债务人收回应收账款，贷款人的原始担保物消失，其担保权益依附于债务人为补充存货而获得的新存货和债务人的新账款。[③] 在 1978 年破产法颁布之前，在破产前 90 日内将债务人担保权益归附于新抵押品，即使它只是取代了原始抵押品，仍可能会被质疑为偏颇性清

---

① ISDA 对该例外条款的解释如下：

该条款允许市场参与者在任何破产申请提交之前（但禁止故意欺诈性交易）继续与弱势的一方进行交易，以便让这些弱势的一方继续获得可能有助于其生存的市场支持。

如果没有这些安全港保护措施，市场参与者极不愿意与弱势的一方进行交易，以规避在《破产法》中关于偏颇性清偿和欺诈性转让的可疑时间段内收到付款或收取抵押品的有关规定。

Int' l Swaps & Derivatives Ass' n, Bankruptcy Code Swap Safe Harbor Overview 3（2010）（on file with the Columbia Law Review）。请注意，这一论点不适用于在偏颇性清偿期与“弱势的一方”进行的新交易（因为此类新交易是基于新价值的）。相反，该论点认为，由于存在偏颇性清偿风险，此类合同在偏颇期前将不会频繁签订。撇开这一点（这并不能将这些交易与其他交易区分开来，所有交易都面临偏好风险），该论点最终取决于这样的假设：“弱势方持续获得市场支持”是一件好事。我们认为一个强有力的反驳理由是，应让弱势方得到解决，而拥有最高专业技能和监控能力的金融从业者处于最有利的位置，能够阻止不可避免的延误。无论如何，ISDA 的论点与偏好法的总体政策背道而驰。

② 参见第 358 页注③（概述了美国银行和高盛的互换假设情况）。

③ 这假定贷款人与借款人在担保协议中包含了“取得后财产”条款（“after acquired” property clause），这是存货和应收账款贷款人通常的做法。参见《统一商法典》第 9—204 条（2011 年版）（授权使用“取得后财产”条款）。

偿——因为这是在破产前将财产权益转让给债权人。[①]

为了解决这个问题，国会在偏颇性清偿条款中加入了对存货和应收款贷款人的特殊保护。[②] 根据这项通常被称为“两点净改善”（two-point net improvement）条款的规定，只有当抵押品转让使得贷款人在破产时的境况好于破产前90日的境况时，才能撤销抵押品转让。如果出借人在破产前90日内已完全抵押，则任何抵押都不能撤销。如果出借人在破产时抵押不足的情况不如破产前90日的情况，那么差额——贷款人状况得以改善的金额——是可以撤销的，但只能撤销该金额。

同样的原则也可适用于衍生品和回购。只要交易对手的状况在破产前90日内未得以改善，受托人就不得将任何保证金和抵押品调整作为偏颇性清偿而予以撤销。另一方面，在破产前夕，如果交易对手加强了保护措施，则必须退还所改善的金额。虽然，当事人通常会在90日内进行多次调整，但这种方法只需要进行两次计算———一次是90日起算时的计算，另一次是破产时的计算。鉴于当事人会持续计算价值，因此，确定状况是否有所改善应是非常简单明了的。[③]

对此，我们提出的方式为需对偏颇性清偿条款进行修改，我们强烈支持这一修改。但即使没有正式的修正案，法院也可能通过适用现有的偏颇性清偿条款来实现类似的结果。如果当事人之间的相互调整，被解释为抵押品的替代，那么它们可能会受到保护，就像法院在现行的两点净改善检验标准颁布之前保护存货和应收款出借人一样。[④]

---

① 《美国破产法》第11章第96条［1976年版本，现行版本为美国破产法第547条b款（2006年）］。这一变化在《美国破产法委员会报告》中有详细解释，报告编号为H. R. Doc. No. 93—137，第一部分第209—210页（1973年）。

② 《美国破产法》第11章第547条（c）（5）款。

③ 这与当前的第547（c）（5）条形成了鲜明对比，由于需要确定破产前90日的存货或应收账款担保的价值，因此该条款在适用上存在一定的困难。

④ 在1976年采用第11章美国法典第547节（c）（5）之前，最著名的案例是Indiana Grain Merchants, Inc. v. Union Bank & Savings Co.，408 F. 2d 209（7th Cir. 1969）。在Grain Merchants一案中，法院认为，尽管存在明显的违反情况，但在偏颇性清偿期间，当贷款人的担保权益附着于新的存货和应收账款时，贷款人并未获得优先权，因为新的担保权益是对贷款人在先前存货和应收账款上的权益的替代。同上，第218页。根据现行的第547条，法院可能会将调整视为同时交换的新价值，而这些新价值受到第547节（c）（1）的保护。然而，这种匹配并不完美，因为当事人并不是像存货和应收账款贷款人那样用新担保替换旧担保，而是随着合同价值的变化而增加或减少担保。

除了抵押品和保证金调整外，可能使得偏颇性清偿条款而搁浅的其他主要破产前操作，是旨在使交易对手能够结束与债务人关系的交易。回顾一下我们之前的假设，高盛可以通过提出一项新的掉期来抵消其之前的交易，从而退出与美国银行的关系，根据新掉期，高盛承诺向美国银行支付130万美元，以换取100万欧元。这笔交易是否应被视为偏颇性清偿？如果高盛在之前的掉期交易中欠了美国银行的钱，我们认为，抵消掉期确实给高盛带来了不适当的利益，牺牲了美国银行其他债权人的利益，因为该交易减少了高盛在破产前夕的（不然没有担保）风险敞口。[①] 如果高盛在之前的掉期交易中欠了美国银行的债，我们认为，抵消掉期交易确实给了高盛不适当的好处，损害了美国银行的其他债权人的利益，因为这笔交易减少了高盛在破产前夕的风险敞口（否则没有担保）。从形式上看，高盛并没有获得标准的优先权，因为新的掉期交易并不是简单地向高盛付款或进行其他转让。相反，高盛创造了一种抵消，有效地确保了其无担保债务将得到全额偿付。这也是破产法所预料到的结果。根据现行法律，只要抵消使债务人的交易对方手受益，就可以撤销抵消的创设。[②] 只有在高盛通过与美国银行的抵消掉期交易而非与另一个交易对手交易来退出这种关系的情况下，这种看起来完全合适的逻辑才能彻底适用。

三、《多德—弗兰克法案》的影响

虽然《多德—弗兰克法案》借用了许多破产规定，但奇怪的是，它没有触及破产法定条款。不过，虽然破产法没有直接的法定变化，但《多德—弗兰克法案》在一些重要方面对破产法产生了间接影响。如果该法案能如期实施，则其将要求大多数衍生品在交易所进行交易，并在公认的清算所进行清算。更大比例的衍生品将被清算以及在交易所进行交易的可能性，增强了破产

---

① 另一方面，如果高盛欠美国银行的钱，那么，新的互换交易并不享有优先权，因为它只是提前偿还了高盛本应在以后支付的义务。

② 如果非债务人为了创设抵消权而承继了义务，并在破产前影响了抵消，则受托人有权收回非债务人地位改善的金额。根据《美国破产法》第553条b款的规定，受托人可以收回抵消日与破产申请提交前90日内债务不足金额之间的差额。如果非债务人在破产申请提交后才行使抵消权，则《美国破产法》第553条a款第3项可以达到相同的效果。

中衍生品交易一致性的合理性。此外，《多德—弗兰克法案》的另一项重大创新，即针对大型金融机构的新处置机制，在衍生品解决处理和破产之间造成了冲突，从而大大增加了是否恢复交易一致性的决策方面的风险。

（一）新的票据交换所和交易所要求（The New Clearinghouse and Exchange Requirements）

《多德—弗兰克法案》赋予美国商品期货交易委员会（CFTC）和美国证券交易委员会（SEC）权力，要求每笔掉期交易都必须在清算所清算，除非没有清算机构接受掉期交易。[①] 清算掉期交易也必须在交易所或“互换执行设施”中交易，而不是由双方之间私下协商。[②] 新要求大大加强了对破产以外衍生品的监管，并对破产产生了其他重要的间接影响。

对于已清算的掉期交易，清算所介入掉期交易的两个交易对手之间，并随时准备在其中一个交易对手违约时对合同的任何一方进行补偿。[③] 由于清算所要对双方的履约情况负责，它将要求双方持续公布保证金或抵押品，并对双方进行监控。如果美国银行和高盛签订了一份掉期合约，要求美国银行交付 130 万美元，高盛交付 100 万欧元，那么，清算所将作为双方履约的担保人，并要求双方满足特定的保证金要求。

与清算所创新密切相关的是一项要求，即掉期在交易所交易（或在掉期执行设施上执行）[④]，而不是在场外交易（OTC）市场私下议价，除非没有交易所愿意交易。这里的目标是透明度：如果掉期交易像股票或债券一样在交易所交易，就需要对其进行标准化处理，这将使它们更容易定价和比较。

衍生品市场的这种重组带来的第一个问题是，它是否会让交易一致性的争论变得无足轻重。有些人可能会说，如果美国银行和高盛都受到清算所的充分保护，那么，自动中止的必要性就不大了。但这误解了自动中止的本意。如果

---

① Dodd-Frank Wall Street Reform and Consumer Protection Act, Pub. L. No. 111-203, § 723 (a), 124 Star. 1376, 1675-76, 1681 (2010) (to be codified at7 U. S. C. §2).

② 同注①。

③ 担保有一定的限制。清算所可以选择支付违约方的义务或获得替代合同。如果清算所决定支付，它将确定适当的价值。我们感谢 Kimberly Summe 指出这一点。

④ 《多德—弗兰克法案》第 723（a）条，《美国联邦公报》第 124 卷，第 1681 页（将编纂为《美国法典》第 7 卷第 2 条）。

美国银行申请破产，清算所的存在将保护高盛，从而降低高盛因美国银行违约而陷入动荡的风险。但中止的一个重要目标是使美国银行能够在破产时有效地处置其资产。除其他事项外，这可能取决于能否保留现有的对冲安排(hedging arrangements)[①]。清算所的安排对这一功能没有影响（除了引入下文讨论的清算所是否也应受中止影响的问题），也没有消除其重要性。[②]

交易所交易的底线是一样的。在交易所交易的掉期比在场外交易的掉期更具可替代性，这似乎表明它不需要中止。但交易所交易掉期与现金不同。掉期可能是债务人套期保值或经纪业务投资组合的重要组成部分。即使它比场外交易掉期更容易替换，但其立即终止也可能破坏债务人对资产的处置。

因此，对于任何免予清算的情形，源于交易一致性而在交易所掉期交易均需要基于其他理由。尽管最终是缺乏说服力的，但根据新立法，最好的豁免理由与清算和交易所掉期交易、非清算和非交易所掉期交易之间的区别有关。豁免已清算衍生品，而不豁免非清算衍生品，将激励交易对手青睐清算衍生品。[③] 虽然我们也赞同将掉期交易引向清算所和交易所，但这一目标不足以成为放弃交易一致性的理由。中止对于减少对衍生品的信贷补贴和促进有效处置债务人（假设为美国银行）的资产至关重要。

清算所本身的地位更加微妙。如果清算所仅仅是一个中间人(middleman)，那么，很容易得出结论认为中止和其他核心破产政策不应适用。但清算所不仅仅是一个渠道。其与股票经纪人不同，后者的结算和保证金支付受到1978年最初豁免的保护。[④] 作为双方履约的担保人（实际上，技术层面是彼此的对手方）和主要的监督者，清算所本身就是一个不可或缺的参与者。

---

① 当然，美国银行可能会尝试替代任何被对方终止的对冲交易，但成本可能会相当高。

② 在《多德—弗兰克法案》的清算规则下，清算所受到冻结的约束，但它们被允许继续履行保证金义务。参见《多德—弗兰克法案》第210(c)(10)(B)节，124 Stat. at 1491（即将编纂为《美国法典》第5390条），但它们被允许继续履行保证金义务。参见第210(c)(8)(G)节，124 Stat. at 1489（即将编纂为《美国法典》第5390条）。这种保护在实践中不会有太大的影响，因为FDIC肯定会保护所有机构的衍生品合同。正如下文所述，清算所不应免受破产冻结的影响。

③ 该理由是，已清算的衍生产品将享有略微优于非清算衍生产品的待遇，因为在一方的交易对手后来申请破产的情况下，已清算衍生产品不会自动中止。从边际上看，这将鼓励各方使用已清算衍生产品而不是非清算衍生产品。

④ 参见第334页注②③相关文本（描述经纪人只是中介，不应受限于优先权和欺诈转让规则的观点）。

由于清算所不只是一个中间人，除非有其他理由证明可以免受中止和其他破产政策的保护，否则，应当适用交易一致性的推定。最有说服力的论据来自清算所对美国金融稳定的新核心地作用。在新立法出台之前，像花旗集团或美国国际集团这样相互关联的大型机构，是系统性风险的主要来源。随着新立法的出台，这种风险可能会转移到清算所。由于它们有义务为所有已清算的衍生品合约提供担保，所以，它们是新的“大而不能倒”的实体。[①] 有些人可能会辩称，金融体系无法承受清算所受到中止和受托人撤销权等破产条款的任何阻碍。

虽然我们理解这些顾虑，但我们并不认为这些顾虑构成了放弃交易一致性的理由。首先要指出的是，清算所可以通过要求掉期交易有足够的抵押品以保护自己。[②] 此外，本文提出的干预措施非常有限——三天中止期，并由两点净改善安全港所限定的偏颇性清偿返还。[③] 因此，在很大程度上交易一致性的影响微乎其微，只会在短暂的过渡期内对不足额担保的掉期交易产生影响。

保留当前更为广泛的豁免的核心困难在于，清算所将取代主要衍生品交易银行的地位。清算所而非交易对手，将成为债务人的主要监管者和债权人。这种特殊待遇会在一定程度上削弱清算所监督交易对手的动力，也会削弱债务人的能力，使其无法最大化其资产的价值。[④] 简言之，对清算所保留豁免将重复加剧 2008 年危机的一些扭曲现象。

最后一个问题值得评论。如果清算所本身倒闭了如何处理呢？尽管在某些方面论证过程有所不同，但中止原则应再次适用。如果债务人是一个清算所，

---

① 《华尔街日报》2011 年 2 月 16 日社论《又一个多德—弗兰克的胜利》（A16 版，批评多德—弗兰克法案的清算所条款为创造新的系统性风险来源）中也（讽刺地）提出了这一观点。

② 足够的抵押品应包括当前处于亏损状态的对手方的差额部分的抵押品，以及足以覆盖停留期间（即三天）可能出现的价值波动的额外抵押品。

③ 有些讽刺的是，如果豁免清算所的自动中止期（即自动冻结期），这将削弱清算所（以及交易所）提供的一个关键优势。对于是否接受或拒绝掉期交易的决定，需要准确的估值信息，并且需要在几乎即时内获得。在清算所（以及在交易所或掉期交易设施上交易）清算的掉期交易就具有这种属性。然而，如果豁免清算所的自动中止期，那么在提出三日自动中止期的情况下，可能仍然会受到自动中止期约束的掉期交易，其可能缺乏准确和即时的定价信息。参见第 360 页注①及其附随文本（介绍了提议的三日简化自动中止期）。

④ 虽然人们关注是否应该豁免清算所的自动中止权，但如果问题是清算所是否应该豁免破产法的优先权规则（根据分析进行调整），那么同样的逻辑也适用。虽然不完整，但优先权规则是破产法解决一个严重问题的最重要努力：这些规则剥夺了那些预见到破产但试图避免而不是开始破产的债权人的收益。参见第 333 页注②③及其附随文本（介绍了优先权规则的概念）。因此，对交易对手方的监控论同样适用于将其纳入衍生品的优先权规则中。

那么，与其他公司相比，保留一个可行的业务（或业务的可行组成部分）等考虑因素，就显得无足轻重。关键问题是限制对交易所清算的衍生品的干扰。

中止的重要性可能会有所不同——这取决于《多德—弗兰克法案》催生了多少家清算所，以及陷入困境的清算所是否在市场上占有很大的份额。如果一家小型清算所倒闭，衍生品可能会转移到其他清算所（甚至可能在没有中止的情况下）。相比之下，如果一个具有相当规模的清算所倒闭了，为了确保有足够的时间来决定哪些衍生品需要承继、哪些需要拒绝承继，中止是必不可少的。① 清算所的管理者不可能迅速、有效地处理大量衍生品，以防止在没有中止令的情况下造成系统性损害。当前，清算所市场相当集中，而且似乎很可能继续集中。此外，如果一个小型的清算所在许多交易对手都面临压力的情况下倒闭，那么，中止也可能是有益的。此外，即使是一家小型清算所——如果其在许多交易对手都承受压力的情况下（这种情况时有发生）——破产，其中止也许是有益的。因此，与在其他情况下一样，中止适用于清算所的破产非常重要。

（二）处置权

针对具有系统重要性的大型金融机构的新框架，赋予银行监管机构接管陷入困境的银行控股公司、具有系统重要性的非银行金融机构或其他主要从事金融活动的公司的权力。② 虽然触发机制更为复杂——需要美国财政部在美联储和联邦存款保险公司③的同意下启动，但新的授权旨在赋予 FDIC 与普通商业银行相

---

① 对于“多德—弗兰克法案规定的一天的停业期不足以处理清算所负责的庞大数量的衍生品”这一观点，参见 Julia Lees Allen，Note，Derivatives Clearinghouses and Systemic Risk：A Bankruptcy and Dodd-Frank Analysis，64 stan. L. Rev.（forthcoming 2012）。

② 《多德—弗兰克法案》（又称《华尔街改革和消费者保护法案》）第二章（即《有序清算权（OLA）》）对清算规则进行了规定。见《华尔街改革和消费者保护法案》，第 111—203 号公法，第 2 章，124 Stat. 1376，1442（2010）（即将编纂为《美国法典》第 12 卷第 5381 条）。有趣的是，根据清算规则，在被接管之前，金融机构无须被指定为系统重要性机构（这一类别在第 1 章下将受到广泛的新规约束）。Id. § 805，124 Stat. at 1809（即将编纂为《美国法典》第 12 卷第 5464 条）。相反，监管机构只需发现该金融机构是“受监管的金融公司”即可，因为其倒闭可能会造成系统性破坏。同上，§ 202，124 Stat. at 1444-1450（即将编纂为《美国法典》第 12 卷第 5382 条）（概述了清算申请的要求）。

③ 同注②，该法第 203（a）条要求由美国财政部推荐，并需获得三分之二的联邦储备理事会成员和联邦存款保险公司董事会的批准。

同的处置权。[①] 与普通银行一样，FDIC 拥有几乎不受限制地向第三方出售或转让资产或负债的权利。[②] 对于回购和衍生品，FDIC 有一天多的时间，在此期间，交易对手不能终止或净额结算其合同。[③] 在此期间，FDIC 有权决定转让哪些合同，但前提是 FDIC 必须转让与任何特定交易对手的全部或全部合同。

最初，处理框架与我们的交易一致性分析之间的关系是反直觉的。如果有人得出结论认为，中止对于大型、具有系统重要性的债务人而言是最重要的——这是合理的[④]——那么，处理框架可能会使破产中止变得无足轻重。危机中典型的金融机构——美国国际集团和雷曼兄弟——都被联邦存款保险公司新近扩大的权力所覆盖，而这些权力包括暂时的中止。就关键机构得到关照的程度而言，破产法的平行改革似乎没那么紧迫。

我们认为，交易一致性不应仅限于具有系统重要性的大型金融机构。即使人们希望将其范围限制于这些机构，新的处理制度并不会消除破产变革的必要性。尽管该制度的范围广泛，但并非详尽无遗。大多数金融机构，甚至是相当大的金融机构，都将受制于破产程序，而非新的处理制度。[⑤] 更重要的是，即使是那些明确被覆盖到的机构——例如美国银行——也不排除其申请破产的可能性。只有美国财政部在破产申请之前启动新制度，或者在申请后将该机构从

---

① 史基尔在《新金融交易》一书中对 FDIC 的清算程序与《多德—弗兰克法案》的清算规则之间的类比进行了详细的批评（见第 338 页注⑤，第 117—127 页），他认为 FDIC 对小型和中型银行的清算理由并不适用于大型金融机构。

② 同注①，见第 123—124 页。

③ 在新的清算规则下，合格的金融合同（包括回购和衍生品）在任命接管人后的第二天下午 5 点之前不得终止。《多德—弗兰克法案》第 210(c)(10)(B)节，124 Stat. at 1491（将被编纂为《美国法典》第 5390 条）。

④ 例如，参见 Skeel 在"Bailouts"（见第 342 页注①）一文第 19 页中对仅对系统重要机构适用可能带来的好处的解释。

⑤ 财政部副部长迈克尔·巴（Michael Barr）是奥巴马政府立法事宜的负责人，他向议员们保证："对于处理非银行金融机构的倒闭问题，破产程序仍将是主要的选择，即使是非常大的金融机构。"《大而不能倒闭：破产法和反垄断法在金融监管改革中的作用》[Too Big to Fail：The Role for Bankruptcy and Antitrust Law in Financial Regulatory Reform (Part I)：Hearing Before the Subcomm. on Commercial & Admin. Law of the H. Comm. on the Judiciary，111th Cong. 23 (2009)]，美国众议院司法委员会商业与行政法小组委员会听证会，2009 年国会第 111 届 [迈克尔·S. 巴（Michael S. Barr）助理财政部部长准备的证词，见美国财政部网站：http://www.treasury.gov/initiatives/Documents/FinalReport_web.pdf，该文件已存入哥伦比亚法律评论档案，"除非出于维护金融稳定的考虑而启动特别解决机制，破产法仍将是处理银行控股公司倒闭问题的主要工具。"]。

破产中移除，新制度才能得以适用（即使是最大的机构）。[①]

事实上，《多德—弗兰克法案》与破产对回购和衍生品的处理方式并不对称——前者规定了多于一天的终止令，但后者却没有中止规定——这就使得中止的必要性变得更为突出。如果一家陷入困境、具有系统重要性的金融机构申请破产，其交易对手就会清楚地意识到，如果银行监管机构将案件从破产（bankruptcy）转为处理（resolution），他们就会失去终止权。因此，与新处理规则颁布之前相比，交易对手会有更为强烈的动机来立即终止合同。在破产中重新引入有限中止（a limited stay）将消弭这些不正当的动机。

除非在极端情况下，即使是该制度最狂热的支持者，也将其作为最后的手段，否则，破产是更可取的路径。[②] 从这个角度来看，解决机制让破产改革变得更为紧迫，而不是更为次要。在当前的框架下，随着处理框架叠加到了破产法上，大型问题金融机构几乎没有申请破产的动力。在没有中止的情况下，衍生品交易对手大规模取消合同的能力将使管理者安排高效解决方案的努力严重复杂化。[③] 由于无法获得破产最重要的一个好处，管理者们可能会拖延时间，希望得到监管部门的宽容。[④]

相比之下，如果破产包括中止和其他保护措施，管理者就会有动力在出现财务困境时准备且申请破产。从管理者的角度来看，中止的前景将优于处理（resolution），因为这将赋予他们一个实现有效解决的、意义深远的前景。中止将在相当长时间内阻止机构衍生品交易对手的挤兑，以促进关键资产的出售或其他处置。例如，如果 AIG 能够获得破产中止，它就可以通过申请破产来抵

---

① 例如，《多德—弗兰克华尔街改革和消费者保护法案》，见《美国法典》第 12 卷第 15 章。第 111 号修正案第 203 节、第 208 节，《2010 年联邦法案》第 123、1376、1459—1460 页（即将编入《美国法典》第 12 卷第 1588 节）（授权将案件从破产程序转移到《多德—弗兰克法案》的解决程序）。

② 参见注①及其附随文本［讨论了财政部副部长迈克尔·巴（Michael Barr）的声明］。

③ 参见第 340 页注②③、第 341 页注①②及相应文本（讨论了 AIG 面临的这一困境）。

④ 此外，如果任何大型陷入困境的金融机构确实启动了破产程序，即使政府有非凡的能力（可能违反宪法）迅速（可能违反宪法）地将该金融机构从破产中移除，并将其置于《多德—弗兰克法案》第 2 节的有序清算授权之下，除非对破产中的衍生品交易对手方进行短暂的暂停，否则《多德—弗兰克法案》的有序清算授权中提供的暂停可能只是虚幻的。参见 Skeel, New Financial Deal, 第 337 页注③，原文第 139 页（指出对已进入破产程序的实体启动有序清算授权程序时存在的宪法难题）。

制加速其衰落的抵押品要求。[①] 在现行制度下，AIG 有一种不可抗拒的动力去做它所做的事情：计划救助。中止可能会鼓励大型金融机构的管理者提前为破产做好计划，然后使用破产选择权，这种前景有力地加强了在破产中与衍生品和其他金融工具保持交易一致性的理由。

四、改革的替代策略

鉴于破产在最近的危机中对交易一致性的偏离所造成的影响，我们强烈支持在回购和其他金融工具方面恢复彻底的交易一致性。但我们也认识到，妥协和不完整的解决方案是政治进程中不可避免的一部分。因此，我们从总结我们理想中的改革开始，然后介绍几种局部的处理方案。

完全的交易一致性将意味着取消对回购、掉期和其他金融合同的现行核心破产政策豁免，当然包括前面我们讨论过的几个重要问题。为了执行破产法对破产约定条款的标准限制，这些不受破产法反破产约定规则约束的合同特别条款将被剔除。[②] 我们将重新引入自动中止，但由于衍生品合同的波动性和较短的时限，将其期限限制为三天。[③] 对于衍生品，还应重新引入破产的偏颇性清偿和欺诈性转让规则。由于其与账户和存货融资的相似性，我们会保护不能改善交易对手整体状况的抵押品转让，就像破产对账户和存货的保护一样。[④] 我们将把这些调整应用于清算所和普通交易对手方。[⑤]

第一种选择只需要将回购和衍生品豁免于破产之反破产约定条款规定的时间延迟三天。此种方法是立法者根据《多德—弗兰克法案》（Dodd-Frank Act）

---

① 参见第 340 页注②③、第 341 页注①②及相应文本（讨论了 AIG 面临的这一困境）。

② 比较《美国破产法》第 11 章第 541 条(c)(1)(B)(2006 年，无效化自动生效条款)，与第 559 条（允许在回购中使用自动生效条款）以及第 560 条（允许在掉期交易中使用自动生效条款）。

③ 见上文第二部分（三）（描述了关于掉期和衍生品的提案）。

④ 见上文第二部分（四）（提出优先权和欺诈转让的规则）。

⑤ 参见上文第三部分（一）（描述《多德—弗兰克法案》的清算中心要求）。在这个理想的世界中，我们当然会建议在回购和衍生品的破产清算方面，我们的提议与《多德—弗兰克法案》第 2 条保持一致，最好是让《多德—弗兰克法案》第 2 条与我们将在破产清算中制定的规则相一致。这种在适用实质性规则时的一致性——即破产清算与《多德—弗兰克法案》第 2 条之间的一致性——同样适用于我们的其他替代方案。然而，我们在文中主要关注破产改革问题，因为我们认为，关于重新开启《多德—弗兰克法案》进行修订的问题，会引发完全不同的政治问题。

的处理规则而对具有系统重要性的机构采用的策略，[①] 是干预最少的改革，可以促使这些金融合约实现交易一致性，并减少因其特殊待遇而产生的不正当激励。这项最简单的改革可以防止 AIG 破产可能引发的交易对手大规模终止交易。通过防止债务人的交易对手立即退出，破产的反破产约定条款将通过为债务人安排出售或以其他方式处置其资产而提供一个短暂的机会窗口（window of opportunity）。我们重新引入破产约定条款的三天期限，而不是提供真正的中止执行，主要是出于规避风险的考虑。衍生品专业人士可能会试图绕开禁令，例如，引入一项合同条款，授权交易对手在不正式终止合同的情况下扣押和出售抵押品。[②] 因此，反破产约定条款策略需要警惕的司法监督，破产法院应对反破产约定条款的解释做出足够宽泛的解释，以阻止规避行为。[③]

第二种替代完全交易一致性的办法是，将临时恢复反破产约定规则的最低限度策略与只涵盖掉期交易的自动中止相结合。[④] 在整个衍生品市场中，由于掉期占据很大比例，因此，对这些衍生品而不是其他金融交易实施中止，将很大程度上提高交易的一致性。回购是新融资的另一个主要组成部分，将在破产中保留其特殊地位。正如本文所论，这种地位与回购在真正的交易一致性下所获得的待遇仅在有限的方面有所不同。[⑤] 作为财务融通的方式，回购将在债务人申请破产时自动终止。因此，对回购实施中止对恢复交易一致性并没那么重要。相比之下，中止掉期交易有利于消除现有金融中的一个重大扭曲，即限制大规模终止和抵押品出售的风险，同时促进资产的有序处置。

完全交易一致性的每一种替代方案既可以单独采用，也可以与我们提议的

---

① 《多德—弗兰克华尔街改革和消费者保护法案》，第 111 届国会第 203 号法案，第 210(c)(10)(B)节，《美国联邦公报》第 124 卷，第 1376、1491 页（2010 年，即将编入《美国法典》第 12 卷第 5390 条）（禁止在提交破产申请后的第二天下午 5 点之前援引自动生效条款）。

② 如果保持现状，这些步骤将被禁止。但如果国会恢复破产法的“自动生效”条款，同时保留对方当事人的“中止执行”豁免权，这些步骤就不会被阻止。

③ 该破产法官处理雷曼案的方式在这方面带来了一些安慰。例如，法官裁定，未能及时行使终止权的雷曼交易对手方被认为已放弃了这一权利。命令履行合同并强制执行自动中止令，案号为“In re Lehman Bros. Holdings，No. 08-13555（JMP）”，2009 年《西区纽约联邦地区法院公报》第 6057286 号（2009 年 9 月 17 日）。

④ 除了废除《美国法典》第 11 编第 559、560 条及其相关条款外，这项改革还将对第 11 编第 362 条(b)(7)和第 362 条(b)(17)进行修改，重新引入三天的中止期。

⑤ 见上文第二部分（二）1 节（讨论使回购与担保贷款相似的特征）。

偏颇性清偿条款改革一并采用；从某种意义上说，偏颇性清偿改革是另一个独特的模块。立法者可能会选择在一开始就放弃偏颇性清偿改革，以便首先关注扭曲的最大来源，并避免评估债务人破产前交易的潜在复杂性。

我们应该重申，转向全部交易一致性比任何更加片面的替代方案情况要好得多，但是，朝着这个方向迈出的每一步，都会纠正目前衍生品所受到的特殊待遇所造成的扭曲。

结　论

过去30年出现的新金融，往往看起来如此创新、与众不同，以至于它不可能受到适用于陈旧贷款安排规则的束缚。市场似乎自成一类——既与众不同，又能自我调节。

本文试图表明，当代金融工具并不像人们通常以为的那样截然不同。透过对我们称之为交易一致性的概念所进行的分析表明，衍生品和回购不应简单地与核心破产规则（如自动中止和禁止破产前偏颇性清偿）绝缘。让衍生品和回购受交易一致性的约束所产生的影响，没有人们一般想象的那么激进，而且这种影响总体上是有益的。如果本文能够说服一些读者，使之相信衍生品和回购可以在适用于其他合同的同一框架下进行分析，那么，本文就成功了。[①]

我们并没有说货币互换与传统的设备贷款相比而言是没有区别的，也没有说信用违约互换只是一种保险合同。衍生品和回购的确有其独特之处，比如其价值的波动性（volatility）。但这只是程度上的差异，而不是种类上的差异。根据本文提出的框架，中止期将限于三天内，以类似现金的证券为担保的回购不

① 这些问题不仅仅是学术上的兴趣而已。《多德—弗兰克法案》要求就破产处理金融机构失败的有效性进行两项不同的报告。《多德—弗兰克法案》第202（e）节，124 Stat. at 1448-49（将被编纂为12 U.S.C. § 5382）（要求行政办公室和审计长进行研究）；同节第216节，124 Stat. at 1519（要求联邦储备委员会和行政办公室进行研究）。美联储理事会的报告于2011年7月发布。《联邦储备理事会关于破产法下金融公司清算的研究》（2011年），可从 http：//www.federalreserve.gov/publications/other-reports/files/bankruptcy-financial（附录：2011年7月的一份研究报告（哥伦比亚法律评论留档），提出了各种替代方案，包括与本文提出的方案相似的方案，但并未承诺任何一种结果。）这些研究中对回购和衍生品在破产程序中的处理将是分析的重点。例如，《多德—弗兰克法案》第216(a)(2)(D)节规定，要求对是否应修改合格金融合同（即衍生品）在破产程序中的特殊待遇进行分析（即将在《美国法典》第12编第5394节中进行规定）。

受中止期限制。这些调整是通过简单地应用破产处理普通合同的基本概念来实现的。

我们做此分析的目标有两点：首先，我们希望立法者考虑对我们提出的衍生品和回购的处理方式进行简单的调整，或者，我们所认为的更有限的调整，从而助力提供完全交易一致性的大部分好处。其次，我们希望当下一波金融创新到来时，立法者将牢记交易一致性原则——因为它肯定会到来。[①]

---

① 虽然本文的关注点是回购和衍生品，但交易一致性偏离在其他领域也引发了问题。最明显的是消费者抵押贷款的特殊待遇。与大多数其他贷款不同，如果抵押品的价值低于债务人所欠的金额，抵押品的价值可以被减记至抵押品的价值。但对于住宅的抵押贷款，债务人在第 13 章下不能改变抵押贷款。见《美国法典》第 11 卷第 1322 条第（2）款（2006 年）（指出第 13 章计划可以“修改有担保债权人的权利，但仅限于以不动产的担保利益为限的债权人”）。抵押贷款的特殊待遇可能在房地产泡沫期间助长了抵押贷款市场的扭曲，许多评论人士（包括本文作者之一）认为，取消这种特殊待遇可能会加快房主从最近的经济危机中恢复的速度。见，例如，戴维 · A. 斯基尔（David A. Skeel, Jr.），《破产恐惧症》（Bankruptcy Phobia），82 Tem. L. Rev. 333，334-35，340（2010）（描述了改革提案被否决的情况）。

后 记

《大型企业破产重整实操指引与法律研究：基于西北地区企业破产重整视角》终于定稿。这本书从启动到落幕，历时数年，几经推敲，反复讨论，甚有争辩，唯恐不能给读者以更完美的呈现，不能够极尽我们对西北地区大型企业重整的有限思考与有益经验。这期间，我们破产团队律师，有离开，有加入，在成长，经磨砺，这些身影和痕迹，也被恒久地留在了本书中。破产故事、人与事的故事，我们力求真实、全面、准确，有所精选，有所扬弃。

本书写作的时代背景，时值国家对房地产市场的调整、新质生产力发展、"一带一路"倡议的深化、进一步推动西部大开发战略等。宁夏回族自治区先后出现了上市公司、大型房企、大型实体企业或关联企业的破产问题。一方面，大量破产案件成为律师等中介服务机构的"香饽饽"，让原本疲软的市场有了新动能；另一方面，案件的复杂性、解决道路的坎坷性、投资人招募难、府院联动机制不配套等问题，成为横亘在破产问题面前的难题。我们深谙"破人"的时代使命，破产从业者的艰辛、坚守与不易，破产业务中诱惑、陷阱与挑战，以及破产法治化建设对优化自治区、国家营商环境，助力"一带一路"发展、西部大开发乃至促进国际合作的重要意义。在这样的使命号召下，宁夏宁人律师事务所成立了以刘建国律师为主编的编辑团队，开启专门针对西北地区大型企业破产问题的研究。

本书具有鲜明的实践性，也有相关理论研究的支撑，增加了图书的可读性。本书选取的案例丰富典型——宁人律师事务所的案例与同行律所的案例，且不拘泥于西北地区的破产案例，我们力求案例体系的完备、新颖、关联，从而提炼出有益的经验来潜移默化地提高读者的执业能力，丰富读者的破产“专业库”，以及尝试在当前诸多破产作品中探索出一条“新径”，提供关于大型企业破产问题的专门作品，从而为宁夏回族自治区、西北地区、国家解决大型企业破产问题提供一扇有益的“窗口”，为提高此类案件的办案质效贡献我们的绵薄之力。

纸短情长，西北地区大型企业破产问题关乎国家实业基础，关乎人民生存，关乎农民工工资以及市场经济信用修复、资金融通，也是企业家精神重振、企业从错误中学习回归正轨、企业承担社会责任的具体落地，特别是在当前就业市场萎缩、企业发展相对疲软等主客观环境下，显得尤为重要。

受限于我们所处的地域、经济社会环境、具体问题的特殊性、专业水平和翻译水平与风格等，本书在诸多方面难免存在疏漏与不足之处，恳请读者批评指正、不吝赐教。

本书编辑组

2024 年 12 月